Q&Aで読む縄文時代入門

山田康弘・設楽博己［編］

吉川弘文館

目次

第二部　家族と社会

第三部　生業と道具

終章 縄文時代の終わりはいつか 設楽博己

縄文時代を知るためのブックガイド

序章　縄文時代とはどのような時代だったのか

山田康弘

縄文時代とは、「日本の歴史」において土器を使用し、定住生活を行うようになり、狩猟・採集・漁労に加えて栽培という生業活動を主体とした食料獲得生活を営んでいた時期のことです。最も長く考えた場合、縄文時代の時間的範囲は、およそ一万六五〇〇年前から二四〇〇年位前までとなりますが、これには諸説があり、現在も議論が行われています。

縄文時代という区分

もともと縄文時代という時代区分は、「日本の歴史」を語るために用意された用語で、日本にしか存在しません。縄文時代を世界史的な歴史区分にあてはめると、新石器時代にほぼ相当しますが、現在の新石器時代の定義には、磨製石器の使用や農耕・牧畜の開始が含まれます。縄文時代には、確実な農耕や牧畜の存在は確認されておらず、その意味では、縄文時代を新石器時代とは言いがたい部分があります。しかしながら、定住生活を営み、非常に高度な精神文化を持ち、複雑な社会が存在していたこともわかっていますので、世界的にも非常にユニークな時代として捉えることができるでしょう。また、「日本の歴史」の時代区分ということで、その文化的範囲はおのずと日本国の領土内に限定されることになりますが、現在の北海道と鹿児島県では生活様式が異なるように、縄文時代の各地にもその地域の環境に適応した多様な生活様式・地域文化が存在しました。その一方で、土器を使用し、定住し、食料獲得生活を営むという点については各地の地域文化においても共通しており、研究者はこの点を重視し、これらをまとめて縄文文化という言葉でひとくくりにしています。縄文文化が、決して全国的に単一な内容を持つものではなかった、ということをご理解ください。

最古の土器　現在、日本で最も古いとされる土器は青森県外《そと》ヶ《が》浜町《はままち》にある大平山元《おおだいやまもと》遺跡から出土したもので、これは炭素14による年代測定の結果、およそ一万六五〇〇年前とされています（図1）。ただし、この年代については、測定資料や方法に問題があるという研究者もおり、実際はもっと新しいのではないか、一万五〇〇〇年位前が妥当な値ではないかとする説もあります。

図１　大平山元遺跡出土土器　大平山元Ｉ遺跡発掘調査団編（1999）『大平山元Ｉ遺跡の考古学調査』より

縄文時代のはじまり　これまで、土器の出現とその使用は、縄文時代のはじまりを示す重要な指標であると考えられてきました。また、土器が作られた理由についても、気候の温暖化とそれに伴う環境変化に適応していったためと考えられ、土器の出現が当時の人々の生活を大きく変えたとして、これを縄文時代のはじまりとする見方が主流でした。しかし、最近の研究によれば、この考え方をそのまま肯定するわけにはいかないようです。一万五〇〇〇年程前、数万年間にわたって続いた氷期《ひょうき》（氷河期）が終わり、気温は急激に上昇しました。その後、一万三〇〇〇年前頃に、ヤンガー・ドリアス期と呼ばれる一時的な寒の戻りがありましたが、一万一五〇〇年前頃から気候は

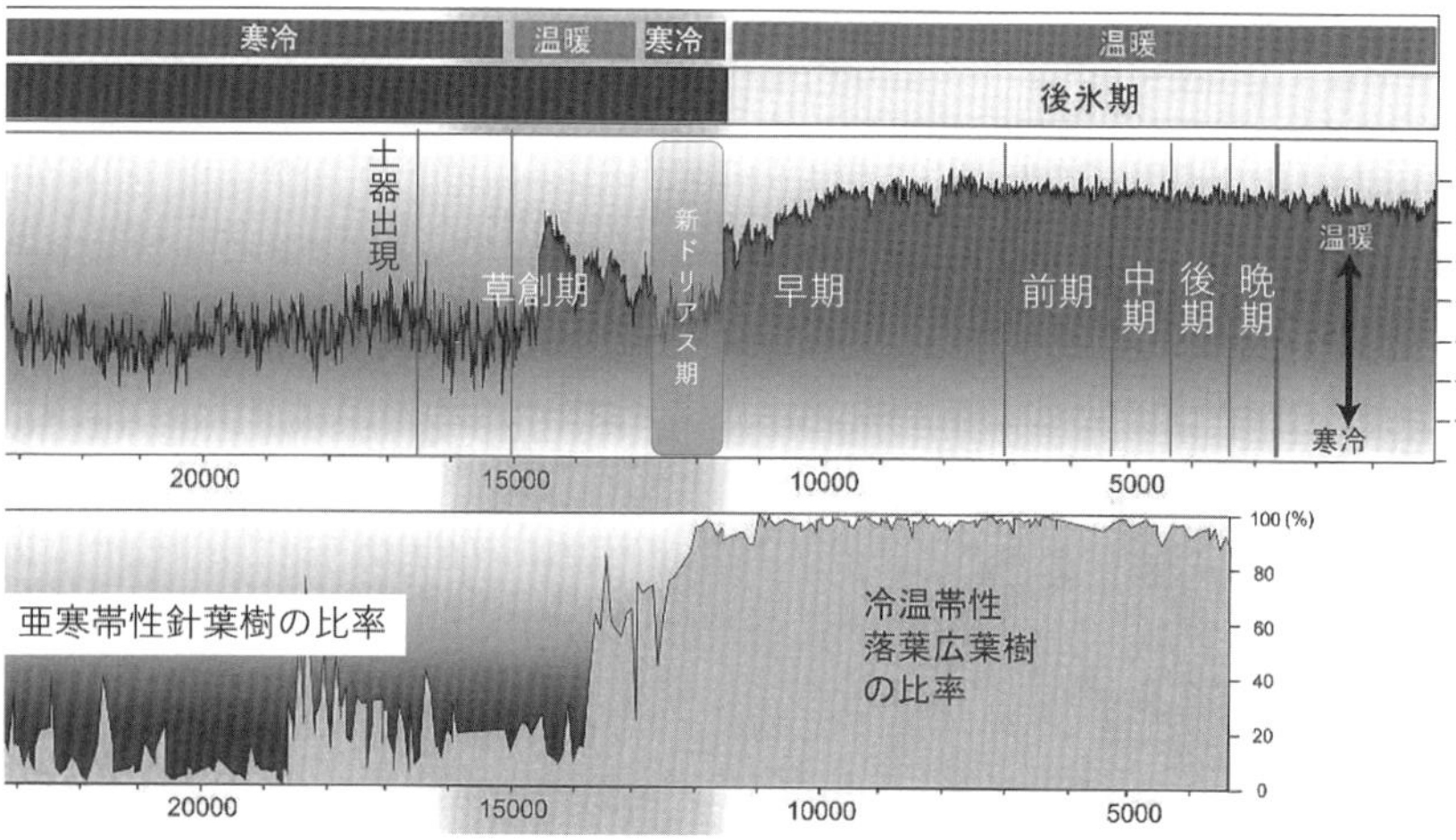

図2　2万年前から現在までの気候・植生の変化　国立歴史民俗博物館（2009）『縄文はいつから⁉』より

再び温暖化に転じました。その後、完新世《かんしんせい》を通じて気温は非常にゆっくりと低下していきましたが、現在に到るまで比較的安定した気候が続いています（図2）。しかし、土器が出現したとされる一万六五〇〇年前は、気候的にはまだ寒冷な状況にあり、このことが従来のように「土器の出現は、気候の温暖化という自然環境の変化に対応したものである」と理解することを難しくしています。そこで、現在ではこのような気候の変化と考古学的な資料のあり方を勘案して、縄文時代のはじまりについては、次の三つの説が提出されています。

第一の説：土器の出現をもって、縄文時代のはじまりとする考え。この場合、縄文時代のはじまりは一万六五〇〇年前までさかのぼることになります。

第二の説：土器の一般化、普及をもって縄文時代のはじまりとする考え。土器を出土する遺跡の数が増え、出土量が増加し、土器が本格的に普及したと考えられる段階をもって、縄文時代のはじまりとする立場です。この場合、縄文時代のはじまりはおよそ一万五〇〇〇年前、すなわち温暖化が開始された頃ということになります。

第三の説：いわゆる縄文文化的な生業形態・居住形態が確立した段階をもって、縄文時代のはじまりとする考え。気候が温暖化していく中で、旧石器時代とは異なった環境が成立し、植物採集、狩猟、漁労といった様々な生業体系が確立し、貝塚の形成や竪穴住居の普及にうかがうことができるように定住生活が本格化していく時期、ここに画期を認めるのが第三の説です。この場合、縄文時代のはじまりはおよそ一万一五〇〇年前のことになります。

この三つの説を比較すると、土器の出現と定住生活の出現や貝塚の出現といった縄文時代らしい生活の成立時期との間には五〇〇〇年程の時間差が存在することになります。旧石器時代から縄文時代への移行は決して急激なものではなく、次第に温暖化していく環境への適応の中で、長い時間をかけて継起していったものと捉えることが重要です。

縄文時代のおわり　縄文時代が食料獲得生活の時代とするならば、弥生時代は食糧生産生活の時代と言うことができます。食糧生産生活が開始されたことを端的に裏付ける資料としては、水田があげられるでしょう。現在までのところ最も古い水田跡は、福岡県板付《いたづけ》遺跡から発見されているもので、これは三〇〇〇年くらい前のものです。しかしながら、三〇〇〇年前というと、東北地方は「亀ヶ岡《かめがおか》式土器」や遮光器土偶《しゃこうきどぐう》などで著名な「亀ヶ岡文化」真っ盛りの時期になります。また、現在みつかっている最北の水田は、青森県砂沢《すなざわ》遺跡のものであり、これはおよそ二四〇〇年前のものです。ということは、日本列島域の多くの地域で縄文時代が終わりを迎える、すなわち稲作が渡来し、水田が広がっていき、本州北部が弥生時代へと移行するまでには、およそ六〇〇年間かかったということになります。この六〇〇年間という時間幅をめぐって、どこまでが縄文時代で、どこからが弥生時代なのか、学界では様々な議論が行われています。

縄文時代の時期区分　縄文時代は最も長い時間幅で見た場合、数字の上ではおよそ一万三〇〇〇年間も続いたことになります。しかしながら、その始めの部分と終わりの部分では土器の形にせよ、生活様式にせよ、大きな変化がみられました。したがって、食料獲得生活という共通性はあるのですが、一万三〇〇〇年間にもわたって、単一な生活が続いたということではありません。考古学では縄文時代をひとくくりにして扱うようなことはせず、草創期・早期・前期・中期・後期・晩期の六つに区分しています。その六期区分の特徴を、最も長い時間幅の場合を例にとって大まかに記すと、次のようになります。

草創期：一万六五〇〇年前〜一万一五〇〇年前頃（大体五〇〇〇年間）……縄文時代に先行する旧石器時代の文化から、本格的な縄文時代の文化へと次第に移り変わっていく時期です。竪穴住居や土偶が出現し、この頃に生活様式上の様々な試行錯誤が行われ、次第に移動生活から定住生活へと切り替わっていきました。

早期：一万一五〇〇年前〜七〇〇〇年前頃（大体四五〇〇年間）……この時期には気候が急激に暖かくなったため、極地付近にあった氷が溶けるなどの影響によって海水面が上昇し、日本列島域における沿岸部の地形や自然環境が大きく変化しました。日本列島域の各地では新しい環境に適応して、次第に本格的な定住生活が開始されました。また、新しい自然環境における動植物の中から食用となるものがみつけ出され、食料の種類は以前よりも豊富になりました。特に魚貝類は新たに食料の中に加えられたものも多く、各地では貝塚が形成されるようになりました。縄文文化の基礎が作られた時期として理解することができます。

前期：七〇〇〇年前〜五四七〇年前頃（大体一五三〇年間）……気候が最も温暖化し、海水面も最も高くなった時期で、関東地方では海が現在の栃木県栃木市あたりまで大きく入り込んでいたことがわかっています。これを縄文《じょうもん》海進《かいしん》といいます。台地の上を居住地点として、規模の大きな集落が作られた一方で、台地に隣接する低地の開発が進み、様々な形で利用されるようになりました。また、ウルシの利用も本格化するなど、様々な植物利用が行われるようになる時期でもあります。早期の文化を発展継承して、縄文文化が大きく花開いた時期として捉えることができます。

中期：五四七〇年前〜四四二〇年前頃（**大体一〇五〇年間**）……地域によっては一〇〇棟以上の住居からなる大型の集落が形成されたとともに、人口数も最も多くなった時期で、縄文文化の高揚期として捉えることができます。一般に縄文土器として紹介されることが多い、派手で大ぶりな把手や文様が付けられた土器の多くはこの時期に作られました。一般書や雑誌などに縄文文化を代表する時期として取り上げられることも多く、縄文時代のイメージを形作っている時期でもあります。

後期：四四二〇年前〜三二二〇年前頃（**大体一二〇〇年間**）……中期の終末から後期の最初の頃に、気候的に冷涼となる時期があり（これは4・2Kａイベント、あるいは発見者の名前をとってボンド・イベント3と言われます）、これによって中期までの集落のあり方や墓のあり方、社会構造や精神文化などが変化を起こしました。後期後半には、北海道や東北地方北部などで、副葬品をたくさん持つような特別な墓が作られるなど、従来のイメージにあるような単純な平等社会とはやや異なった状況がみられるようになります。そのため、縄文文化の変容期として把握される時期でもあります。

晩期：三二二〇年前〜二四〇〇年前頃（**大体八二〇年間**）……東北地方において、精巧な亀ヶ岡式土器や遮光器土偶を生み出した亀ヶ岡文化が発達した時期のことを、日本列島域一律に縄文時代晩期と呼んでいます。ただし、九州においては三〇〇〇年位前から灌漑水田稲作が開始されるため、晩期の期間は二〇〇年程度しかありません。したがって、縄文時代のおわりを北部九州にあわせて三〇〇〇年前とするか、それとも東北地方北部で水田稲作がはじまる二四〇〇年前とするか、弥生時代・文化との連続性をめぐって様々な議論が行われています。

縄文文化の範囲　現在の研究では、北海道の縄文土器と系譜的に連続する土器群は、サハリンや沿海州などの大陸側からは主体的には出土しないことが判明しています。また、北海道東北部において縄文土器の主体的な分布域は途切れてしまい、北海道の中で縄文文化は完結してしまうとも考えられています。北部九州と朝鮮半島南部においては、土器や釣針など個々の遺物においては類似性が認められるものの、文化を共有するというような状況ではなく、対馬海峡において文化的な区分線を引くことが可能です。一方、沖縄を含めた南西諸島においても、九州と系譜的に連続する土器群の広がりは種子島・屋久島あたりまでで、それより南の島々では、前期と後期の段階で一時的につながりが確認されているものの、むしろ独自の土器文化を持っており、これを「琉球縄文文化」などとして、縄文文化から切り離す主張もみられます。これらの状況を見る限り、現在の日本国の領土と縄文土器の主体的分布域は必ずしも厳密に一致するものではありませんが、見方を変えれば日本列島内、現在における日本の国土内に見事に収まっていると言えなくもありません。少なくとも縄文文化の範囲を、日本列島の中で考える立場には、一定の理があるでしょう。

縄文時代＝縄文文化か？　縄文時代の文化は、縄文文化である、私たちは学校でそのように教わってきました。しかしながら、世界中の先史時代においては、このように時代と文化が一対一で対応するような事例はあまりなく、一つの時代区分の中にはいくつもの文化が含まれていることが普通です。その意味では、日本の歴史における縄文時代と縄文文化の関係は、少々特殊なものであると言うことができます。先にもお話ししたように、縄文文化は非常に多様であり、時期と地域によって大きな変異をみせます。たとえば、東北地方北部三陸沿岸部と中四国地方瀬戸内海沿岸部とでは、それぞれの背景となる環境が異なりますし、その環境に対する適応の仕方も異なります。そしてそれは、集落のあり方や道具立てのあり方の違いとして考古学的に認識することが可能です。そのように考えると、縄文文化とは、時期や地域によって異なる文化を一括したものと捉えざるをえません。つまり、縄文時代の中には、時期と地域によって、本来いくつもの別の文化が存在したことになります。では、なぜ縄文時代＝縄文文化とされてきたのでしょうか。それは、縄文時代・文化を語る際には、必ず「古来より一つの国である日本、という枠組みの中で考える」ことが前提とされてきたからです。この点については、「縄文時代・文化というものは、戦後の新しい歴史観によって新しい日本国民を育成するために設定された、きわめて政治性の高い歴史概念である」と主張する研究者さえ存在します。いずれにしても、これまで縄文時代・文化は、日本の歴史という一国史を発展段階的に語るために、新しく大陸よりやってきた開明的な弥生時代・文化によって克服されるべきものとして叙述されてきましたが、その歴史的枠組みそのものが、もはや再検討されるべき段階に来ているということについて、十分自覚的になっておく必要があるでしょう。

〔参考資料〕小林謙一・工藤雄一郎・国立歴史民俗博物館編『縄文はいつから!?』（新泉社、二〇一一年）、藤尾慎一郎『弥生時代の歴史』（講談社、二〇一五年）、山田康弘・国立歴史民俗博物館編『縄文時代　その枠組・文化・社会をどう捉えるか?』（吉川弘文館、二〇一七年）、山田康弘『縄文時代の歴史』（講談社、二〇一九年）

コラム1

日本考古学のはじまり

日本の近代考古学の幕開けは、お雇い外国人として東京大学に招聘されたアメリカの生物学者、エドワード・S・モースが一八七七年（明治一〇）に行った東京都大《おお》森《もり》貝塚の発掘調査です。江戸時代にも石器を集めたり使いみちが話題になりましたが、いずれも古物趣味の域を出ずに学問と呼べるほど体系的なものではありませんでした。

モースは汽車の車窓から崖に白い貝殻が厚く堆積しているのを発見し、貝塚であると察してさっそく発掘調査しますが、人工品ばかりではなく貝や獣の骨などもたんねんに調査して持ち帰りました。その二年後には立派な報告書が出版されています。それは、東京大学の学術報告第一号でもありました。

このような厳密性は、たとえば報告書の遺物の図面にもあらわれています。土器の図面は正面から正しく描かれていますが、実際の原図をよく見ると図の端々にピンのあとがあります。これはきちんと計測して図面をとっていた証拠です。それがなぜ重要かというと、一定の法則にしたがって作った図面だからです。客観性がない図面では観察結果がまちまちになってしまい、正確な情報を共有することはできません。考古学が科学であるためには、同じ基準で誰もが等しく検証することのできる反証材料を提供することが基礎になるのです。

大正時代になると、縄文土器の文様や文様帯の変化の法則を型式学という方法によってつかみ、遺跡を層位的に発掘することで変化の順序の仮説を検証する研究が松《まつ》本彦七郎《もとひこしちろう》によって進められました。それを受け継いで仙台地方や関東地方の貝塚を発掘調査した山内清男《やまのうちすがお》は、同じ結果が出るかどうかその隣の地区を発掘して仮説が正しいか確める作業を繰り返し進めて、昭和初期には現在の縄文土器編年の大綱を作りあげたのです。

文字のない時代の歴史を刻むための確かな年代の枠組みづくりという何よりも優先される研究は、モースの科学的精神を継承したものと言ってよいでしょう。

（設楽博己）

〔参考文献〕勅使河原彰『縄文時代を知るための110問題』（新泉社、二〇二一年）

第一部　縄文人と環境

Q1 縄文人はどのように生まれましたか

A

縄文人は、日本人の成り立ちを考えるうえで最も基層となる人々です。アフリカで生まれたホモ・サピエンスがユーラシア大陸各地へ拡散していく過程で、その一派として日本列島にやってきた旧石器時代人が、やがて縄文文化をはぐくみ、土器を作成し、定住化を広めました。日本列島という比較的閉ざされた空間で、四季の変化に富む環境に適応し、約一万年という時間をかけて、日本人の基層集団となりました。

日本列島の人類史　日本列島に人類が住みついたのは、三万年をさかのぼる旧石器時代であるのは確かなようです。日本列島における旧石器時代の遺跡分布をみると三万八〇〇〇年前以降に遺跡数の増大がみられます。その後、およそ一万数千年前に縄文時代がはじまるまで、いわゆる後期旧石器文化が続きますが、最終氷期最寒冷期（LGM）を含むこの時期は、現在より海面が一〇〇m近く低く、その結果、日本列島周辺の陸海状況は現在と異なっていました。北海道は、本州とはつながりませんでしたが、北のサハリンとは陸橋を形成し、一時期北東アジアからのびる半島となっていたようです。本州は四国・九州とつながり一つの島「古本州島」を成しており、韓半島とは現在よりも狭い海峡で隔てられていました。台湾は大陸の一部でしたが、南西諸島、琉球列島は陸つながりにはなりませんでした。最も古い旧石器が「古本州島」でみつかっていること、年代的に確からしい旧石器時代人骨が「古本州島（浜北《はまきた》人）」と琉球諸島（港川《みなとがわ》人、白保竿根《しらほさおね》田原《たばる》洞穴など）でみつかっていることから、日本列島に住みついた旧石器時代人は、海を渡ってきたと考えられます（図1）。

日本列島人の二重構造仮説　日本列島人の進化史については、埴原和郎《はにはらかずろう》の「二重構造仮説」が、その大筋を表しています。ここで二重構造とは、下部構造として日本列島全体に比較的均質な「縄文人」が住んでいたとし、その上に、上部構造としていわゆる「渡来系弥生人」が、水稲稲作文化とともに北部九州・山口地方より侵入し、下部構造である縄文人との「交替」あるいは「混血」が進んだ結果、現在の日本列島人が形成されたというものです。この仮説は、現在の日本人にみられる様々な形質における地域差や地域勾配をうまく説明しています。

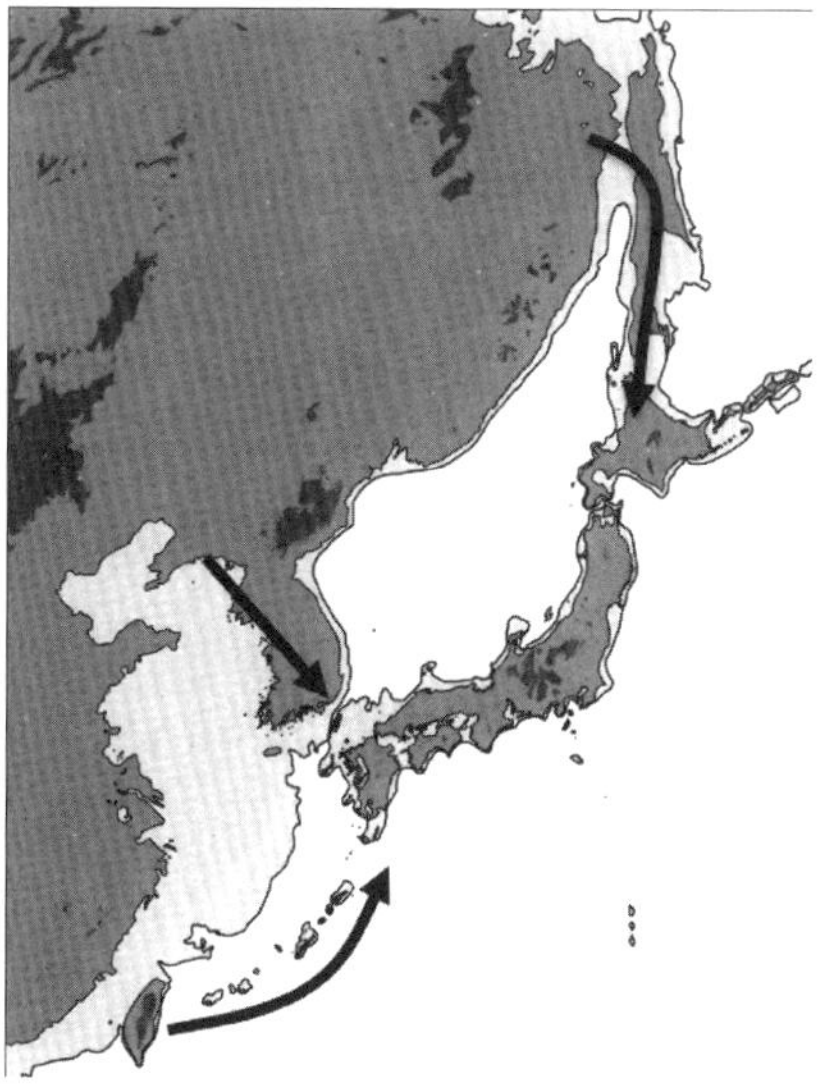

図1　海面が今より約130m下がっていた2万年前ごろの日本列島と移動ルート
海部（2016）を改変

縄文人の起源　このように、縄文人以降の日本列島の人類史は「二重構造仮説」でうまく説明されますが、縄文人の起源に関しては、現時点でもよくわかっていません。縄文人と似た形質を持つ古人骨を同時期の大陸側で探す試みはおおかた失敗し、より古い旧石器時代人にまで探索を広げる必要があります。南中国からタイ、ベトナムで発見された旧石器時代人骨、先史時代人骨の中に、縄文人と似たものがみつかってきています。一方で、近年、古人骨DNA分析が縄文人にも適用可能となり、縄文人のルーツについてわかってきたこともあります。それは、縄文人がアジアへ拡散してきたホモ・サピエンスの中で、比較的古い系統に属するだろうということです。三〇～二〇万年前にアフリカで誕生したサピエンスは、四～五万年前には東アジアへ到達したと考えられていますが、その古層集団から縄文人は由来する可能性が高いと考えられます。

最初にアジアへの拡散を果たしたホモ・サピエンス古層集団は、インド洋を海岸伝いに東南アジアへ到達し、その一派が日本列島に住みついたのかもしれません。このアジアの古層集団はその後北上し、北東アジアから東アジアの新石器時代人となったようです。弥生時代以降に日本列島へやってきた「渡来系弥生人」は、この北東アジアの新石器時代人に由来すると考えられています。

日本列島の更新世人類　縄文人を、アジアへ拡散したホモ・

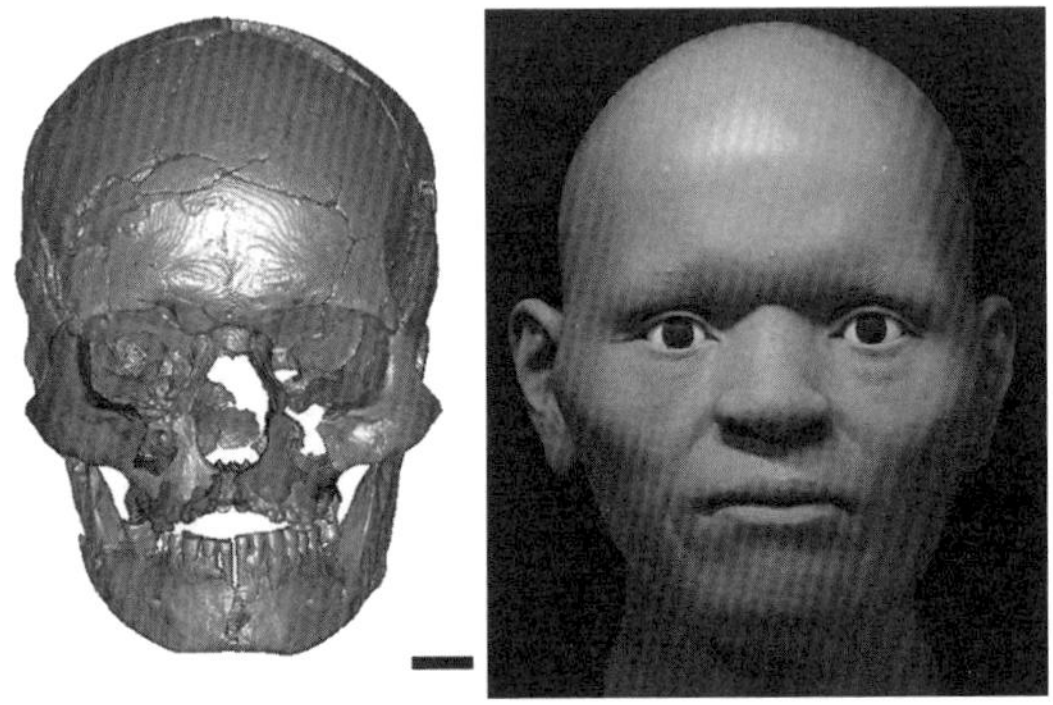

図２　白保竿根田原４号男性頭蓋デジタル復元とその復顔モデル　河野他（2018）より改変

サピエンスの古層集団の一派と考えるには、縄文人、特に初期の縄文人と日本列島の更新世人類、さらには東南アジアの古層集団と比較する必要があります。幸いなことに、最近、石垣島の白保竿根田原洞穴から比較的保存のよい旧石器時代人骨がみつかりました（図２）。この白保四号男性頭蓋と復顔モデルを見ると、顔が低く幅広であり、鼻根部の強い陥凹がみられるなど、縄文人と共通の特徴がみられます。予備的な分析を試みた河野ら（二〇一八）によると、白保四号頭蓋の形態は、日本列島の旧石器時代人や縄文人、そして中国南部やベトナムなど琉球列島よりもさらに南方系の先史時代の人々に近いということです。

縄文人の成立　縄文人は、後世の日本列島人や同時代の大陸側の新石器時代人とは異なる、独特の形質を持ちあわせていました。縄文人の頭骨は大きく、高さはやや低く、前後長、左右幅ともに現代日本人より大きい。顔は高さが低いわりに横幅が広い。眉間から眉弓にかけては独特の隆起を示す一方で、眉間と鼻根の境は強く陥凹しその下に続く鼻は高く隆起し、いわゆる鼻筋がよく通っています。これらの頭蓋、顔面の特徴は、縄文時代を通じて共通していたようです（図３）。

図３　縄文人頭骨　左は早期女性（居家以岩陰）、他は関東地方中期・後期頭骨。左より、曽谷E1号（女性）、向台10号（女性）、向台18号（男性）、今島田（男性）（撮影：近藤修）

　歯並びは整然としていますが、咬耗《こうもう》は強く、高齢では歯根《しこん》のみを残す個体も多くみられます。中には、歯列の一部が斜めにすり減り上下の歯列間に広く隙間を持つものや、歯冠の一部が溝状に磨り減ったものなどがみられ、これらは通常の食生活ではなく、皮なめしのような、歯を道具として使った痕跡と考えられています。

身長はおおむね低く、大腿骨《だいたいこつ》最大長にもとづく身長推定によると縄文人の身長は男性一六〇cm弱、女性一五〇cm弱でした。ただ小柄なわりには筋肉の発達はよく、がっちりしており、四肢骨の筋付着部の発達は強く、大腿骨・脛骨《けいこつ》の中央部断面形も柱状《ちゅうじょう》大腿骨、偏平脛骨を示し、広く後期旧石器時代人、狩猟採集民にみられる特徴を備えていました。

アジアへ拡散したホモ・サピエンスの古層集団の一派としてやってきた旧石器人がやがて日本列島全体に住みつき、比較的閉じた環境で縄文文化を育み、縄文人となり、その後も渡来系弥生人がやってくるまでの長期間を生き延びたというのが、もっともらしい仮説かもしれません。日本列島は南北に長く、また、縄文時代もおよそ一万年にわたって継続します。南北の環境差や時代差などに適応しつつ、総体としての縄文文化と縄文人としての共通の形質を引き継いでいったと考えられます。

（近藤　修）

〔参考文献〕海部陽介『日本人はどこから来たのか?』（文藝春秋、二〇一六年）、河野礼子 他「3次元デジタル復元に基づく白保4号頭蓋形態の予備的分析と顔貌の復元」『Anthropological Science（Japanese Series）』（一二六巻、一五―三六頁、二〇一八年）、Kondo O. et al.「A female human skeleton from the Initial Jomon period found in the Iyai rock shelter in mountainous Kanto, Japan」『Anthropological Science』（一二六巻、一五一―一六四頁、二〇一八年）

Q2 DNAから何がわかりますか

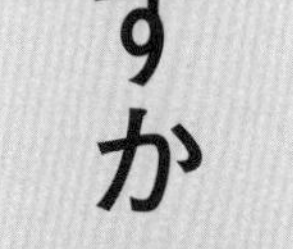

A　ある生物が、その生物であるために必要な遺伝情報の総体を「ゲノム」と呼んでいます。ゲノム情報を書き込む媒体がDNAという物質です。DNAは主に、生物の細胞の中にある細胞核と呼ばれる場所に格納されていますが、その生物の死後、分解されてしまいます。しかし、一部のDNAは生物の遺物に残る場合があります。縄文人の遺物（骨や歯）などにDNAが残っていて、それらを取り出すことができれば、その縄文人についてのさまざまな情報を得ることができます。

「私」の遺伝情報　地球上の全ての生物は「設計情報」を持っています。これを「ゲノム（genome）」と呼んでいます。ゲノム情報はデオキシリボ核酸（deoxy nucleic acid: DNA）という物質に書き込まれています。DNAは鎖状の分子で、二重らせん構造をとっています。DNAに書き込まれた情報は四つの文字で構成されています。「文字」という言い方をしましたが、実際はアデニン（A）、シトシン（C）、グアニン（G）、チミン（T）という四種類の塩基と呼ばれる物質です。これらは二つのDNA鎖が互いに結合するのを仲介する物質で、ちょうど文字のように並んでいて、塩基が対をなして結合するためDNAは二重らせん構造を形成するのです。生物種によってゲノム全体の文字の対（塩基対）の数は異なります。ヒト（*Homo sapiens*）は約三〇億塩基対で構成されるゲノムを持ちます。基本的に同じヒトであれば、ほぼ同じ文字列（DNAの塩基配列）です。しかし、DNAの文字列は、個人個人で微妙に違いがあります。これを変異（variation）と呼び、集団中の頻度が一%を超える場合、遺伝的多型《たけい》（genetic polymorphism）と呼んでいます。これらが生み出すDNAの多様性が生物学的な「私」を決める基礎になっています。

両親から受け継ぐゲノム　ヒトの身体（からだ）を構成する細胞は約三七兆個あると言われていますが、原則的に全ての細胞が「私の設計情報」の一セットを「細胞核（nucleus）」という場所に格納しています。例外的に細胞質に数百〜数千個存在するミトコンドリアという細胞内器官も独自のゲノムを持っていて、これをミトコンドリアゲノム（mtDNA）と呼んでいます。mtDNAに対して細胞核に格納されているDNAを核DNAと呼ぶこともあります。「私」の核DNAは両親から半分ずつ受け継いでいますが、mtDNAは、母親のみから受け継ぎます。「核DNAは両親から半分ずつ受け継ぐ」と言いましたが、実は一部は父親のみから受け継ぐ部分があります。それがY染色体《せんしょくたい》です。細胞核に格納されているDNAは、ヒトの場合、四六本の染色体（chromosome）という状態でまとまっています。子供である「私」は卵子と精子の受精によって誕生しますが、母親から卵子に含まれる二二本、父親から精子に含まれる二二本の常染色体（autosome）を受け取ります。つまり二二×二＝四四本を受け継ぐわけですが、加えて性染色体（sex chromosome）と呼ばれるX染色体、Y染色体を受け継ぎます。

父母は祖父母のゲノムを混ぜて「私」に伝える　卵子や精子を配偶子《はいぐうし》と総称します。配偶子は「始原生殖《しげんせいしょく》細胞（primordial germ cell: PGC）」というおおもとの細胞から体細胞分裂、減数分裂という過程を経て形成されます。この過程で「DNA組み換え（DNA recombination）」ということが起こります。「組み換え」とは「混ぜ合わせる」ということなので、これは「私」にとっての母親・父親が配偶子を作る際に、「私」にとっての祖母・祖父のゲノムを混ぜ合わせる工程と言えます。このため一つ一つの配偶子は、祖母・祖父のゲノムを異なる混合比で混ぜ合わせたものということになります。どの配偶子が受精するかは、偶然によって決まるので、孫である「私」が、四人の祖父母のゲノムをどのような割合で受け継ぐかは、偶然によって決まります。

核ゲノムとmtDNAでわかる血縁関係　Y染色体には精巣を形成するのに鍵となる遺伝子SRYがのっているので、性染色体をXYの組み合わせで持つと生物学的には男性に、XXの組み合わせで持つと女性となります。父親の精子にY染色体が含まれていれば、受精卵ではXYの組み合わせになりますが、父親の精子にX染色体が含まれていればXXになります。つまり、Y染色体は男性の系統のみで受け継がれていきます。一方、受精卵において卵子に含まれていたミトコンドリアのみが残り、精子に含まれていたミトコンドリアは排除される仕組みがあるため、mtDNAは女性の系統のみで受け

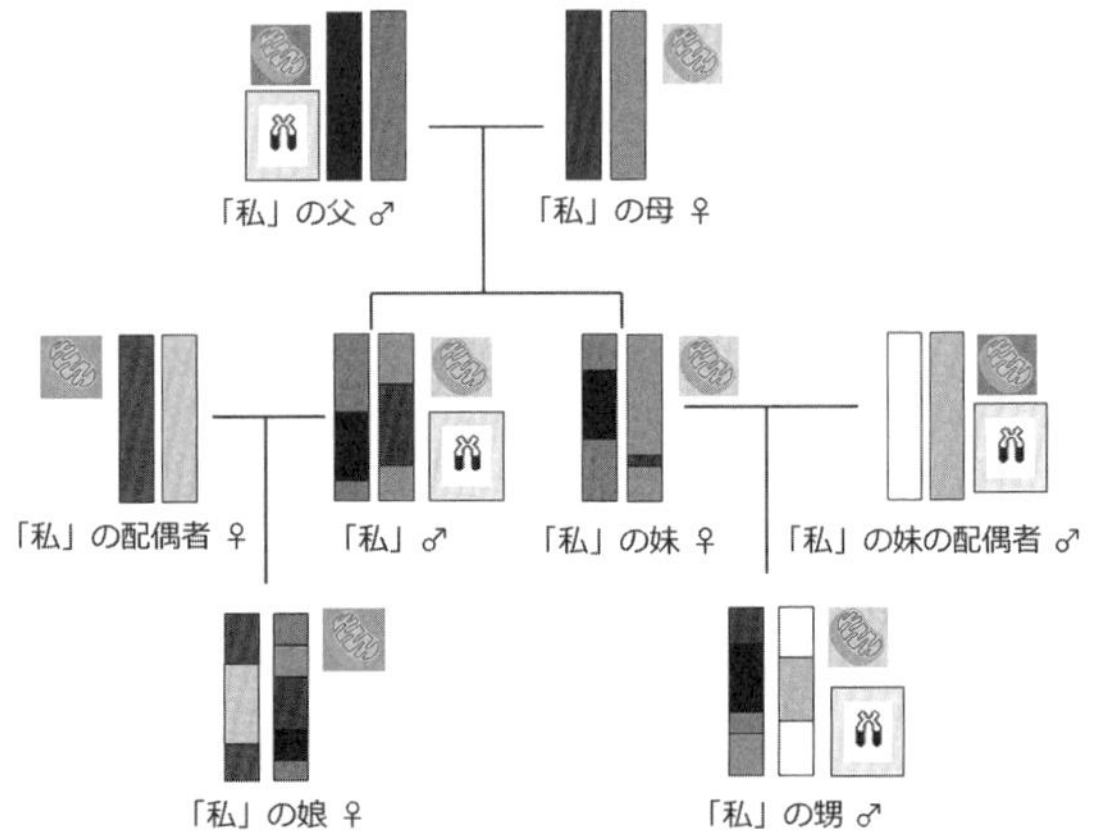

図1　核ゲノムとmtDNAでわかる血縁関係

継がれていきます。したがって、ゲノム全体は、基本的に両親から半分ずつ受け継ぎますが、Y染色体やmtDNAは特定の性に受け継がれます。一方、性染色体ではない染色体（常染色体）はDNA組み換えによって両親からの情報を混ぜながら子孫へ伝わっていきます（図1）。

古代DNAから親族構造を再構築する　ある遺跡の埋葬小《まいそうしょう》群《ぐん》が、仮に図1のような八個体によって構成されていたとします。まずmtDNAを調べると、その塩基配列が全く同じ四個体（「私」、「私」の母、「私」の妹、「私」の甥）がみつかります。これらは母系の血縁者であることが、この事実から明らかになります。他に二個体（「私」の配偶者、私の娘）が全く同じmtDNA配列を持っているので、これらも母系の血縁者であることが明らかになります。さらに、核ゲノムを調べることで、これら八個体が互いに何親等以内の血縁関係にあるかがわかります。mtDNA配列の情報をあわせれば、家系図を復元することも、理論上可能です。ところが、問題があります。古い人骨の中には、DNAがごくわずかしか残っていません。また、残っていたとしても、断片化し、分子の数も減少してしまっています。このため、八個体全てのゲノム情報を完全な状態で復元するのは、極めて困難で、どうしても虫食いのデータになりがちです。それでも、古人骨の埋葬状況や形態的特徴、年代測定値や安定同位体分析の結果など、DNA以外の情報も組み合わせることによって、遺跡内の親族構造を再構築できると期待されます。

縄文人は狩猟採集民でありながら、定住性が高く、遺跡に多くの人骨が埋葬されている世界的にも珍しい人々です。彼らの親族構造を解き明かすことは、人類が農耕以前にどのような社会を構築し、営んでいたのかについて重要な手がかりを与えてくれることでしょう。

古代DNAからわかる縄文人の来歴　現在、世界中の人々のゲノム情報が国際DNAデータバンクに蓄積されています。こうした今生きている人々のゲノム情報と古人骨から得られたゲノム情報を比較することで、過去に生きていた人が、現在のどの地域の人々と遺伝的につながっているか推定できます。縄文人骨のゲノム解析の結果は、約三〇〇〇年前に東アジア大陸からおそらく朝鮮半島づたいに稲作農耕をたずさえて日本列島にやってきた渡来人と縄文人の交雑で現代日本人が誕生したことを示しており、現代日本人のゲノム中、一〇～二〇%が縄文人由来であることを示しています。現代日本人の各人は、縄文人由来ゲノムをさまざまなパターンで持っていることがわかってきました（図2）。愛知県にある伊川津《いかわづ》貝塚遺跡から出土した縄文後晩期の人骨から得られたゲノム情報は、現在の東南アジア人集団の祖先集団から現在の東アジア人集団の祖先が分岐する以前に分岐していたことを明らかにしました。これは縄文人が東アジア基層集団と深いつながりがあることを示しています。

このように、縄文人のゲノム解析は、ユーラシア大陸の東側への人類の拡散と人類集団の形成史を明らかにするのになくてはならない情報を与えてくれます。縄文時代は約一万六〇〇〇年前から約三〇〇〇年前まで、長く続いた時代ですので、一口に縄文時代と言っても日本列島全体で一万年以上の時を越えています。今後、もっと様々な時期、様々な地域の縄文人骨のゲノム解析が進むことが望まれます。

（太田博樹）

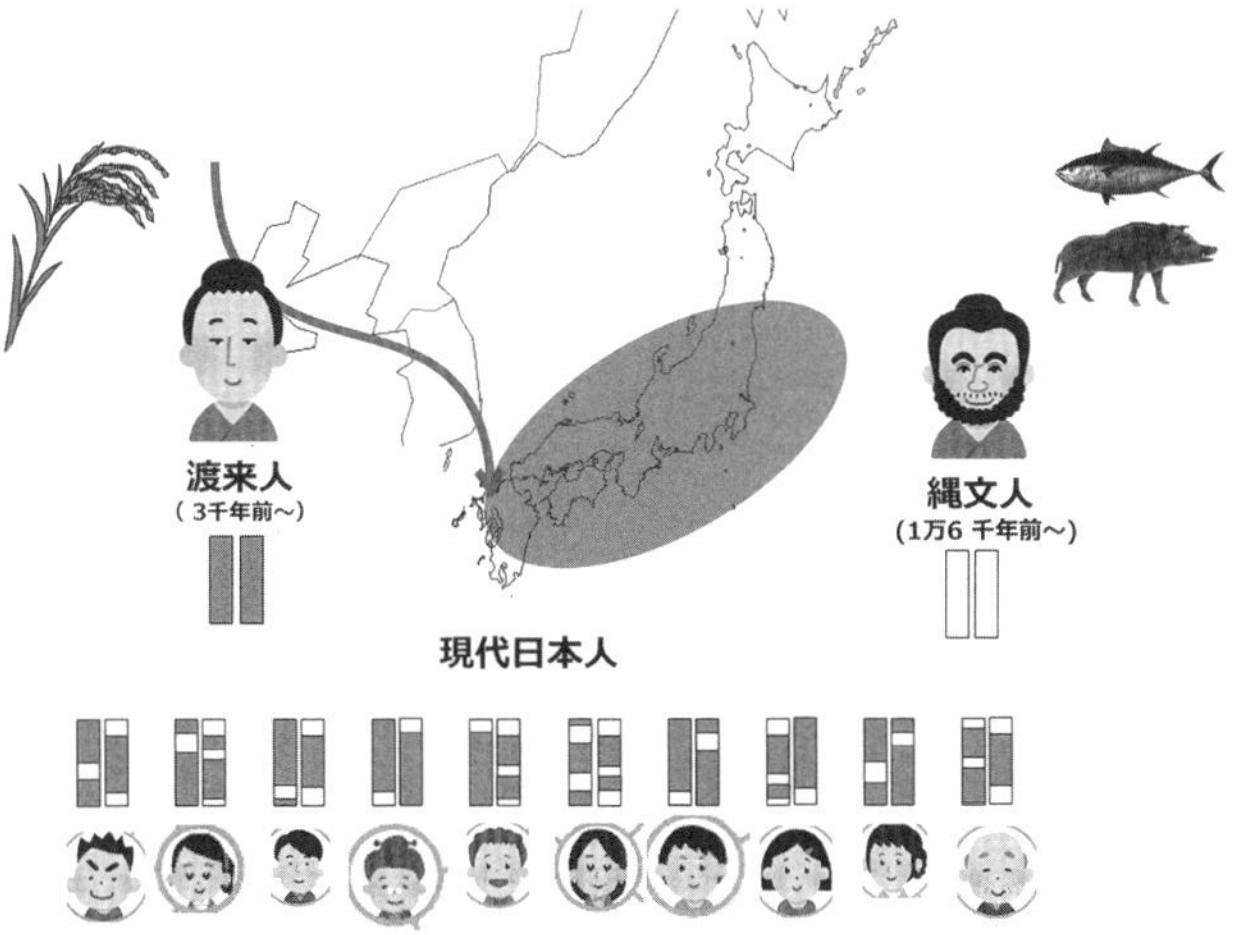

図2　現代日本人と縄文人の関係

〔参考文献〕太田博樹『遺伝人類学入門』（筑摩書房、二〇一八年）、太田博樹『古代ゲノムからみたサピエンス史』（吉川弘文館、二〇二三年）

Q3 顔と身体について教えてください

A

縄文人の容姿を知るうえで最良の方法は、今に残された彼らの骨を調べることです。さいわい、縄文時代の遺跡、とりわけ縄文時代中期～晩期（約五五〇〇～二三〇〇年前）の貝塚遺跡からは保存のよい人骨が多数みつかっています。人類学者はこうした人骨の形態を丹念に観察し、他のヒト集団との共通点・相違点を明らかにすることで、縄文人の身体的特徴をあれこれと見出してきました。ここでは縄文人の姿形について、これまで人類学者が認識してきたことがらをかいつまんで紹介しましょう。

頭が大きい　解剖学では頭部の骨のことを頭蓋《とうがい》といい、とくに脳を収容する部位に限っては脳頭蓋《のうとうがい》と呼びます。縄文人の脳頭蓋は、現代日本人と比べると上下に低くて前後と左右に大きくつくられています。このことから縄文人は総じて大きな頭をしていたと考えられています。また、縄文人の脳頭蓋は、形の点でも少し違います。現代日本人の頭はたいがい丸っこくてサッカーボールに近い形なのですが（周りの人たちをご覧なさい）、縄文人の場合は相対的に前後に長い楕円体《だえんたい》であり、多少ラグビーボールの形に寄っています。

彫りが深い顔立ち　次ページで縄文人と現代日本人の顔の骨を見比べてみましょう（図1）。縄文人には次のような典型的特徴が指摘されています。

①頬や下顎の骨が外側に張り出して横幅が広い割に、高さはとても低い（現代日本人は横に狭くて縦に長い）。

②眼球を入れる眼窩《がんか》は、全体に横長で、四角い輪郭を描く（現代日本人は縦長で丸い）。

③眉間と鼻背が強く隆起するかたわら、鼻根は奥まっており、全体として立体性が強い（現代日本人は平たく滑らかに移行する）。

④上下の歯列は鉗子《かんし》状咬合《じょうこうごう》（後述）のかみ合わせを作る（現

代日本人は鋏状咬合《はさみじょうこうごう》である)。

右の特徴から、縄文人の平均顔としては、全体に四角い印象で、彫りが深く、鼻筋が通った高い鼻を持ち、さらに引き締まった口元をしていたと推測されています。目鼻立ちがよくて精悍《せいかん》な「濃い目」の顔立ちとも言われます。

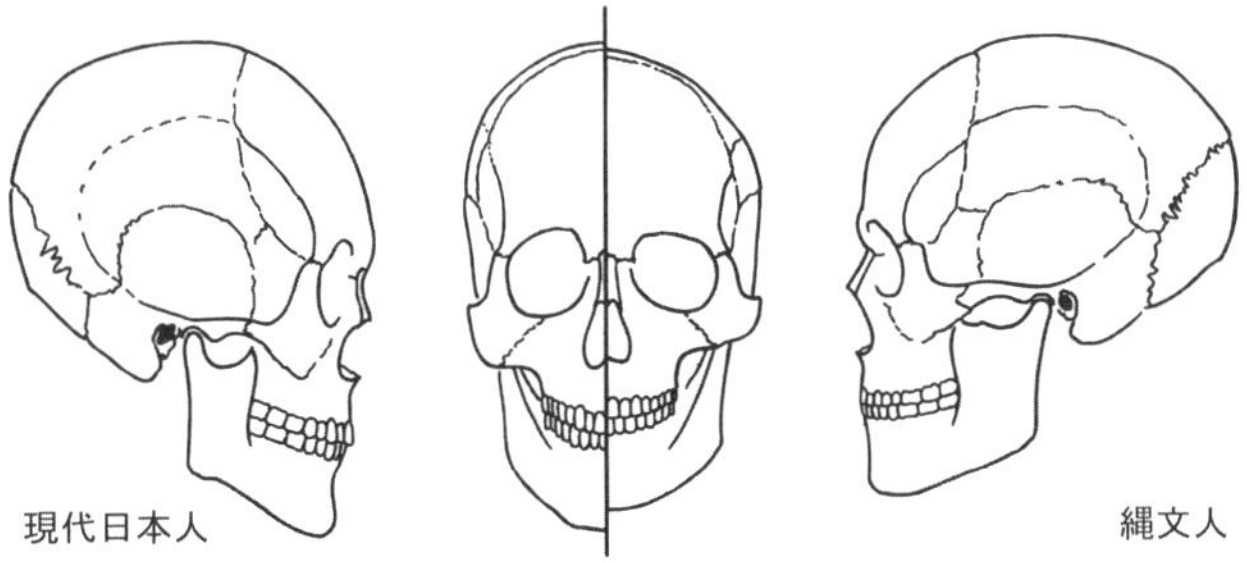

図1　縄文人と現代日本人の頭蓋比較　馬場悠男作図

歯のあれこれ

縄文人の歯は、現代日本人と比べて全体にサイズが小さく、比較的単純な形をしています。その理由は、一説には縄文人の祖先が果実など柔らかい食べ物の多い東南アジアに生息していたからといいます。

成人期の縄文人、とりわけ熟年以上の個体の場合、たいてい歯がひどくすり減っています。現代人の咬耗《こうもう》の程度とは桁違いで、歯冠のエナメル質部分がすっかりなくなってしまった個体もざらにいます。彼らがこれほど劇的に歯をすり減らした要因としては、硬い食べ物を常食していたことや、食べ物に砂など咬耗を促進させる物質が混入していたこと、また狩猟採集的な労働において歯を道具的に酷使していたこと（皮なめしなど）があげられています。

縄文人の歯並びはとても整然としており、その歯列は滑らかな放物線を描きます。第三大臼歯（親知らず）もほとんどの人で生えていました。かたや現代日本人の状況はひどいもので、近年の厚生労働省の調査によると若者の四人に一人が叢生《そうせい》（乱ぐい歯）といいます。縄文人の歯並びがよかったことの大きな理由としては、先ほど紹介した、歯が小さいという特徴に加えて、顎をよく使って食べ物をかむため顎骨が発達していた点があげられています。

縄文人の上下の歯列をかみ合わせてみると、多くの個体で上下の切歯の先端がぴたりと合わさり、あたかも毛抜きのような咬合、いわゆる鉗子状咬合を示します。一方で現代人は上顎切歯が下顎切歯の前方に覆いかぶさる鋏状咬合であることが一般的です。この縄文人の独特な咬合様式は、実は生まれつきのものではありません。縄文人は永久歯が生えてきた子供の頃には鋏状咬合の状態ですが（図2）、切歯が激しく咬耗・短縮することに伴ってその植立方向が斜め前方から垂直に近づき（特に上顎切歯）、しだいに鉗子状咬合に移行することが突き止められています。こうしたことにより、成人に達した縄文人の多くは前歯前突（出っ歯）とは無縁でした。

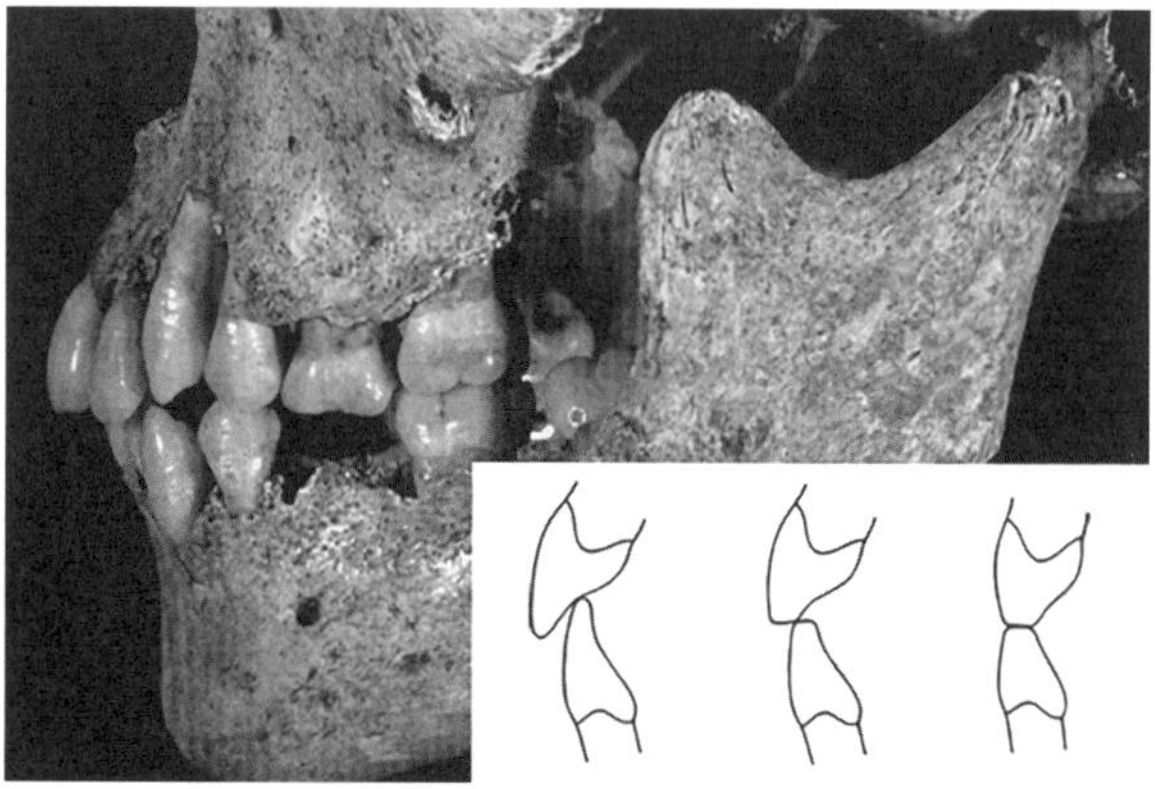

図2　鋏状咬合を示す子供期の縄文人骨　線画は鋏状咬合から鉗子状咬合への移行パターン（左から右）。海部（2006）より

貝塚人はマッチョで骨太　縄文人の体格については、生息時期や生息地に応じてかなりの違いがあったことが知られています。たとえば、縄文時代中期~晩期の特に海岸部に暮らしていた縄文人（貝塚人）は、とても太くて骨量も多い、文字通り「骨太」な四肢骨を備えていました。その表面をみると、往々にして筋付着部がよく発達しており、ゴツゴツとした明瞭な骨隆起として認識できます。これらのことから、縄文時代後半の貝塚人は総じて頑丈な骨格と発達した筋肉を持ち、非常にたくましい体格をしていたと指摘されています。このような彼らの「マッチョ」な体格は、当時の狩猟採集行動において全身的に大きな運動負荷が掛かっていたことと、安定した食生活に恵まれていたことによると考えられています。一方で、縄文時代早期~前期（約一一五〇〇~五五〇〇年前）の縄文人や、山間部に暮らしていた縄文人（洞穴人）は、全身の骨格がとても華奢《きゃしゃ》であったことが報告されてきました。その理由としては、やはり彼らの食糧事情が厳しく、格段に栄養状態が悪かったためと主に解釈されています。

縄文人骨の構造的な頑丈性に関して、とりわけユニークな特徴として知られるのが柱状大腿骨《ちゅうじょうだいたいこつ》と扁平脛骨《へんぺいけいこつ》です。柱状大腿骨とは、大腿《ふともも》の骨の骨体部後面にある筋付着部（粗線）が過剰発達して、あたかも補助的な柱を取り付けた格好のものを指します。その横断面の輪郭は西洋ナシの形に似ています（図3）。また扁平脛骨とは、骨体部の左右径が短い反面、前後径が伸長した脛《すね》の骨のことであり、外観上は骨体部全体が左右方向にひしゃげたようにみえます。これらの骨の断面形状は、おのおのの骨体に掛かる前後方向の曲げの力に対して幾何学的に頑丈であることが証明されています。縄文人は常時活発な狩猟採集を行っていて運動量が大きく、特に下肢には過大な前後の曲げの力が掛かっていたと想定されます。縄文人の柱状大腿骨と扁平脛骨はそうした力学的負荷環境に対応して形成されたと一般的に考えられています。

今の日本人より低身長　縄文人の背丈がどれくらいの水準であったかは、四肢骨の長さを基にしたり、全身骨格を頭から足先まで解剖学的に正しく並べたりすることで見積もられています。たとえば関東地方縄文人を対象にした調査では、男性平均一五九・一cm、女性平均一四八・一cmと推定されました。令和元年現在の日本人が男性平均一七〇・二cm、女性平均一五八・六cmですから（二〇歳、厚生労働省調べ）、縄文人は今より約一〇cmも背が低かったことになります。ちなみに、人類学者たちは縄文貝塚人の低い身長と筋肉質な体格とを合わせて、その体型イメージを「クロスカントリーの選手」「軽量級のアマチュア・レスリング選手」などとうまく表現しています。

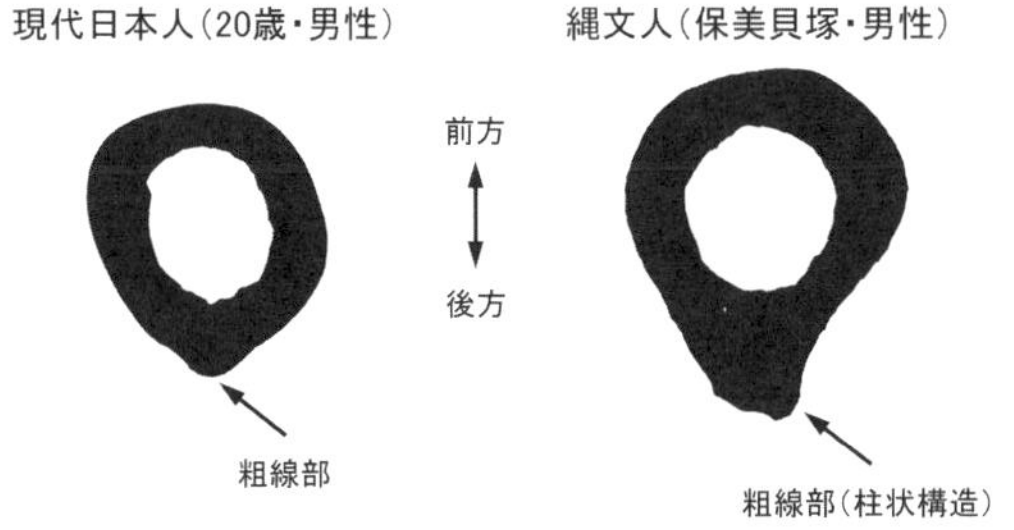

図3　縄文人と現代日本人の大腿骨横断面比較　元データは東京大学総合研究博物館所蔵

「悩ましい」体のプロポーション　縄文人の四肢骨は近位の骨（上腕骨・大腿骨）に対して遠位の骨（橈骨《とうこつ》・脛骨）が相対的に長いという特徴があります。これはつまり、上肢では肘から先が長く、また下肢では膝から先が長かったことを意味します。このプロポーション上の特徴は熱帯域集団のそれと類似することが早くから指摘されてきました。一方で、近年、縄文人の胴体サイズに対する四肢長のプロポーションについての報告があり、その指標にもとづくと縄文人は熱帯域集団に似ておらず、むしろ温帯域〜亜寒帯域集団（いわゆる胴長短足タイプ）に近いことが示されました。縄文人には熱帯型と温帯〜亜寒帯型の二つの体形特徴が混在していたことになりますが、どのような進化過程を経てこうした独特な体形が獲得されたのかはよくわかっておらず、現時点で悩ましい疑問となっています。

（水嶋崇一郎）

〔参考文献〕海部陽介「現代人とは歯並びが異なっていた縄文人」『日本列島の自然史』（東海大学出版会、二〇〇六年）、中橋孝博『日本人の起源』（講談社、二〇一九年）、馬場悠男『「顔」の進化』（講談社、二〇二一年）

Q4 怪我や病気はどのようなものでしたか

A

生まれてから一度も病気にかかったことのない人は少ないですし、病気から逃れることは私たちにとって非常に難しいことと言えるでしょう。現代社会を生きる私たちは、感染症をはじめ様々な病にかかりながら生活をしていますが、これは縄文人も同じでした。

では縄文時代の人たちはどのような病気にかかっていたのでしょうか。彼らがどのような病気にかかっていたのかを認識するためには、遺跡から出土する人骨に残された病気の痕跡を見ることが必要になってきます。

どんな病気があったのか　縄文時代の遺跡から出土する人骨には、頑丈なもの（筋付着面の発達が著しく、骨幹が太い）が目立っています。一万年続いた縄文時代をひとくくりにすることは難しいですが、こうした人骨から見ると、彼らはすこぶる健康に見えるかもしれません。しかし、豊かな自然に囲まれ、環境適応していた縄文人も生きている間に病気にかかり、場合によっては死に至ることもあったのです。

現代日本人の三大死亡要因の一つであるガンは、比較的新しい病気とみなされるかもしれません。しかし、今から数千年前の縄文人骨にもこうした所見（福島県三貫地貝塚出土例）は確認されています。縄文時代では、現代のような医療技術者による診断がなされていないだけであり、ガンという病は、決して新しいものではないことがわかるのです。

高齢化社会により取り上げられることが多くなってきた骨粗鬆症についても同様のことが言えます。カルシウムの摂取がきちんとできていない状態が継続して続くと、骨がもろくなり、骨粗鬆症になることはよく知られています。そしてこの病気も決して新しいものではなく、縄文時代でも確認されています。どのくらいの人が罹患していたかはまだ明らかにできていませんが、こうした病気にかかる人は縄文時代にも存在していたのです。

骨が硬い状態を保ったままでも問題が生じることがあります。丈夫な骨であっても無理をすると骨に負担がかかり、棘のようなものができてしまいます。膝や腰が痛いという人は、私たちの周りにもたくさんいますが、こうした所見は、縄文時代のほうが重い所見を持つものが目立っています（図1）。

では、狩猟採集民とみなされている縄文人の口の中は、どうでしょうか。世界的にみると、農耕が開始されるまでは、虫歯などの歯科疾患は少なくなっていたことが知られています。しかし、縄文人の場合には、時期や地域によってもちろん違いはありますが、虫歯の出現頻度が高いことに驚かされます。比較的年齢が高い人たち（ここでは四〇歳以上）の多くは、歯周病に罹患していることも明らかにされています（図2）。

一方、性別による相違がどのくらいあったのかを見ていくことも重要でしょう。病気にはホルモンなどの関係から男性特有のものや女性特有のものがありますし、性別を無視して病気を考察することはできません。虫歯については、かかりやすい人とかかりにくい人がいますが、性差で見ると女性の方がかかりやすくなっているようです。

切り傷などの殺傷痕は、縄文時代の人骨に全くないわけではありませんが、極めて少なくなっています。人は元来、攻撃的ではないとの霊長類の研究者からの報告がありますし、こうしたことからは、縄文人の平和性を示すことができるかもしれません。とはいえ、出血多量で亡くなった場合や筋肉などの軟らかい部分に傷の所見がとどまる場合は、どうでしょうか。そのた

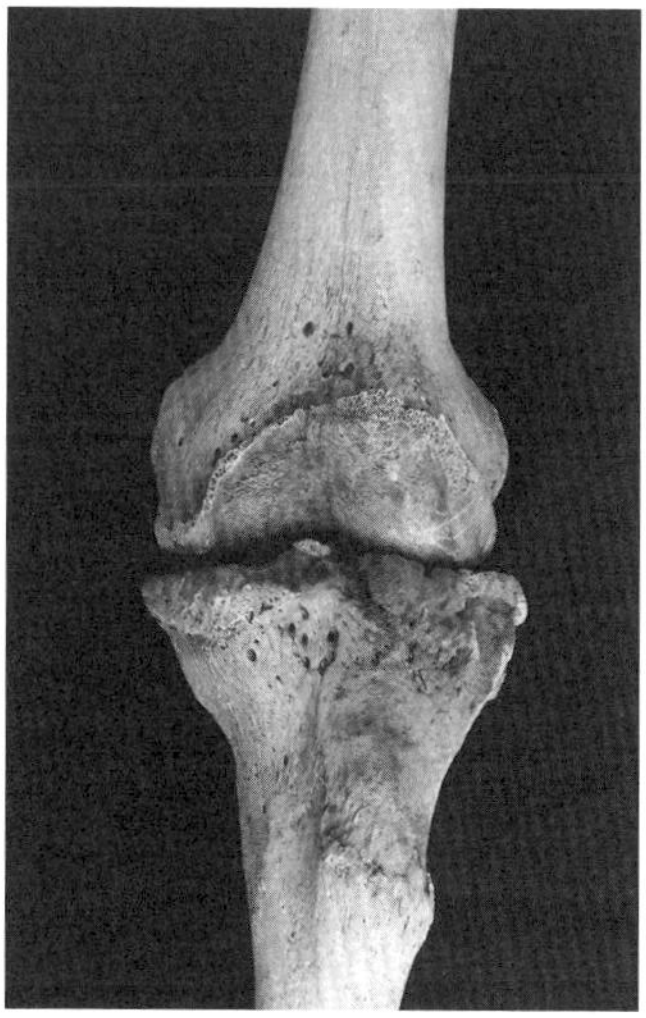

図1　変形性膝関節症により膝の関節面が変形している　千葉県姥山貝塚出土例、東京大学総合研究博物館所蔵

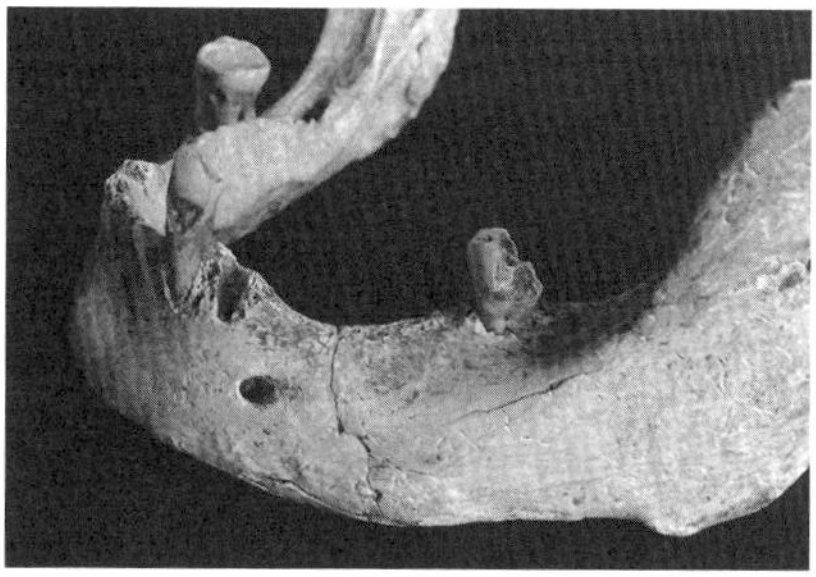

図2　虫歯や歯周病などの歯科疾患により歯が抜けてしまっている　愛知県保美貝塚出土例、東京大学総合研究博物館所蔵

め、このような事例が多ければ縄文時代を諍《いさか》いがない平和な社会と言い切ることは現段階ではやや難しいとも考えられます。

次に、外傷の一つである、骨折をみておきましょう。転んで骨を折ることは珍しいことではありませんし、縄文人の骨にも骨折の痕跡が残されています。しかし、折れている場所（＝罹患部位）は、二一世紀を生きる私たちとは異なっています。たとえば、大腿骨や脛骨など下肢骨の真ん中（骨幹部）が折れており、変形していることがあるのです。現代社会においても、車にひかれるなどの交通事故では、こうした事例もないわけではありませんが、稀有な事例であり、一般的ではありません。大腿骨などの骨幹部を骨折した縄文人は、狩りの途中、イノシシなどに遭遇して、体当たりされたような事故にあったのかもしれません。

骨折をするとギプスなどをはめて固定させ、骨折の部位に負担をかけないようにします。骨が折れた場合の処置は縄文時代にも施されていたようですが、あまりうまくいっていないようです。骨の形が変形して治癒している（変形治癒骨折）こともありますし、適切な処置を施すことが難しかったのでしょう。痛みをこらえて動いていた縄文人の姿を想像すると痛々しい限りです。

医療的なケアは、他にもなされていたと考えられます。たとえば、上腕骨や大腿骨が子ども並みの太さしかない大人の骨も出土しています。こうした場合、筋ジストロフィーなどの病気に罹っていたと想定されます。こんなに細い手足ではこの人物はほとんど体を動かすことができません。日常的に、第三者の手を不可欠としていたでしょうし、これは一種の「介護」とみなすことができるかもしれません。

縄文時代は、階層がない平等な社会だったと考えられています。しかし、こうした一般的でない所見は、この人物がこの社会の中でどのような地位にいたのかを考えさせます。

病変は何を語るのか、何で死んだのか？　このように骨に観察される病気の所見をみていくと、さまざまなことがわかってきます。しかし、日本の土壌は酸性であることなどから、骨の遺存状態は総じて良くありません。また骨は人体の数％にすぎないため、骨のみから病気の所見を得ることは残念ながら簡単ではありません。

また、病気の中には骨に所見を残さないものや、骨に所見は残すけれどもそのためにはある程度その病気が進行していないと観察できないものがあります。病名が特定できない感染症は、縄文時代にもあったでしょう。弥生時代に猛威を振るったと考えられる結核などの所見は、縄文人骨では確認できていません。骨に結核の所見が残るためには、ある程度、病気が進行しなければなりませんし、罹患した人がすぐに死んでしまった場合、骨から結核の罹患者であったかどうかを認識することはできません。そのため、結核がいつ日本列島にやってきたのか明らかにすることはまだできていません。

　こうした問題のため、骨に観察される病変の痕跡のみから話を進めると、所見が確認できず、多くの観察個体がすこぶる健康にみえてしまう場合があります。しかし、骨として観察される個体が若くして亡くなっている場合、その人物が生前すこぶる健康であったと述べることはできないでしょう。

　様々な要因が影響し合って病気になるのは、現代でも縄文時代でも同じです。狩りなどがうまくいかず、飢餓状態になることもあったでしょう。縄文人の歯には、幼少期にこうした経験をした痕跡がくっきりと残されていることがあります（図3）。高度な医療技術がなかったため、感染症で命を落とす人もいたでしょうし、ある意味、死と隣り合わせの生活になっていたでしょう。

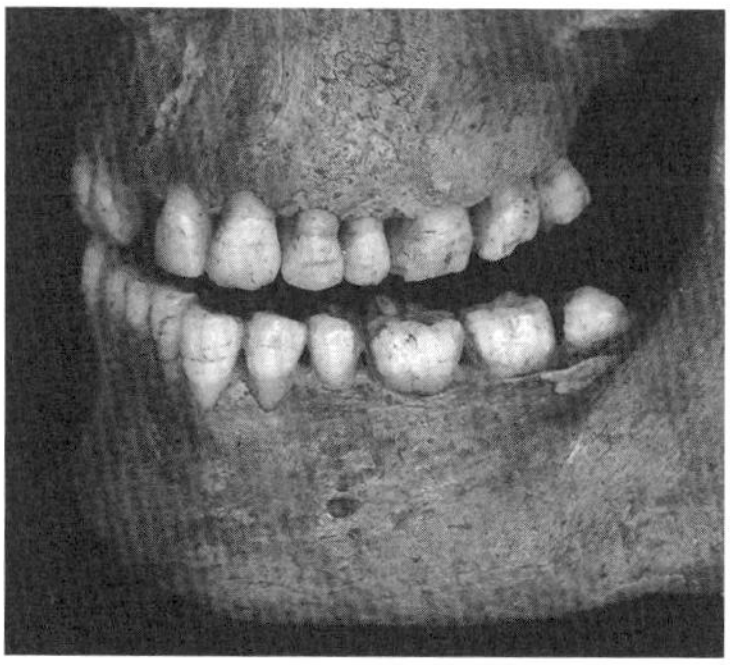

図3　幼少期に飢餓状態にあったため歯冠部に線が刻まれている　大阪府国府遺跡、東京大学総合研究博物館所蔵

　また病気ではありませんが、縄文人骨の中には歯のすり減りが目立つものが確認でき、興味深いです。普通に食事をしていただけでは、いくら硬いものを食べても、ここまですり減ることはありません。そのため、道具の一つとして、歯を使って何らかの作業をやっていたと考えられています。

　縄文人の平均寿命は、二一世紀の私たちほど長くありません。しかし、中には六〇歳くらいまで生きていた人がいたことがわかっています。こうした高齢の個体には病変が観察されやすく、年をとればどんな人でも病気にかかりやすかったことがわかります。このように骨に残された病気の痕跡から、縄文時代にはさまざまな病気があったことがわかるのです。

（谷畑美帆）

〔参考文献〕鈴木隆雄『骨から見た日本人』（講談社、一九九八年）、谷畑美帆「縄文時代の病」『縄文時代の研究』10（同成社、二〇〇八年）、谷畑美帆『O脚だったかもしれない縄文人』（吉川弘文館、二〇一〇年）、藤田尚編『古病理学事典』（同成社、二〇一二年）

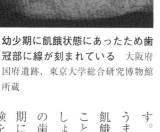

Q5 何歳くらいまで生きたのですか

A

先史時代の人たちがどのくらいまで生きたのかを知る方法として、その時代の人たちの骨を用いる方法があります。現在の人口統計では、国別、県別など、ある一定の地域に住む人たちの年齢構成を記録し、そこから平均余命や寿命を算出します。縄文時代でも同様です。一つの遺跡から発掘された人骨、または、いくつかの遺跡が集まる一定の範囲から出土した人骨について、集団内の年齢構成を求めます。そのために、まず個々の骨からその人が何歳に死んだのかを推定します。出土人骨の死亡年齢の年齢構成を、当時の集団の年齢構成とみなすわけです。

年齢推定方法　古人骨の年齢を推定する方法はいくつかあります。古人骨の場合は、骨を破壊することなく多数の人骨を調査することを求められる場合が多いため、肉眼観察による年齢推定方法が多く用いられています。成長過程にある人なら、歯の萠出形成状態や骨の成長の程度（長さ、骨端線の癒合の程度）から、比較的容易に年齢が推定できます（図1）。

一方、成長が終わった成人の年齢を推定することは比較的困難です。成人の骨形態は、年齢だけでなく、その人の運動量（仕事の種類、スポーツの習慣、生活環境など）や、体格、病気や怪我、代謝機能などの影響を受けるために個人差が多く、そのため年齢と相関する骨形態をみつけることが難しいからです。それでも、腸骨耳状面《ちょうこつじじょうめん》や恥骨結合面《ちこつけつごうめん》や肋骨端の表面形態、頭蓋縫合《とうがいほうごう》、歯の咬耗《こうもう》や骨増殖の程度などを指標として、成人の年齢が推定されています（図2）。

縄文人の年齢推定　縄文人骨を用いて縄文時代人の平均余命を求めたのは小林和正《こばやしかずまさ》が最初です（小林一九七九）。小林は、一九〇〇年前後に死亡した人の骨格標本を調査して、骨形態と年齢の対応関係を求め、骨形態による年齢推定の基準を作りました。その基準を用いて、縄文人骨男性一三三体、女性一〇二体について年齢推定を行い、生命表を作成しました。その際に、小児骨の数が少なすぎるように思われたため、一五歳以上と推定された個体だけを分析しました。その結果、一五歳の平均余命は男性で一六・一歳、女性で一六・三歳となりました。小林は、縄文人の一五歳での平均余命が約一六歳の場合、縄文人は上限に近い出生力を発揮したとしても、集団を維持できなかった可能性が高いことを示しました。そして、小児人口も完全に復元されるような遺跡での調査が必要であると述べています。

鬼頭宏《きとうひろし》（二〇〇〇）は、小林の結果について、平均余命がこのように短い集団を維持するためには、極めて高い出生率が必要となるが、縄文人にそれが可能であったかどうか疑問であると述べています。しかし同時に、婚姻制度次第では、高い出生力が実現した可能性も示唆しています。

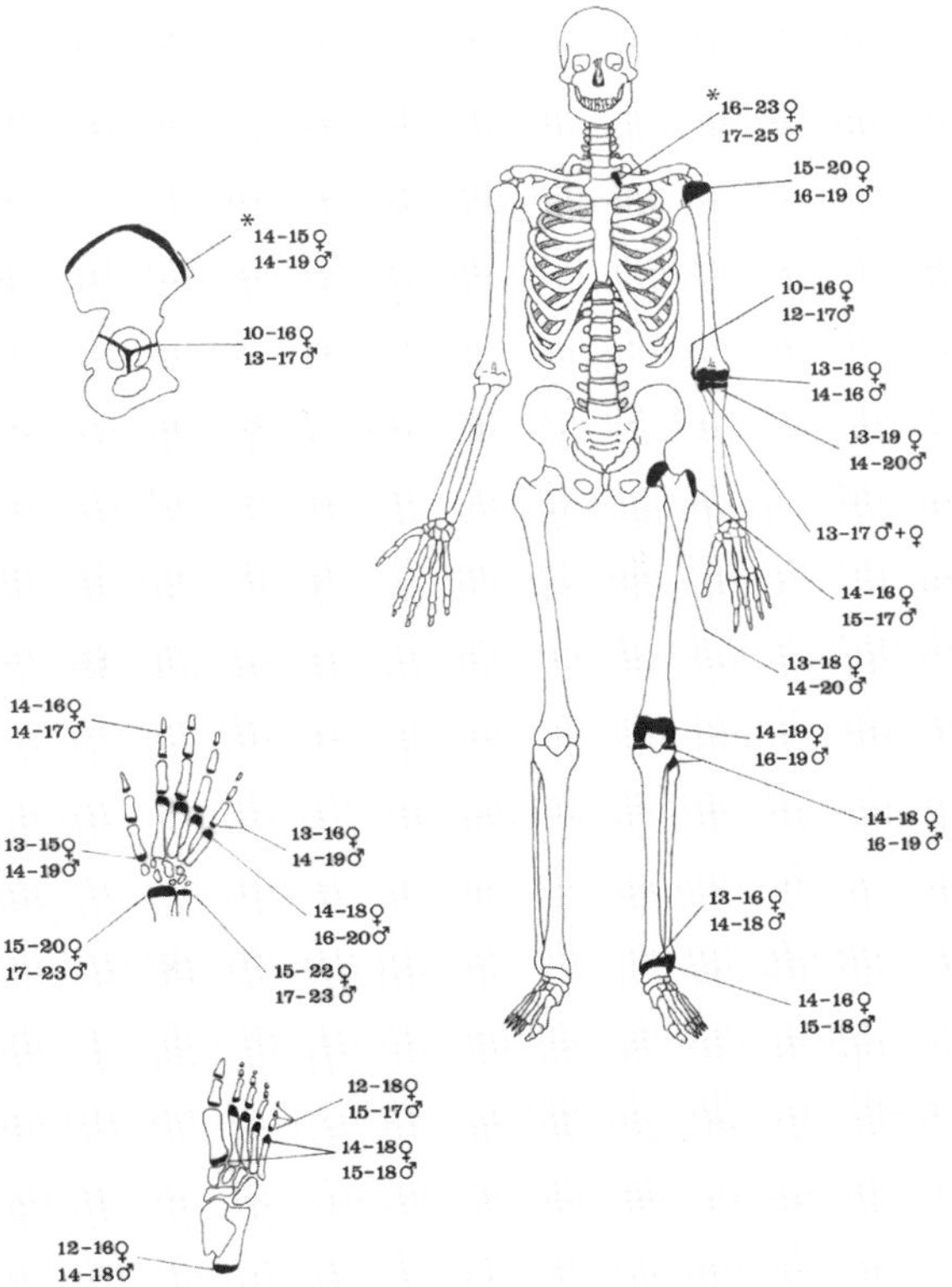

図1　骨端線が癒合する年齢　骨は骨端線の部位（黒い部位と白い部位のつぎ目）が成長することによって長くなります。成長が終了すると骨端線の部位にある軟骨が骨に置き換わり，骨端線は消失します。つまり骨端線が消失する時期はその骨の成長が終了する時期に相当します。骨端線が消失していれば，消失年齢以上であり，骨端線が残っていれば，消失年齢未満であることがわかります。そこで複数の骨の骨端線を調べることにより，その個体の年齢を推定することができます。Mays（2021）より

ところで、小林は江戸時代の人骨についても平均死亡年齢を計算しました（Kobayashi 1967）。人骨は東京都で発掘されたもので、一五歳の平均余命が、男性二八・九歳、女性二五・六歳となりました。同時に小林は、江戸時代の平均余命を、戸籍調査の先駆けと言える宗門人別改帳により推定しています（小林一九

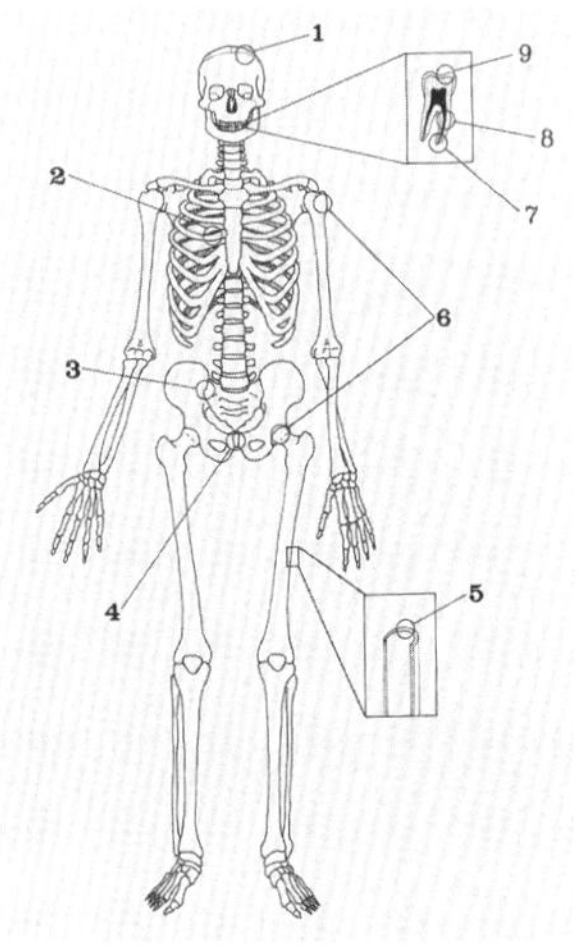

図2　成人の年齢を推定する際に用いる部位　1. 頭蓋縫合　2. 肋骨端　3. 耳状面　4. 恥骨結合面　5. 骨の微細構造　6. 骨頭の海綿骨　7. 根尖　8. セメント質　9. 歯冠の咬耗
Mays（2021）より

五六）。それによると、江戸時代の信濃国での一五歳の平均余命は男性四三・九歳、女性四五・〇歳となりました。これらの結果からは、地域差を考慮しても、人骨による推定値が文献による推定値よりもかなり低くなる傾向がうかがえます。

骨形態による年齢推定の問題点　先史時代人の年齢を骨形態から推定する場合、現代人において、骨形態と年齢の相関を出し、その関係を先史時代人に当てはめることになります。この場合いくつか問題点が生じます。

たとえば狩猟採集民であった縄文人と、現代の日本人を比較すると、日常的な運動量が多く、より堅いものを食べていたと考えられる縄文人の方が、骨増殖が発達し、歯の咬耗も進んだと考えられます。そのため、現代人の基準で縄文人の年齢を推定すると実年齢よりも高年齢に推定してしまう可能性があります。

一方、小林の年齢推定方法においては、頭蓋縫合、腸骨耳状面、骨端線、骨増殖について約八〇項目の骨形態が用いられていますが、骨増殖に関しては、「この骨増殖がある場合は何歳以上」とだけ記載されています。したがって場合によっては「この骨増殖がなくても何歳以上」という人がいたこともありえます。そのため、骨増殖を用いた年齢推定は、実際よりも低年齢に推定される可能性があります（五十嵐二〇〇四）。小林の推定した縄文人の平均余命が低い値になった背景にはこの要因が働いている可能性も考えられます。

骨形態による年齢推定の改良　これまで行われてきた骨形態による年齢推定においては、骨形態の変化は年齢と線型（比例）の関係にあることを前提としています。しかしその前提で作られた年齢推定値は、必ずしも実年齢と一致するわけではありません。先に述べたように、骨形態に影響する因子が年齢以外にもあるからです（図3）。

そこで、年齢推定値を一つの決定値として考えるのではなく、確率として捉える（「この形態が見られれば何歳である確率がどのくらいある」とみなす）、ベイズ推定が用いられることがあります。ベイズ推定を用いて縄文人の年齢を推定した長岡朋人《ながおかともひと》によれば、一五歳での平均余命は三一・五歳と推定されました（Nagaoka 2008, 長岡二〇一〇）。

また、そもそも骨形態の変化が年齢と線型（比例）の関係にあるとは言えない可能性があるため、線型性を前提としない年齢推定方法の開発も有効であると考えられます。現在筆者らは、回帰木《かいきぎ》分析を用いた年齢推定方法を開発中です。まだ完成はしていませんが、現時点で言えることは、縄文人の平均余命は、小林の推定した値よりも高くなることが予想できるということです。

（五十嵐由里子）

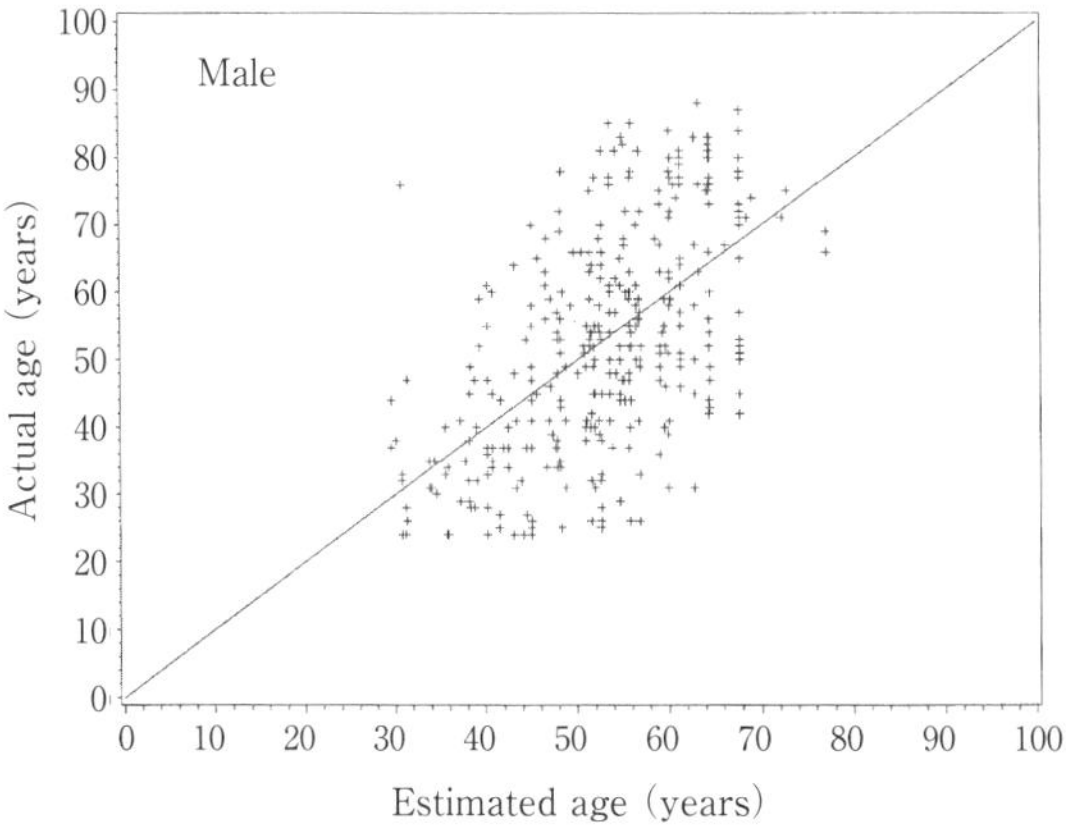

図3　推定年齢と実年齢の相関　推定年齢が実年齢と全て一致すれば，グラフの点は直線上にのりますが，実際にはそうなっていません。Igarashi ほか（2005）より

〔参考文献〕小林和正「江戸時代農村住民の生命表」（『人口問題研究』65、一九五六年）、小林和正『人口人類学』（雄山閣、一九七九年）、鬼頭宏『人口から読む日本の歴史』（講談社、二〇〇〇年）、五十嵐由里子「縄文人の寿命」（『科学』74、二〇〇四年）、長岡朋人「縄文時代の古人口学的研究」（『考古学ジャーナル』606、二〇一〇年）

Kobayashi K. Trend in the length of life based on human skeletons from prehistoric to modern times in Japan. *Journal of the Faculty of Science*, The University of Tokyo, Section V, 3: 107-162 (1967).

Igarashi Y, Uesu K, Wakebe T, Kanazawa E. New Method for Estimation of Adult Skeletal Age at Death From the Morphology of the Auricular Surface of the Ilium. *American Journal of Physical Anthropology* 128:324-339 (2005).

Nagaoka T, Sawada J, Hirata K. Did the Jomon people have a short lifespan? Evidence from the adult age-at-death estimation based on the auricular surface of the ilium. *Anthropological Science*. 116:161-169 (2008).

Mays S. *The archaeology of human bones 3rd ed.* Routledge (2021).

Q6 当時の気候について教えてください

A

縄文時代はとても長く、一万六〇〇〇年前から三〇〇〇年前まで続いて、その間に気候は様々な時間スケールで大きく変化しました。気候を復元する方法にも、海底堆積物やアイスコア（氷河などから採取された試料）、湖底堆積物や樹木年輪など、様々なものが使われています。従来は気候変動に対応した植生の変化を花粉組成から読み解く研究がさかんに行われてきましたが、ここでは比較的新しい海底堆積物からのデータも紹介します。

氷河期から完新世へ　現生人類であるホモ・サピエンスが約二〇万年前にアフリカで誕生したのち日本を含む世界中に広がっていったのは、今から数万年前とされていますが、その頃の地球は氷河期の時代でした。氷河期には南極やグリーンランドだけでなく、アメリカ大陸やヨーロッパ大陸の北部にも巨大な氷床が形成され、その影響で海水準が現在よりも一〇〇m以上も低くなって、人々には陸伝いの移動が容易になったと考えられます。氷河期が到来した、言いかえると北半球の高緯度に巨大な氷床が形成されたのは、地球の地軸の向きや傾きが数万年の周期で変動して、北半球の高緯度に照射する夏の日射量が減少したことが原因とされています。つまり氷河期と間氷期は周期的に繰り返すのであり、今から約二万年前に氷河期が最盛期を迎えた後、急速に地球は温暖化していったことが、グリーンランドのアイスコアの解析などからわかっています。

縄文時代は、数万年間続いた寒い氷河期が終わり、地球が温暖化する中ではじまりました。しかし縄文時代の開始を告げる日本最古の土器は、むしろとても寒い時期に登場したことがわかっています。図1aは、青森県下北半島の東方沖で採取された海底堆積物の柱状試料に含まれるアルケノンという有機化合物の分子組成から復元された、二万八〇〇〇年前から現在までの夏の表面水温の変化です。アルケノンを作る円石藻という植物プランクトンは夏の海面付近に生息しており、その水温の変化は同時期の大気の温度（気温）の変化とほぼ一致しています。この図からわかるように、日本列島付近でも約二万年前から一万年前にかけて急激な気温の上昇が起きましたが、よく見ると、氷河期の最盛期が約二万年前で

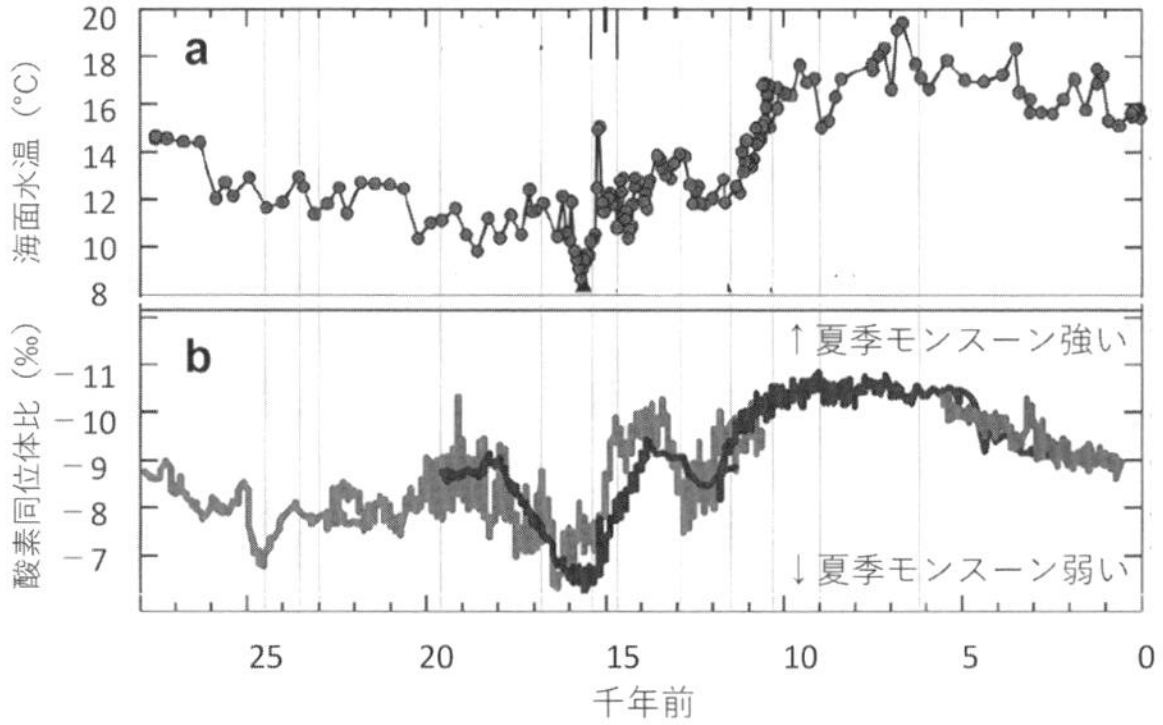

図１　下北半島沖の夏の表面水温の変化（a）と東アジア夏季モンスーンの指標となる中国東部の鍾乳石の酸素同位体比の変化（b）　a: Kawahata et al., 2017 Quat. Sci. Review より　b: Wang et al., 2001 Science; 2008 Nature より

あるのに対して、東アジアで夏の気温が最も低くなったのは約一万六〇〇〇年前であることが、中国の鍾乳石の記録（図1b）などからも確認できます。

実際、氷河期の後、地球が温暖化する過程では、一万六〇〇〇年前と一万二〇〇〇年前に二回にわたって大きな「寒の戻り」があり、その原因は温暖化により北大西洋北部に氷床の融解水が大量に流れ込んで海流の流れが変わってしまったことにあるとされています。東アジアでは、その結果、約一万六〇〇〇年前に氷河期の最盛期を凌ぐ最寒期が到来したわけですが、氷河期が終わって陸上の生き物が豊富になり人々が豊かな食生活を享受しはじめた矢先に、再び寒冷化が起きたことで海産物の摂取に活路を見出した人々が、「海鮮鍋」を楽しむために縄文土器を作りはじめた、と解釈できるかもしれません（川幡二〇二二）。

完新世の長期的な気候変化　氷河期のあとの二回目の寒の戻りが終わった一万一七〇〇年前以降の時代が完新世《かんしんせい》と呼ばれており、この時代に世界各地で農耕がはじまり文明が出現します。完新世の気候はそれ以前の氷河期と比べるととても安定していますが、それでも様々な時間スケールで気候は変化しました。図1にもみられるように八二〇〇年前に北大西洋への氷床融解水に起因する最後の小さな寒の戻りがあったあ

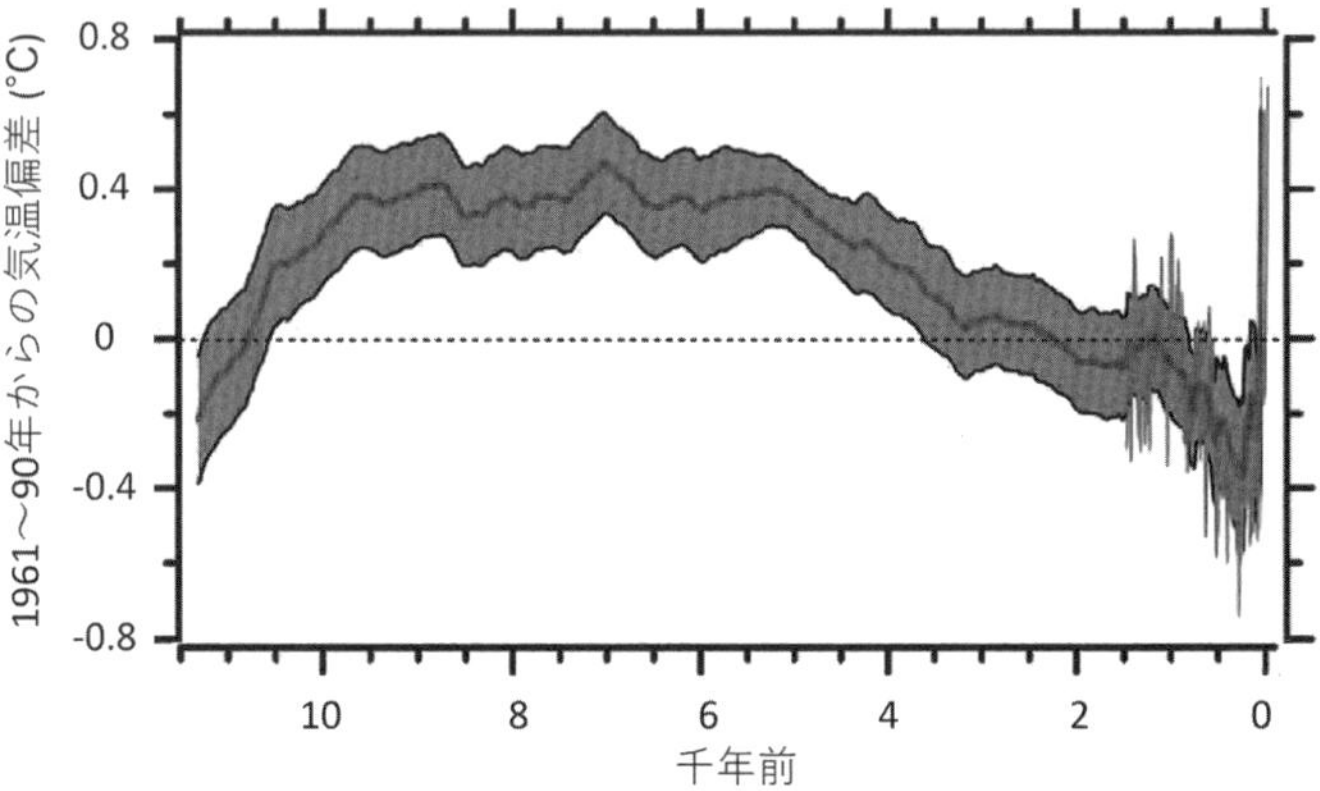

図2　世界各地の古気温データを集成した完新世における地球の平均気温の変化　Marcott et al., 2013 Scienceより

と、約六〇〇〇年前にかけて地球はとても暖かくなり、日本でも縄文海進《じょうもんかいしん》と呼ばれる海水準の高い時期を迎えます。

図2は世界中の古気候データを集めて完新世の地球の平均気温の長期変化を表したものですが、完新世の前半に緩やかな温暖期があり、その後は徐々に寒冷化したことがわかります。一番寒冷なのが日本では江戸時代にあたる小氷期と呼ばれる時代であり、その後、産業革命期に排出されはじめた温室効果ガスによって地球の気温が急激に上昇していることは、よく知られている通りです。

こうした長期的な気候の変化は、氷河期をもたらした地球の軌道（地軸の向きや傾き）の周期的変化の一環として説明されていますが、実際には気候モデルを使った物理的な計算では必ずしも再現できておらず、完新世の気温は実際にはもっと長期的に安定していたのではないかという考え方もあります。その場合は、縄文海進などの海水準の長期変化も氷床の融解に伴って巨大な重さを持った「水」の地球上での分布が変化したことで地殻が凹凸運動をした結果に過ぎない、と解釈されます。しかし図1や図2が示すように、多くの古気候データが完新世における気温の長期変化の存在を示唆していることも事実であり、モデルと観測の間の微妙な食い違いを説明する努力が続けられています。

ボンドサイクルと4・2kイベント　図1や図2をよく見ると、完新世の地球の気温には千数百年の間隔で上下動する微妙な変動があることもわかります。この変動はほぼ周期的なものであり、大西洋北部の海底堆積物に含まれる氷山由来の陸起源砕屑《さいせつ》粒子の含有量の変化から、この周期を見出した研究者の名前をとって、ボンドサイクルと呼ばれています。ボンドらはそれらの堆積物のデータをアイスコアや樹木年輪の中に含まれる宇宙線に起因する放射性核種であるベリリウム10や炭素14の濃度の変化と比較して、両者がよく一致するこ

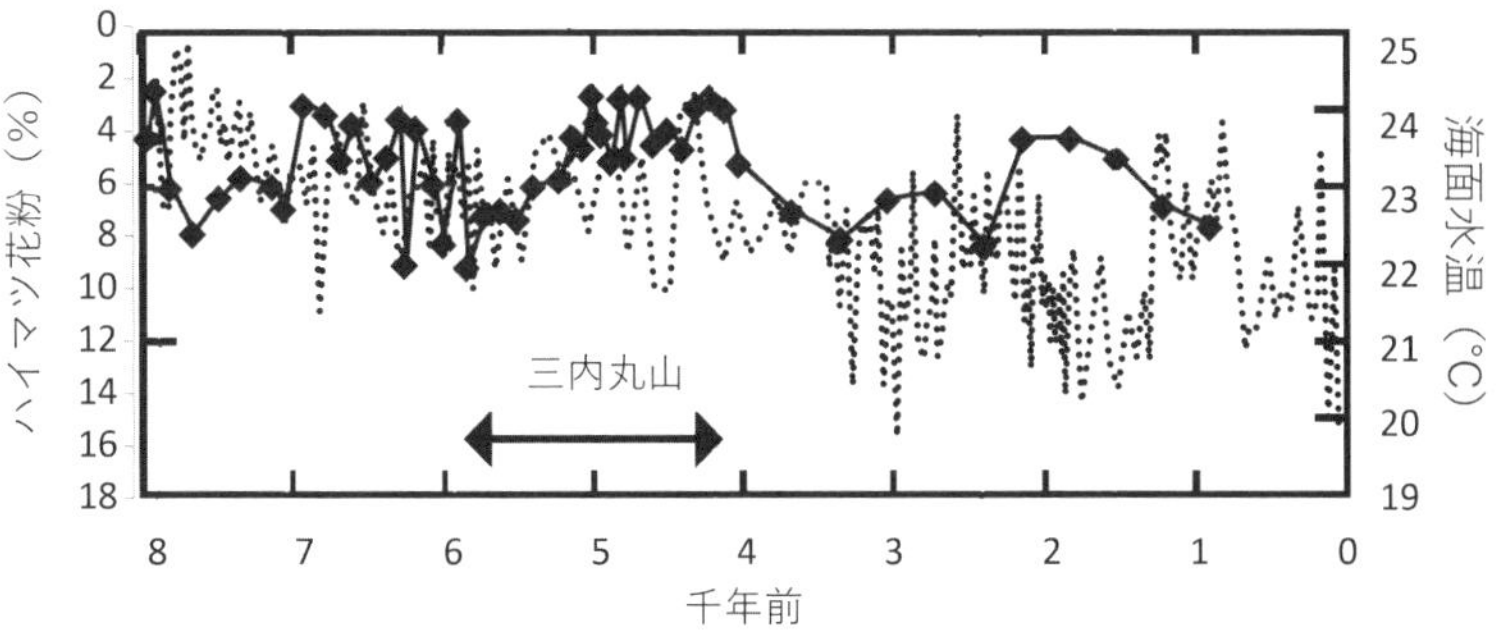

図3　陸奥湾の夏の表面水温の変化（黒菱形）と尾瀬ヶ原の泥炭堆積物中のハイマツ花粉割合（黒点線）　黒菱形：Kawahata et al., 2019 PEPS より　黒点線：阪口豊（1989）より

とから、太陽活動の長期変化が千数百年周期の気温変化の背景にあると考察しました。太陽活動が活発な時代には、太陽風《たいようふう》が太陽系の外から来る高エネルギーの宇宙線の地球大気への侵入を妨げるので、こうした放射性核種の濃度が低くなると考えられるからです。

完新世における千年規模の気温変動の原因については、さまざまな議論がありますが、ボンドサイクルに対応する可能性がある最大の気温の変化が、今から四二〇〇年前におきた寒冷化イベント（4・2kイベント）です。この寒冷化によって、エジプトやメソポタミア、中国など世界中で文明の衰退が起きたことがわかっており、日本でも千年以上にわたって栄えた現在の青森県にある三内丸山《さんないまるやま》遺跡が消滅する契機になったと考えられています。実際、三内丸山遺跡の近くにある陸奥湾の海底堆積物のアルケノン組成から復元された夏の水温（気温）からも、その時期に急激な寒冷化が起きたことがわかります（図3）。

同様の気温の変化は、世界中の古気候データから確認できますが、日本における陸上のデータとしては、尾瀬ヶ原の泥《でい》炭《たん》堆積物に含まれる、寒冷地に生える樹木（ハイマツ）の花粉の割合の増大からも、同様の大きな気温低下がこの時期にあったことが示されています（図3）。この千数百年周期の寒冷化が次に起きたのが約三〇〇〇年前であり、殷《いん》から周《しゅう》へ王朝が交代した中国をはじめ、世界中の文明の様相が大きく変わりました。その影響は稲作民の渡来という形で日本にも伝わり、縄文時代が終わる契機になったと考えられます。

（中塚　武）

〔参考文献〕阪口豊『尾瀬ヶ原の自然史—景観の秘密をさぐる』（中央公論社、一九八九年）、川幡穂高『気候変動と「日本人」20万年史』（岩波書店、二〇二一年）

Q7 どんな動物・植物がありましたか

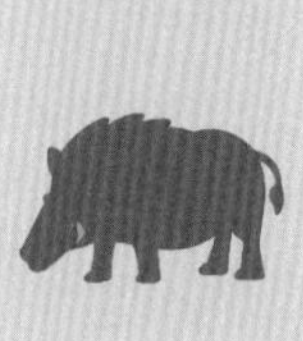

A

動物、植物は人類社会にとってなくてはならない存在です。人と動物、植物は生態系というシステムの中で相互に関係し合っています。食生活、文化、社会、環境、どんな場面を語る上でも、重要な役割を果たしてきました。縄文時代にどんな動物、植物が暮らしていたのか、最近の研究成果もふまえてみていきたいと思います。

縄文時代における動物　人と動物との関係を考える考古学の一分野を動物考古学と呼んでいます。遺跡からは、軟体動物・魚類・両生類・爬虫類・鳥類・哺乳類と多様な生物が出土します。それらは主に骨や貝殻といった遺存体としてみつかり、その特徴から種の同定が行われます。貝塚や洞窟などでは、貝殻や石灰岩から溶け出したカルシウムが骨の保存作用を助けるために、多くの動物骨が出土します。

日本列島の後期旧石器時代（約三万五〇〇〇年前から一万五〇〇〇年前）は、最終氷期にあたり、冷涼な気候に適応した動物が生息していました。たとえば、ナウマンゾウ・マンモス・オオツノジカ・ヘラジカ・バイソンなどの大型動物が代表的です。これらの動物は、縄文時代がはじまる約一万五〇〇〇年前からの急激な温暖化以降に絶滅してしまいます。その原因は、温暖化による環境変化、旧石器時代人の狩猟活動の影響などが考えられています。したがって、縄文時代人はナウマンゾウを見ることはありませんでした。

縄文時代の動物については、主に貝塚から出土する動物骨を調べることによって、その種類が検討されてきました。陸獣（陸上で暮らす哺乳類）では、ほとんどの遺跡でシカとイノシシが占める割合が多く、それ以外ではタヌキ・ノウサギ・アナグマ・サル・ムササビがよく利用されています。シカとイノシシとそれ以外の種の出土量には大きな差があり、タヌキに次いでキツネ・カワウソ・テンが出土します。オオカミは一遺跡あたりの出土量は少ないですが、出土する遺跡は多い状況です。この他に、イタチ・クマ・カモシカなどがみられます。ところが、青森県三内丸山《さんないまるやま》遺跡（縄文時代前期）では、ムササビとウサギの二種が陸獣の大半を占め、シカ・イノシシの出土個数はわずかという異なる事例もあります。これは人口が多く、集落の存続期間が長い三内丸山遺跡では、シカ・イノシシが過度に捕獲されすぎて、局地的に枯渇する特殊な状況になっていたと推測されています。

貝塚からは哺乳類以外にも鳥類が出土します。本州以南ではキジ類とカモ類が共通して多く、両者を合わせると全体の半分近くになります。その他には、ガン類・ウ類・アホウドリ類・ミズナギドリ類・アビ類・カイツブリ類などの湖沼・海・河川などに生息する水鳥類がみつかります。水鳥以外では、カラス類とワシ・タカ類が比較的多く出土しています。

陸上以外にも動物は生息しています。その代表が海獣になります。海獣（海で暮らす哺乳類）には、鰭脚類（オットセイ・アシカ・トドなど）とクジラ類・ジュゴンが含まれます。クジラ類は、さらに小型のハクジラ類であるイルカ類・ゴンドウクジラ類と、それ以外の比較的大きなクジラ類に分けられます。鰭脚類は、北海道から東北地域にかけて主に出土します。また、ジュゴンはその分布北限である沖縄地域に限って利用されます。

このようにみてくると、縄文時代には今とほとんど変わらない動物が暮らしていたことがわかります。

縄文時代における植物

動物考古学と同じく、人と植物の関係を考える分野に植物考古学があります。植物も縄文時代の遺跡ではなかなか残りません。燃料に使用した薪、食料が焦げ付いて残ったものや、低湿地遺跡で水漬けの状態で保存されたものが、部分的に出土します。木材や種実などは、その組織の構造や形状から種類を同定することができます。また、遺跡の堆積物に含まれる花粉を分析することにより、当時どのような植物が生えていたのか復元できます。

植物も動物と同じく、旧石器時代から縄文時代にかけて大きく変化します。ツガ属・マツ属・トウヒ属などの亜寒帯性針葉樹林から、現在の植生に近いコナラ属やブナなどの落葉広葉樹林へと変わりました。

東京都下宅部《しもやけべ》遺跡（縄文時代中期から晩期）から出土した木材化石の樹種同定では、モミ属・カヤ・コナラ属コナラ節・アカガシ亜属・ケヤキ・カエデ属・トチノキ・トネリコ属、エノキ属・クワ属・イヌエンジュ・ヌルデ・クサギ・ムクノキ・ヤマグワ・ウルシ・クリなどが同定されています。

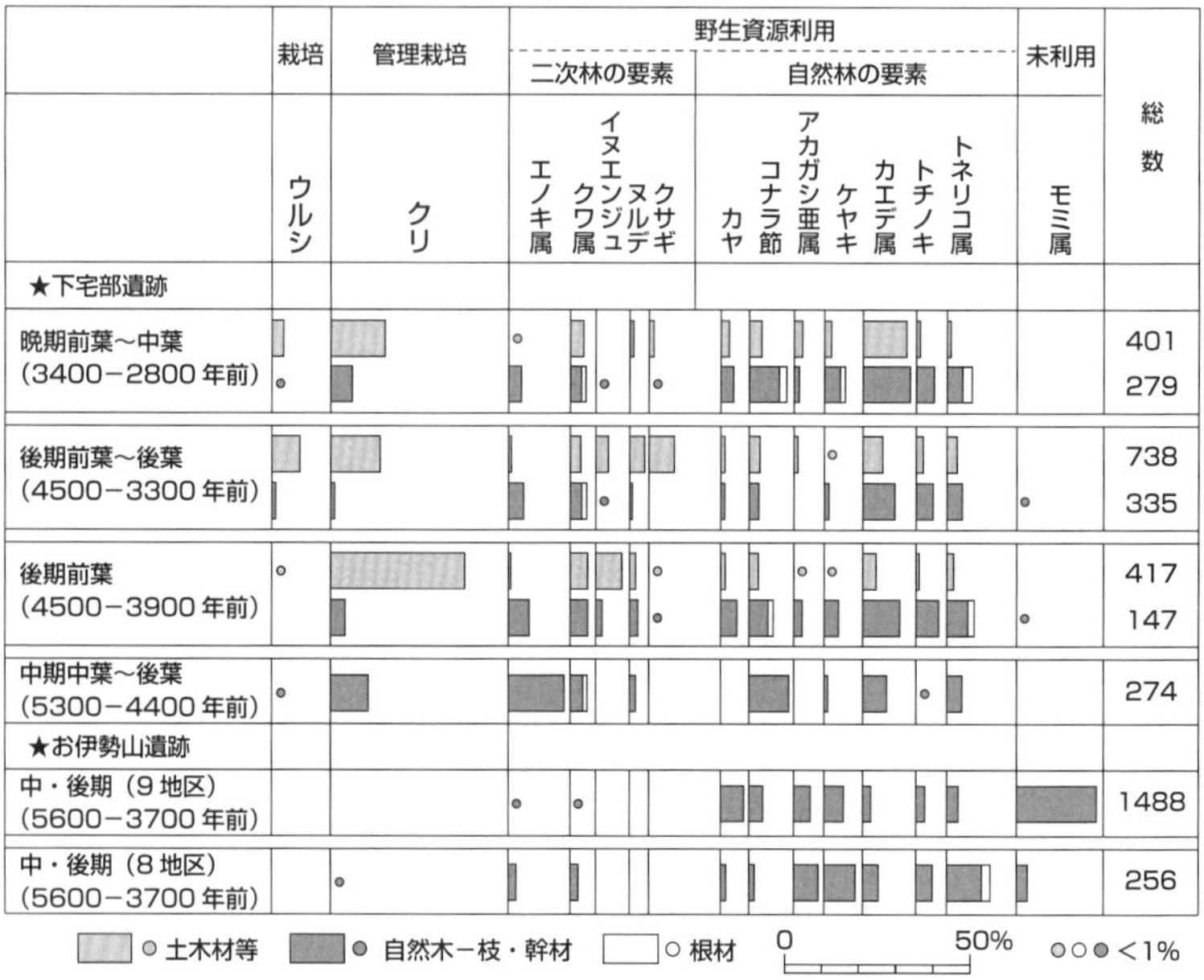

図１　下宅部遺跡とお伊勢山遺跡の植物（材）利用　Noshiro ほか（2009）より能城修一作成、工藤ほか編（2014）より引用

クリやウルシについては、出土量の多さなどから栽培・管理栽培がなされていたことが指摘されています。

それでは、主に食料にしていた植物にはどのようなものがあるのでしょうか。下宅部遺跡では、オニグルミ・クリ・ドングリ類（ナラガシワなど）・トチノキの種実が多く出土します。それ以外には、エゴマ・ヒョウタン・ニワトコ・ヤマグワ・アサもみつかっています。種実以外では、球根類があります。球根の仲間には、鱗茎《りんけい》や塊茎《かいけい》と呼ばれる器官を地下につくる植物があり、縄文時代には鱗茎（ネギ属のノビルやアサツキなど）とムカゴが利用されています。ちなみに、球根類にはイモ類も含まれますが、イモ類の種類については未解明な部分が多い状況です。

この他に忘れてはならないのが、マメ類です。日本にはダイズとアズキの野生種があります。ツルマメを栽培化したものがダイズ、ヤブツルアズキを栽培化したものがアズキになります。縄文時代草創期や早期にはすでにツルマメやヤブツルアズキの証拠がみつかっており、現在、縄文時代中期以降でのマメ栽培の議論が活発に行われています。

このようにみてくると、縄文時代の植物も現在とほとんど変わっていないことがわかります。

日本列島に移入した動物・植物　それでは、縄文時代と現在とで異なる動物や植物にはどのような種類があるのでしょうか。動物で身近な存在は、イヌ・ネコなどのペット、ウシ・ブタ・ニワトリなどの家畜になります。日本列島で最も古いイヌの骨は、神奈川県夏島《なつしま》貝塚（縄文時代早期）から出土しています。縄文時代のイヌは、小さな土坑や貝層の中に埋葬される特徴があり、縄文時代後期の宮城県田柄《たがら》貝塚では二〇個体以上のイヌが出土しています。狩猟犬として活躍し、人にとって重要な存在だったと考えられています。

イヌの他に、稀に埋葬される動物してイノシシが挙げられます。東日本の縄文時代中期から晩期にかけては猪形土製品も多く出土し、非常に身近な存在だったことがうかがえます。千葉県下太田《しもおおだ》貝塚（縄文時代中期・後期）では、人の埋葬区域と同じ場所にイノシシの埋葬がみられます。イノシシを家畜化したものがブタになりますが、縄文時代中期から晩期には一時的な飼育が行われていたと考えられています。ちなみに、本格的なブタ飼育は、稲作やイヌを食べる習慣などとともに弥生時代に渡来したと考えられています。縄文時代にいなかった動物として、ネコ・ニワトリ・ウマ・ウシ・イエネズミ（ハツカネズミやドブネズミなど）などが挙げられます。ネコ・ニワトリ・イエネズミは弥生時代以降、ウマ・ウシは古墳時代にやってきたと考えられます。イエネコの最古の骨資料は、長崎県壱岐島のカラカミ遺跡から出土しています。対馬に近いため、ツシマヤマネコではないかという疑問もありますが、食用にされた解体痕跡がないことや、警戒心の強いヤマネコが集落近くでみつかる可能性が低いことから、イエネコの可能性が高いと判断されています。

植物食料としては、一番身近な存在としてイネが挙げられ

図2　縄文時代のイヌの埋葬（宮城県田柄貝塚、縄文時代後期）
宮城県教育委員会（1986）『宮城県文化財調査報告書第 111 集』より

ます。イネは近年の考古学的証拠から中国の長江流域から下流域が起源地であることが解明されています。日本には、弥生時代早期に移入したと考えられていますが、最近の研究では縄文時代最末期にすでに北部九州に入っていたことが指摘されています。今の食卓にのぼることは少ないですが、雑穀

図3　猪形土製品（青森県十腰内2遺跡）　弘前市立博物館所蔵

のアワ・キビも同時期に大陸から移入したとされています。また、弥生時代以降には様々な植物が渡来してきます。代表的なものに、モモ、メロン（小型のザッソウメロン）などがあります。平城京の長屋王邸宅からは、メロン・ナツメ・モモ・ウメ・アンズ・ナシ属、トウガン・スイカ・カキノキ属など縄文時代とは異なる多彩な植物がみられます。前述したマメ類では、ダイズ・アズキ以外では、ササゲ・リョクトウが九世紀以降、エンドウマメ・インゲンが近世以降に移入しており、植物の日本列島への移入時期は、その種類によって様々です。

縄文時代の動物・植物の多くは、現在と比較的類似したものです。もちろん、その背景には、共通した温暖な気候がありますが、そのような気候背景とは別に、大陸から多くの文化を吸収してきました。日常生活の中で、動物・植物の起源を考えることは、私たちの文化形成の歴史を読み解くことにもつながっていくのではないでしょうか。

（國木田大）

〔参考文献〕西本豊弘・新美倫子編『事典人と動物の考古学』（吉川弘文館、二〇一〇年）、工藤雄一郎他編『ここまでわかった！縄文人の植物利用』（新泉社、二〇一四年）、設楽博己編『十二支になった動物たちの考古学』（新泉社、二〇一五年）

炭素14年代法は、放射性同位元素の炭素14を用いた年代測定法で、考古学にも広く応用されています。ただ、一年刻みで年代を判定できる年輪年代法と違い、不確かさがつきものです。まず、年代を測定したい炭素を確実に取り出す必要があります。同じ地層に埋まっていても、その資料は別の年代の層から混じり込んだものかも知れません。また、資料が埋もれている間に入り込んだ植物の根や土の汚れなどは丁寧に取り除かなければなりません。

測定の誤差は、炭素14をたくさん数えるほど小さくなります。具体的には、数えた数の平方根が誤差になります。一〇万個数えられれば誤差はおよそ〇・三％です。でも、一〇倍の時間をかけて一〇〇万個を数えても、誤差は三分の一の〇・一％にしかなりません。

炭素14は、放射線を出しながら規則正しく壊れていきます。経過した時間は失われた炭素14の量に相当しますが、測定できるのは残っている量です。幸い、同じ年代の資料には同じ量の炭素14が残されていますから、年輪年代法などで予め年代を判定しておいた資料と比較すれば、測定したい資料の年代がわかります。

コラム２

炭素14年代法の「確かさ」

年代の判明した資料の炭素14データを集めた「較正《こうせい》曲線《きょくせん》」には、平坦な時期や凸凹した時期がみられます。この形は、スタートラインとなる炭素14の量が時期によって変動していたことを表しています。年代が違っても、炭素14の量が同じことがありうるのです。比較で得られた「較正年代」は、資料の年代が含まれる可能性のある範囲を表します。

炭素14の量は、地域によっても異なっていることが明らかになりつつあります。まず、北半球と南半球とでは大気の値に差があります。また、大気と海水とでも違いがあります。海産物は陸産物より、炭素14の量が少ないのです。そこで、北半球用と南半球用、海水用の三つの較正曲線が用意されています。北半球用の較正曲線には日本の樹木年輪と福井県水月湖《すいげつこ》の堆積物のデータが採用されました。炭素14年代法の確からしさを高めるための取り組みが続いています。

（坂本　稔）

Q8 自然災害について教えてください

A

縄文時代の人々も、火山の噴火や地震、津波などの自然災害にあい、多くの被害を受けていました。遺跡の発掘調査では、これらの痕跡が発見されることも多々あり、現在では自然災害をテーマとする考古学的分野も立ち上げられています。

火山の噴火　縄文時代の人々を襲った自然災害の中でも、特に被害が大きかったのは火山の噴火でしょう。鹿児島県の桜島周辺や静岡県の富士山周辺、島根県の三瓶山山麓では、火山から噴出した火山灰や軽石などのテフラ（火山性噴出降下物）によって、遺跡が埋まった事例がいくつかみつかっています。たとえば、鹿児島県の上野原《うえのはら》遺跡は、一万六〇〇〇年前に降下した桜島P16と呼ばれる火山灰層に覆われていましたし、さらには七三〇〇年前に鬼界カルデラから噴出したアカホヤ火山灰にも覆われていました。特にアカホヤによる被害は大きく、その降下範囲は九州内にとどまらず、関東・中部地方にまで及んでいます。九州南部の遺跡では、アカホヤの堆積が六〇cmにも及ぶところがあり、これによって生活が断絶したと考えられる集落遺跡も多くみられます。島根県の三瓶山では、草創期・前期・後期の三時期に噴火があり、山麓に位置する板屋《いたや》Ⅲ遺跡では、火山灰が降下して集落が廃絶したことがわかっています（図1）。富士山麓の静岡県上中丸《かみなかまる》遺跡などでは、縄文時代中期の富士山の噴火によって降下したテフラで、住居跡が埋没した様が発掘調査によって観察されています（図2）。さらに、集落内の立木が焼失し、根の部分が炭化して残っているといった事例もあります。この他、火山の噴火に伴う豪雨・洪水の被害も、確認されています。島根県三田谷《さんただに》Ⅰ遺跡は、三瓶山の噴火によって引き起こされた豪雨を伴う土石流によって埋没しました。この土石流は、三瓶山麓一帯におよび、周辺の森林を巻き込み、三瓶小

豆原埋没林を作り出しました。火山の噴火による直接的な被害だけでなく、噴火に起因する豪雨による被害も甚大だったと考えられます。しかしながら、縄文時代の人々はなかなかたくましく、火山の噴火によって集落が被災し、移動を余儀なくされたとしても、植生が回復し、居住可能となると、人々は再びその場所に戻ってきて、新たな集落を開設しています。

地震や津波への対応

地震による地割れや、地崩れによる被害も、大きかったと思われます。地震の被害によって埋没したと考えられるような縄文時代の遺跡はみつかっていませんが、当時の人々が、地震そのもの、あるいは地震による地割れに対して呪術的な対応を行っていたと

図1　板屋Ⅲ遺跡における火山灰の堆積状況　筆者撮影

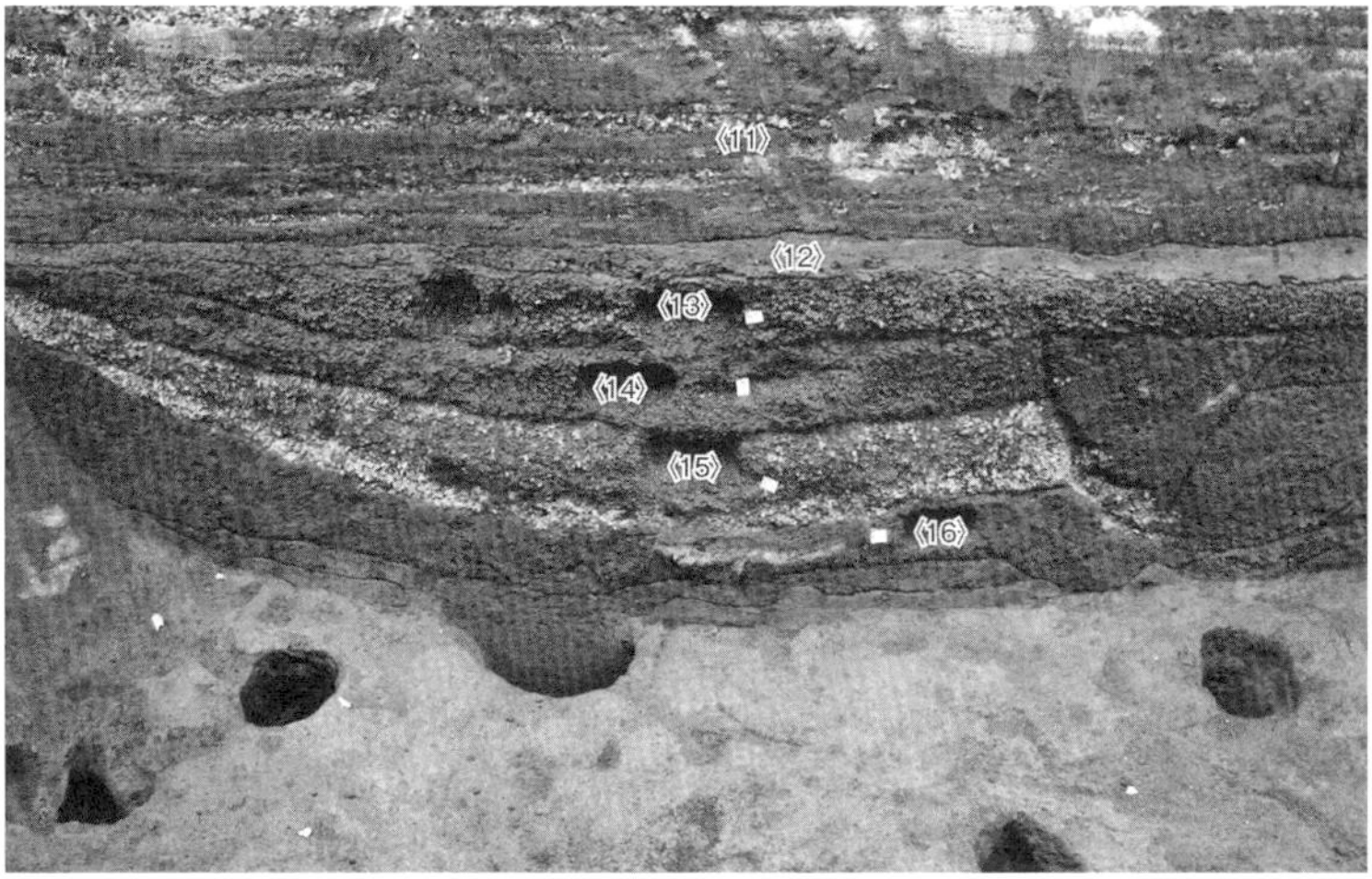

図2　竪穴住居内に堆積したテフラ〈15〉の様子　富士吉田市教育委員会編（2012）『上中丸遺跡（第2次）』より

想定される事例がみつかっています。たとえば、神奈川県矢《や》頭《がしら》遺跡からは、地割れ被害に対して祭祀を行った痕跡が確認されています（図3）。これは、住居の内部にまで達した地割れの上に、縄文時代前期の諸磯式《もろいそしき》土器の浅鉢を二つ重ねて置いたものです。地割れの上に置かれた土器の文様が特殊なものであることや、その出土状況からみて、おそらくは地震による地割れに対して、当時の人々が地鎮祭のような祭祀を行い、自然の驚異に対応したものと考えられます。

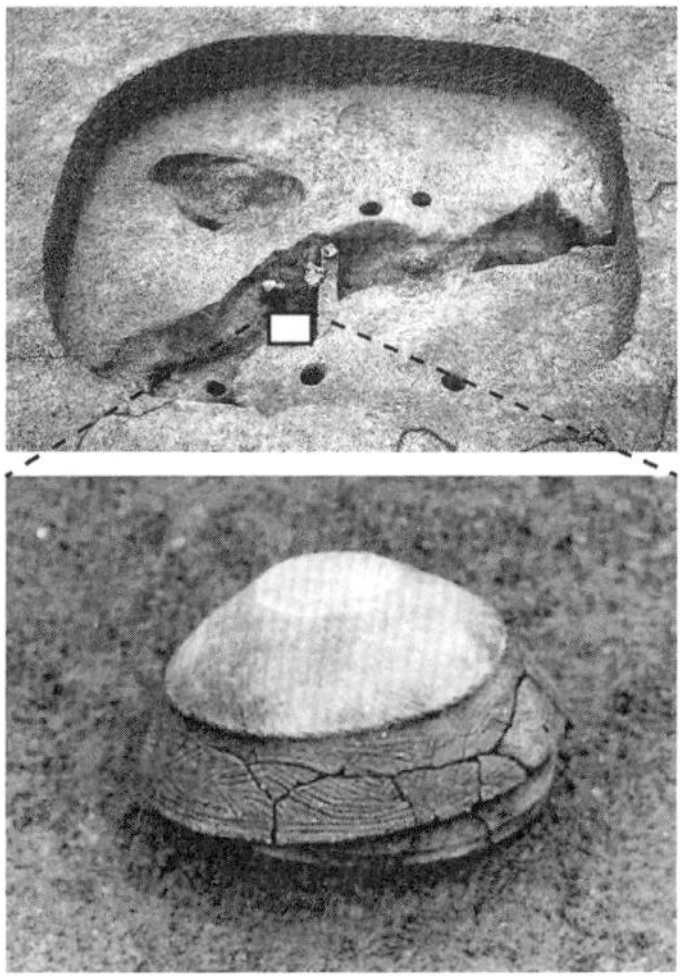

図3　矢頭遺跡における地割れ被害と呪術的対応に使用された土器　かながわ考古学財団編（1997）『宮畑遺跡、矢頭遺跡、大久保遺跡』より

地震に伴って発生したと思われる津波の痕跡は、宮城県里《さと》浜《はま》貝塚などでみつかっています（図4）。里浜貝塚では、貝塚の貝層中に、無遺物の砂の層が数十㎝にわたって存在することが確認されており、これが津波の引き波の際に堆積した砂層だと考えられています。しかしながら、当時の人々が居住していた住居は、海岸線からやや離れた台地の上に存在したと想定され、津波による家屋等への直接的な被害は、あまりなかったようです。ですが、当然ながら海岸部に築かれた様々なインフラ（浜にアクセスするための道や舟置き場、さらには製塩のための炉など）や、貝類を採集する浜、さらには魚を捕るための漁場などには大きな被害が出たと想定されます。

図4　里浜貝塚における津波痕跡　奥松島縄文歴史史料館提供

落石による被害

自然災害とはやや趣を異にしますが、山間部などでは、落石による死亡事故などがあったと想定されます。長野県栃原岩陰《とちばらいわかげ》遺跡からは、落石によって死亡したと考えられる二体の子供の遺体が出土しています（図5）。落石や落盤といった事故も、時として洞穴や岩陰を居住地として

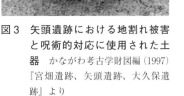

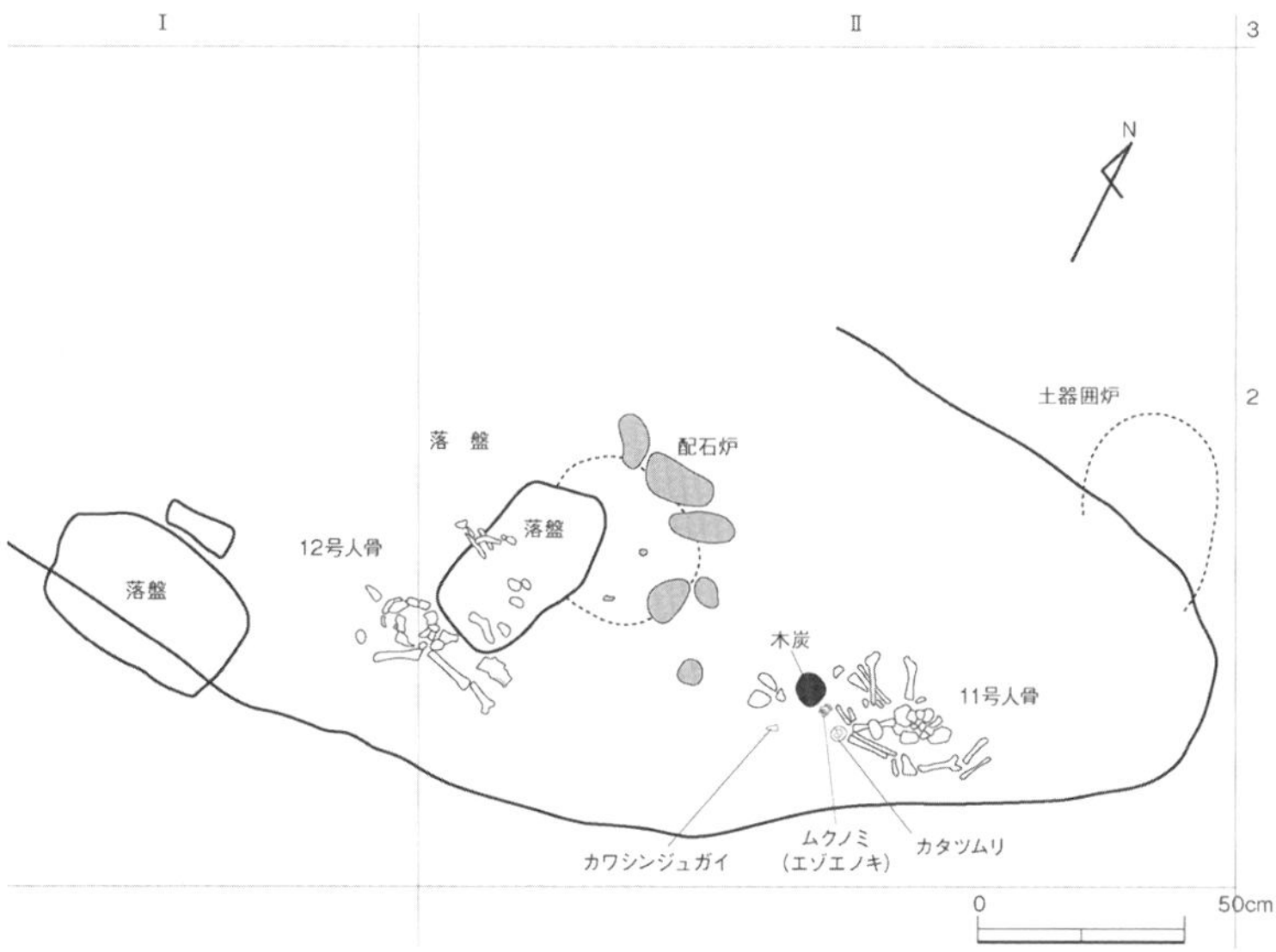

図5　落石によって死亡したと思われる子供たち（11・12号人骨）　北相木村教育委員会編（2019）『栃原岩陰遺跡発掘調査報告書』より

いた人々には襲いかかったことでしょう。

自然災害と縄文時代の人々　当時の人々も、様々な自然災害の被害を受けていたと想定されますが、予想された災害については、火山を観察する、高台上に集落を構える、あるいは天候の変化を読み、臨機応変に待避するなどして、巧みにこれを避け、一方で避けきれなかったものについては、呪術的な対応をすることで、沈静化を図ったものと思われます。

（山田康弘）

〔参考資料〕藤森英二『信州の縄文早期の世界　栃原岩陰遺跡』（新泉社、二〇一一年）、山田康弘監修『縄文時代の不思議と謎』（実業之日本社、二〇一九年）

コラム3

青森県三内丸山遺跡

三内丸山《さんないまるやま》遺跡は、青森県中央部の青森市に所在し、八甲田山系からのびる緩やかな丘陵の先端部、沖館川沿岸の標高約二〇mの海岸段丘上に立地します。遺跡そのものの発見は江戸時代にまでさかのぼりますが、一九九二年から始まった発掘調査によって、縄文時代前期〜中期（現在から約五九〇〇〜四二〇〇年前）の大規模な集落跡であることが判明しました。その重要性から、一九九四年に遺跡の保存が決定し、一九九七年には国の史跡に指定され、さらに二〇〇〇年に特別史跡に、二〇二一年には三内丸山遺跡を含む「北海道・北東北の縄文遺跡群」が世界文化遺産に登録されました。

遺跡からは、竪穴建物の他、掘立柱建物《ほったてばしらたてもの》、列状に並んだ土坑墓、土器埋設遺構《どきまいせついこう》、盛土、貯蔵穴、道路、大型建物などの遺構が検出され、これらが計画的に配置されていたと考えられています。出土遺物としては、膨大な量の土器や石器のほか、食生活や環境を示す多種多様な魚骨や動物骨、クリ、クルミなどの堅果類、木製品、骨角器、編みかご、漆製品などの有機質遺物、さらに翡翠《ひすい》や黒曜石、アスファルトなどの交易品も多数出土しています。

注目される遺構としては、大型掘立柱建物跡や大型建物跡などがあります。大型掘立柱建物跡は、柱穴が直径約二m、深さ約二mあり、柱間隔が四・二m、六本柱で長方形の大型高床建物と考えられています。柱穴内には直径約一mのクリの柱跡が残っていました。全長が一〇m以上のものを大型竪穴建物跡と呼びますが、三内丸山遺跡では、最大のもので長さ約三二m、幅約一〇mのものがみつかっています。用途としては、集会所、共同作業所、共同住宅などの説があります。

発見された墓の数も多く、土坑墓は基本的に集落内に作られた道路に沿って、両側に二列に配置されていました。中には土坑墓の周囲に小型の環状配石がめぐらされているものもあり、これらなどは被葬者がムラや集団のリーダーなどであったと考えられています。また、土器がほぼ完形のまま地中に埋設された、土器埋設遺構も多数みつかっており、その多くは新生児の墓であったと思われます。

この他、三内丸山遺跡を特徴づける遺構としては、盛土遺構があります。これは、竪穴建物や大きな柱穴などを掘った時の残土、排土や灰、焼けた土、土器・石器な

三内丸山遺跡の大型掘立柱建物と大型住居（いずれも復元） 青森県教育委員会提供

どの生活廃棄物を捨て、それが何度も繰り返されることによって周囲より高くなり、最終的には小山のようになったもので、土が水平に堆積しているので、常時整地されていたと考えられています。盛土中からは、大量の土器・石器の他に、数多くの土偶や翡翠、小型土器など祭祀に関係する遺物が数多く出土しています。

三内丸山遺跡は、その集落規模、遺物の出土量からも当時としては群を抜いた大型集落であり、また翡翠や黒曜石などの遠隔地交易品が数多く出土することから、東北地方北部における中核的な集落の一つであったと考えられています。

（山田康弘）

〔参考資料〕岡田康博『改訂版三内丸山遺跡　復元された東北の縄文大集落』（同成社、二〇二一年）、岡田康博監修『世界文化遺産　北海道・北東北の縄文遺跡群　特別史跡　三内丸山遺跡』（東奥日報社、二〇二一年）

コラム4

長野県尖石・与助尾根遺跡

尖石《とがりいし》・与助尾根《よすけおね》遺跡は、八ヶ岳西山麓のほぼ中央部、標高一〇七〇mの台地上にあり、長野県茅野《ちの》市豊平《とよひら》に所在する遺跡です。中部山岳地帯における縄文時代中期を代表する著名な遺跡として、尖石遺跡は一九四二年に国指定史跡に、一九五二年には特別史跡に指定されました。また、与助尾根遺跡も一九九三年に尖石遺跡と一体のものとして特別史跡に追加指定されています。尖石・与助尾根遺跡は、もともとは尖石遺跡と与助尾根遺跡という二つの遺跡ですが、時期的に重複する部分があり、小さな沢をへだてて近接していることから、ワンセットの遺跡として考えられています。

尖石・与助尾根遺跡の調査を語る上で、宮坂英弌《みやさかふさかず》の名を忘れることはできません。宮坂は、一九四〇年から尖石遺跡の本格的な発掘調査に着手し、国指定史跡となる一九四二年まで、独力で調査を続けました。宮坂は、三三基の竪穴住居跡の他、数多くの炉址、墓や貯蔵穴と目される土坑、屋外土器埋設遺構、配石遺構などを掘り出し、また一九四二年に尖石遺跡が国指定遺跡となり発掘調査ができなくなったあとも、戦後の一九四六年には調査地点を隣接する与助尾根遺跡へと移し、ここでも二八基の竪穴住居跡の他、多数の土器や石器を発掘しています。宮坂による与助尾根遺跡の発掘調査は一九五二年まで続けられ、縄文時代の集落をほぼ一つ分、丸々発掘した最初の事例となりました。

宮坂の調査によって、尖石遺跡からは住居跡だけでなく、竪穴（土坑）や配石遺構、土器埋設遺構などの様々な遺構が見つかりました。このように、各種の遺構が一つの遺跡から検出されるということは、尖石遺跡が単に住居の集合体、居住区のみによるものであったということではなく、用途や機能に応じた様々な場を内包しながら、全体として一つのムラとして機能していたことを示唆します。宮坂の調査は、縄文時代の集落研究において、単純な遺構論からの脱皮を促す画期的なものだったのです。また、宮坂の調査によって、尖石遺跡の住居跡群は、南側の地区と北側の地区、そして西側の地区に群在することも判明しました。尖石遺跡全体から見た場合、住居群はいわば馬蹄形のように配置され、中央部には住居のほとんどない一方で、小型の竪穴（土坑）群が設けられた「広場」が存在することが明らかにされたのでした。また、与助尾根遺跡からは二八棟の住居跡が確認され、これらの成果を用いて、その後の縄文集落研究は大いに発展したのです。

茅野市教育委員会は、一九九〇年以降史跡環境整備の一環として、尖石・与助尾根遺跡において試掘調査を行いました。その結果、与助尾根遺跡からは宮坂の調査よりも多い三九棟以上の住居跡・炉跡が検出されました。また、尖石遺跡は北地区と南地区に分けられ、北地区からは二七棟以上、南地区からは九〇棟以上の住居跡が確認され、住居跡の分布を見る限り、これまで指摘されてきたような典型的な環状あるいは馬蹄形集落とは言いがたいということも判明しました。このほか、新規の資料を用いた新たな研究も行われ、与助尾根遺跡が尖石遺跡から分村してできたムラであるとの見解も提示されています。このように尖石・与助尾根遺跡は、これまで縄文時代における集落・社会研究において非常に重要な役割を果たしたばかりでなく、現在も日々研究が行われ、今なおその重要性が失われていない遺跡なのです。

（山田康弘）

〔参考資料〕勅使河原彰『原始集落を掘る　尖石遺跡』（新泉社、二〇〇四年）

与助尾根遺跡における住居群（復元）　筆者撮影

第二部　家族と社会

Q9

縄文時代の家族はどのようなものでしたか

A

家族という言葉の定義は、大変難しいものです。たとえば、親子が離れて住んでいても家族ですが、もし生計が別であれば、別世帯ということになります。このように離れて住んでいる血縁関係者も含めて家族とするならば、現在の考古学的手法では家族を抽出することはまず不可能となります。そこで、ここでは同じ集落の中に住んでいて、経済・消費を同じくする一単位である世帯を家族とみて、考えてみたいと思います。

住居から家族のあり方を探る　当時の家族のあり方を知るためには、大きく分けて二つの方法があります。一つは、当時の集落の構造からアプローチするという方法です。人々の住まいであった竪穴住居跡の大きさや、集落の中での竪穴住居跡のあり方から探るものです。大きな集落など、いくつもの竪穴住居跡が発掘された遺跡では、竪穴住居跡がまんべんなく等間隔で存在するのではなく、住居跡がいくつか集まって一つの塊になっている場所をみつけることができます。

これを住居群といいますが、このような場所では、竪穴住居跡が重なる（考古学ではこれを切り合うといいます）などしているものの、住居群の中では大体一～三棟くらいの住居が同時存在していたと考えられています。中国地方の縄文集落では住居二棟が一つの単位となっている事例も多いのですが、一つの集落の中に住居が二棟しかない状態で、それぞれの住居に全くの赤の他人が居住している状況も考えにくいので、このような場合には二棟の住居が一つの経済的消費単位、すなわち世帯になっていたのではないかと推定されます。Q10でも触れますが、一般的な竪穴住居の面積から居住可能人数を推定する公式

P（居住可能人数）＝S（竪穴住居の床面積）÷3（一人あたりの必要スペースの大きさ）－1（柱や炉の大きさ）

から考えて、住居の床面積が一五m^2とすると、一棟あたり四〜五人が居住した場合、おそらくは一〇〜一五人前後の集団であったと考えられます。この規模に見合う家族としては、三世代程度を含む拡大家族が想定されます。

墓から家族を探る　二つめが、墓地や墓域の構造から推定するものです。縄文時代の墓地や墓域を見ると、遺体が一様にまんべんなく等間隔に埋葬されているのではなく、ところどころに五体くらいから一五体くらいまでの遺体が地点的にまとまって群を作っていることがわかります。これを埋葬小《まいそうしょう》群《ぐん》と呼びます。これまでの研究で、埋葬小群はおそらく三世代くらいを含む小家族集団の歴史の一部であったと考えられています。ただ、当時の家族形態がどのようなものであったのか、たとえば両親とその子供からなる核家族が中心だったのか、それとも、祖父・祖母、両親とその子供のように三世代くらいの小家族集団が中心だったのかという点については、考古学的にはまだ解明されていません。ですが、近年出土人骨からDNAを抽出する技術が発達してきましたので、あと一〇年もすれば縄文人一家の家系図を描くことができるようになるかもしれません。そのような中で、考古学と人類学の見地から、当時の家族構造に迫った研究がありますので、紹介しておきましょう。

縄文時代中期の墓制、特に関東地方における墓制では、廃《はい》屋墓《おくぼ》がよく取り上げられます。廃屋墓とは、竪穴住居内における埋葬例のことで、住居の床面の上に複数の遺体が安置されたり、埋まりかけの住居のくぼみの部分に遺体が置かれたりしたものです。ここでは、千葉県姥山《うばやま》貝塚接続溝一号（B

図1　千葉県姥山貝塚B9号住居跡における人骨の出土状況　東京大学総合研究博物館提供

9号）住居跡から出土した五体出土例の分析結果を紹介しておきましょう。図1は、B9号住居跡における人骨の出土状況です。床面上にきれいな屈葬例が一体と、埋葬姿勢がやや乱雑な四体があります。これらの人骨については、これまでにも「フグ中毒によって死亡した家族」などといった根拠の無い説が一般に流布したことがありますが、現在の研究は「フグ中毒死説」に否定的です。これらの人骨を再整理して、その顔面形態を計測し分析が行われたところ、これら五体の人骨がなんらかの家族的構成を持っていたという仮定のもと、二つの家族像が提出されました（図2）。

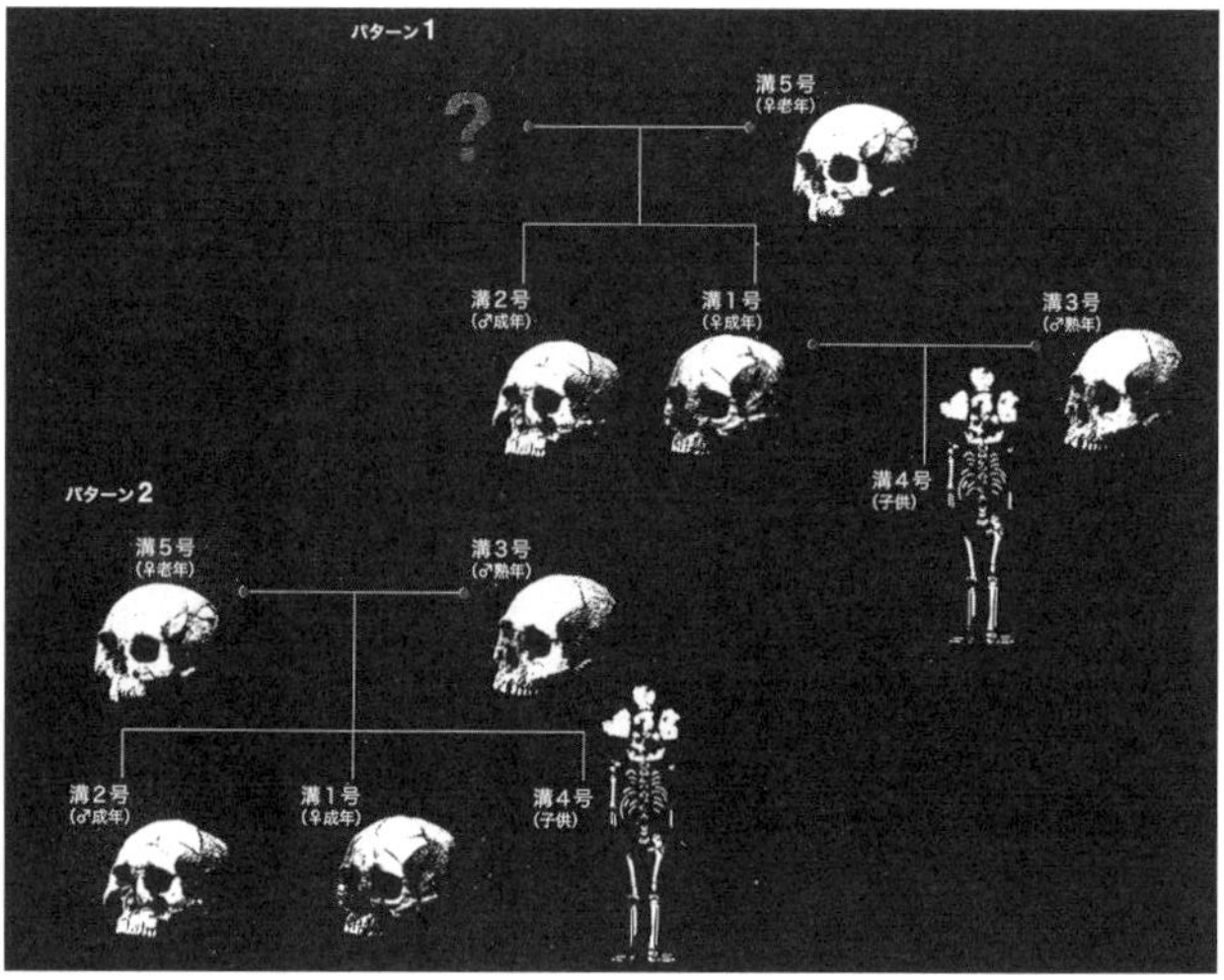

図2　人骨の形質から想定された家族構成　諏訪・洪（2006）より

一つは五号人骨が、B9号住居には埋葬されなかった人物と婚姻関係を持ち、その二人の子供が二号人骨と一号人骨であり、一号人骨と三号人骨が婚姻関係を持ち、その子供が四号人骨であるというものです。これは、一つの竪穴住居に三世代の小家族集団が居住していたと考えられるパターンです。また、もう一つは五号人骨と三号人骨が婚姻関係をもち、一・二・四号人骨が二人の子供であるという、核家族のパターンです。どちらのパターンの方がより蓋然性の高いものか、現状ではその判断は難しいですが、三号人骨の四肢骨の形態などが他の成人骨とは異なるとされていること、三号人骨のみが他の三体の成人骨との間に血縁関係が推定されていないことなどを考慮すると、三号人骨が他の血縁集団から参入してきた婚入者である可能性を指摘できます。三号人骨は男性ですから、その場合縄文時代中期の姥山貝塚においては男性が婚入してくる妻方居住婚が行われていたと推定できます。縄文時代の家族は、本例を見る限り核家族ないしは三世代くらいの小家族集団から構成されていたと考えることができるでしょう。

ただし、このような考え方について、各人骨から抽出された遺伝子の分析結果は、必ずしも肯定的なものではないようです。たとえば、姥山貝塚B9号住居跡から出土した各人骨から抽出されたミトコンドリアDNAを分析したところ、全ての人骨間においてミトコンドリアDNAは共通しなかったとの研究発表が行われています。ミトコンドリアDNAは母系遺伝するものなので、母子であれば、その親子のミトコンドリアDNAの塩基配列は一致するはずです。このことは先の顔面形態の計測による家族関係の推定（ただし、この方法についても親子であればという前提条件が付されていたことに注意すべきです）を支持するものではありません。また、一方で母系的なつながりが確認できなかったからといって、姥山貝塚B9号住居址から出土した人骨の間に血縁関係が存在しなかったと言うことはできません。なぜなら、ミトコンドリアDNAからでは父系的なつながりの存在を否定できないからです。今後、姥山貝塚B9号住居出土人骨については、当時の埋葬原理がどのようなものであったのかという点を含めて、さらに人間関係を絞り込むことのできる核DNAによる分析が行われるかと思われますが、現段階においては考古学と人類学が力を合わせて縄文時代の家族のあり方について科学的な分析を行っているというのが実情です。ですので、今現在においてわかる範囲の想定として、三世代一〇人程度の拡大家族を想像しておいても、あながち間違いではないと思われます。

（山田康弘）

〔参考文献〕諏訪元・洪恒夫『アフリカの骨、縄文の骨―遙かラミダスを望む』（東京大学総合研究博物館、二〇〇六年）、山田康弘「縄文時代の親族組織」泉拓良・今村啓爾編『講座日本の考古学四　縄文時代　下』（青木書店、二〇一四年）

Q10 家族は何名くらいですか

A

家族の単位というものは人数で決まるわけではないので、この点についてはなんとも言えません。ですので、まずは竪穴住居一軒あたりに、何名の人が暮らせたのかという点から考えてみたいと思います。

竪穴住居の床面積から、居住者数を推定する公式としては、

居住可能人数＝床面積÷3－1

というものがあります。これは建築学者の関野克《せきのまさる》が、公式化したものです。関野は、埼玉県の上福岡《かみふくおか》遺跡D地点における縄文時代前期の住居が七回にもわたって拡張されていたことから、これを家族数の増加によるものと捉え、その一回あたりの面積が約三㎡であったことから、これを一人分と考えました。確かに大人が大きく両手両足を広げた大きさは三㎡程度ですので、この考えには説得力があります。そこから、竪穴住居内において、人一人あたりの必要面積を三㎡とし、また住居内における炉や柱などの総面積を一㎡と考えた場合、住居の床面積を一人分の必要面積三㎡で除し、そこから一㎡を引いた数が居住可能者数となるわけです。

竪穴住居の大きさにはいろいろありますが、たとえば先の上福岡遺跡における住居址一四軒の床面積は一六・一㎡から三七・六㎡、平均値で二六・七㎡であることから、先の公式にあてはめて算出した一住居あたりの推定居住人数は、約四人から約一二人、平均で約八人になります。ただし、竪穴住居一棟の中において生活を同じくする人々は、家族よりもむしろ世帯と呼ぶべき人々です。

一方で、社会人類学者のG・マードックは、世界各地における二五〇例もの人間集団を分析し、人間社会における最も基本的な家族形態が核家族であることを指摘し、これを中心として一夫多妻などの複婚家族や三世代同居などの拡大家族

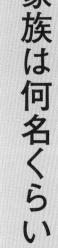

があることを指摘しています。このことから考えた場合、おそらく四人が居住可能な一六㎡程度の住居は核家族用、一〇人を超える人々が居住可能な三〇㎡を超えるような大形の住居は、一夫多妻婚による複婚家族や祖父母や孫も含めた三世代程度の拡大家族が住んでいたと推定することができるでしょう。ただしこれらの推定は、あくまでも竪穴住居には家族という血縁集団が居住していた、と仮定した場合ということも忘れてはいけません。

　一方で、縄文時代の墓地の中には、大体五人から一五人程度の埋葬例でひとかたまり、一区画になる埋葬小群《まいそうしょうぐん》というものが存在します（図1）。埋葬小群は、その数的規模から三世代程度の拡大家族の埋葬地点、あるいは世帯の歴史の一部が残されたものと理解されていますが、この数字は先ほどの住居址一軒あたりの推定居住人数とも大きな齟齬はみられません。Q9でふれたように、集落内においては一〜三棟の住居がまとまって一つの世帯をなしていたと考えられますので、これらのことを勘案すると、ケースバイケースではありますが、一つの住居に居住し、消費生活を同じくしている人々の数はおそらく四〜五人程度、多ければ一〇人程度の規模であり、各家族の人数は八人から一〇人程度、多ければ二〇人程度ではなかったかと推定されます。

（山田康弘）

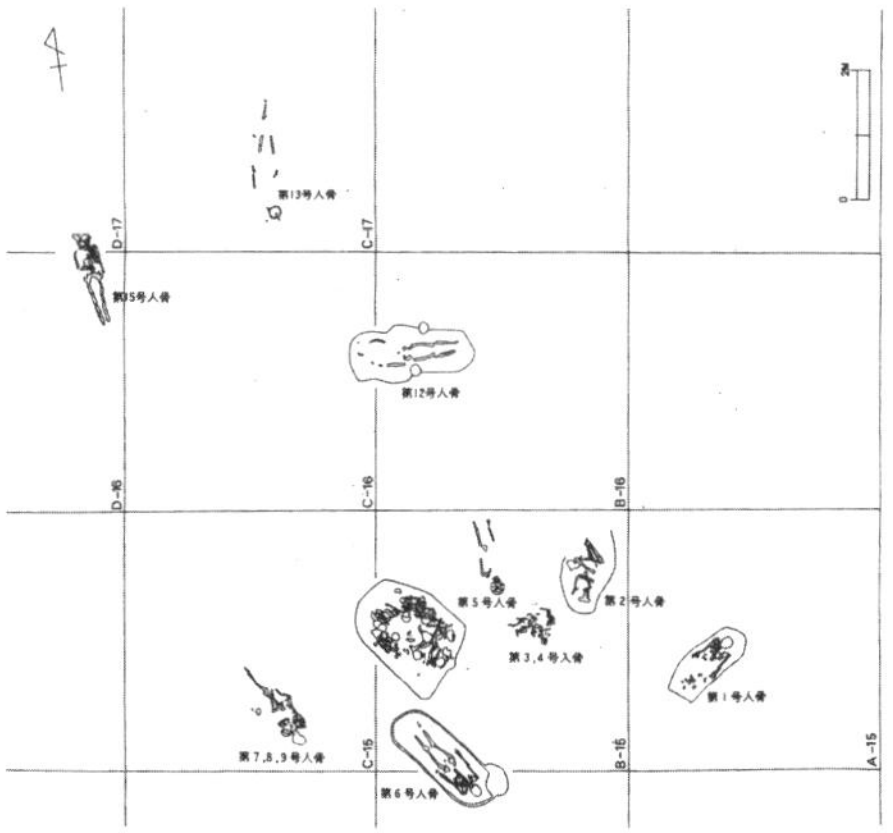

図1　古作貝塚における埋葬小群　古作貝塚調査団編（1983）『古作貝塚II』より

〔参考文献〕関野克「埼玉県福岡村縄紋前期住居址と竪穴住居の系統について」『人類学雑誌』第五三巻第八号（一九三八年）、山田康弘「縄文時代の親族組織」泉拓良・今村啓爾編『講座日本の考古学』第四巻　縄文時代　下、（青木書店、二〇一四年）

Q11 子供たちの生活はどのようなものでしたか

A

縄文時代の子供たちがどのような生活をしていたのか、考古学的に確かなことはほとんどわかっていません。わずかに、墓に埋葬された子供たちの取り扱われ方から、推測することができます。

新生児期の子供たち　縄文時代の後半期には、死産児や生まれてすぐに亡くなった子供は、土器の中に入れて埋葬されたようです。これを土器棺墓といいます。土器棺墓の中から出土する子供の骨を分析すると、その多くが死産児や一歳未満の新生児から乳児の事例であったことがわかりました。このことから一歳未満の子供とそれ以上の子供の間に何らかの区別があったことがわかります。

離乳後の子供たち　大人と合葬された子供の年齢をみると、二歳から三歳までの乳児期以下の子供は大人の女性と、それ以上に成長した幼児期以降の子供は男性とも女性とも合葬されていたこともわかっています。合葬が行われる契機が、大人も子供も同時に死亡したということでしたら、死の直前において、両者が一緒に行動していた可能性が高くなります。その場合、おそらく離乳前の子供は母親の近くで過ごしており、幼児期以降になると母親の側を離れて大人の男性とも活動を共にする機会が多くなったと想定できます。このことから、幼児以降の子供たちは、それぞれの性別ごとに、女子は大人の女性を含む集団と、男子は大人の男性を含む集団と行動をともにしていたのではないかと推定されています。このような年齢・性別集団においては、「男らしさ」・「女らしさ」といった文化的な性別にもとづく教育が行われたと考えられ、おそらくそれは狩猟・採集・漁労といった生業や、石器作りや土器作りといった生活道具の製作などにみられたであろう性別分業へとつながっていったと思われます。その場合、子供たちは日本の民俗例にみられた「若者組」のような年齢階梯制の中に取り込まれていったのかもしれません。その後、性的成熟や身体および精神の成長度合いによって、通過儀礼としての成人式が行われ、大人の仲間入りをしていったのではないでしょうか。

当時の子供たちの遊び　縄文時代の子供たちが普段どのような遊びをしていたのか、うかがい知ることは難しいのですが、長野県栃原岩陰《とちばらいわかげ》遺跡からは落石による事故死と思われる三歳と五歳の子供の遺体の側からカタツムリの殻が出土している事例があり、子供たちがカタツムリを採って遊んでいた可能性が指摘されています（35頁図5）。また、縄文時代の遺跡からは、子供たちが粘土を握りしめるなどして遊んだと思われるものが、火にくべられて焼け残った「焼成粘土塊」が出土することもあります。山梨県釈迦堂《しゃかどう》遺跡から出土したものが有名ですが（図1）、北海道蛇内《へびない》遺跡からは、二〜三歳くらいの子供の歯形がついた土器片が出土しており、これなどは土器を焼く前に、子供がかじって遊んでいたものかもしれません。発掘調査を行うと、時に形態が不規則な用途不明の土製品が出土したりしますが、このような遺物は、ひょっとしたら、子供の遊び道具であったのかもしれません。さらには、確証はないのですが、縄文時代後半期の東日本の遺跡から出土する土偶や動物形土製品の中には、子供の遊び道具が入っている可能性もあります。子供の生活についてはまだまだ未解明のことが多く、今後の研究課題です。

（山田康弘）

図1　釈迦堂遺跡から出土した、子供が握った粘土のかたまり　釈迦堂遺跡博物館提供

〔参考文献〕藤森英二『信州の縄文早期の世界　栃原岩陰遺跡』（新泉社、二〇一一年）、山田康弘『老人と子供の考古学』（吉川弘文館、二〇一四年）

Q12 縄文人の一生について教えてください

A

縄文時代においては、大人と子供が異なった取り扱いを受け、さらに年齢によってもその立場が区分されていたようです。その立場が変化する節目が、成人式などに代表されるいわゆる通過儀礼であったということは容易に想像できます。

縄文時代の通過儀礼　通過儀礼について重要な研究を行ったフランスの文化人類学者のA・ヘネップによれば、子供の時期における通過儀礼には、へその緒の切断、初めての水浴びや入浴、へその緒の残りの脱落、命名、最初の整髪、家族との最初の食事、乳歯の萌出、最初の歩行、最初の外出、割礼、子供の性別による最初の着衣などがあるとされています。考えてみますと、私たちの暮らしの中にも、形骸化していますが、七五三やお食い初め、紐落としなどといった風習が残っていますね。先に挙げた節目は、全部ではないにせよ、縄文時代の人々にとっても重要な意味を持っていたに違いありません。現在では、事例数の多い東日本の後晩期のお墓の分析や、お墓から出土した人骨の分析から、縄文人のライフヒストリーが復元されています（図1）。

新生児期　縄文人の一生は、まず生きて産まれてくることからはじまりました。残念ながら死産だった赤ちゃんは、地面に穴を掘っただけの単純なお墓に埋葬されました。一方、わずかな期間でも生きながらえた赤ちゃんは、土器の棺桶の中にいれて埋葬されました。これを土器棺墓と言います。土器を母体の象徴と考える風習は、広く東アジア一般に見られるものです。おそらく縄文人も亡くなった子供を土器の中に入れて埋葬することで、母体の中に戻し、すみやかな再生を願ったのでしょう。

乳児期　無事に成長を続けた子供は、二歳前後に離乳し、母親を離れて行動するようにもなり、集団生活に参加をするよ

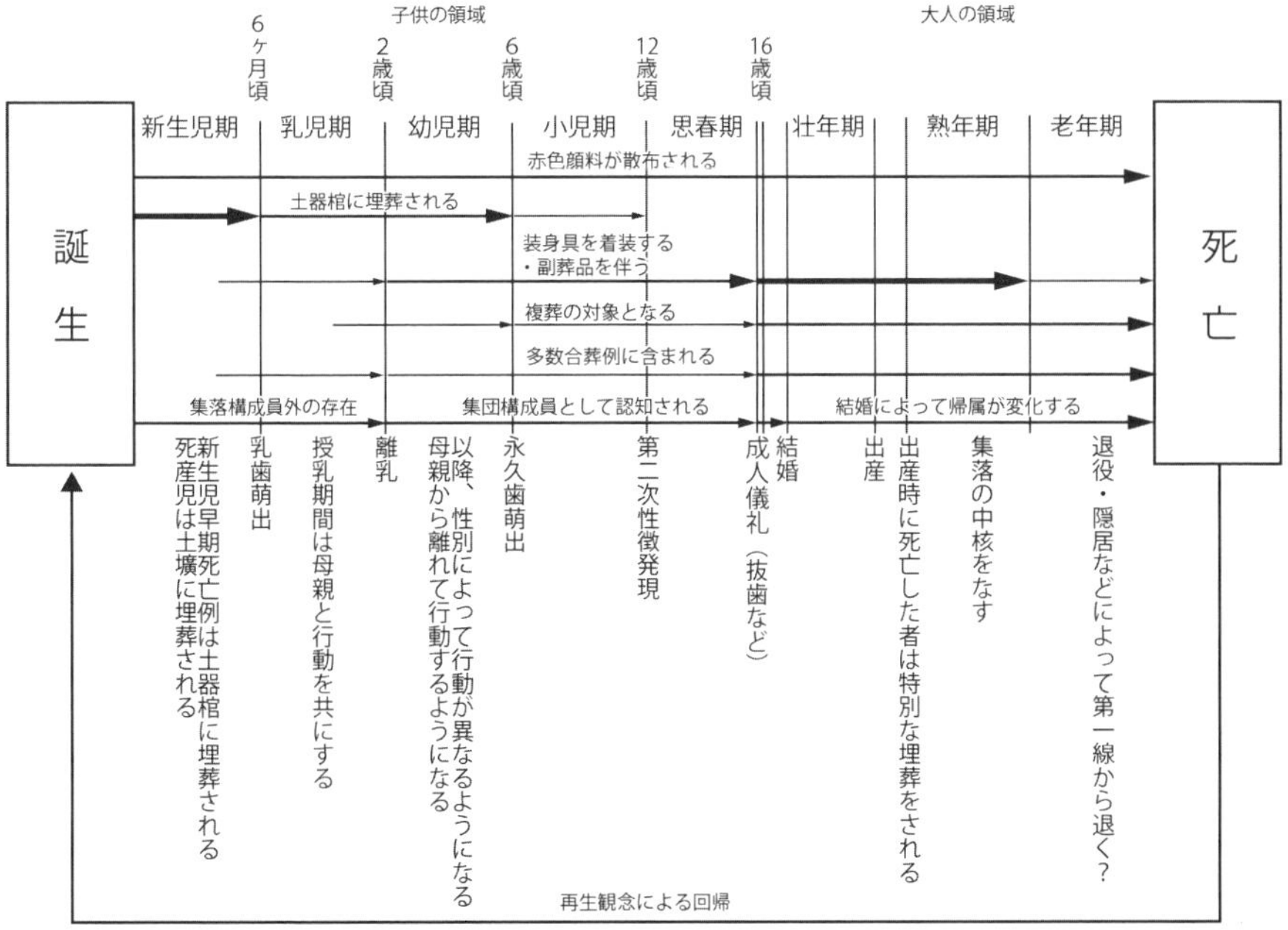

図1　縄文人のライフヒストリー　実印線の太さは頻度をあらわす

うになったようです。そして、この時期から集団の構成員としても認知されるようになり、石の小玉一つだけのネックレスや貝のブレスレットなどの装身具を装着するようになりました。これらは御守りや魔除けとしてつけられたようです。

幼児期以降　幼児期以降、しだいに男の子は、自分の親を含む大人の男性と、女の子は大人の女性と行動を共にすることが多くなり、労働力として生業活動にも参加が期待されるようになっていきました。もし万一、中毒や事故などによって、血縁関係者の大人とともに子供が死亡した場合には、いっしょに一つのお墓に合葬されました。

大人になる　その後、女性では第二次性徴の発現とともに、男性でも大体一六歳頃、遅くとも一八歳頃までには成人儀礼が執り行われ、大人の仲間入りをしました。成人儀礼の一環として、地域や時期によっては、上顎左右の犬歯を抜く抜歯などの身体変工が施されました。男性は女性とほぼ同じ頃、あるいは少し遅れて成人となったようです。ただし、こちら側には抜歯も施されず、一生大人になれなかった人もいたようです。どうやら、縄文時代の場合、男性と女性とでは大人になる基準が異なっていたようですね。大人になれないということは、社会的に大人にのみ認められた行動、たとえば結婚などもできなかったということです。なかなか大変な社会だったのですね。

結婚・婚姻　成人儀礼を境として、以後に結婚・婚姻が執り行われました。この時、時期や地域によっては人が集落を移動し、男性が女性側の住む集落に婚入したり、その逆のパターンもあったようです。これは社会のあり方が、母系的な社会であったのか、それとも父系的な社会であったのかということによって変わりました。

縄文時代の出産　伝統社会における婚姻のあり方からして、その後女性は妊娠し、出産をむかえることになります。妊娠・出産によって、骨盤（腸骨）の耳状面という場所にくぼみや溝ができます。これを妊娠痕といいます。この妊娠痕のあり方を調べた五十嵐由里子《いがらしゆりこ》によれば、妊娠痕のあり方を強弱に二分して調べたところ、最も強いものの割合は北海道で約六割、岩手県と福島県で約五割、愛知県は二割前後、岡山県は約一割と、北から南へ行くほど低くなりました。これについては、北海道の縄文人は集団の安定的存続のために他地域より多産である必要があったのではないかと推測されています。地域によって出生率が異なっていたということは、大変興味深い現象です。しかし、いつの世でもそうですが、輪をかけて縄文時代の出産は命がけでした。出産時あるいは出産前後に亡くなった女性は、頭の向きを他の人とは変えたりするなど、通常とは異なった葬法で埋葬されました。

成人儀礼以降　成人儀礼以降には、社会的経験の有無や加齢・性差・地位・出自などによって規定される装身原理に基づいて、土製耳飾りや腰飾りなどの着装、抜歯や文身などの身体変工が行われていきました。壮年期から熟年期の、いわば働き盛りには集落・集団を担う中核的な成員として活動し、この頃に一番装身具を着装する様になります。出土した人骨の年齢層からみて、縄文人の平均寿命は四〇歳から六〇歳程度までの熟年期の間にあったと思われますが、六〇歳を超えて、老年期をむかえ、さすがに老いを感じられるようになった時には、表舞台から退き、定年・隠居のようなこともあったようです。それは、老年期の埋葬例には装身具や副葬品を伴う例が格段と少なくなることからも推察できます。そして亡くなると、様々な葬儀が行われ、再生が願われたのでしょう。

通過儀礼と年齢・性別集団　文化人類学者のA・ヘネップはその著書『通過儀礼』の中で、通過儀礼は個人一人一人に対して個別に行われるのではなく、集団で行われること、それによって社会的な絆を増強させることを、いくつもの事例を挙げながら述べています。縄文時代にも何回かの通過儀礼が存在することがほぼ明らかである以上、ある程度人数的にまとまった形で通過儀礼が行われていたことは確実でしょう。とすれば、通過儀礼を共に受けたもの同士が、年齢や性別ごとにまとまって年齢集団や性別集団を構成した可能性があります。このような集団は、若者組や娘組などのように、日本の民俗の中にもしばしば観察されるものです。このような通過儀礼が執行された場所としては、たとえば三内丸山遺跡にあるような大型住居や、北陸地方に多い環状木柱列、あるいは東北地方に多い大型環状列石などの遺構が候補に挙げられるでしょう。大型住居には、墓域に接していたり、環状木柱列に近接して存在していたものがあったことが指摘されていますし、環状列石はもともと配石墓の集まった墓域でもあります。このような場所は、通過儀礼に伴う神話の伝承や再現には絶好のロケーションと言えるでしょう。

縄文時代の年齢区分　これまでの研究では、縄文時代の社会には男性と女性という性別区分や、ミウチとヨソモノといった出自による区分が注目されてきましたが、最近では大人と子供の区分や年齢段階による細かい区分が存在したと考えられるようになってきました。この耳飾りはつけてもいいけど、この首飾りはダメ、というような装身具の着装原理は、おそらくこの区分にもとづくものであったと推察されます。縄文時代というと、平等な社会というイメージがあり、皆が仲良く公平・平等に暮らしていたという感じがありますが、どうしてどうして、実はかなり細かく区分が行われ、それぞれにしきたりやタブーがあり、それによって実際の生活や行動が制限されるという、なかなかややこしい社会であったようです。

（山田康弘）

〔参考文献〕山田康弘「縄文時代の子供の埋葬」『日本考古学』第四号（日本考古学協会、一九九七年）、山田康弘『老人と子供の考古学』（吉川弘文館、二〇一四年）

Q13 縄文人はなぜ定住していたのですか

A

縄文人は定住生活を行っていました。その証拠としては、たとえば堅牢な竪穴住居の存在や貝塚の発達などが取り上げられてきました。春夏秋冬の環境差を越えて通年的な定住生活を行うためには、しっかりとした家屋が必要です。また、貝塚が形成されるということは、長期にわたってその場所を利用していたという何よりの証拠です。この他、貯蔵穴など各種の遺構が集落の中に作られている、精神文化が発達し土偶などの呪術具が出現するなどといった点が、本格的な定住生活を行っていた証拠として考えられてきました。

定住生活の開始　右にあげた文化的要素は、縄文時代草創期の後半くらいから早期にかけて明確にあらわれてきたもので、およそ一万三〇〇〇年から一万年くらい前のことになります。しかしながら、定住生活のあり方は時期や地域によって差があったようです。たとえば、遺跡が集中し大型の集落遺跡が多く、堅牢な竪穴住居が構築されているような東北・関東地方や中部地方の縄文時代中期では、定住性がかなり高かったでしょうし、反対に遺跡数も少なく、また遺跡の規模も小さく住居も簡易なつくりである中国地方などでは、ある程度の移動を前提としたようなゆるやかな定住生活が営まれていたと思われます。したがって、縄文時代の各地で一律に同じような定住生活が行われていたと考えることはできないのです。

定住生活がはじまった理由　では、このような定住生活は、なぜはじまったのでしょうか。世界各地では定住生活の開始と農耕・牧畜の開始・発達が結びつけて考えられることが多いのですが、日本では定住生活の開始を農耕のはじまりと連動して理解することはできません。おそらく、気候が温暖化し環境が変化していく中で、自然の中に多くの食料が発見・

開発され、それが集落の周辺で入手可能となったということが大きな理由の一つでしょう。また先にも書きましたが、土器の登場も定住生活の進展に一役買ったに違いありません。さらには、四季が明瞭になってきたことも大きかったと思われます。自然界におけるバイオマス（利用可能な食料の総量）は、秋が最も多くなり、翌年の春から初夏にかけての時期が最も少なくなります（図1）。山の幸に、炭水化物がほとんど無くなってしまうからです。このような季節によるバイオマスの変動を乗り切るために、縄文時代の人々は食料を加工し、保存をしていました。堅果類《けんかるい》は地面に掘った貯蔵穴で保存し、干し魚などは、屋内に保存したことでしょう。この大量のストックを、居住地点を移動させるたびに持ち運ぶことは大変です。おのずと移動の少ない生活様式を選ぶようになるでしょう。また、食料の中には堅果類やサケ・マス類のように、加熱処理や燻蒸《くんじょう》などの加工を必要とするものも多く、それ故に一定の場所が作業場として希求されたということも理由としてあげられるでしょう。移動生活とほぼ同じ、あるいは移動生活よりも多くの食料を効率よく入手することが可能となったとき、人々は定住生活の方へ舵を切ったのだと思われます。

（山田康弘）

図1　縄文時代における食料の季節性　国立歴史民俗博物館提供

〔参考文献〕小林謙一・工藤雄一郎・国立歴史民俗博物館編『歴博フォーラム　縄文はいつから!?　―地球環境の変動と縄文文化』（新泉社、二〇一一年）、山田康弘『縄文時代の歴史』（講談社、二〇一九年）

Q14 どのような集落に住んでいましたか

A

集落は、一般的な辞書では「農山海村の地域社会において共同生活を営む家々の集まり。一般的には村落がその単位」とされており、現代社会では田舎の農村がイメージされるかと思います。考古学では、集落は「人間の集団が日常的に居住する根拠地」（田中・佐原編二〇〇二）とされ、縄文時代では竪穴住居跡などの居住施設の遺構が確認される場所になります。

集落遺跡の構成　集落遺跡を構成する主要な遺構としては、竪穴住居、掘立柱《ほったてばしら》建物《たてもの》などの建物や、屋外で煮炊きする炉、食料などを保存した貯蔵穴があります。また、土坑墓や配石墓等のお墓、何らかの祭りを行ったと考えられる祭祀関連遺構、土器を作るための粘土を採取する場、あるいは作業場としての水場などの生業関連遺構も集落遺跡の中に含まれる場合もあります。

現代の農家の姿を想像すると、家屋の側に田畑や牛舎などがあったりしますが、狩猟採集民である縄文人の集落遺跡の中には、そのような場所は基本的にありません。縄文時代には、青森県三内丸山《さんないまるやま》遺跡で認められるようにクリ林を近辺で管理している事例（工藤・国立歴史民俗博物館編二〇一四）などがあり、集落近辺に植物を利活用する場所はありますが、動物質食料を得るための場所はありません。そのような食料の獲得地は、集落外にあります。山間地・丘陵部の遺跡の中には、陥し穴と考えられる土坑のみが集中的に認められることがあります。こうした遺跡は、狩猟専用の場所と言えます。また、近辺に海川がある集落遺跡では、近場の海川にて採集や漁労活動をしていたものと推定できます。

遺物が出る場所　集落遺跡の中には、土器や石器などの人工遺物が多数出土する遺物包含層あるいは捨て場などと呼ばれる場所があります。発掘調査では、この捨て場から大量の遺物が出土することがしばしばあります。この捨て場は、人工遺物の他にも食べた後の食物残滓も廃棄しているものと考えられますが、日本の土壌は酸性度が高いため、有機質のものの大体は残らず、土器などの無機質の人工遺物が出土します。

一方、貝殻のほか動物の骨などが多数発見される貝塚は、貝殻に含まれる炭酸カルシウム分が供給されることにより骨などの動物遺存体が残ります。この貝塚には、様々なものが遺されているため目立つ存在ではありますが、性格としては遺物包含層とほぼ同様のものと捉えられます。

洞窟にも居住する場が作られ、一時的なキャンプ地として利用されていました。洞窟は、縄文時代に限らず、旧石器時代から居住地としての利用がはじまっています。この場合、洞窟奥部ではなく、雨などを避けるために洞窟上部を庇《ひさし》として利用し、洞窟入口部で生活をしていたようです。この洞窟の種類には様々なものがありますが、石灰岩地帯中に形成された洞窟は、石灰洞や鍾乳洞と呼ばれています。こうした洞窟の場合は、炭酸カルシウムを含むアルカリ性の石灰岩による作用が動物骨の保存に適しており、貝塚と同じ様に様々な動物遺存体を確認することができ、当時の生活の一端をうかがうことができます。

集落構造の多様性　現在、歴史マンガや中学校の教科書など

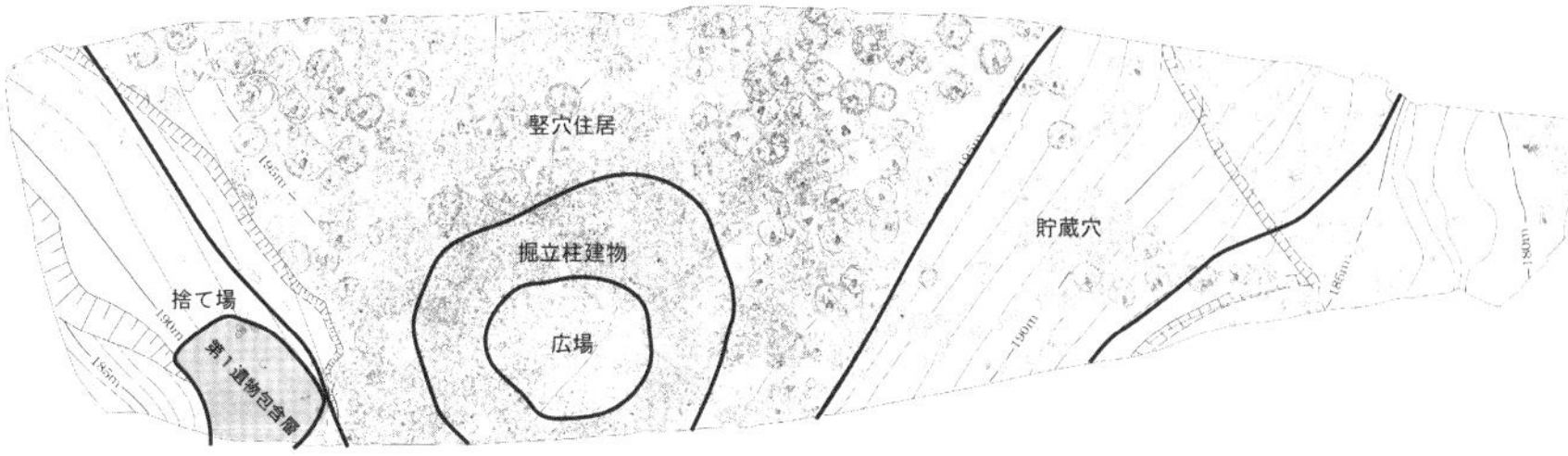

図1　環状集落例　福島県和台遺跡：報告書と新井（2009）より作成

では、縄文時代の集落は、竪穴住居跡・掘立柱建物、貯蔵穴、土坑墓などの墓が基本的な構成として描かれているようです。これは、人が生活し、死んで葬られるという人生の一連の流れに沿った施設であると言えます。これらの施設が揃う集落遺跡の多くは、縄文時代の中頃にあたる縄文時代前・中期の集落遺跡です。つまり、縄文時代の中のある一時期のイメージとなります。また、地域によっても大きな差異があります。

東北地方の遺跡を事例としてあげます（菅野二〇一五、二〇一七）。縄文時代前期・中期の大規模な集落遺跡である青森県三内丸山遺跡では、前期中頃から竪穴住居跡が出現しはじめ、中期前半期には現在復元さ

れている大型竪穴住居跡や掘立柱建物等の多数の遺構群が構築されます。その後、中期後半になると遺構は減少し、中期末葉には数軒程度の竪穴住居跡により構成される小規模な集落遺跡となり終焉を迎えます。一方、東北地方南部の福島県和台《わだい》遺跡では、早期中葉から断続的にごく少数の竪穴住居跡が構築されていますが、竪穴住居跡数が最大となるのは、三内丸山遺跡で衰退期となる縄文時代中期後半です。つまり、地域・時期によって、竪穴住居跡数の増減は大きく異なっていることがわかります。

　また、こうした規模の変遷にかぎらず、遺構の構成・配置などについても大きな違いがあります。中期後半の和台遺跡では、中心に広場があり、その周囲に掘立柱建物、竪穴住居跡、貯蔵穴、捨て場などが環状となる構成となります。残念ながら土坑墓等の明確な墓がみつかっていませんが、おおむね縄文時代の基本的な構成であると言えます。一方で、三内丸山遺跡では、土坑墓も含めた各種の遺構が列状の構成となります。この列状配置は、北東北地方の別の遺跡でも認められることから、地域性の一つとして理解できます。これらの遺構の配置関係は、明らかに規則的であることから、その背後に存在する社会構造を読み取る研究もあります。

　ただし、全ての集落遺跡が環状あるいは列状という構成となるわけではありません。たとえば、前期前半の福島県獅子《しし》内《うち》遺跡では、階段状にみえる河岸段丘面縁辺部に竪穴住居跡が密集して分布します。また、中期末葉から後期初頭の集落遺跡である岩手県湯沢《ゆざわ》遺跡では、竪穴住居跡が緩斜面部に重複しながら密に分布しています。これらの竪穴住居跡の分布状況からすると、その地形に応じて集落を形成していた様子も認められます。

　このように縄文時代集落は、地域・時期あるいは個別的な環境によってその特徴は異なり、決して画一的なものではありません。そうした多様性が、縄文文化の特徴と言えます。

集落の出現と展開　縄文時代のはじめとされる時期における遺跡は日本各地に分布していますが、明確な竪穴住居跡の存在はそれほど多くはありません。土器が出土した最初期の遺跡である青森県大平山元《おおだいやまもと》遺跡では、無文土器・石器などの人工遺物が多数発見されていますが、掘り込みを有するような遺構は見当たりません。出土遺物等から、大平山元遺跡では、キャンプ地として短期間の生活を行っていたことが推定されます。

　また、この時期の遺跡には多くの洞窟遺跡があります。たとえば長崎県福井《ふくい》洞窟では、旧石器時代から縄文時代にいたる生活の痕跡が確認されており、狩猟・漁労を中心とした活

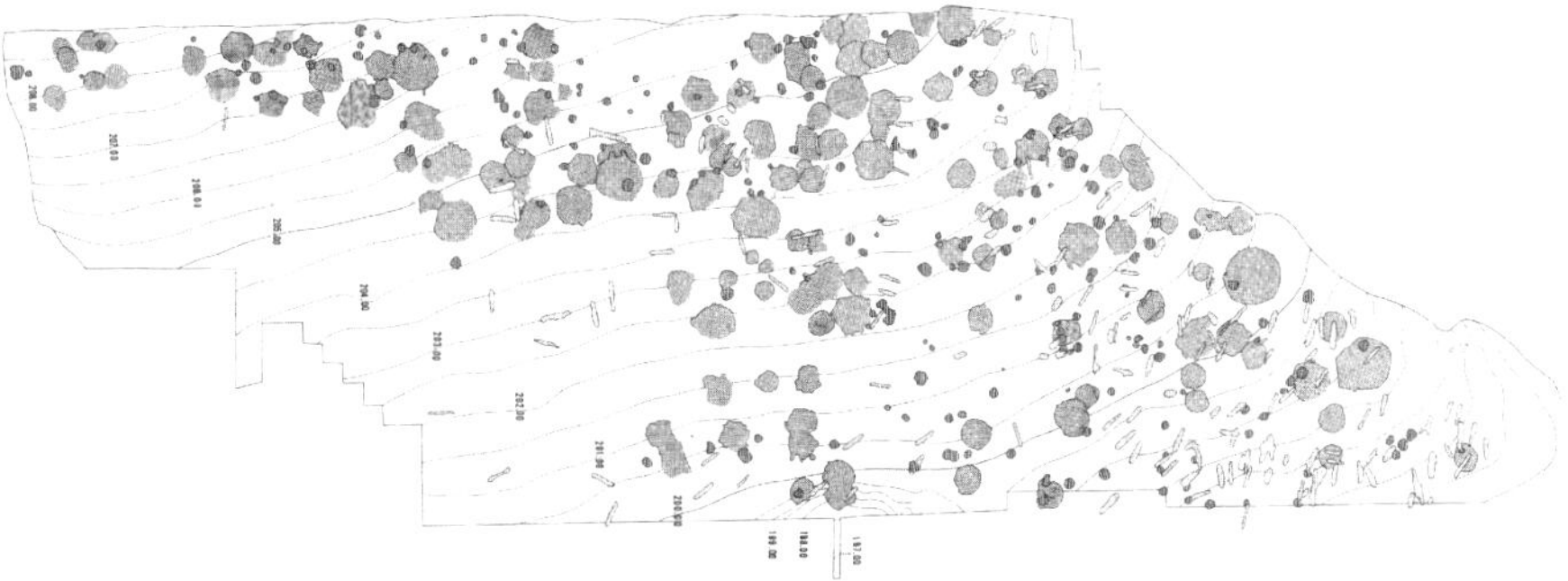

図2　湯沢遺跡の遺構配置　報告書をもとに作成

動を行っていたことがわかっています。

その後の静岡県大鹿窪《おおしかくぼ》遺跡、青森県櫛引《くしひき》遺跡などの遺跡では、掘り込みのある竪穴住居跡が確認されており、土器のほか石鏃や磨石や石皿などの狩猟採集にかかわる様々な道具類も出土しています。遺跡によっては、竪穴住居跡の近辺に、焼けた石で構成される集石遺構が確認されることもあります。この焼けた集石遺構は、蒸し焼き料理などの調理に用いられた調理施設と考えられます。こうした集落遺跡は九州から東北地方まで広がり、遺構・遺物の種類や量も増加しており、ある程度の定住的な様相をうかがうことができます。

早期になると、遺跡数・竪穴住居跡の数が増加します。早期初頭には関東地方で貝塚が出現し、後半になると日本各地域で貝塚の存在が定着します。貝を集中的に採取し、利用する様相がうかがえます。また、漁労網の錘として利用する石錘などの道具の種類や量もさらに増加していることから、生業活動の多様化も示唆されます。こうした時期を経て、先程の三内丸山遺跡や和台遺跡のような、縄文時代を代表とするような前・中期の集落遺跡へとつながっていきます。

集落遺跡の変質　後期になると、多数の遺構群が環状等の規則的な構成を呈するような大規模な集落遺跡は、ごく少数になります。千葉県武士《たけし》遺跡（後期前葉）、青森県風張《かざはり》（1）遺跡（後期後葉）などにみられるような数百軒の竪穴住居跡が確認されるような大規模な集落遺跡は一部に続きますが、しだいに減っていきます。また、宮城県谷原《たにはら》遺跡（後期前葉）や青森県上野尻《かみのじり》遺跡（後期後葉）のように竪穴住居跡ではなく、掘立柱建物により構成される集落遺跡も出現します。さらに、東北地方北部では、秋田県大湯環状列石《おおゆかんじょうれっせき》（後期前葉）に代表されるような大規模な環状配石遺構が出現します。遺跡の立地も変化し、前・中期の集落遺跡とはかなり異なった様相となります。

縄文時代の終わりの晩期の頃になると、大規模な集落遺跡はほぼありません。数軒程度の竪穴住居により構成される集落遺跡がほとんどとなります。ただし、生活規模まで縮小したわけではありません。遮光器土偶や亀ヶ岡式土器に代表される様々な物質文化は、縄文時代における技術の頂点に達しており、その種類や量は膨大なものになります。

このような状況から、我々が一般的にイメージする縄文時代の集落遺跡は、ある一時期のものであり、時期や地域等によって様々であることがわかるかと思います。（菅野智則）

〔参考文献〕田中琢・佐原真編『日本考古学事典』（三省堂、二〇〇三年）、新井達哉『縄文人を描いた土器 和台遺跡』（新泉社、二〇〇九年）、工藤雄一郎・国立歴史民俗博物館編『ここまでわかった！縄文人の植物利用』（新泉社、二〇一四年）、菅野智則「東北縄文集落の姿」『東北の古代史1　北の原始時代』（吉川弘文館、二〇一五年）、菅野智則「東日本の縄文文化」『縄文時代　その枠組・文化・社会をどう捉えるか？』（吉川弘文館、二〇一七年）

Q15 集落はどんな場所にありますか

A

現在、公園や資料館などとして残されている集落遺跡は、やや高い場所、広い平坦な場所にあるイメージがあるかもしれませんが、それは一部の遺跡です。集落遺跡が発見される場所は様々で、時期・地域によって大きな違いがあります。

東北地方において、丘陵のような高台上の平坦面にある集落遺跡の多くは、縄文時代前期・中期の集落です。一方で、後期から晩期の集落遺跡は、丘陵の斜面部や低地部に位置する遺跡が増えます。

集落遺跡の発見　日本における発掘調査は、開発工事に伴うものが多いため、現在確認できている様々な遺跡は現代の開発の結果とも言えます。そのため、開発が多い地域では発見される遺跡も多くなります。このことは、現在発見されている遺跡が全てではなく、集落などの性格がわかった遺跡はごく少数であるということを示しています。

また、地形も現代の地形とは大きく異なっていたと考えた方が良いでしょう。たとえば仙台湾地域の事例ですが、山地から河川を通じて供給される土砂によって、海岸線が沖へと広がっていく様相が指摘されています（松本一九八四）。また、関東地方の内陸部に貝塚があることから、縄文時代の海岸線の位置が現在とは異なっていることは古くから指摘されており、いわゆる海進《かいしん》・海退《かいたい》と呼ばれる現象に関する研究も進んでいます（横山二〇〇七など）。このような様々な自然の営為によって、人が住む場所の地形は変わっていきますので、現在も発見されていない遺跡が多数あることは想像できます。

地域・時期によって異なる集落遺跡の立地　東北地方は関東平野が広がる関東地方とは異なり、山地や丘陵部が多く、地形のメリハリがはっきりしていますので、地域を区切って捉えるならば、遺跡立地の特徴はつかみやすい地域であると言えます。ただし、東北地方だけでも地域によって地形は全く異なりますので、その個別の地形に応じて遺跡の立地する場所は異なります。

ここでは、地形との関係が明瞭に把握できる東北地方太平洋岸、特に北上川流域の事例を中心として、①前期・中期、②後期・晩期の遺跡立地について紹介します。

①前期・中期　前期・中期の集落遺跡は、基本的に河川側の段丘上面等でやや高い場所の広い平坦地にあります。前期前葉の規模の大きな集落遺跡は、北上川流域では今のところ発見されていませんが、宮城県や福島県などの東北地方南部では事例があります。福島県獅子内《ししうち》遺跡は、狭い山間を蛇行する摺上川沿いの幅の広い段丘上に位置し、前期前葉の竪穴住居跡が百数軒も確認されています。竪穴住居跡は、広い範囲に分布しており、その近くに貯蔵穴もあり、ある程度の期間はここに居住していた様子がうかがえます。

前期後半以降になると、山地方面から平地へと抜けた直後の場所や、河川の合流地点において規模の大きな集落遺跡が発見されることがあります（菅野二〇一二）。前者は、環状集落遺跡である岩手県大清水上遺跡等がありますが、別の平地部へと山地部を通る道筋、いわば回廊の出入口にあたるもの

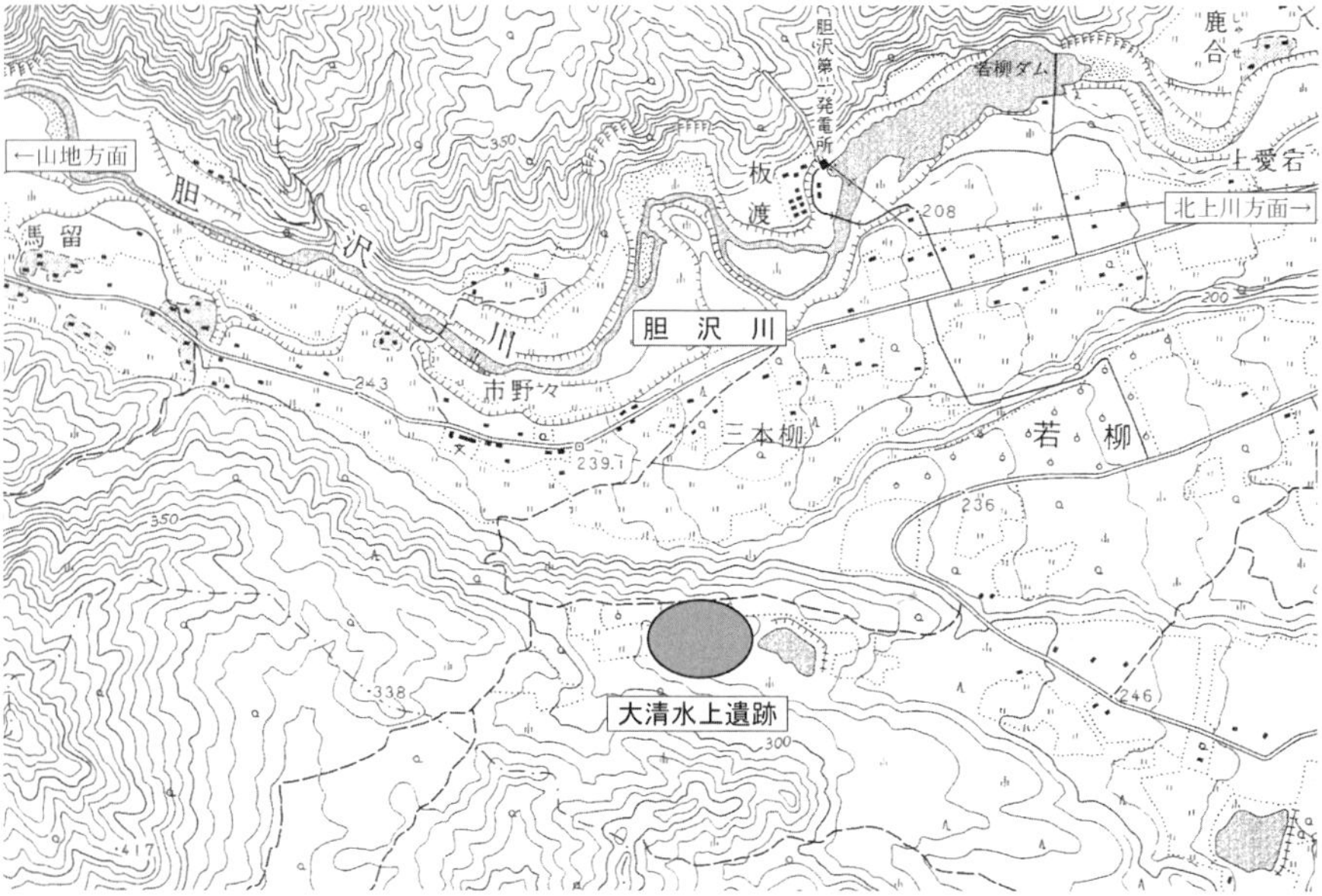

図１　大清水上遺跡が立地する場所　上が北。国土地理院発行2.5万分1地形図「胆沢ダム」（1968年測量）を加工

と考えられます。先程の獅子内遺跡は、回廊内にある遺跡と考えられます。後者は、岩手県西田《にしだ》遺跡等の事例がありますが、河川の結節点にあたり集落間を結ぶ重要な地点であったと推定できます。

中期においても、集落遺跡は河川側の段丘縁辺部に位置していますが、中期後半頃からそのような集落遺跡の構成が変わり、それとともに遺跡立地も変わってきます。小規模な集落遺跡は、河川沿いの山間地の狭い場所に位置することもあります。岩手県経塚長根《きょうづかながね》遺跡は、縄文時代中期末葉の竪穴住居跡三軒のみにより構成される集落遺跡ですが、北上山地内の標高二七〇m程度の場所に位置しています。その近辺には小規模な河川である岳川がありますが、その川上は北上山地の最高峰である早池峰山《はやちねさん》（標高一九一七m）へと通じるような場所になっており、どこかへと抜けるような場所ではありません。おそらく、このような場所である程度の期間狩猟などを行い、拠点となる集落などの別の場所へと移動したものと推定できます。

また、大規模な集落遺跡の中には、河川とは全く関係ない場所に大規模な集落遺跡を形成する場合もあります。岩手県湯沢《ゆざわ》遺跡は、奥羽山脈から伸びる台地上に位置しています。この遺跡では遺跡地近辺に湧水地があったり、西側の山地方向からの小さな沢などはあるものの、これまで見てきたような規模の大きい河川は近辺にはありません。集落の場所を決めるにあたって、それまでとは異なる理由があったようです。この理由を探るためには、遺構・遺物などの研究を総合的に行う必要があります。

②後期・晩期　後期初頭・前葉の時期には、集落遺跡の数やその内容に大きな変化があり、地域により大きな差異が認められます。

岩手県久田《きゅうでん》遺跡は、高く広い平坦地ではなく伊手川流域の谷底平野に隣接する緩斜面部に位置しています。現在の伊手川が遺跡の目の前の位置しており、その比高差は二～四m程度です。後期中葉を主体とする十数軒の竪穴住居跡のほか、大型の掘立柱建物や配石遺構、墓と推定される土坑等も確認されています。そのほかには、北上川と広瀬川に挟まれた沖積低地部に後期前葉～中葉にかけての集落遺跡である大《だい》文字《もんじ》遺跡などがあります。これらの遺跡は、台地上の平坦面ではなく、低地部に位置する集落遺跡であると言えます。

晩期もほぼ同様の遺跡立地となります。北上川と松の木沢川合流地点の低位段丘面に位置する岩手県川岸場《かわぎしば》Ⅱ遺跡があり、ここでは晩期後半の竪穴住居跡が四軒確認され、各種石器・石製品、土偶などが出土しており、通常の生活が営まれ

図2　川岸場2遺跡立地　上が北。国土地理院発行2.5万分1地形図「前沢」（1968年測量）を加工

ていた集落遺跡と言えます。こうした河川との比高差が大きくはない場所、たとえば主要河川の自然堤防上に立地する遺跡もあります。縄文時代晩期末葉から弥生時代に続く金附《かねつき》遺跡では炉跡や焼土が複数確認されており、竪穴住居ではない平地式の住居の存在も推定されています。

沖積地に位置する集落遺跡　後・晩期以外の集落も低地部に立地することがしばしば確認されています。宮城県下ノ内浦《しものうちうら》遺跡では、現代の地表下約四mの地点（標高九m付近）から縄文時代早期前葉の竪穴住居跡が確認されています。この遺跡は、大きな河川である名取川・広瀬川に挟まれた沖積地にあり、河川により運ばれた多量の土砂により遺跡が大きく埋もれたと考えられます。こうした河川側の遺跡には、同様のことがあり、長野県屋代《やしろ》遺跡群では、千曲川近辺の地表下四mから縄文時代中期の大規模な集落遺跡が発見されています。

　こうした低地における発掘調査現場では地下水の出水が著しくなります。深く掘るため調査区壁面の崩壊の危険性もありますし、その出水を止めるための工事費用も増加します。このような現実的な条件により、その調査は非常に難しいものになります。一方で、地下水があることで有機質の遺物が残されていることが多く、その調査成果は情報量の多いものとなります。たとえば、地表下五ｍから発見された早期後半の佐賀県東名《ひがしみょう》遺跡は、約七四〇〇年以降の海面上昇により沈んだ遺跡です。この東名遺跡の発掘調査では、貝塚や貯蔵穴、土器・石器のほか様々な動物・植物質遺存体、それらを素材とする木器、鹿角器、かご類などの多種多様な遺物が確認されています。これらの発見から、早期後半の人々の暮らしの具体像が明らかになっています。その中でも貯蔵穴に備え付けられていたと考えられる編みかごの発見は、堅果類の水漬け貯蔵の具体的様相を示すものとして貴重なものです。

このように、後・晩期に限らず、普通の掘削工事ではみつからないような地下の深いところには古い時期の集落がある可能性があります。こうした遺跡が発見されるようになると、今まで述べてきたような集落遺跡の立地のあり方も異なった様相となります。今後の調査が期待されるところです。

（菅野智則）

〔参考文献〕松本秀明「沖積平野の形成過程からみた過去一万年間の海岸線変化」『宮城の研究１　考古学篇』（清文堂出版、一九八四年）、横山祐典「地球温暖化と海面上昇」『地球史が語る近未来の環境』（東京大学出版会、二〇〇七年）、菅野智則「北上川流域の縄文集落遺跡」『季刊東北学26』（柏書房、二〇一一年）

Q16 住居はどのようなものでしたか

A

住居として使用された建物には、竪穴を掘った半地下式の竪穴建物のほか、掘立柱を用いた平地建物や高床建物があります（図1）。これらの建物については、竪穴・平地建物の場合は「住居である」という前提で竪穴住居・平地住居という言葉が使われてきました。しかし、住居ではない建物、たとえば作業場などもあることが推測されることから、近年では「住居」という言葉を使わずに竪穴建物、平地建物と表現されています。本項では、居住施設としての建物について述べるため、竪穴住居、平地住居という用語を使用します。

このような建物以外では、天然の屋根となる洞窟や岩陰にも居住した痕跡が認められます。そのほかには簡易的なテントなど、遺構として痕跡が残らない軽微なものもあったと推測できます。これらの場合は、一時的なキャンプ地の可能性が考えられます。

建物の認定　住居跡などの遺構は、その大体が地面を掘って作られますが、残念ながら上部の構造が残ることはほぼありません。そのため、地面に残された痕跡をもとに遺構の機能を推定します。

よく確認される遺構として、様々な規模の柱穴があります。柱穴は、柱材の痕跡や柱材そのものの下部が確認されることもあります。このような柱穴を形として組むことができれば、建物と考えることができます。

竪穴住居跡は、円・方形等の大きい竪穴の平らな床面に、柱穴と炉などの付随施設がある遺構になります。また、竪穴が無く、柱跡が並ぶだけであれば、平地住居跡や掘立柱建物跡と推定します。なお、竪穴住居跡のうち炉跡があるべき時期に炉跡が無いもの、形が不整形で柱穴が無いものなどを竪穴状遺構と呼称することもあります。

掘立柱建物は、柱の配置により認定します。事例として

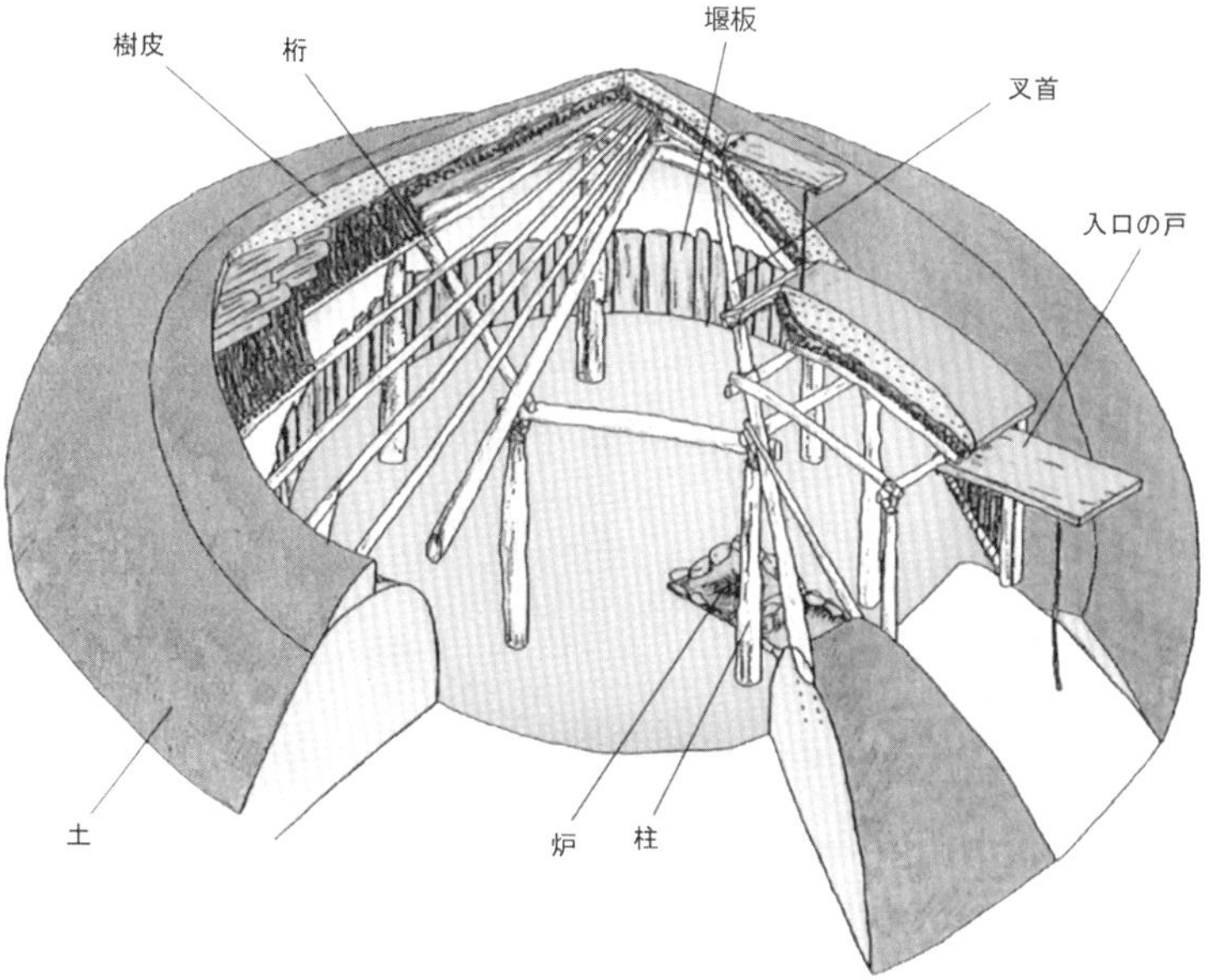

図1　竪穴住居例（岩手県御所野遺跡）　高田（2005）を改変

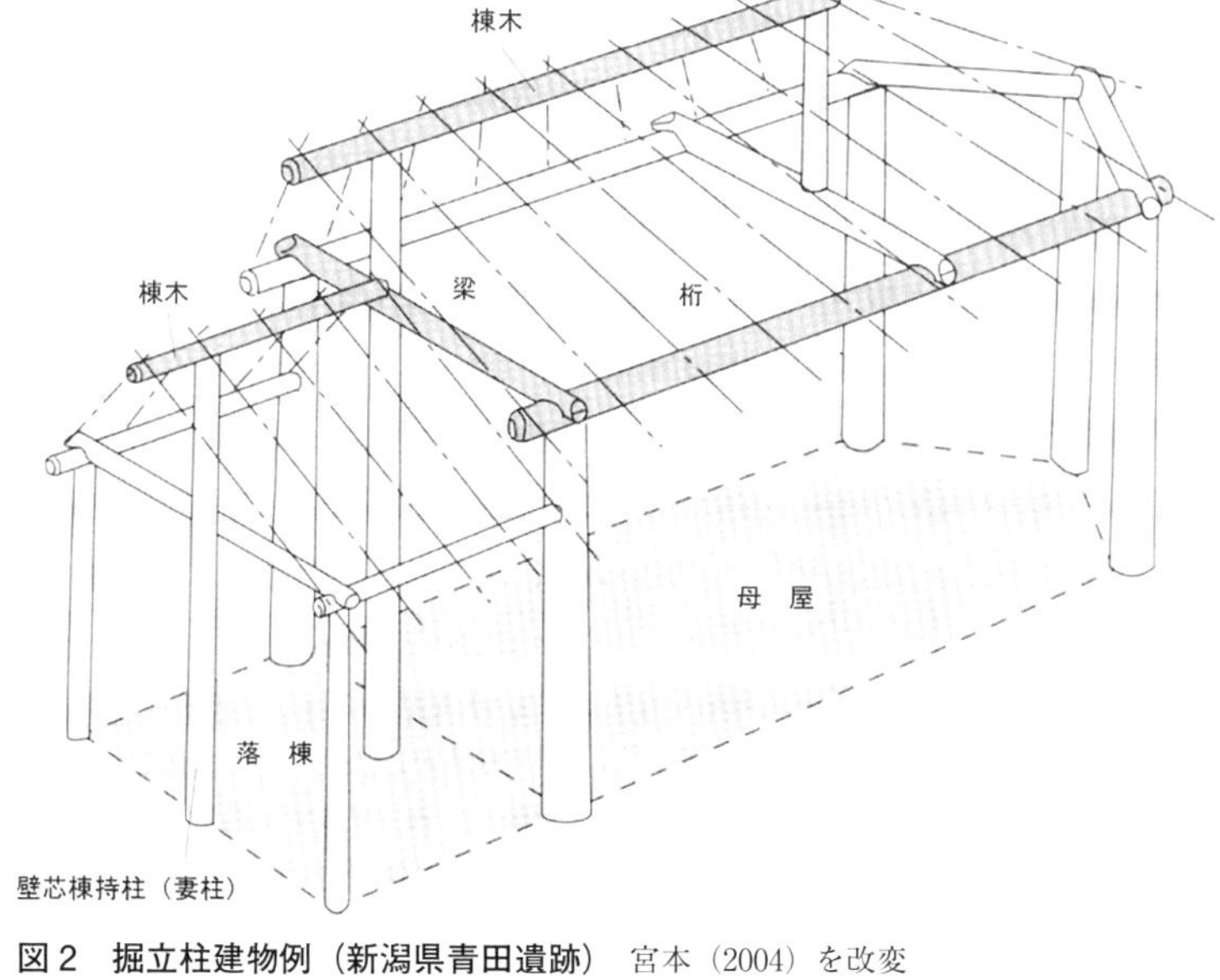

図2　掘立柱建物例（新潟県青田遺跡）　宮本（2004）を改変

は、新潟県青田《あおた》遺跡では縄文時代晩期の掘立柱建物五八棟による集落遺跡が確認されています（宮本二〇〇四）。この掘立柱建物には、地面を床面とする平地住居と高床のものがあります。掘立柱建物の床面に炉跡などの付属する施設があれば平地住居と言えますが、それ以外の場合では高床建物との区別は難しいです。また平地住居の場合、竪穴住居の壁がその後の時代の何らかの要因により削平された場合、確認できる遺構としては平地住居と似たような形態となりますので、その判断は難しくなります。

竪穴住居跡の特徴　竪穴住居跡の特徴は様々あります。まず竪穴の形は、円形、方形、長方形、五角形などの多角形、張出しを持つものなど多数あります。柱の配置には、三角形や環状に並ぶもの、左右対称に列状に並ぶものもあり、竪穴の形と関係しています。炉の種類も床面をそのまま使用する地床炉、石を並べる石囲炉《いしがこいろ》、土器を埋設する土器埋設炉《どきまいせつろ》、それらが複合する複式炉《ふくしきろ》など様々あります。その他、竪穴規模の大小の違いや、床面に敷石を並べるもの、入口施設を有しているなどの特徴もあります。これらの特徴は、地域や時期によって異なっており、タイプとして分類することも可能で、地域性を示す良い特徴になっています。

たとえば複式炉は、東北地方の縄文時代中期後半に認められる特徴的な炉跡です。複式炉には土器を埋設する場合もあり、より細かな時期がわかる場合もあります。また、時期・地域によっては、屋内に炉が無い竪穴住居が一般的である場合もあります。特に縄文時代早期までの古い時代にはそのような竪穴住居が一般的で、前期以降に屋内炉が一般化します。

竪穴の深さも様々です。北方の北海道大船《おおふね》C遺跡では最大深さ二・四m（中期後半）、岩手県力持《ちからもち》遺跡でも深さ二・〇m（中期前葉）の竪穴住居跡が確認されています。これは、それらの地が寒冷地であることと関係があるかもしれませんが、他の時期の竪穴住居跡はそれほどの深さではないため疑問です。また、この深さは、現代の発掘で発見された時点の高さですので、構築された当時の高さとは異なります。竪穴住居が廃絶した後に崩れたり削平などされたりして元々の高さではない可能性があります。そして、周堤と呼ばれる竪穴周囲をめぐらす盛土がある場合は、竪穴住居機能時にはより深く感じられたことと思います。

様々な住居跡　様々な形態がある中で、東北地方の縄文前期中頃の山形県押出《おんだし》遺跡の住居跡はかなり特殊です。この住居跡は、丸太を床面に敷き詰める「転《ころ》ばし根太《ねだ》」を行い、その上に土を盛り、柱を内部と周囲に打ち込み、それで屋根を支える平地住居です。この押出遺跡の住居跡と同じ住居跡はこれまでみつかっていません。この押出遺跡のある場所は、付近に沼地があるような低湿地でした。そのため、このような工法で住居を構築しています。離れた場所には湿地ではない通常の平地があるにもかかわらず、このような場所に住居を建てた意味があるのでしょう。

　こうした住居跡の構造は、時代が新しくなるにつれて簡易なものから複雑なものへと単純に変化するわけではありません。当時のその場の自然環境や集落の立地、それにもとづく生業のスタイル、あるいは社会形態に応じて選択されていたものと考えられます。

焼失家屋からわかること　発掘調査で上屋構造がわかることは稀です。竪穴住居で用いられた構造材は、解体して次の竪穴住居に使用されるかもしれませんが、最終的には腐敗して無くなります。一方で、火災にあった住居跡が発見された場合、炭化した構造材は残りやすく、上屋構造がわかることがあります。

　岩手県御所野《ごしょの》遺跡では、炭化した構造材と焼土が確認され、その出土状況から屋根に土を乗せる土屋根であることがわかりました。近年では、縄文時代の竪穴住居跡の復元となると、この土屋根の事例が増えてきました。また、残っていた材から、クリが主体的であることがわかりました。クリは硬い樹種で、含まれているタンニンに防虫作用があり、構造材に向いている樹種です。現代でも、土台やフローリング等の床材に使用されています。なお、時代は異なりますが、古墳時代の群馬県黒井峯《くろいみね》遺跡では火山噴火に伴う噴出物によりパックされた住居が残されています。このような事例が縄文時代でも発見されれば研究は飛躍的に進むものと考えています。

　このような住居の復元は、考古学者だけではなくて建築史の専門家により研究が進められており、現在遺跡公園などで見られる竪穴住居跡や掘立柱建物の復元は、その成果であると言えます（宮本二〇〇一、浅川二〇一三など）。（菅野智則）

〔参考文献〕宮本長二郎『日本原始古代の住居建築』（中央公論美術出版、一九九六年）、宮本長二郎「1　青田遺跡の住居と集落」『青田遺跡　新潟県埋文調査報告書133』（新潟県教育委員会・新潟県埋蔵文化財調査事業団、二〇〇四年）、高田和徳『縄文のイエとムラの風景・御所野遺跡　シリーズ遺跡を学ぶ15』（新泉社、二〇〇五年）、浅川滋男『建築考古学の実証と復元研究』（同成社、二〇一三年）

Q17 お墓はどのようなものでしたか

A

縄文時代の墓というと、単純なものと考えられがちですが、実際には非常に多様なものでした。数的には、単独・単葬による土坑墓の事例が最も多いですが、後期以降になると多人数を一括して合葬したものや、複数の焼人骨を埋葬したものなど、特殊な事例も多くなりました。

墓の構造と種類　縄文時代の墓の構造は、地面より上にある上部構造と、下にある下部構造に分けることができます。下部構造が土坑（地面に掘った穴）の場合、これを土坑墓と呼びます。また、下部構造が単純な土坑だけでなく、土坑内に大型の平石を寝棺状に四角く配置するものもあり、これを石棺墓と言います。石棺墓には、平石を数枚用いて蓋としたものも多く、このような石棺墓は東日本の後期以降に多くみることができます。この他に、土器を棺として、中に子供の遺体や大人の骨を収納した土器棺墓《どきかんぼ》も存在します。また、使用しなくなった住居に遺体を埋葬する廃屋墓《はいおくぼ》というものもあり、これは縄文時代中期の関東地方にしばしばみることができます。墓の上部構造は、土を盛り上げた「土まんじゅう」のものが多いと思われますが、中には上部構造として平石や礫を並べたり、積み上げたりしたものもあり、これらを配石《はいせき》墓《ぼ》と呼びます。

遺体の取り扱い方　墓に入れられた遺体には、埋葬行為が一回で済まされたものと、一旦埋葬された遺体が骨化した段階で掘り起こされ、もう一度葬られたなどのように、埋葬が複数回行われるものがあります。前者を単葬《たんそう》、後者を複葬《ふくそう》と呼びます。さらに、一つの墓の中に遺体が一体分のみ埋葬されたものを単独葬、二人分以上が埋葬されたものを合葬《がっそう》と呼びます。この分類に従えば、縄文時代において最も一般的な墓は、土坑墓への単独・単葬例ということになります（図1）。

様々な埋葬姿勢　埋葬姿勢については、膝を曲げた屈葬《くっそう》例が多くを占めますが、各関節をしっかりと屈曲させない「だらしない格好」のものも多くみられます。また、手足をしっかり伸ばした伸展葬《しんてんそう》は、関東地方から中部地方の後期前半や、東海地方や九州地方の晩期後半に多くみられるものです。埋葬された人の中にはサメに襲われた、あるいは出産中に亡くなったなどの非業の死を遂げた者も見受けられますが、そのような事例には身体が二つ折りにされたり、頭の向きを他とは変えられるなど、特殊な形態で埋葬されていることがあります。

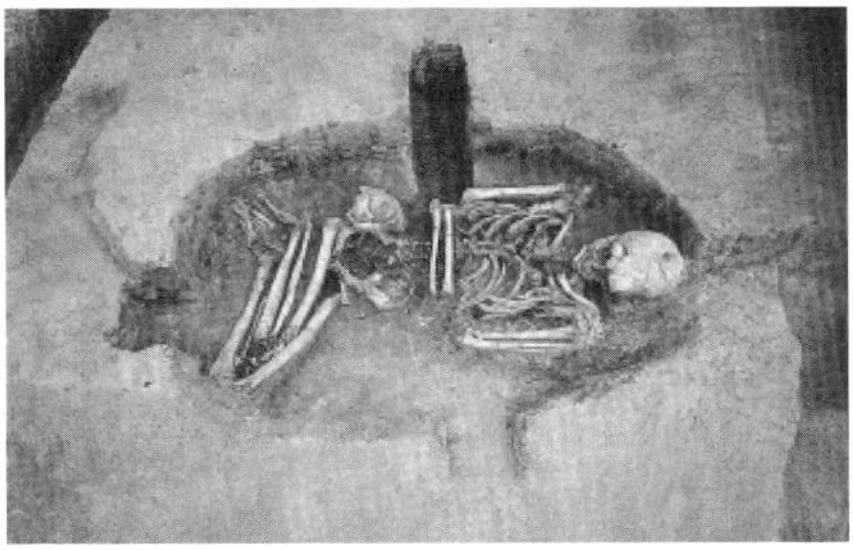

図1　岡山県船倉貝塚における典型的な土坑墓への単独・単葬例　倉敷市教育委員会提供

縄文時代の墓は、一つだけがぽつんと単独で造られるということはほとんどなく、多くの場合いくつもの墓が集まって群をなしています。集落内におけるこのような場所を墓域と呼び、集落とは離れて別地点にあるものを墓地と呼びわけています。また、墓地や墓域の中では、墓は一様に等間隔で作られているのではなく、五〜一五基ぐらいでまとまって一つの「かたまり」となっていることが多く、このような「かたまり」のことを、考古学では埋葬小群《まいそうしょうぐん》と呼んでいます。この埋葬小群に含まれる墓からは、しばしば人骨も発見されますが、形質やDNA等の分析から、これらの人骨には遺伝的な共通性を持ち、何らかの血縁関係者であったと推定される人々が含まれていることが判明しています。このことと、埋葬小群中に含まれる墓の数などから推定して、埋葬小群は二〜三世代にわたる人々を含む小家族集団の埋葬地点であったと考えられています。縄文時代の墓地や墓域は、このような小家族集団が複数埋葬された「共同墓地」であったと理解することができます。

墓地や墓域は小規模なものが多いですが、岡山県津雲《つくも》貝塚や愛知県吉胡《よしご》貝塚などのように、一〇〇体を超える人骨が出土する大規模なものも存在します（図2）。このことから、墓地や墓域は一つの集落に住んでいた人々だけで形成される場合もあれば、複数の集落の人々も一緒に埋葬された場合もあったと考えられています。たとえば、秋田県大湯《おおゆ》環状列《かんじょうれつ》石《せき》の場合、列状に並んだ石の下には土坑墓が存在することがわかっています。これらは配石墓と捉えることができ、環状列石そのものが配石墓の集合体であったことが判明していま

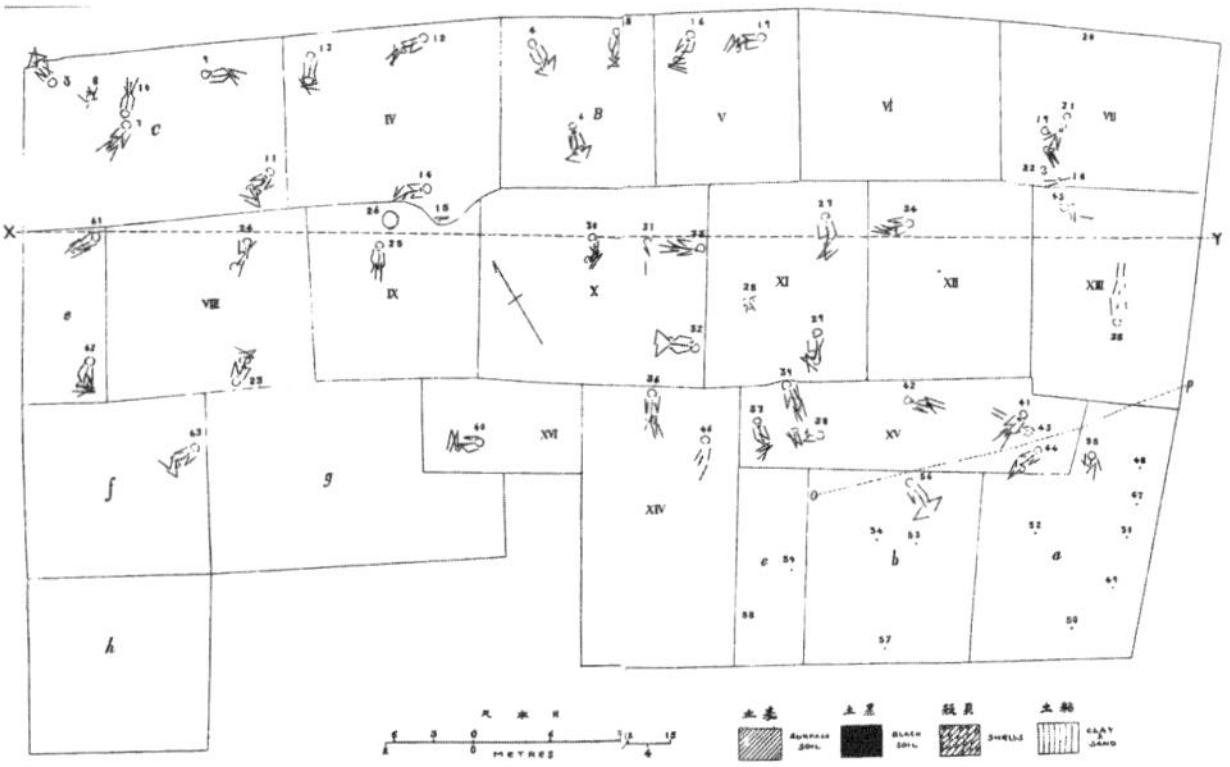

図２　岡山県津雲貝塚における人骨の出土位置　清野謙次（1920）「備中国浅口郡大島村津雲貝塚発掘報告」より

す。その一方で、環状列石に隣接する集落遺跡は確認されていないことから、大湯環状列石は付近にある複数の集落から選抜された人々のみが埋葬された特別な場所であったと想定されています。

特殊な埋葬例

縄文時代の墓は非常に多様ですが、中にはことさら特殊な事例も確認されています。たとえば、多数合葬・複葬例であり、複数個体の焼人骨の一括埋葬例であり、北海道の周提墓です。これらの墓については本書の別項目において詳述されるので、ここでは簡単に説明しておくことにしましょう。

多数合葬・複葬例：完全に骨となった、あるいは腐敗して骨になりかかった遺体を、かつての埋葬地点から掘り起こすなどして多くの遺体を集めて、これを土坑墓へ埋葬した事例です。多数合葬・複葬例は、後期の初め頃の関東地方沿岸部に多く見られ、中には茨城県中妻《なかづま》貝塚の事例のように、九六体もの人骨をまとめて埋葬した事例も存在します（図３）。

焼人骨一括埋葬例：多数合葬・複葬例のように、多くの人々の骨を掘り出し、それを焼いて全部バラバラにした上で、一つの土坑に一括して埋葬した事例です。たとえば、後期の京都府伊賀寺《いがじ》遺跡では、複数の人々の骨が他所で焼かれた後に、土坑墓内に一括して埋葬されていました。このような事例は、岩手県八天《はってん》遺跡（後期）や大阪府鬼塚《おにづか》遺跡（晩期）、新潟県上野《かみの》遺跡（後期）や同じく新潟県の寺地《てらじ》遺跡（晩期）などでもみつかっており、縄文時代の後半期に各地で作られた特殊な埋葬方法と考えられています。

周堤墓：北海道には、地面を円形に深く掘り下げ、その周りに土を環状に高く盛り上げた、上から見るとドーナツのような形をした特殊な墓が存在します。これを環状周堤墓《かんじょうしゅうていぼ》、あるいは単に周堤墓と呼びます。縄文時代の後期後半における北海道固有の墓で、その大部分は恵庭市や千歳市、苫小牧市といった石狩低地帯に集中的に分布します。中でもキウス周

図3　茨城県中妻貝塚における多数合葬・複葬例
取手市教育委員会提供

堤墓群は、最大級の周堤墓群であり、大小八基の周堤墓から構成されています。最大規模を誇る二号周堤墓は、外径七五m、内径三二m、周堤内の掘り込みから、周堤盛土の最頂部までの比高差は五・四mもあり、最も小さな一二号墓でも、外径三〇m、内径一六mにも及びます。周堤墓の周堤は、完全に一周するものではなく、一部に切れ目があり、この部分が内側への入口部となっていました。周堤の内側には複数の土坑墓が確認されており、これらの土坑墓からは、多くの装身具や副葬品がみつかっています。墓の規模、装身具・副葬品の多さから階層化した社会の産物と考えられることもあります。この他にも、大型の配石遺構の上に焼いた人骨をまいたものや、岩陰に頭の骨を集めて積んでいたもの、頭だけをどこか別の場所に持っていってしまったものなど、縄文時代の墓は、非常に多様で特殊な事例が報告されています。

（山田康弘）

〔参考文献〕山田康弘『老人と子供の考古学』（吉川弘文館、二〇一四年）、山田康弘『縄文人の死生観』（ＫＡＤＯＫＡＷＡ、二〇一八年）

Q18 身分の違いはありましたか

A 縄文時代の社会は、墓の規模や副葬品に他者を圧倒するような卓越したものがないことから、長い間平等社会であったと言われてきました。しかしながら、現在では、単純な平等社会の産物とは考えにくい墓もみつかっています。

階層性を表す墓？ たとえば、後期の北海道キウス周堤《しゅうてい》墓群《ぼぐん》やカリンバ遺跡などからは、多数の装身具や副葬品があり、かつ規模の大きな、平等社会の産物とは考えにくい墓もみつかっています。カリンバ遺跡では赤漆塗飾櫛や同様の腕飾り・腰飾りなど多種・多様かつ多量の装身具・副葬品が出土していますが、その大部分は墓地の南側に位置する、規模の大きな特定の埋葬小群に集中します。このような状況は、縄文社会が単純な平等社会であったのではなく、特定の家族集団ないしは選ばれた人々が社会的に突出しており、場合によっては階層化していた可能性を示しています。

続かない階層性 しかしながら、このような特別な墓は、続く縄文晩期の遺跡にはみられなくなってしまいます。このことは、縄文時代後期において一時的に階層化を伴う特殊な社会状況が現出したものの、それが長期にわたって継続・発展しなかったことを物語っています。縄文社会は、最初から最後まで単純な平等なものであったのではなく、地域と時期によっては階層化するなどの社会複雑化が生じ、そして複雑化と単純化を繰り返しながら、脈動していたというのが実態なのでしょう。

階層と階級の違い ここで注意しておきたいのは、階層という言葉と、階級という言葉は意味が異なるということです。北海道大学で長い間考古学の教鞭を執った林《はやし》謙作《けんさく》は、階層社会と階級社会の違いを次のように述べています。「階層社会というのは、一つの社会がいくつかのグループに分かれており、財貨・名誉など、有形・無形の社会的財産の分け前がグループによって違う、つまり社会的な価値が不平等に分配される社会のことである。一方、階級社会とは、社会的な価値を生産するためのハードウェア（土地・原料・設備）やソフトウェア（資本・技術・イデオロギー）を管理・所有する立場の人々と、その人々にサーヴィスあるいは労働力を提供する人々とに社会が分裂し、そのあいだに支配するもの・されるものの関係が成立している社会のことである」。少々わかりにくい部分があるかもしれませんが、階層と階級の間に明確な差が存在することはご理解いただけるでしょう。

階層化の要因　縄文時代にも時期と地域を限定して、階層化し、なんらかの身分があった社会があった可能性が指摘されています。その場合の階層性、身分が、政治的な「権力」におけるものなのか、それとも宗教的あるいは呪術的な「権威」によるものなのか、それとも狩猟が上手であった、あるいはヒスイなどの遠隔地交易品を持ち帰った、大きなクマを倒した、たくさんのイノシシを捕らえた、素晴らしい土器を製作したなど、後天的に獲得される何らかの「威信」にもとづくものなのか、そしてその階層・身分は生まれながらにして維持される「世襲」的なものなのか、あるいは後天的な努力によって「獲得」されるものなのかという諸点については、さらなる議論が必要です。

なぜ階層社会は持続しなかったのか　なぜ階層社会は持続しなかったのでしょうか。これについては様々な理由が挙げられると思いますが、おそらく最も大きな要因は、縄文社会における人口数でしょう。階層や階級といった社会的な成層化が継続的に維持されるためには、相当程度の人口が必要とされます。世界各地の事例をみても、階層化・階級化した社会は数千単位以上の人口を抱えている場合が多く、それと比較して縄文時代の集落、地域社会における人口数（おそらく多くても数百人単位でしょう）を考えた場合、一時的には階層化が生じたとしても、それが親から子供に安定的に世襲され、恒常的に長期にわたって維持されるには人口が少なすぎます。おそらくは、それが階層社会が持続しなかった理由ではないかと考えられます。

（山田康弘）

〔参考文献〕林謙作「縄紋社会は階層社会か」都出比呂志・田中琢編『古代史の論点』第四巻（小学館、一九九八年）、山田康弘『老人と子供の考古学』（吉川弘文館、二〇一四年）

Q19 戦争はありましたか

A

この質問に答えるためには、何をもって戦争とするのか、その定義をはっきりさせる必要があります。たとえば、戦争を「軍隊と軍隊とが兵器を用いて争うこと。特に国家が他国に対し、自己の目的を達するために武力を行使する闘争状態」と定義するならば、縄文時代には軍隊もなければ国家もないので、質問そのものが意味をなさないことになります。ですが、「集団間における激しい争い」と定義するのであれば、東日本の中期以降のように人口が集中し定住性の強い地域には、そのような争いはあった可能性が出てきます。

民族誌から想定された戦争　縄文時代に階層化社会が存在したとの主張が多かった一九九〇年代には、東北地方の晩期亀ヶ岡文化には戦争があり、奴隷がいたとの主張がなされたことさえあります。これは、北アメリカ北西部に住むトリンギット、ハイダ、ツィムシャンなどの民族の間には、奴隷獲得のための戦闘行為が頻発していたという事例を援用したものです。

少ない？受傷人骨　一方、縄文時代に戦争がなかったという説もあります。これは、攻撃によって受傷した人骨の数が少ないという点から指摘されているものですが、縄文時代を通じた全体の人口数からみれば、現在までに出土した人骨の数は、おそらく本来の一％にも満たない微々たるものですので、簡単にそうとは言い切れない部分があります。むしろ、その微々たるもののなかに殴打による鼻の骨折が確認できたり、石斧による一撃で頭蓋に穴があいているといった受傷人骨が一定数存在することを考えると、縄文時代においても集団間や個人間における衝突と暴力はあったと考えざるをえません（図1）。問題はそれを戦争と呼ぶかどうかということで、再び定義の問題に戻ってしまいます。要は定義次第、と

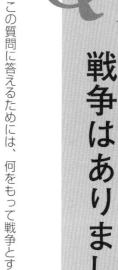

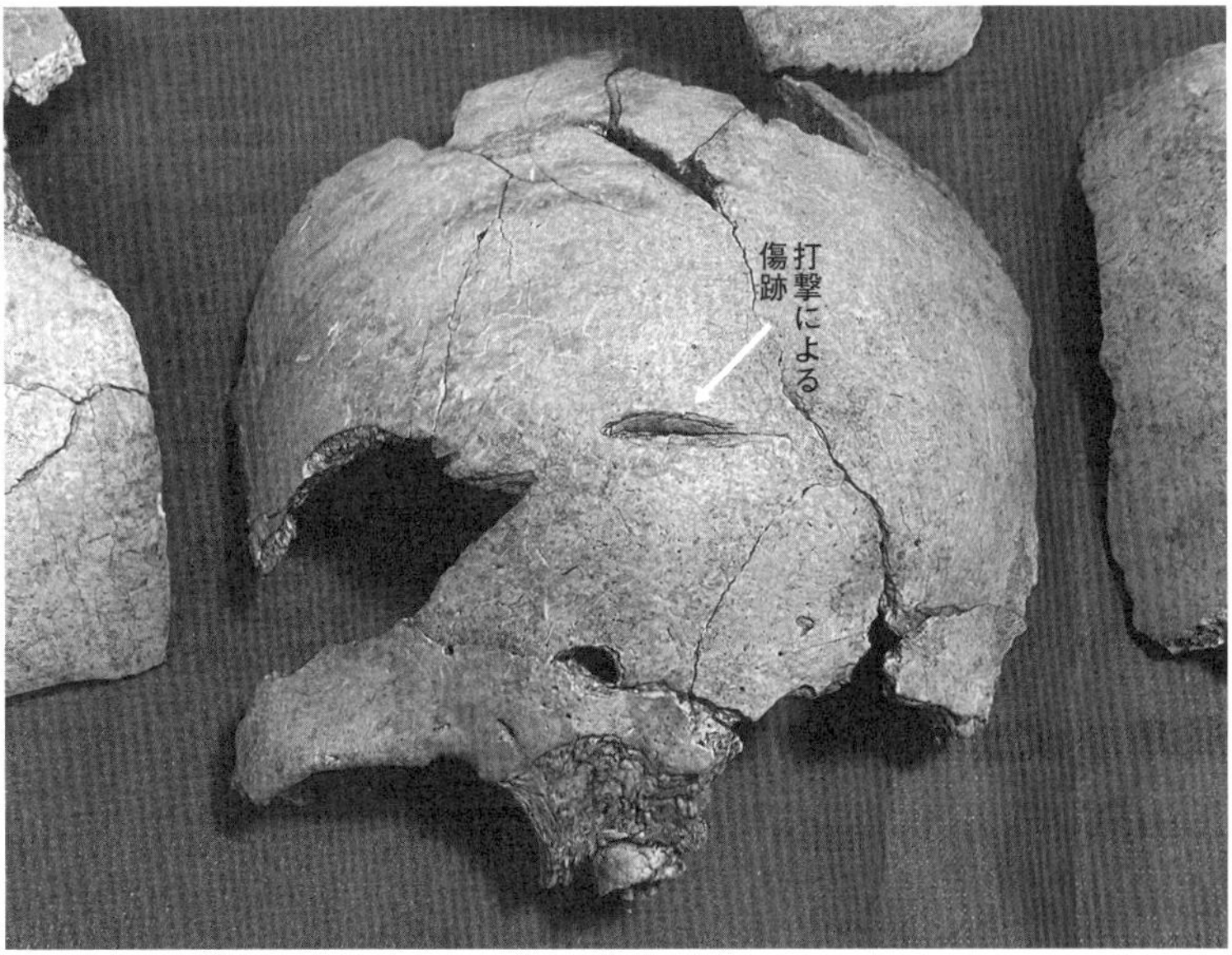

図1　石斧などの打撃による前頭部の傷跡　北海道有珠モシリ遺跡出土、青野友哉提供

いうことでしょうか。ただし、先ほど紹介した北アメリカ北西海岸の人々は戦争をしていましたが、墓から出土した人骨の三〇％あまりに受傷痕があったという報告もあります。かなりの数の見逃しがあるかとは思いますが、縄文人骨でそれだけ高い受傷率を持つ集団は確認されていないので、基本的には縄文人は集団的暴力によって物事を解決することはしなかったとみてもよいと思います。その意味では、縄文時代に戦争は無かった、と言えるでしょう。（山田康弘）

〔参考文献〕山田康弘『縄文時代の歴史』（講談社、二〇一九年）

Q20 集落間で人々は移動していましたか

A

縄文時代に暮らした人々は、定住的な集落に住んでいました。しかし、結婚などさまざまな理由によって、集落の間を移動していたようです。古人骨の歯や骨には、集落間の移動の履歴が記録されています。移動した人の中には男性も女性も含まれていました。

古人骨の分析　縄文時代の貝塚遺跡などから、古人骨が出土します。貝塚遺跡では、貝殻によって土壌がアルカリ性になることで、人や動物の骨が残りやすくなります。保存状態の良好な古人骨がみつかれば、性別や死亡年齢などを判定することができます。縄文時代の後・晩期の古人骨には、抜歯が行われていることがあります。岡山県津雲《つくも》貝塚や、愛知県吉《よし》胡《ご》貝塚などから出土した古人骨に多くの抜歯事例がみられます（図1）。多くの個体が上顎の犬歯二本を抜いていることから、成人儀礼として施されたと推定されています。さらに

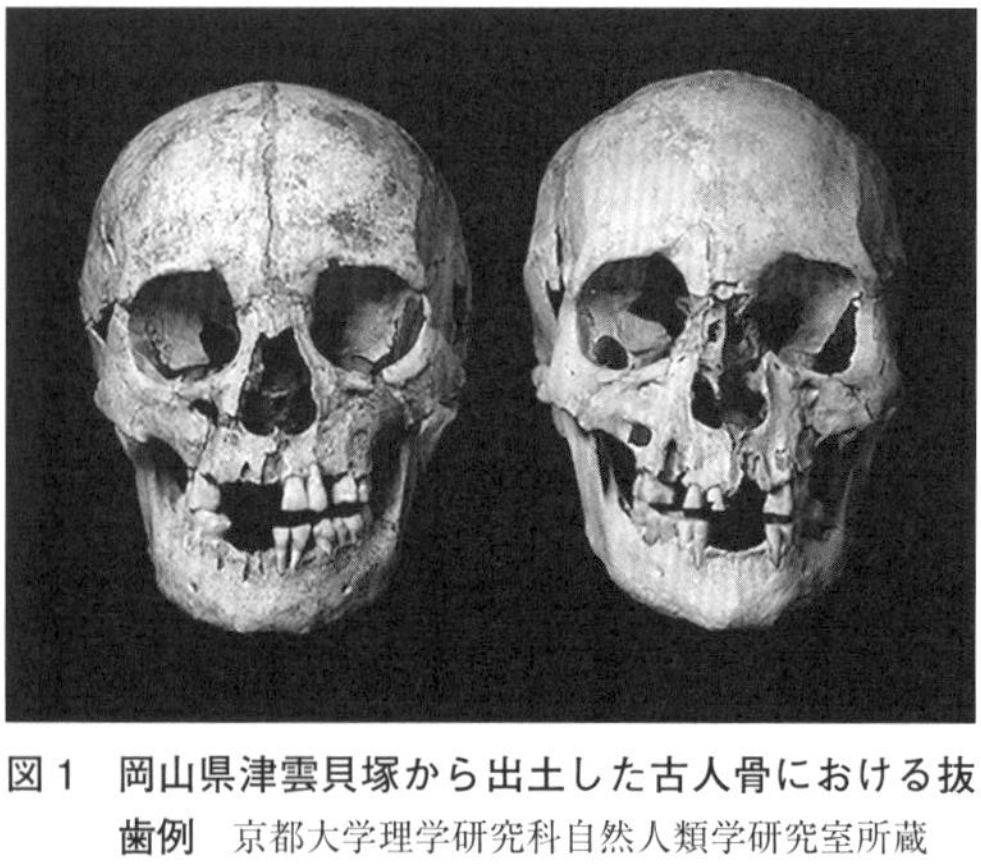

図1　岡山県津雲貝塚から出土した古人骨における抜歯例　京都大学理学研究科自然人類学研究室所蔵

下顎の切歯四本を抜く方法は4I系と呼ばれ、下顎の犬歯二本を抜く方法は2C系と呼ばれています。これらは、副葬品のあり方などから、4I系が在地者、2C系が移入者であり、婚姻の際にこの抜歯が施されたと推定されていました。このように人の移動と抜歯系

列について関連があると考えられていました。

ストロンチウム同位体　ストロンチウムという元素の同位体比を調べると、集団中の移入者を判別できます。ストロンチウム（Sr）は、原子番号38で、アルカリ土類金属に分類されます。同位体とは、同じ元素でも質量数が異なる原子のことです。ストロンチウムの同位体には、^{84}Sr、^{86}Sr、^{87}Sr、^{88}Srがあります。ストロンチウムの同位体比は、^{87}Sr／^{86}Srで表されます。^{87}Rb（ルビジウム87）のベータ崩壊によって、とても長い半減期で^{87}Srが生成します。そのため縄文時代でも現代でも資料中のSr同位体比は同じと考えて差し支えはありません。

環境中のSr同位体比は、地質に応じてさまざまな変動を示します。Rb／Sr比が高く、とても古い形成年代の岩石ほど、高いSr同位体比を持ちます。たとえば古い形成年代の堆積岩は高いSr同位体比を示し、富士山のような若い火山岩は低い値を示します。石灰岩は、海の微生物が形成した炭酸カルシウムを起源としますので、形成された当時の海の値を示します。このように、地質によってSr同位体比に変動があり、岩石が風化すると環境中にSrを放出します。

Srは、カルシウムと性質が似ているために、生物にも取り込まれやすい傾向にあります。植物は水からSrを吸収し、動物は水や食物からSrを摂取します。Srは必須元素ではないために、受動的に生物に取り込まれます。炭素や窒素の同位体と異なり、食物連鎖を経てもSrは同位体分別を生じません。つまり、捕食者は被食者の同位体比をそのまま示すことになります。このことは、ある環境中に棲む生物は、その場の地質に応じたSr同位体比を共通して持つということです。

縄文時代の古人骨の骨や歯にもSrが含まれています。歯の表面にあるエナメル質は、永久歯の場合、子どもの頃に形成されます。その後、再形成されないため、歯のSr同位体比は、子どもの頃に摂取された食物に由来し、さらには子どもの頃に居住していた場所の情報を記録していると考えることができます。一方、骨は成人後も破骨と造骨が繰り返されていますので、死亡前に住んでいた場所を記録していると考えられます。また、骨は多孔質であるために、堆積中の土壌や地下水によるSr同位体に対する汚染を完全に取り除くことはできませんが、歯のエナメル質は密で硬い組織であるため、汚染の影響は小さいと考えることができます。このような堆積過程における物理・化学的な変化は、総じて続成作用《ぞくせいさよう》と呼ばれます。

縄文時代の集落間の移動　ここでは、Sr同位体分析により人の移動を解析した愛知県の遺跡の事例を紹介したいと思います。愛知県吉胡貝塚からは多数の古人骨が出土しています。

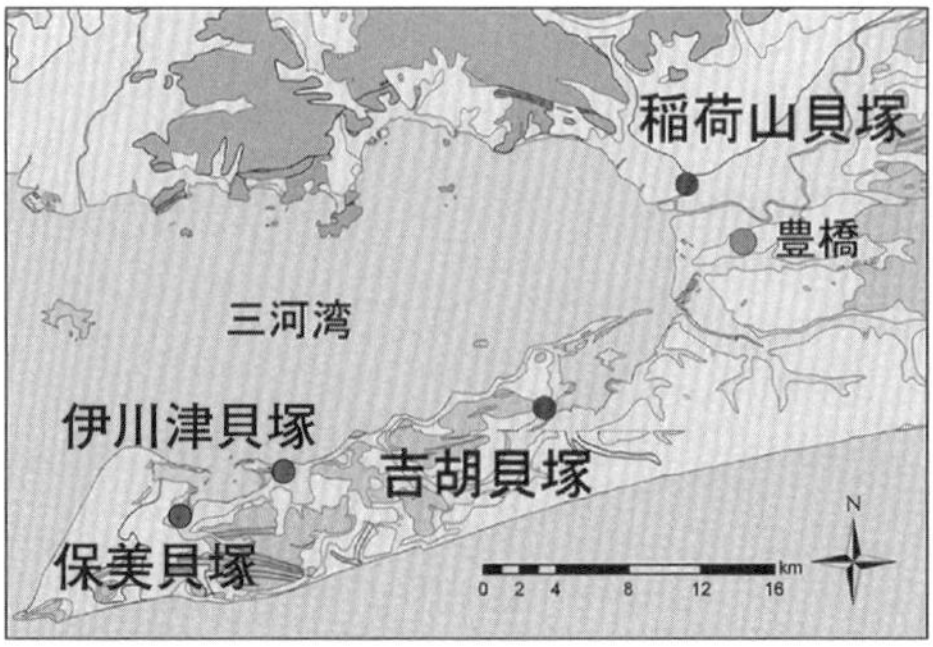

図２　愛知県三河湾周辺の地図

吉胡貝塚は、三河湾の沿岸部にあり、渥美《あつみ》半島の東に位置します（図２）。周辺の地質は、石灰岩やチャートからなり、周辺の植物は地質を反映した低いSr同位体比を示しました。一方で、吉胡貝塚より北東部には、花崗岩や変成岩からなる地質があり、植物は高いSr同位体比を示しました。このことは、やはり地質に応じてSr同位体比の変動があることを示しています。

古人骨のSr同位体比を調べてみると、歯のエナメル質の値は低い値から高い値までの変動がありました（図３）。海の値はそれらの中間に位置していて、海産物を多く摂取していた縄文時代人の歯の値は、海の値に近づいたはずであり、海産物の摂取量が少ないと、陸の資源の値に近い値を持つはずです。骨の値を調べると、ほとんどが海の値より低い値になり、成人期に摂取した食物や、続成作用に由来するSrが、遺跡周辺に由来する低いSr同位体比を持っていたと考えられます。そう考えると、幼少期に形成された歯のエナメル質が海の値よりも低い値を示す個体は、吉胡貝塚の集落で生まれ育った在地者で、高い値を示す個体が、幼少期に吉胡貝塚以外の集落で生まれ育った移入者であろうと考えられます。その結果、吉胡貝塚の場合には、三六％の個体が移入者と判別されました。このように、遺跡周辺の植物のSr同位体比や、歯と骨のSr同位体比を比較することで、移入者を判別することができます。

性別や抜歯系列との関連　古人骨は、個体分けが行われていれば、性別や死亡年齢などを判定することができます。吉胡貝塚の移入者には、男性と女性の両方が含まれていました。もしもこの人の移動が、結婚の際に行われていれば、婚後に男女どちらの家に住むのかについても言及ができそうですが、残念ながらそれに関する確たる証拠はありません。

抜歯系列で見てみると、４Ｉ系と２Ｃ系の両方が移入者に含まれていました。考古学的には、４Ｉ系が在地者であり、２Ｃ系が移入者であろうという推定がありましたが、Sr同位体分析からは両方が移動していたと推定されました。しかし、その割合でみると、２Ｃ系の方に移入者の割合が高いこ

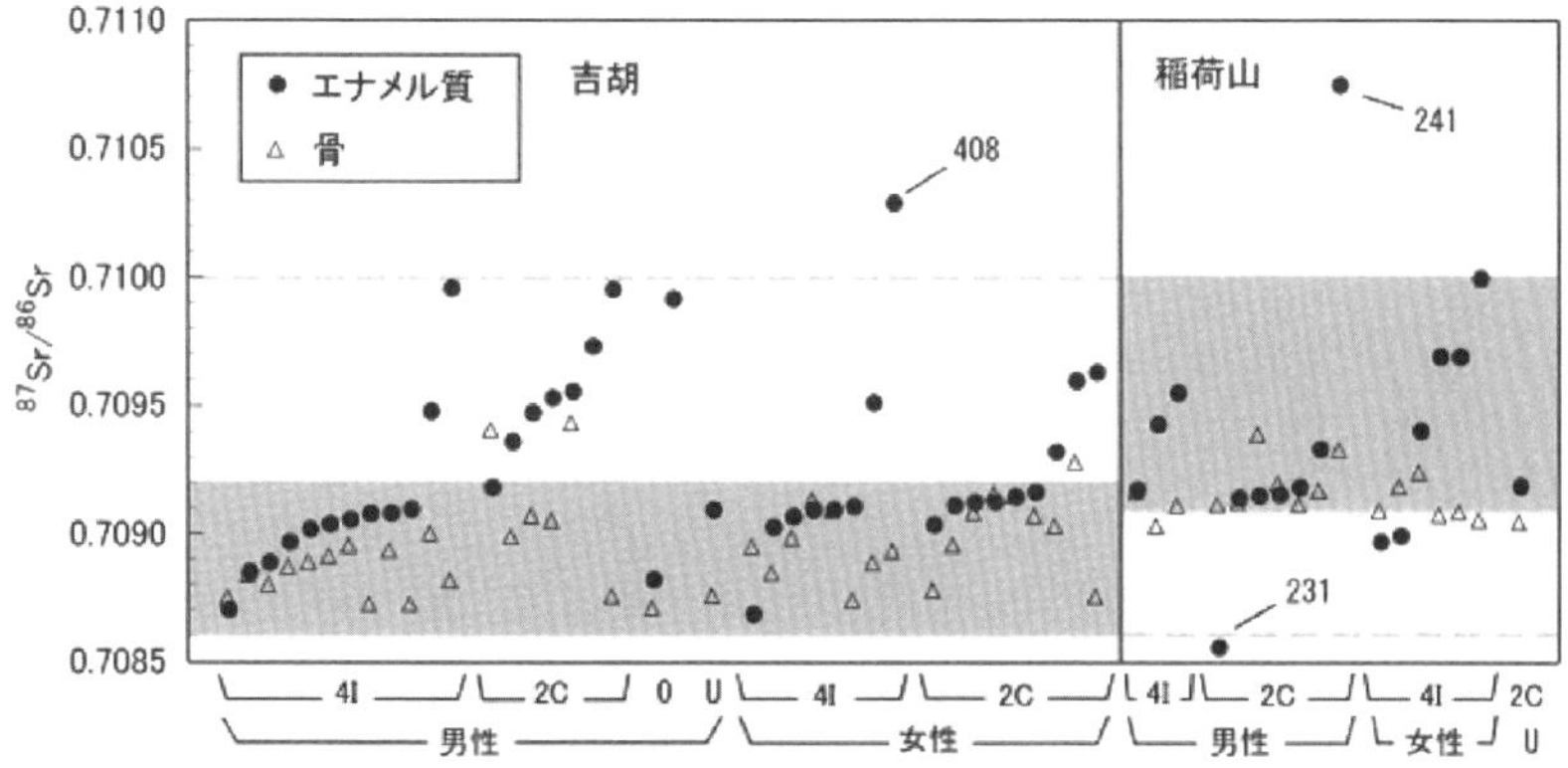

図3　愛知県吉胡・稲荷山貝塚から出土した古人骨のSr同位体比

とがわかりました。これらのことから、縄文時代の人の移動については、性別や抜歯系列との複雑な関係があることがわかってきました。

集団間の移動　三河湾の東に位置する愛知県稲荷山《いなりやま》貝塚から出土した古人骨についても、同様の分析が行われました。稲荷山貝塚の周辺の地質は、吉胡貝塚のそれよりも高いSr同位体比を示す地域です。歯のエナメル質は、多くがそれに対応する海より高い値を示していました。いくつかの個体は、とても高い値や、とても低い値を示しており、移入者と判別されました。稲荷山貝塚の歯のエナメル質は、吉胡貝塚の移入者の値と重なっていて、二つの遺跡は同時期だとするならば、吉胡貝塚の移入者のうちに稲荷山貝塚の出身者がいても矛盾はないことになります。しかし、同じSr同位体比を示す地域は複数あり、Sr同位体比だけでは起源地を一つに絞ることは難しい状況にあります。

　同じように渥美半島に位置する保美《ほび》貝塚や伊川津《いかわづ》貝塚から出土した古人骨が分析された例もあります。2C系と4I系のどちらにも移入者が含まれていました。盤状《ばんじょう》集骨墓《しゅうこつぼ》と呼ばれる特殊な埋葬がされている個体の中にも、移入者が含まれている割合が高かったという結果もあります。ここでもやはり人の移動は、抜歯や埋葬風習などと関連していて、移動に関する複雑な関係をみてとることができます。いずれにせよ、縄文時代の人々は集団間を移動していたということは確かなようです。

（日下宗一郎）

〔参考文献〕日下宗一郎『古人骨を測る』（京都大学学術出版会、二〇一八年）、設楽博己『縄文vs.弥生』（筑摩書房、二〇二二年）

Q21 黒曜石や翡翠はどのように流通しましたか

A

縄文時代の遺跡からは、黒曜石《こくようせき》で作られた矢じりや、翡翠《ひすい》で作られた玉が出土することがあります。黒曜石や翡翠は、どこでも獲れる石材ではなく、特定の産出地で獲られた石材が、縄文時代人の手によって各地へ運ばれていったものと考えられます。

縄文時代の人々は、野生の植物や動物を利用して生活していましたが、全ての道具・資源を自給自足的に確保していたのではありません。むしろ、特定の地域でしかとれない資源についても大いに利用し、そうした遠隔地の資源は何らかの交換によって入手していたと考えられます。その代表となるのが、黒曜石や翡翠です（図1）。

黒曜石の利用　黒曜石は火山性の天然ガラスであり、その鋭利な割れ口により石鏃や石匙といった打製石器の素材として縄文時代には重宝されました。黒曜石の産出地は、火山の多い日本列島には比較的多くみられますが、どこでも誰でも利用できたわけではありません。

黒曜石を利用するには、黒曜石が産出する山から河川に転がってきたものを拾ったり、黒曜石が噴出した露頭などで拾

図1　日本列島における黒曜石・翡翠原産地の地図　杉原重夫「日本における黒曜石の産出状況」（『駿台史学』117、2023年）をもとに作成

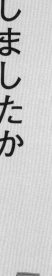

ったりする必要があります。こうした黒曜石産地へは、ふもとの遺跡に暮らす人々は川へ行ったり露頭のある山へ登ったりと比較的行きやすいですが、遠く離れた地域に暮らす人々が黒曜石を入手するのは容易ではありません。産地へと遠路出向いていくか、何らかの方法で運んでもらう必要があります。黒曜石産地へ出かけることも大変ですが、産地にたどりついたとしても、黒曜石の使い勝手の良さを知る地元の縄文時代人がいることでしょうから、自由に採集したり、無償で分けてもらえたりは難しいことでしょう。そもそも、遠くで産出する切れ味鋭い黒曜石のことを、どうして各地の縄文人が知っていたのでしょうか。黒曜石の使い勝手の良さは、やはり地元で日頃から黒曜石を使っている人々が最も熟知しており、そうした人々から口伝えで黒曜石の素晴らしさが伝わっていったと考えられます。

黒曜石の運搬　このようなことを考えると、黒曜石産地近くに住む人々が黒曜石を各地へと運んでいったことが想定されます。実際に黒曜石産地に近接する遺跡からは、しばしば黒曜石の原石をまとめて埋めて保管していたと考えられる、土坑内一括出土資料などがみられます（図2）。このようなことから、黒曜石産地近くに住む集団が、黒曜石の運搬に何らかの形でかかわっていたものと考えられます。

縄文時代の遺跡が多くみられる関東平野でも黒曜石がよく出土しますが、平野で黒曜石が産出するはずもなく、全て縄文時代の人々の手によって運ばれたものと考えられます。こうした黒曜石は、蛍光X線装置を用いた産地分析によって、栃木県高原山《たかはらやま》、東京都神津島《こうづしま》、そして長野県諏訪《すわ》地方で産出した黒曜石が利用されていることが知られています。黒曜石の利用は、産地からの近さや時期によっても大きく異なりますが、縄文時代の後半期に最も多く利用されたのは長野県諏訪地方で産出した黒曜石でした。その長野県諏訪地方を代表する産地にある星ヶ塔《ほしがとう》遺跡では、川原や露頭下での黒曜石採集では事足らず、黒曜石の露頭をたどって地中を掘り下げた採掘坑がみつかっています。まさに鉱物資源として黒曜石が縄文時代人によって利用されていたことを示しており、多くの縄文時代人が黒曜石に惹

図2　土坑内一括出土黒曜石　鵜飼幸雄『国宝「縄文ビーナス」の誕生』（新泉社、2010年）より

きつけられ、大量の黒曜石が関東地方へと運ばれていったことが明らかになっています。

その過程をたどっていくと、黒曜石がどのように縄文時代人によって運ばれていったのかを知ることができます。通例、原産地から消費地に向かってモノが運ばれる際には、隣接する遺跡ごとにモノを消費しながら渡していくため、離れれば離れるほど徐々にモノが減少していくことが考えられ、これを逓減《ていげん》法則と言います。しかし実際の黒曜石の出土分布をみると、必ずしも逓減的な状況ではなく、離れた地域においても大量の黒曜石や黒曜石原石を保有する遺跡がみられます。このことは、そうした遺跡へと大量の黒曜石が運ばれ、その遺跡から周辺の遺跡へと黒曜石が配られた状況なども想定されます。黒曜石原産地から、関東平野の消費遺跡へと運ばれていく過程を評価すると、大型の原石などを保有する遺跡や、大量の黒曜石製石器が出土する遺跡などがあり、黒曜石の分布は一様ではありません。したがって、黒曜石が遠隔地へと運ばれる中で、特定の遺跡・集団による地域間を飛び越えたやり取りや、遠隔地での再分配行為など、複雑な黒曜石の交換網が存在した可能性が考えられます。こうした研究をより的確に捉えるためには、各遺跡で出土した黒曜石の時期や出土量などを明示する必要があります。現段階では予察的な状況を含みますが、遠隔地へと運ばれる黒曜石からは、縄文時代人の経済活動とでも言うべき状況まで垣間見ることができるのです。

翡翠の利用　翡翠も黒曜石同様に、特定の原産地から各地へと運ばれていった石材の代表です。現在でも宝石として珍重される翡翠は、縄文時代においても貴重な玉石であったようで、装飾品として利用していました。黒曜石は石鏃《せきぞく》や石匙《いしさじ》など生活に欠かせない石器の素材でしたが、装身具でしかない翡翠の玉は生活必需品ではなく、どちらかと言えば贅沢な奢《しゃ》侈《し》品とでも言えるものです。しかし、そうした玉が日本列島各地に分布することは、縄文時代の人々にも贅沢な玉に何らかの価値を見出していたと考えられます。

翡翠の産出地は日本列島に複数存在しますが、縄文時代の玉として利用された翡翠産地は、新潟県西端の糸魚川市姫川《ひめがわ》流域および青海川《おうみがわ》流域にある翡翠峡と呼ばれる翡翠露頭に限定されます。しかし、翡翠は硬い石なので、実際には露頭から転がって姫川・青海川の河原で川原石として採集されるだけでなく、さらに流れて日本海へと到達し、波に洗われ流れ着いた海岸などでも漂石《ひょうせき》として採集が可能です。遺跡から出土する翡翠をみると、縄文時代の人々も川原や海浜などで翡翠原石を採集していたことが読み取れます。

硬い翡翠の加工は根気のいる作業ですが、翡翠は熱に弱く、積極的に加熱処理を行って翡翠を加工していたことが明らかになりつつあります。その一方で、翡翠製品の出現時期を検討してみると、前期後半の山梨県天神《てんじん》遺跡や中期前半の青森県三内丸山《さんないまるやま》遺跡など、早い段階に翡翠原産地から離れた地域で出土する傾向が明らかになってきました（図3）。同様の時期にも翡翠原産地において翡翠の利用は認められますが、その多くは硬い翡翠を敲石《たたきいし》などの石器（実用品）として利用したものであり、玉など装飾品としての利用は認められません。したがって、翡翠を玉として加工する技術や、翡翠を装飾品として身に着ける原理などは、翡翠原産地と異なる地域の縄文時代人が見出した手法なのかもしれません。

図3　三内丸山遺跡出土の翡翠玉　青森県立郷土館『火炎土器と翡翠の大珠』（2001年）より

鮮やかな緑色や白色を特徴とする翡翠は、縄文時代人の好みにあったのか、日本列島各地へと運ばれ用いられます。先の黒曜石と同じように、翡翠の出土時期や出土量などを検討し、翡翠がどのように運ばれていったのかの検討もなされています。生活に直接関係の無い翡翠玉の移動・運搬にはより複雑な交換網が存在したものと考えられ、遺跡間での交換の連続だけでなく、交換に携わる個人・集団が存在した可能性まで想定されます。また、翡翠玉の見返りに、翡翠原産地へと何が運ばれたのかも検討され、千葉県銚子市などで採集される琥珀玉《こはくだま》をその候補とする意見もあります。

このように、黒曜石や翡翠など原産地が特定される石材が遠隔地で出土する状況からは、黒曜石や翡翠などが原産地から遠隔地へと運ばれるという点だけでなく、その背景にある交換大系や交換網などを検討することができ、交換を通じて縄文時代の地域間でのつながりといった社会についても言及することができるのです。

（長田友也）

〔参考文献〕寺村光晴『日本玉作大観』（吉川弘文館、二〇〇四年）、栗島義明編『身を飾る縄文人—副葬品から見た縄文社会—』（先史文化研究の新展開2、雄山閣、二〇一九年）

Q22 船にはどのようなものがありましたか

A 縄文時代の船は、基本的に丸木舟《まるきぶね》であり、木材を組み合わせて作る構造船《こうぞうせん》ではありませんでした。縄文時代の人々は、丸木舟を用いて、河川、湖沼はおろか、海にまで漕ぎ出し、黒潮などの海流を渡って、移動、物資の運搬、交易を行っていたのです。

旧石器時代からあった渡海術　日本列島域に人類がやってきたのは、およそ三万八〇〇〇年前の旧石器時代と言われています。その当時は、氷期で気候が寒冷化していたため、海水面が今よりも一二〇mほど低くなっていました。しかしながら、津軽海峡と対馬海峡の水深はそれよりも深かったため、北海道はサハリンとつながり沿海州から突き出した半島（古北海道半島）となっており、また本州・四国・九州は一つの島（古本州島）となっていたと考えられています。したがって、人類が大陸側から現在の本州・四国・九州にやってくるためには、船を用いたと考えざるをえません。旧石器時代にすでに船による移動があった以上、当然縄文時代にも船を用いた人の移動や物資の運搬、渡海はしばしば行われていたことでしょう。

舟の種類　ただし、出土した資料からみる限り、当時の舟はいくつもの部品を合わせて製作された構造船ではなく、一本の木から削りだされた丸木舟が主流だったと思われます。これまでにみつかった丸木舟には、アウトリガーなどの安定装置や、波よけ用に舷側を補強した跡、推進力を得るために帆を使った形跡はないようです。また、防水用にアスファルトを船底に塗ったのではないかとの意見もあります。基本的には、航海時に丸木舟一艘で運用されたと思われますが、場合によっては丸木舟を何艘も縄などでつなげて筏《いかだ》状にしていた可能性もあります。しかしながら、喫水の浅い丸木舟でどのように海を渡ったのかという点については、未だ解明されていません。

丸木舟の種類と作り方　縄文時代の丸木舟は、これまでにおよそ一六〇艘ほどが出土していますが、その多くは四〇〇〇〜三〇〇〇年前にかけての縄文時代後・晩期の事例です。最古の出土例としては、千葉県 雷下《かみなりした》遺跡から出土したおよそ七五〇〇年前の縄文時代早期のものがあります。これは、残存長が約七・二m、幅が〇・五mほどのものです。土圧によって変形したものか、喫水は浅く、舷側が〇・一mほど立ち上がっているだけです（図1）。材はムクノキであり、丸木を火で焦がしながら、石斧で削り、船状にくり抜いた痕跡があるとされています。この製作技法は、後晩期の事例にもみられるもので、丸木舟の標準的な製作方法であったと考えられています。

丸木舟の運用法　京都府の浦入《うらにゅう》遺跡でみつかった前期（約六〇〇〇年前）の丸木舟は、全長が一〇mを超える大型船であったと考えられています。丸木舟の舷側部分の深さは〇・二mを超え、舟の幅は一mと推定されています。浦入遺跡自体は、外海に面した岬に位置し、桟橋の一部であったと思われる杭がみつかっており、遺跡の立地から、漁労基地であったと推測されています。こうしたことから、丸木舟が外海における漁労に使用されたことは間違いないでしょう。丸木舟の用途は、漁労用だけではありませんでした。その速力と積載能力から、物資の運搬にこそ大きな力を発揮したと思われます。東京都の神津島や島根県の隠岐島は、良質な黒曜石の産地ですが、当時の人々は海流を渡り、これらの黒曜石を本州へと持ち帰っています。たとえば、静岡県見高段間《みだかだんま》遺跡は、神津島産黒曜石の本州側の陸揚げ地点であったと推察されています。また、八丈島に位置する倉輪《くらわ》遺跡からは、黒潮を越えて持ち込まれた関東地方の縄文土器が出土しています。さらには埋葬された人骨も出土しており、こうした渡海が恒常的なものであったことを示しています。（山田康弘）

〔参考資料〕須藤利一編『船　ものと人間の文化史1』（法政大学出版局、一九六八年）、池谷信之『黒潮を渡った黒曜石　見高段間遺跡』（新泉社、二〇〇五年）

図1　千葉県雷下遺跡出土の丸木舟　千葉県教育振興財団提供

Q23 大陸との交流はありましたか

A

縄文人が日本列島の周辺と交流していたとすれば、中国大陸、朝鮮半島、サハリン、沿海州域などがターゲットになります。まず、縄文文化の最大の特徴である縄文土器の成り立ちを取り上げて、石器を含めて縄文文化の成立期における大陸との関係からみていくことにします。

土器のはじまりと交流　日本列島で最も古い縄文土器は、青森県大平山元《おおだいやまもと》遺跡出土土器など、およそ一万六五〇〇年前にさかのぼります。中国ではもっと古いおよそ二万年前の土器が出土していますので、中国から日本列島に土器がもたらされたこともありえますが、よくわかりません。というのも、最も古い土器はいっさい文様がなく、おまけにとても小さな破片ばかりなので、類似性などを比較することが難しいからです。

縄文時代草創期の遺物のなかに、矢柄研磨器《やがらけんまき》という弓矢の矢柄を研ぐための砥石とされる特有な形態の石器があり、それが紀元前三〇〇〇年くらいのユーラシア大陸の遺跡から出土することから、縄文時代のはじまりの年代をそれよりも新しくする意見が出されたことがありました。土器もそのころに大陸から技術が伝わって普及したのだというのです。これなどは、積極的に大陸との交流を認めた説でしたが、いまでは年代の見直しとともに顧みられない説となっています。

朝鮮半島との交流　朝鮮半島の新石器時代の隆起文《りゅうきもん》土器や櫛《くし》目文《めもん》土器とよく似た縄文土器は、九州地方の轟《とどろき》B式土器や曽畑《そばた》式土器という縄文時代前期の土器です。この二つの土器型式の間の西唐津《にしからつ》式土器には、朝鮮半島の瀛仙洞《ヨンソンドン》式土器とそっくりな土器があり、強い影響のあったことが考えられています。

漁労具もこの時期の北部九州と朝鮮半島南部の交流を裏付

けるとされています。たとえばサヌカイトや黒曜石製の石銛《いしもり》と石鋸《いしのこ》ですが、西北部九州の縄文時代早期末葉と後期の遺跡でみつかっています。これは棒の先端に石銛を、側面の溝に石鋸を埋め込んで組み合わせて作った漁労具で、クジラやイルカあるいは大型の魚類を捕獲の対象にしていたと考えられています。

西北九州型結合釣針と呼ばれる釣針も交流を示す資料とされてきました。軸と針の部分を別々に作り結び合わせて作るのでこの名がありますが、縄文時代前期から弥生時代前期までの長い期間、熊本県域から山口県域の一部で発達しました。この形態の結合釣針は朝鮮半島東部海岸の縄文時代早期～後期併行期のオサンリ型結合釣針が変化したものと考えられています。

こうした様々な点から、西北部九州沿岸部と朝鮮半島東沿岸部の漁労民を通じた交流が特に縄文時代早期～前期に活発化することが定説になっていました。しかし、朝鮮半島で石銛と石鋸が出土する遺跡はごくわずかで、結合釣針は作り方に違いが大きいことなど、むしろ相違点が強調されるようになってきました。

土器も一見似ているものの、文様モチーフなどを細かく見比べていくと厳密な類似性がそれほどないこともわかってきました。朝鮮半島南部の東三洞《トンサンドン》遺跡からは、轟B式土器から後期の北久根山《きたくねやま》式土器まで、それぞれが数点～数十点出土していますので、日本列島から渡っていっていることは確かですが、それほどの数ではありません。朝鮮半島から日本列島に入ってきた土器は、早期～前期初頭に比較的多数みられるのは対馬までですし、西唐津式土器に強い影響を与えたとされる瀛仙洞式土器も、実際に日本列島に持ち込まれたのは二遺跡に限られ、それも対馬どまりのようです。

したがって、縄文時代前期などに朝鮮半島との交流が、土器の作り方にまで影響するほど頻繁に行われていたというこれまでの見かたは控えめにした方がよいのが研究の現状です。

縄文時代晩期になると、口縁部に連続して孔をあけた土器が九州や山陰地方でみられるようになります。朝鮮半島で孔《こう》列文《れつもん》土器と呼ばれている土器ですが、そのすぐ後に日本列島で籾の圧痕のある土器が出土するようになり、やがて水田稲作も朝鮮半島から導入されますので、その前哨戦的な交流の一端を示すものと言ってよいでしょう。

北方との交流　縄文時代を通じて、サハリンとの交流はそれほど活発ではなかったようです。サハリンからほとんど縄文土器は出土しません。しかし、早期にはサハリンを通じてさらに北方につながる文化が南下した痕跡があります。

オホーツク海沿岸など北海道東北部の縄文時代早期の遺跡から、石刃鏃《せきじんぞく》という矢尻が出土します。石刃という縦長の剥片は、旧石器時代にさかんに用いられました。そうした技術の伝統を活かして作ったのが石刃鏃で、ロシアのアムール川中流域からバイカル湖周辺、モンゴル、中国東北部、サハリンなどに広く分布しています（図1）。

サハリン南部の遺跡からは石器がたくさん出土しますが、その石材は黒曜石《こくようせき》がほとんどで、それも北海道産であることが分析によって明らかになっています。このようなサハリンとの交流を通じて北海道島北部にまで石刃鏃が南下したのでしょう。

住居の形状は違いが大きいので、交流は文化全体に及ぶような密なものではなかったようです。しかし、女満別《めまんべつ》式土器という石刃鏃を使っていた頃の土器が、サハリンやアムール川下流域などから出土する土器とよく似ており、両者の交流の程度はもう少し研究を深めてみる必要があるようです。

中国との交流　中国の新石器文化との交流を考えるうえで、大正時代から注目されてきたのが石製の玦状耳飾《けつじょうみみかざ》りです。紀元前五〇〇〇年頃の縄文時代早期後葉〜前期に主に用いられました。中国の玉で切れ目のあるリング状のものを「玦《けつ》」と呼びますが、それが日本列島に伝播して玦状耳飾りが生まれた可能性が考えられています。中国浙江省の河《フ》姆渡《ムド》遺跡は紀元前五五〇〇年頃の遺跡ですが、縄文文化の玦状耳飾りとよく似た耳飾りが出土しています。さらに中国東北部の興隆窪文化には紀元前六〇〇〇年頃の東アジアで最も古い玦状耳飾りが出土しています。

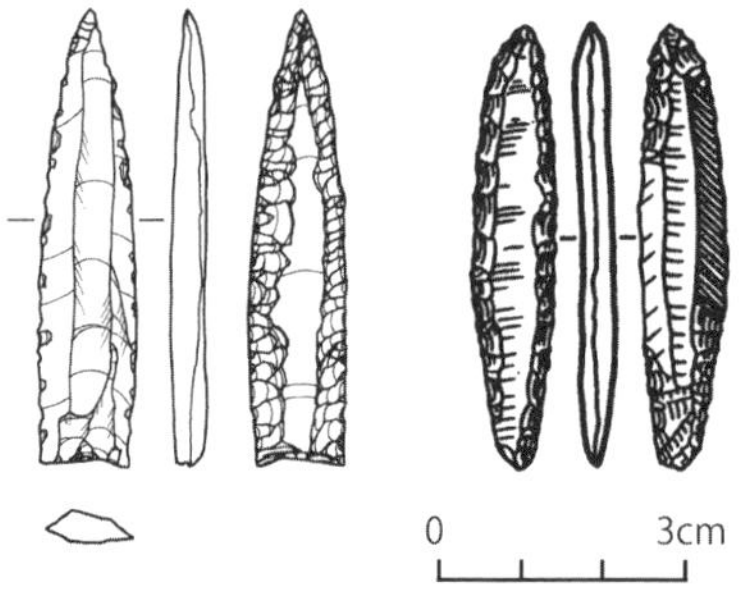

図1　日本列島（左）とバイカル湖畔（右）の石刃鏃　左：湧別市川遺跡（福田〔2015〕）　右：ウスチ・ベラヤ遺跡（Koltsov, L. V., et al.〔1989〕Mezolit SSSR）

そればかりではなく、中国東北地方に拡がる篦状垂飾《へらじょうすいしょく》も縄文時代の遺跡から出土していることが注目されています。たとえば福井県桑野《くわの》遺跡からは早期末から前期初頭と考えられる玦状耳飾りが七一点、篦状垂飾が五点出土しました（図2）。中国東北地方で出土する石製品と瓜二つであるのに加えて、透閃石岩《とうせんせきがん》という白い石で作られていることから、中国からの渡来品であるという意見がありますが、反論もあります。

そのほか、縄文時代後～晩期の山形県三崎山《みさきやま》A遺跡から出土したとされる殷代の青銅製の刀子《とうす》、縄文時代中期の山形県中川代《なかかわしろ》遺跡から出土した文字らしき記号が彫られた中国新石器時代の有孔の石鉞《えつ》は、明らかに中国からもたらされたものですが、縄文時代にもたらされたのか否かよくわかりません。

青森県今津《いまづ》遺跡などで鬲《れき》を模倣したのではないかとされる晩期の土器が出土しています。鬲は袋状の三足ある土器で、中国の新石器時代から青銅器時代に華北地方などで一般的な器です。今津遺跡の土器は縄文土器そのものですから、たまたま似たような技術と形状が何かのはずみで生じた結果かもしれません。これに中国からの影響を認めるのは慎重になった方がよいでしょう。

図2　桑野遺跡出土の玦状耳飾りと箆状垂飾　あわら市教育委員会（2019）『あわら市埋蔵文化財調査報告3』より

なお、中国から縄文文化の遺物はいっさい出土していません。玦状耳飾りなどの石製品を渡来品と認めたとしても、一方的な流入だったようです。

このように、縄文時代には断片的に大陸から文物が渡来することがあり、朝鮮半島とは行き来もあったようですが、文化に大きく作用するような大陸との恒常的な交通はなかったといってよいでしょう。つまり、縄文文化は独自性と孤立性がつよいのです。

（設楽博己）

〔参考文献〕水ノ江和同『九州縄文文化の研究』（雄山閣、二〇一二年）、福田正宏編『日本列島における新石器／縄文化のプロセスに関する考古学的研究』（東京大学大学院、二〇一五年）、古澤義久『東北アジア先史文化の変遷と交流』（六一書房、二〇一八年）

コラム5

北海道カリンバ遺跡

カリンバ遺跡は、北海道恵庭市黄金町内に位置し、千歳川の支流であった旧カリンバ川に面した標高約二五m前後の低位段丘面と、その北側の低地面にかけて立地します。一九九九年の発掘調査で、縄文時代後期末（約三三〇〇年前）の、数多くの漆塗り装身具が副葬された土坑墓群が発見されました。その後、一九九九年から二〇〇三年にかけての調査では、同様な土坑墓がまだ数多く残っていることがわかり、二〇〇五年には国の史跡に指定されました。

カリンバ遺跡の大きな特徴は、三〇〇基にもおよぶ多数の墓にあります。その一方で、住居跡は六棟しか検出されておらず、基本的に段丘上は墓地であったと推定されています。残念ながら墓に人骨は遺存していませんでしたが、単独・単葬例と想定される楕円形の土坑墓の他に、直径二mにも及ぶ大型円形土坑墓が存在し、これらは合葬墓であったとされています。これらの墓からは、透かし彫りのある漆塗櫛、漆塗髪飾り、漆塗腕輪、石製首飾りなど、数多くの特徴的な装身具が出土しており、これら三九七点は、重要文化財に指定されています。

興味深いのは、装身具が特に多数出土する大型円形土坑墓群は、カリンバ遺跡の墓地において地点的にも限られた一区画に集中していることです。このように、特定の場所にある大型土坑墓群に、他とは異なった埋葬形態を示し、多種・多様かつ多量の装身具・副葬品を持つ人々が集中するという状況が存在したということは、特定の人々がそのように葬られるべき社会的立場にカテゴライズされていたことを示します。そのように区分された人々は、埋葬にあたっては、他の人々よりも多くの労働力、物資が投入されるという社会的価値を、「不平等により多く」受け取ったとされた人々と理解することができるでしょう。社会的価値が不平等に分配され、それが制度化されていたという点からみた場合、カリンバ遺跡を営んだ人々の社会には、何らかの社会的成層化、すなわち階層が存在した可能性も指摘できるかもしれません。

ただし、その場合の階層性が、政治的な権力によるものなのか、それとも宗教的あるいは呪術的な権威によるものなのか、それとも狩猟が上手であった、あるいは翡《ひ》翠《すい》などの遠隔地交易品を持ち帰った、大きなイノシシやクマを倒したなど、後天的に獲得される何らかの威信に

カリンバ遺跡から検出された多数の装身具・副葬品を持つ土壙墓（左・123号墓　右：119号墓）
恵庭市郷土資料館（2005）『国指定史跡　カリンバ遺跡図録』より

もとづく影響力によるものなのか、そしてその階層は生まれながらにして維持されるものなのか、あるいは後天的な努力によって獲得されるものなのか、という点については、さらなる議論が必要です。

カリンバ遺跡の場合、これらの装身具を着装していたのは女性のシャーマンであり、死亡時に複数の女性が殉葬されたのではないかとして、権威による階層性の存在が示唆されています。縄文時代後半期の社会構造を考える上で、極めて重要な資料です。

（山田康弘）

〔参考資料〕木村英明・上屋眞一『縄文の女性シャーマン　カリンバ遺跡』（新泉社、二〇一八年）、上屋眞一・木村英明『国指定史跡カリンバ遺跡と柏木B遺跡　縄文時代の後期 石棒集団から赤い漆塗り帯集団へ』（同成社、二〇一六年）

コラム6

千葉県加曽利貝塚

加曽利《かそり》貝塚は千葉県千葉市の台地上にある貝塚をともなう集落遺跡です。縄文時代の貝塚は、環状をなすものや馬蹄形をなすものが特徴的ですが、この遺跡の貝塚は環状の貝塚が二つ連結して8の字形をなしているところがユニークです。双環状の貝塚は加曽利貝塚が日本で唯一の存在です。

二つの貝塚は北貝塚と南貝塚と呼ばれ、北貝塚が直径約一四〇m、南貝塚が直径約一九〇m、面積がおよそ一五haと日本の貝塚のなかでも最大級の規模です。貝層も高さ二m以上と見上げるようなマウンド状をなすことから周堤状貝塚と呼ばれています。北貝塚は切れ目のない環状ですが、南貝塚は二つの弧状の貝塚が向き合うかたちで二か所に切れ目があります。南側の切れ目にも貝層がありますので、馬蹄形と言ってもよいでしょう。

北貝塚はおもに縄文時代中～後期、南貝塚はおもに後～晩期に営まれましたが晩期に貝塚の形成は衰退しました。竪穴住居跡は全部で一三八棟発掘されましたが、全体の一部にすぎません。そのなかでも112号住居跡は一九×一二mの巨大な建物で、異形台付土器《いけいだいつきどき》など特殊な遺物が出土しており儀礼が行われていたと考えられています。埋葬人骨は七〇体、散乱骨を含めると二〇〇体近く発見されており、関東地方で最も多い人骨数です。埋葬犬も一四例みつかりました。

この貝塚は古くから知られており、戦前から発掘調査がなされました。縄文土器の編年を目指していた山内清《やまのうちすが》男《お》、八幡一郎《やわたいちろう》、甲野勇《こうのいさむ》が一九二四年に行った発掘調査で北貝塚のE地点と南貝塚のB地点の土器に違いがあることがわかりました。さらに、のちに加曽利B式土器（縄文時代後期）と名づけられる土器を含んだB地点の貝層の下からE地点に特有の土器（のちの加曽利E式土器／縄文時代中期）が出土したことで、二者は年代の違いであることが明らかになりました。この層位的な発掘調査成果が、関東地方の縄文土器、ひいては全国的な縄文土器の編年を推進する基礎となったのです。

（設楽博己）

第三部　生業と道具

Q24 縄文人はどのようなものを食べていましたか

A

縄文時代人は、野生の動物や植物を食料として利用する狩猟採集民でした。また、海や湖、河川などで魚介類をとる漁労も重要な役割を果たしたようです。私たちヒトは様々な食料を食べる雑食性の動物であり、この特徴が世界中に生息域を広げることを可能にしました。縄文時代人が食料として利用した動物や植物は、沿岸の貝塚などの残された遺存体から知ることができますが、肉と魚のどちらが多かったのか、など食生活の内容は容易に復元できません。しかし、人骨の化学分析が進み、縄文時代の多様な食生活が明らかになりつつあります。

遺跡から出土する動物の残渣　縄文時代の食生活に関する直接的な証拠は、遺跡から出土する動物や植物の遺存体です。遺跡から出土する食料の遺存体を「食料残渣《ざんさ》」と呼びます。多くの有機物は微生物に分解されてしまいます。ヒドロキシアパタイトという無機質を多く含む骨は、分解を逃れますが、土壌が酸性の日本列島では時間とともに溶けてしまい、多くの遺跡からは人骨も動物骨も出土しません。沿岸に暮らした縄文人が残した貝塚では、貝殻の成分のおかげで土壌がアルカリ性に保たれ、人骨や動物骨が豊富に出土する情報の宝庫です（図1）。貝殻も食料として持ち込まれた軟体動物の遺存体であり、食料資源の一部です。内陸の洞窟遺跡でも木材を燃やしてできる灰のおかげでアルカリ性になり、骨が保存されることがあります。このような遺跡から出土した動物骨や貝殻で種を同定し、骨の部位の割合や石器でついた解体の痕跡などを調べる研究を動物考古学といいます。

全国の縄文遺跡で報告される動物遺存体を概観すると、シカとイノシシが主要な狩猟対象であったということができます。北海道にはイノシシが分布しませんが、オットセイなどの海獣類が多量に出土しており、海での狩猟活動も活発だったようです。魚骨にはマグロなど沖合の魚も含まれており、沿岸から沖合まで広く魚介類を獲得したようです。釣針や銛先だけでなく、網の重りにした土器片や石器が出土しているので、漁網を使った漁まで様々な漁労技術を発展させていたようです。タイやウナギ、フグなど私たちに身近な海の幸を縄文時代人も味わっていましたが、今日では利用価値がないイボキサゴという小さな巻貝が多量に出土する貝塚もあり、現代人の想像を超える利用法があったのかもしれません。

　動物骨では食用は適さないオオヤマネコやムササビなどの骨もまれに出土します。食料資源としてだけではなく、骨や毛皮や腱などを道具や衣服、建造物の材料として利用していたと想像されます。またイヌの骨は、全身骨格がそろった状態で出土することが多く、丁寧に埋葬されていたようです。狩猟犬が大切なパートナーとして扱われた証拠と考えられていますが、千葉県加曽利《かそり》貝塚では解体時についたと考えられる石器の痕がある犬の骨もみつかっています。イノシシも家畜だったと考える研究者もいますが、家畜だった可能性を示す骨形態の変化はごくまれにしかみつかりません。

図１　東京都栄町遺跡の純貝層

縄文人の食べた植物　一方、植物には無機質がほとんど含まれないので、植物の遺存体を遺跡からみつけることはさらに困難です。炉の灰や土器の底などで加熱されて炭化すると、バクテリアが分解できなくなり、土中でも長期間にわたり保存されます。また、酸素濃度が低く好気性バクテリアの活動が制限される低湿地では、炭化していない生の植物遺存体が豊富に出土する場合があります。福井県鳥浜《とりはま》貝塚、滋賀県粟《あわ》津湖底《づこてい》遺跡や佐賀県東名《ひがしみょう》遺跡などは、動物骨の保存に適した貝塚と、植物の保存に適した低湿地という二つの好条件がそろった奇跡的な遺跡で、縄文時代の食生活の全貌を知るための絶好の情報源になります。それでも、遺跡に残されるのは、食べることができない食料の一部であり、実際に縄文人に食べられた食料は消化されて遺跡には残らない点には注意が必要です。たとえばイモ類などは遺物としてほとんど出土しないので、直接的な評価が困難です。

縄文人が利用した植物の新しい情報源が近年注目を集めています。縄文遺跡から必ず出土する土器の中に、植物の種実の圧痕《あっこん》が多数発見されたのです。何らかの理由で粘土に混ざりこんだ種子は、土器を焼く時に炭になりますが、粘土に残された空隙は種子の形を正確に保存しており、電子顕微鏡で観察すれば種子表面の組織まで観察できます。歯科用のシリコン印象材を使った土器圧痕の調査法が確立したことで、広く縄文時代の土器で調査が進められています。これまでに、縄文時代中期から後期の中部高地や縄文時代晩期の九州で、野生よりも大きなマメ類の圧痕がみつかっています。野生種のツルマメやヤブツルアズキよりも明らかに大きいので、栽培化されたダイズやアズキと考える研究者もいます。生物学的には種実大型化だけでは栽培化の証拠として弱く、「縄文人は狩猟採集民ではない」と断定するのは時期尚早と考えています。

縄文時代の植物利用については、遺跡周辺の植物の組成（植生）の変化からも議論されています。直接食用にする部位ではありませんが、湿った環境では長期間保存される花粉や、イネ科植物の葉に多く含まれる植物珪酸体《しょくぶつけいさんたい》（プラント・オパール）から、縄文人が天然の森林に手を加えていた可能性が考えられています。なかでも青森県三内丸山《さんないまるやま》遺跡では、遺跡内や周辺で、クリの花粉が多くを占める地点が確認され、クリ林が縄文人によって維持されていたと考えられています。アク抜きが必要なく実が大きいクリは、縄文人にとって重要なエネルギー源だったと考えられます。また、縄文時代後期から晩期には、アク抜きが必要なトチの実が大量に蓄積したトチ塚やアク抜き施設を持つ水場がみつかっています。季節的な資源である堅果類を地下に蓄える貯蔵穴は縄文時代早期からみつかっており、縄文時代には植物のデンプンが重要なエネルギー源になっていたようです。

古人骨で食生活を調べる　動物骨と貝殻、炭化した植物の数を数えても、利用された量と相関する可能性は極めて低いでしょう。文字記録のない先史時代の食文化を復元することは、私たちが摂取した栄養をゴミ箱から想像することよりもずっと難しい。しかし、ヒトが口にして消化した食物は消えてなくなるわけではありません。その一部は吸収されて人体の材料となります。また、消化されずに大便として腸内細菌の屍骸と一緒に排泄されます。前者は人骨として、後者は糞石として遺跡に残されているので、食物の直接的かつ定量的な情報をそれらから得ることが可能になります。

古人骨に生前の食生活を記録する炭素と窒素の同位体比をみると、動物と植物あるいは魚類をそれぞれどのような割合で食べたのか、その内容については地域的に大きな違いがみられます。本州では、沿岸の遺跡では海産物と陸上の資源を組み合わせた食生活であるのに対し、内陸では陸上資源が中心の食生活で淡水魚の利用は比較的少なかったようです（図2）。それに対し、北海道と沖縄では多くのタンパク質を海産物から得た漁労民的な食生活しかみられません。この地域差は、野生動物の分布や気候（亜寒帯、温帯、亜熱帯）に対応しており、縄文人の食生活も生態環境に影響されたと言えるでしょう。

　さらに地域内の遺跡に着目すると、予想外に大きな違いがあることがわかってきました。たとえば、長野県保地《ほじ》遺跡の縄文時代後期の人骨では、川を遡上したサケ・マス類を利用した痕跡が高い窒素と炭素の同位体比で示されました。一方、同じ千曲川沿いの宮崎《みやざき》遺跡では陸上資源中心の食生活を示す同位体の特徴が示されています。同じ地域でも遺跡周辺で、サケ・マス類を大量捕獲できた遺跡と、そうではない遺跡で食生活が違ったようです。

　遺跡周辺の限られた環境を最大限利用する知恵を蓄えた結果が、縄文時代の食文化の特徴と言えるかもしれません。そう考えると、条件のよい遺跡で復元された生活を縄文時代の代表とすることには慎重になる必要があります。三内丸山遺跡で重要だったクリが近隣の遺跡では利用されていない可能性も否定できないので、遺跡ごとの多様性に配慮した議論が必要です。生物学的な表現をすれば、多様な資源を利用するジェネラリストとして縄文人の適応戦略を説明できると考えています。

（米田　穣）

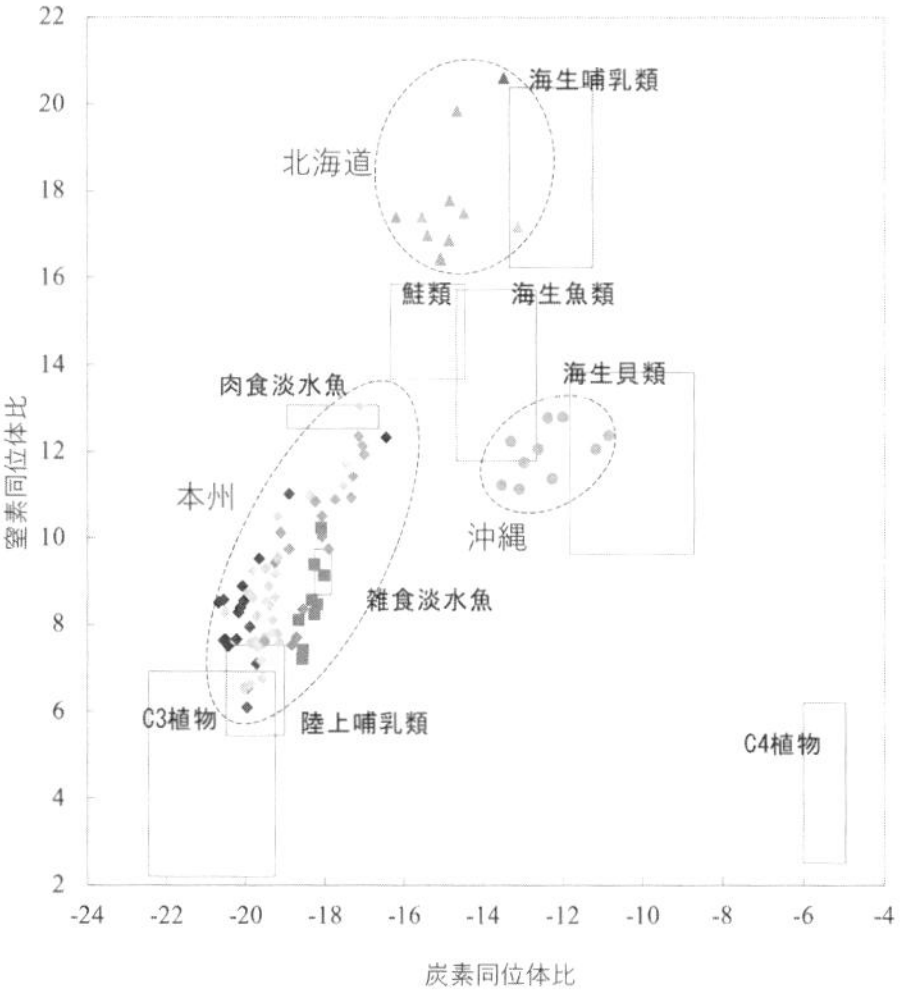

図2　縄文時代後期の人骨コラーゲンにおける炭素・窒素同位体比　代表的な食料群から期待される範囲と比較した図

〔参考文献〕西本豊弘編『人と動物の日本史1　動物の考古学』（吉川弘文館、二〇〇八年）、湯本貴和編『環境史をとらえる技法』（文一総合出版、二〇一一年）、工藤雄一郎他編『ここまでわかった！縄文人の植物利用』（新泉社、二〇一四年）

Q25 植物をどのように利用していましたか

A

縄文時代の生活に植物の利用は欠かせないものでした。食料にだけでなく、衣服や住居、土木用材、道具、塗料《とりょう》など、さまざまな場面で用いられました。植物を利用しただけではなく、積極的に森を改変し、有用な植物をムラのまわりに管理して栽培していたこともわかってきました。

食料としての植物　縄文時代の植物質の食料というと、ドングリを思い浮かべるかもしれません。実は、縄文時代を通してドングリを利用している地域も種類もかたよっています。

一般的に「ドングリ」とは、ブナ科の堅果《けんか》のうち、コナラ属とシイノキ属、マテバシイ属の果実をさします。ドングリが食べられた痕跡がみつかる地域は主に西日本です。西日本の縄文人が好んで利用していたのは常緑性の「イチイガシ（一位樫）」のドングリです。イチイガシのドングリの特徴は、アクが少なく、生食《なましょく》できる点です。西日本の縄文時代の遺跡からは、大量のドングリを集めていた証拠である「ドングリピット」と呼ばれる貯蔵穴がたくさんみつかっています。このドングリピットに集められたドングリの九割以上はイチイガシの果実でした（図1）。

イチイガシは常緑樹で、今から八〇〇〇年前ごろに日本列島が温暖化して常緑広葉樹林が南九州から北および東へ拡大するのに伴い、分布を広げました。現在は西日本を中心に分布し、東日本でも東海地方や関東地方南部に分布しています。縄文時代には、イチイガシが分布す

図1　縄文時代のイチイガシ
佐賀市教育委員会提供

る地域では、まずイチイガシが選択的に利用されていました。

西日本のイチイガシに対して、東日本の縄文人はあまりドングリを利用していなかったようです。東日本から道南の縄文人が重要視していたのはクリで、ドングリはクルミやトチノキなどの木の実と同様に、脇役的な役割を果たしていたと考えられています。この理由の一つとして、「アク抜き」が挙げられます。東日本に分布する落葉性のクヌギやコナラなどのドングリは、食べる前にアク抜きが必要なのに対して、クリはアク抜きが不要なため、イチイガシと同様に東日本の縄文人に好まれたと考えられます。東日本の縄文人が例外的に好んだドングリはナラガシワです。このドングリは東日本のドングリピットなどでみつかっており、縄文時代早期の七五〇〇年前ごろから利用されています。

ナラガシワはコナラ属コナラ節《せつ》に分類されるナラ類で、現在、ナラ類の中でも比較的標高の低い平野部に分布します。果実もコナラより普通は大きく、果実の大きさとムラに近い場所に生えているという入手のしやすさが好まれた理由なのかもしれません。しかし、ナラガシワは現在の東日本の平野部にはほとんど生育しておらず、弥生時代以降の遺跡からもあまりみつかっていません。ナラ類の木材は弥生時代以降の建築材や土木用材に多用されました。こうした低地の開発によって、ナラガシワの木が伐られ、現在の東日本には残っていないのかもしれません。

ところで、現在の公園などではドングリの木としてマテバシイが植栽されていることがあります。マテバシイのドングリもアクがないため、縄文食の復元などに使われています。しかし、縄文時代にはマテバシイは九州南部にしか生育しておらず、確かな利用痕跡もみつかっていません。

縄文人がクリを好んだ理由　縄文人はなぜクリを好んだのでしょうか。縄文人はクリの果実を食用とするだけでなく、木材を建築材や土木材に多用していました。縄文時代の竪穴住居に使われた建築材や水場に用いられた杭材には、クリが圧倒的に多く使われていました。クリの木材は水湿に強くて耐朽性が高く、割《わ》り裂《さ》きやすいという利点を持っており、さらに縄文人の伐採《ばっさい》道具である石斧を使った伐採の実験から他の樹種よりも伐採しやすいとわかっています。縄文人は食料資源としてだけでなく、生活に密接にかかわる資源として他の樹種よりクリに注目していたのです。

クリは、その木材がムラ周辺で大量に利用されており、遠くまでは飛散しない虫媒花《ちゅうばいか》のクリ花粉がムラ周辺で多量に見出されるといった点から、縄文時代の人々はムラの周辺にクリ林を造成して、クリ資源を管理していたと考えられています。こうした資源管理と併行して、クリの果実が縄文時代の後半では大型化していて、品種を選抜していたことも指摘されています。つまり、「資源」として有用なクリは、縄文時代の人々のくらしに欠かせない植物として認識され、東日本を中心とするムラの周辺にクリ林が維持されていたのです。

こうした縄文人とクリの結びつきは、定住するムラが多くなる七〇〇〇年前ごろの縄文時代前期からはじまると考えられてきました。ところが、七八〇〇～七七〇〇年前ごろの早期終わり頃の遺跡からも、クリ林の存在を示す多量のクリ花粉が見出されました。おそらく、定住するムラの出現以降、クリと縄文人は強く結びついていたと考えられます。

クリ以外の植物利用

それでは、クリ以外の植物資源はどのように利用していたのでしょうか。東日本から道南にかけての縄文人は多くの植物資源をムラの周辺で栽培し管理して利用していたことがわかっています。たとえば、英語で「japan」とも呼ばれるウルシは、植物学では中国大陸原産の植物とされています。そのため、日本列島には自生しておらず、日本列島で育てるには人間による栽培や管理が必要です。ウルシの自生地における生育条件をみると、日本列島の一般的な山地よりも乾燥している場所が生育に適しており、日本列島のように多雨でさまざまな樹木が生える環境では、ウルシは他の樹木の成長に負けてしまい、やがて枯れてしまいます。そのため、現在、野生のヤマウルシやヌルデは山の中でも見かけますが、ウルシは漆掻《うるしか》きのために植栽されている場所にしか生えていません。

日本列島では縄文時代草創期の一万二六〇〇年前ごろから、人手が加わっていないウルシの細い枝が出土しています。早期末の七五〇〇年前ごろからは漆液と顔料を混ぜた赤い漆を塗った櫛《くし》が出土し、漆器《しっき》としての利用が確認されています。前期になると、本州の東半分の各地から木材と漆器が出土するようになり、クリとともにウルシがムラの周辺で育てられて利用されていたと考えられています（図2）。

ウルシの漆液は塗料だけでなく、接着剤としても利用されていました。さらに、その木材は水湿に強いため水場の土木材に使用され、果実も炭化して住居から出土するため、何らかの目的で利用されていたと考えられます。ウルシだけでなく、中央アジア原産のアサの果実も縄文時代早期の遺跡から発見されています。繊維だけでなく、果実が土器の中に炭化して出土しており、食用や油の採取に利用されていた可能性があります。このように縄文時代の人々は有用な植物資源をムラの周辺に管理して、余すところなく多様に利用し、くらしに役立てていたと考えられます。そうした多角的な植物利用の痕跡は、縄文時代晩期の終わりごろまで確認されています。

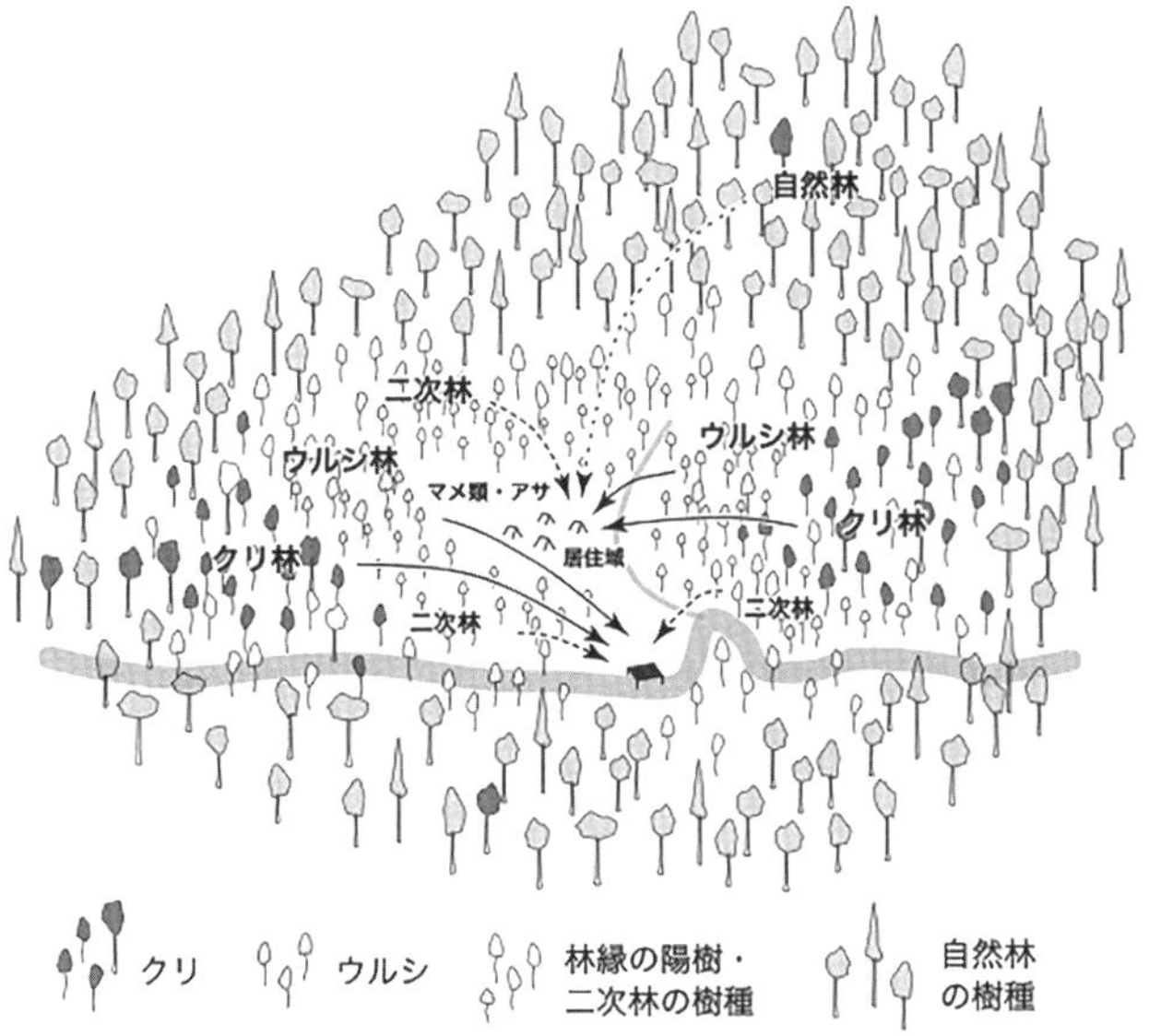

図2　東日本の縄文時代の遺跡周辺の森林資源利用　工藤・国立歴史民俗博物館編（2014）より

土器のくぼみから見えた新たな植物利用

栽培植物がいつごろ日本列島へもたらされたのかは、土器圧痕《あっこん》と呼ばれる土器のくぼみの研究からも見えてきました。圧痕とは、土器の材料となる粘土が柔らかいうちに入り込んだ種子や果実、昆虫などの有機物が、土器の焼成によって燃え、灰となって失われた痕跡のことです。縄文時代の土器は、型式によって精緻な編年が編まれており、この「ものさし」を使えば、破片の土器であっても、特徴的な文様や形態で、ある程度の時期や製作地域がわかります。土器にある圧痕は、土器のくぼみにシリコーン樹脂を入れて型取りを行い、それを走査型電子顕微鏡で観察する「レプリカ法」で調べます。イネの籾《もみ》圧痕をはじめとして、栽培植物が日本列島にもたらされた年代を検討するうえで、土器の時期が重要な情報となっています。

現在注目されているのは、ダイズやアズキといったマメ類の圧痕です。ダイズやアズキの祖先となる野生種は日本列島に自生するツルマメとヤブツルアズキですが、ダイズの祖先野生種であるツルマメは縄文時代草創期の一万三四〇〇年前ごろ、アズキの祖先野生種であるヤブツルアズキは早期の一万一〇〇〇年前ごろの土器圧痕でみつかりました。さらに、中期の五〇〇〇年前ごろになると、中部高地や関東地方西部で現在の栽培種であるダイズやアズキと同じくらい大型の種子圧痕が出現するようになり（図3）、従来の説とは異なって、ダイズとアズキは日本列島内で縄文人により栽培化されたと考えられています。

（佐々木由香）

〔参考文献〕工藤雄一郎・国立歴史民俗博物館編『ここまでわかった！縄文人の植物利用』（新泉社、二〇一四年）、工藤雄一郎・国立歴史民俗博物館編『さらにわかった！縄文人の植物利用』（新泉社、二〇一七年）

図3　土器の断面の圧痕から得られたダイズ属種子のレプリカ　西東京市教育委員会提供

コラム7

考古学と科学

近年、考古学と科学の連携による学際領域の共同研究が行われ、新たな分析法や装置の開発が進んでいます。学際という用語は、「研究対象がいくつかの学問領域にまたがっていること」と定義されます。考古学それ自体も総合科学であるため、「考古学と科学」という表現はやや不適切かもしれませんが、考古学の歴史を紐解くと、数多くの自然科学分析法に出会うことができます。一九八二年に日本文化財科学会という学会が発足します。ここでは、古環境（古地形・地質・古気候・古植生・動植物遺存体）、年代測定、材質・産地・技法、人類学・同位体分析、情報工学・探査・計測、パブリックアーケオロジー・認知科学など、実に様々な分野について議論が進められています。

縄文時代の「考古学と科学」で、真っ先に思い浮かぶのが、縄文時代の年代論争です。一九六〇年に、縄文時代早期の神奈川県夏島《なつしま》貝塚の放射性炭素年代が、約九〇〇〇年前と報告されて以降、従来の年代を支持する山内清男《やまのうちすがお》と佐藤達夫《さとうたつお》の「短期編年」と、放射性炭素年代測定を採用する芹沢長介《せりざわちょうすけ》の「長期編年」との間で論争が繰り広げられます。最終的には、その後に各遺跡・遺物の年代測定が進んだ結果、「長期編年」説の年代観が多くの支持を受けるようになりました。事実上、短期編年が誤っていたわけですが、ここで注意が必要なのは、山内が提示した土器型式編年そのものは、今日でも研究の基盤として重要な位置を占めていることです。実年代比定を誤った原因は、縄文文化の起源を大陸の矢柄《やがら》研磨器《けんまき》との類似性に求めたからになりますが（Q23）、その当時としては説得力のある仮説でした。その後、縄文時代の年代論争は、一九九九年の青森県大平山元《おおだいやまもと》Ⅰ遺跡の年代報告の際に再燃します。この時は、新たに導入された加速器質量分析法（AMS法）の是非や、暦年較正の方法が話題になりました。現在では、AMS法が主流となっており、暦年較正方法への理解も進みました。このように、縄文時代の年代は、考古学と科学の議論を経て、形作られてきました。

考古学と科学は、決して対立項で捉えられるものではありません。科学分析で得られた新たな見解を鵜呑みにするのではなく、測定対象の内容や履歴、測定方法の問題を十分に考慮した上で、総合的な検討を行うことが必要になります。

（國木田大）

Q26 縄文時代に農耕はありましたか

A

縄文時代の終わり（すなわち弥生時代の開始）は、「食糧生産を基礎とする生活が開始された」ことで定義されます。反対に、縄文人は食料生産を基礎としない生活、すなわち狩猟採集漁労民と考えられてきました。近年、花粉分析や土器表面の圧痕などの考古植物学の研究から、縄文時代に農作物が栽培された可能性が指摘され、縄文時代のイメージが変わりつつあります。縄文人による農耕の可能性を検討することで、農耕の人類史における意義を考えてみましょう。

縄文農耕論と新石器革命　縄文時代に農耕が存在した可能性はこれまでにも議論されてきました。八ヶ岳西麓では、縄文時代中期に繁栄した長期継続の大型集落の食生活が焼畑に支えられた「縄文農耕論」が検討されました。また東アジアの民族習慣を分類し、狩猟採集から焼畑を経て、水田稲作にいたる発展段階を想定した「照葉樹林《しょうようじゅりん》文化論」でも、縄文時代後期に焼畑を、晩期に水田稲作を想定していました。前者では、打製石斧を耕起具と考えて、縄文時代中期の増加を縄文農耕の間接的証拠としましたが、農耕の直接的な証拠は得られていません。後者では、植物珪酸体《しょくぶつけいさんたい》（プラント・オパール）が縄文時代の稲作の証拠とされましたが、上層からの混入を否定できず、今日では積極的な証拠として採用されていません。

しかし近年、まったく新しい証拠から縄文農耕論が再び着目されています。この「新たな縄文農耕論」の論拠は、土器の表面や内部に残された圧痕《あっこん》です。土器の圧痕は、土器が焼成される前につくので、微化石のような混入の問題がありません。歯科用シリコン印象材を使った圧痕レプリカの観察法が考案され、二〇〇〇年代から土器圧痕の研究は飛躍的に進展しています。

なかでも注目された二つの発見がありました。ひとつは、中部高地の縄文時代中期の土器でみつかった大型のマメ類の発見、もうひとつは渡来系文化に由来する雑穀（アワとキビ）圧痕の縄文時代晩期末から弥生時代の拡散です。とくに、縄文時代中期の大型マメ類は、縄文時代にマメ類が栽培化された証拠とされています。土器圧痕研究を精力的に進める小畑弘己は、縄文人を「狩猟採集民」ではなく「狩猟・栽培民」と再定義するように提案しており、栽培植物の登場を大きな画期の証拠と捉えているようです。

それでは、なぜ農作物や家畜を利用することが大きな画期になるのでしょうか。ドイツの哲学者で経済学者のカール・マルクスは、共産主義の提唱で広く知られていますが、優れた歴史家でもありました。彼は、社会や文化の変化の背景には生産手段の変化が存在したと考えました（唯物史観）。その考えを考古学に応用したオーストラリア人の考古学者ゴードン・チャイルドは、農作物や家畜を用いた食料生産の開始を、産業革命に相当する大きな変化と位置付け、「新石器革《しんせっきかく》命《めい》」と命名しました。ヨーロッパでは打製石器から磨製石器に変化する時代を新石器時代と呼び、同時に家畜のヤギやヒツジ、栽培化されたムギ類があらわれます。家畜や農作物は必要以上の量を生産可能であり、過剰な生産物（余剰生産）が社会に富のかたよりを生み出し、結果として社会が複雑になったというモデルが成り立ちます。社会複雑化について合理的な説明を提示した「新石器革命」モデルは広く受け入れられ、日本考古学にも強い影響を与えました。西アジアで「発明」された農耕牧畜は世界中に拡散して、狩猟採集民を農耕民に変えたと考えられ、日本では縄文時代から弥生時代への変化がこれに対応するとされたのです。

しかし、ヨーロッパの新石器文化のもとになった西アジアの新石器文化では、革命的に登場したと思われた農耕とそれを基盤とする古代文明が、実は数千年かけて徐々に成立した実態がわかってきました。定住がはじまり、麦の農耕がはじまり、最後にヤギとヒツジの家畜化が順番に成立しました。集落の大型化や社会の複雑化はこの過程の最後に起こった現象だったのです。

また、世界各地で詳細な発掘調査が進み、西アジア以外の地域でも独自の農耕牧畜が誕生した証拠がみつかりました。東アジアでは、黄河流域で雑穀（アワとキビ）が、長江流域でイネが栽培化されています。北米や中米、北アフリカでも独自の農耕が同じころに発生しました。ヒトがアフリカで誕生して以来、二〇万年以上にわたって狩猟採集をしてきましたが、わずか一万年の間に世界中の十か所以上で独自の農耕が「発明」されたのです。二〇万年間起こらなかった現象が一万年間に十か所以上で発生する確率はきわめて低いので、偶然に農耕が「発明」されたと考えることはできません。西アジアで「発明」された農耕が世界に拡散して、革命的な変化を起こしたという「新石器革命」モデルに変わる新しいパラダイムが必要になったのです。

農耕起源の共進化モデル　「新石器革命」モデルに替わって、進化論の考えを取り入れた新たなパラダイムが提案されています。新旧モデルの違いをまとめると、（1）最初のドメスティケーションはヒトによる意図的な選択ではなく、ヒトと動植物の共進化である、（2）食料獲得と食料生産は二分できず、中間に低水準で食料生産する過程が存在する、（3）ドメスティケーションと農業の成立は別々の独立した現象であり、議論を混同しない、という三点に整理できます。完新世の安定した環境が、ヒトと動植物の共進化を長期安定化させたので、動植物に大きな進化が起こったと考えれば、世界中で同時多発的に農耕が発生したことを説明可能です。

一方で、日本の考古学で議論されている「新たな縄文農耕論」では、大型マメ類はヒトが意図的に選択した結果と考えています。さらに、栽培植物が人口増加をもたらしたと想定しており、ドメスティケーションと農業の成立が連動している可能性を想定しています。栽培植物の存在を示唆する大型マメ類を大きな画期の証拠とする議論は、明らかに「新石器革命」モデルの影響を受けていると言わざるをえません。

それでは、縄文時代の大型マメ類をどのように考えればよいでしょうか。土器圧痕を研究する考古学者は、これを栽培化シンドロームという育種学や進化学者が提唱した現象で説明しています。栽培化シンドロームは、西アジアで栽培化された穀類でみられる、（1）脱粒性《だつりゅうせい》の喪失（熟した種子が脱落しなくなる）、（2）休眠性の喪失（種子が播かれるとすぐに発芽する）、（3）同調性の強化（多くの種子が一斉に発芽し、同時に熟す）、（4）種子の大型化、などの共通の特徴です。種を超えて類似の特徴がまとめて進化するので、シンドローム（症候群）と呼ばれます。これらの特徴は、ヒトが耕した畑に播種されても深い土中から発芽できる大きな種子が生き残り、ヒトによって収穫されやすい性質があると子孫を残す確率が高くなるので、ヒトではなく植物の都合で進化したと説明できます。

しかし、縄文時代のマメ類については、種子の大型化というひとつの形態変化をもって、栽培の証拠として解釈しています。マメ類の場合は、耕起の影響では種子が大型化しにくく、インドや西アジアでは、家畜が曳く犂《すき》によって深く埋められることで大型化したという研究があります。マメ類の大型化を縄文時代の栽培の証拠とするには、大型化した理由を説明することが必要です。また、大型種実は必ずしも生産量の増大を意味しませんので、縄文人が大型のマメを選んだ理由も説明する必要があります。

縄文時代のマメ大型化は、集落という特別な環境でマメの都合で進化した可能性も検討する必要があるでしょう。自然の森林では日光が降り注ぐ広場が数百年も持続することはありません。また、ヒトがまき散らす窒素やリンは植物には必須の栄養素です。世界で起こったヒトと動植物の共進化が縄文時代の集落でも起こったのかもしれません。

低水準食糧生産と縄文人の多角的生業　土器の圧痕研究のもう一つの大きな成果である縄文時代晩期末の雑穀利用について、私たちは興味深い発見をしました。長野県七五三掛《しめかけ》遺跡の人骨を分析したところ、重たい炭素の同位体（炭素13）が骨のタンパク質に多く含まれることがわかったのです。これは特殊な光合成をする雑穀の特徴と一致しますが、黄河流域の雑穀農耕民には遠く及びませんでした。縄文時代晩期末の土器では多数の雑穀の圧痕がみつかっていましたが、実際には雑穀は主食の役割は果たしておらず、様々な天然の食料資源とあわせて食生活の一端を担っていたことがわかりました。

渡来系文化として伝搬した農耕は、大陸では農耕を中心とした農業社会を作っていました。しかし新しい文化と接触した縄文人は、食料生産を中心とする農民に変わることなく、さまざまな生業を組み合わせる多角的な生業に雑穀栽培を選んで受け入れたようです。多様な食料を利用するジェネラリストである縄文人は、環境を大きく変えずに栽培できる雑穀を自らの食文化の一部に受け入れたようです。農業にはいたらない低水準食料生産と位置付けるのが適当でしょう。

同じように、三内丸山《さんないまるやま》遺跡のクリや中部高地のマメ類も多角的な食料獲得戦略の一部を占める状態だった可能性は高いと思われます。縄文時代に栽培植物を利用する農耕が存在したとしても、それは農業にいたる大きな画期を超えたものではなく、伝統的な縄文人の適応戦略にとどまる低水準食料生産であり、大きな変化とは評価していません。なぜならば、農耕の成立は、ヒトの意図とは関係ない、野生生物の進化と位置付けられるからです。

（米田　穣）

〔参考文献〕井原泰雄・梅﨑昌裕・米田穣編『人間の本質にせまる科学』（東京大学出版会、二〇二一年）、設楽博己編『東日本穀物栽培開始期の諸問題』（雄山閣、二〇二三年）

Q27 漁について教えてください

A

縄文時代の沿岸部には、数多くの貝塚が残されました。貝塚とは、縄文時代の人々が捨てた貝殻が堆積したもので、動物の骨も一緒にみつかることが多いです。そのため、発掘調査では、貝塚の土壌を篩にかけて、小さな貝や骨も見落とさないように回収しています。たとえば、佐賀県の東名《ひがしみょう》遺跡（早期）は、縄文海進の影響によって埋没したため、現在の地表面から五〜七ｍの深さから大規模な貝塚がみつかりました。調査の結果、ヤマトシジミやハイガイなどの貝類、スズキ属、ボラ科、クロダイ属などの魚類がみつかっており、遺跡周辺の干潟や河口で主に漁をしていたことが明らかとなりました。

　こうした全国各地の発掘調査で明らかとなった縄文時代の漁について、貝類を対象とした「採貝活動」と魚類を対象とした「漁労活動」をみていきたいと思います。

採貝活動　縄文時代の人々は、主に集落周辺で貝類を採集していました。水域の環境によって分布する貝類が異なるため、遺跡から出土する貝類には多様性があります。

　岩手県の中沢浜《なかざわはま》貝塚（前・中期）はリアス式海岸にある遺跡です。岩場に付着するムラサキインコなどの岩礁性貝類が数多く出土しました。ムラサキインコの幼貝や貝床内に生息する微小貝も含まれるため、骨篦のようなヘラ状の道具で岩から剥がして採集したと考えられます。出土したムラサキインコの貝殻は焼けておらず、煮沸して食べたと推測されます。

　宮城県の里浜《さとはま》貝塚（晩期）では、松島湾奥部でアサリなどを対象とした採貝活動をしていました。貝殻成長線分析によって採集季節を検討した結果、大量に採れる春〜夏を中心にアサリを採集していたことが明らかとなりました。

　集落でなくても、大規模な貝塚が形成されることがあります。東京都の中里《なかざと》貝塚（中・後期）は、東京湾の海岸線に沿っ

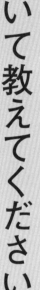

て形成された非常に大きな貝塚で、長さ六〇〇〜七〇〇m、幅一〇〇m以上で、貝層の厚さも約一〜四mに及びます。大型のハマグリやマガキにほぼ限られ、貝殻以外の遺物がほとんど出土していないことから、ハマグリやマガキの剥き身や干し貝加工をした作業場と考えられます。ハマグリは春〜夏前半を中心に短期間で採集していました。剥き身作業で不用になった貝殻を前面の海岸線に廃棄していたようです。

これまでの研究から、縄文時代の人々はハマグリやアサリを春〜夏を中心に採集していたことが明らかになっています。この時期は一年間で日中の干満差が大きく、潮が引くと広大な干潟が出現するため、今でも潮干狩りをする絶好の季節になっています。

ただし、貝殻成長線分析の成果が蓄積されたことにより、近年では貝類の採集季節も多様であったことが明らかになりつつあります。千葉県中央部の都川・村田川流域（後期）をみると、矢作《やはぎ》貝塚では春が中心、木戸作《きどさく》遺跡では秋〜冬が中心、加曽利《かそり》南《みなみ》貝塚では季節のかたよりが少なく一年中採集しており、集落によってハマグリの採集季節が異なっていました。

海岸部だけでなく、湖や沼などの淡水域に近い集落では、淡水の貝類を採集していました。蕪栗沼の近くにある宮城県の中沢目《なかざわめ》貝塚（後・晩期）ではイシガイやヌマガイ、オオタニシが多く、当時の琵琶湖東岸にあった滋賀県の粟津湖底《あわづこてい》遺跡（中期）ではセタシジミが多く出土しています。

また採貝活動は、食料を得るためだけの活動ではありませんでした。貝殻は、腕輪や装身具などの素材としても利用されました。とくにオオツタノハで作られた貝輪は、東日本を中心として北海道〜沖縄県まで幅広く出土しています。しかし、オオツタノハは本州には分布しておらず、東京都の伊豆諸島南部と鹿児島県の大隅諸島やトカラ列島といった島嶼部にのみ生息しています。つまり、東西の限られた島でしか獲れない貴重な素材でした。オオツタノハは波当たりの強い岩礁に付着しており、腕輪として使うためには、なるべく貝殻を壊さないように丁寧に剥がさなければなりません。腕輪の素材としてオオツタノハを捕獲するためには、長距離を航海して、荒波が激しく打ち付ける岩場で作業する必要がありました。一方で、同じように腕輪の素材として利用されたベンケイガイやサトウガイ、アカガイなどは、主に海岸で打ち上げられた貝殻を採集していました。

漁労活動　漁具（釣針や刺突具、錘など）や漁獲物（食べた魚の骨）から、漁法や漁場、漁期といった漁労活動を具体的に検討することができます。

青森県の三内丸山《さんないまるやま》遺跡（前期）を例にすると、釣針（単式釣針・結合式釣針)、刺突具、銛頭、石錘などの漁具が出土しているため、釣漁や刺突漁、網漁をしていたことがわかります。魚骨の分析から、遺跡周辺の河川や陸奥湾沿岸～沖合を幅広く漁場としていたと考えられ、とくにブリ属、サバ属、サヨリ属、ニシン、マイワシといった湾内へ群れを成して来遊する回遊魚類や、沿岸近くに生息するカレイ科、ヒラメ科、フサカサゴ科、ウミタナゴ科などが多く出土していました。季節ごとに漁獲対象を変えながら、年間を通じて漁をしていたと考えられます。

一方で、季節的に来遊する魚類を積極的に漁獲することもありました。宮城県の波怒棄館《はぬきだて》遺跡（前・中期）では、約六千点という大量のマグロ属の骨が出土し、種類を特定できた骨は全てクロマグロでした（図1）。体長が二・一～二・三mと推定される大きな椎骨もみつかっています。刺突具と考えられる石片が刺さった椎骨や穴のあいた椎骨も多く、マグロを対象とした刺突漁が行われていたことがわかります。マグロ属やカツオ、マイワシといった夏～秋にかけて季節的に来遊する回遊魚が多く出土したにもかかわらず、哺乳類や鳥類の出土量は少ないことから、周年ではなく、季節的に利用された遺跡であった可能性があります。

図1　宮城県波怒棄館遺跡から出土したマグロの骨　気仙沼市教育委員会提供

生息する魚類の違いを反映して、出土魚類にも地域性が認められます。北海道ではニシン科、アイナメ属、カレイ科、ヒラメ、フサカサゴ科が多く、内陸部ではサケ科が多くみられます。一方、沖縄県では、約六千年前頃から漁労活動が活発化して、ブダイ科やベラ科、フエフキダイ科といったサンゴ礁域やその周辺に生息する魚類が多く出土するようになります。

さらに同じ地域内でも、遺跡によって出土する魚類の組成が異なることがあります。たとえば、渥美半島にある愛知県の吉胡《よしご》貝塚、伊川津《いかわづ》貝塚、保美《ほび》貝塚、神明社《しんめいしゃ》貝塚において、主要魚種であるタイ科の組成を比較すると、三河湾奥部から湾口部にかけて、内湾の河口域に多く生息するクロダイ属が減少し、湾口部～外洋に分布するマダイ亜科が増加していました。

集落周辺を主な漁場としていたことがわかります（図2）。

こうした漁労活動には、時期的な変化が認められます。東京湾西岸では、縄文時代の後期前半から後期後半にかけて、アジ科などの小型魚類が激減して、スズキ属やタイ科などの大型魚類に集中するようになりました。網漁のような集団漁が低調となり、刺突漁のような個人漁に変化していたと考えられます。この時期に遺跡数も減少するため、人口減少によって、漁労活動も変化したと推測されています。

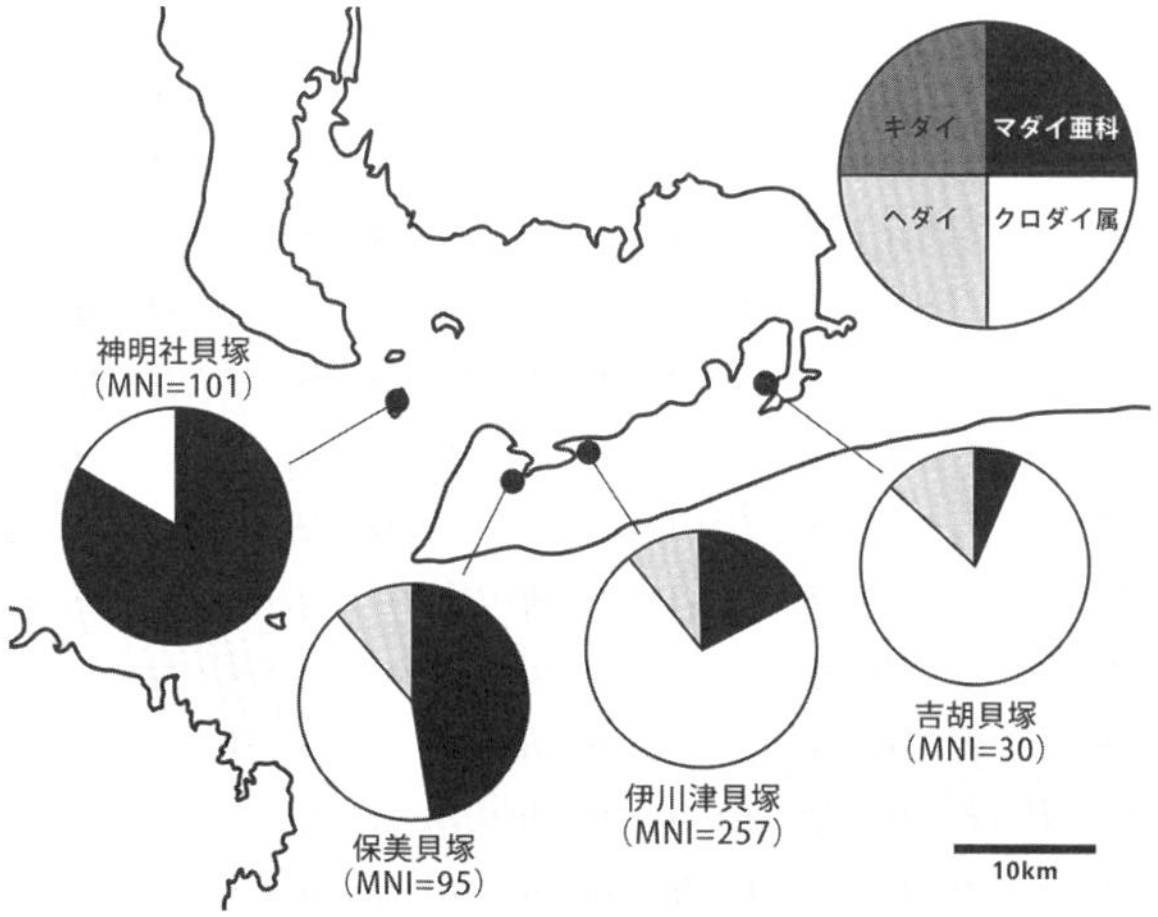

図2　愛知県渥美半島におけるタイ科魚類の組成

また、これまでの縄文時代の漁労活動は、貝塚がある太平洋側の内湾を中心として研究が進んできました。近年では焼骨を詳細に検討することによって、不明であった日本海側や内陸部の様相も明らかになりつつあります。新潟県の六反田《ろくたんだ》南《みなみ》遺跡（中期）では、サケ科が非常に多くみつかり、集中的に漁獲していたことが明らかになっています。一方で、多種多様な海の魚も出土しており、海の漁もしていました。

縄文時代の河川漁を具体的に知ることができる遺構もみつかっています。北海道の石狩紅葉山《いしかりもみじやま》四九号遺跡（中期）では、当時の発寒川を横断するように打ち込まれた杭列に、細杭を蔓《つる》で編んだスダレ状の柵が設置されていました。川を遡上するサケなどの進路を妨げて捕獲する施設と考えられます。

（山崎　健）

〔参考文献〕小杉康ほか編『人と動物の関わりあい―食料資源と生業圏―』（縄文時代の考古学4、同成社、二〇一〇年）、忍澤成視『貝の考古学』（ものが語る歴史22、同成社、二〇一一年）、今村啓爾・泉拓良編『縄文時代（上・下）』（講座日本の考古学3・4、青木書店、二〇一四年）

Q28 狩りについて教えてください

A

博物館に行った時、縄文時代の人々が狩りをしている展示を見たことはないでしょうか（図1）。あるいは、教科書にあった縄文時代の集落の復元図の中に、狩りで仕留めた獲物を運んでいる姿が描かれていたかもしれません。

こうした縄文時代の狩りの様子は、遺跡からみつかる狩猟具や動物の骨などの研究から明らかになったものです。縄文時代の狩りについて、狩猟の方法、獲物、儀礼をみてみましょう。

狩猟の方法　縄文時代は弓矢を使って狩りをしていました。矢の先端につけられた石の矢じり（石鏃）や木の弓が出土しており、実際に石鏃《せきぞく》が刺さった動物の骨も遺跡からみつかっています。宮城県の田柄《たがら》貝塚（後期）では、イノシシの骨四点とニホンジカの骨二点に石鏃の破片が刺さっており、そのうち、四点が胸部（肩甲骨や肋骨）に刺さっていました。矢で獲物の急所を狙っていたことがわかります。岩手県の宮野《みやの》貝塚（中期?）から出土したイノシシの頭部（頭蓋骨）は、石鏃が刺さっているだけでなく、叩かれて陥没した痕跡が残されていました。弓矢

図1　縄文時代の狩りを再現した展示　新潟県立歴史博物館提供

とともに、頭部への打撃で仕留めていたようです。

また、日本各地で陥し穴がみつかっています。東京都の多摩ニュータウン遺跡群（早期中心）は、約一万五千基の陥し穴が検出されたことで知られる遺跡です。その中のNo.243・244遺跡からみつかった陥し穴は、底部に一〇本の細い杭が打ち込まれ、上部はカモフラージュ用の樹皮や枝、葉で覆われていました（図2）。

猟犬も活躍していました。縄文時代のイヌは、切歯や小臼歯を欠損していることが多く、獣の追跡や格闘による損傷と推測されています。埋葬されたイヌも数多く出土しており、福島県の薄磯《うすいそ》貝塚（晩期）でみつかった埋葬犬は右足（脛骨）を骨折していました。骨折は治癒していましたが、右足が大きく曲がっており、正常な歩行はできなかったと考えられます。それでも骨折した脛骨が治癒するまで生きており、死後は右側を上にして寝かされ、土や礫で覆われていました。

狩猟の獲物　縄文時代の主要な狩猟対象は、イノシシとニホンジカでした。千葉県の西広《さいひろ》貝塚（後・晩期）からは、ニホンジカ、イノシシ、イヌ、タヌキ、ノウサギ、ムササビ、アナグマ、ニホンザル、テン、カワウソ、イタチ、オオカミ、キツネ、オコジョ、オオヤマネコなどの陸獣（陸に生息する哺乳類）やマイルカ、バンドウイルカなどのイルカ類、クジラ類、ニホンアシカ、オットセイといった海獣（海に生息する哺乳類）のように、さまざまな哺乳類が出土しましたが、多くはニホンジカとイノシシでした（図3）。東北地方から九州地方までの縄文時代の遺跡から出土した陸獣のうち、この二種で約七六%を占めるというデータもあります。

図2　東京都多摩ニュータウン遺跡で見つかった陥し穴　東京都埋蔵文化財センター（2003）『多摩ニュータウン遺跡：No.233・244遺跡』より

出土した骨には解体された際についた石器の傷跡（解体痕跡）が残されており、狩猟した獲物を解体して、肉や皮などを利用していたことがわかります。骨を割って骨髄も取り出して食料としていたようです。また、骨や角は道具の素材になっていました。

福井県の鳥浜《とりはま》貝塚（前期）は、多くの研究者によって活発な議論が行われている遺跡です。近年の研究では、ニホンジカ猟が秋から冬を中心に行われたと推定されています。仕留めたニホンジカは、集落へ運ばれて解体され、肉や骨髄が食料にされました。骨（中手骨や中足骨）からは刺突具などを製作し、皮を剥ぐ時についた傷跡が角の基部にみられるため、皮も利用していたことがわかります。

地域によって生息する動物が違うため、遺跡から出土する哺乳類にも違いが認められます。青森県の三内丸山《さんないまるやま》遺跡（前期）ではイノシシやニホンジカが少なく、ノウサギやムササビが多くみられました。積雪量が多いため、イノシシやニホ

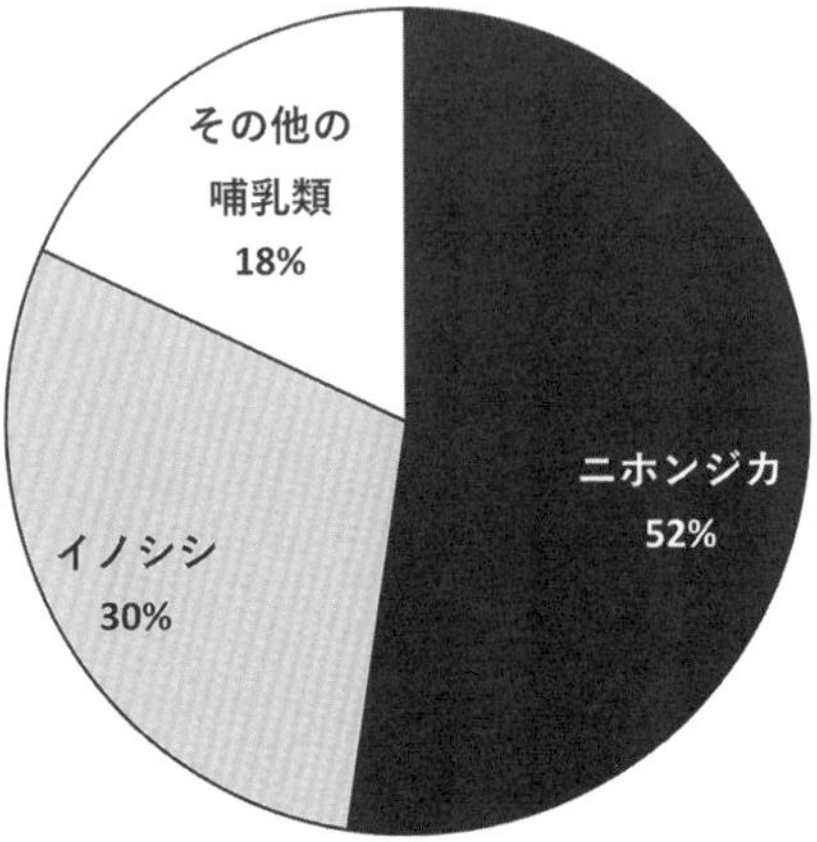

図３　千葉県西広貝塚の哺乳類組成

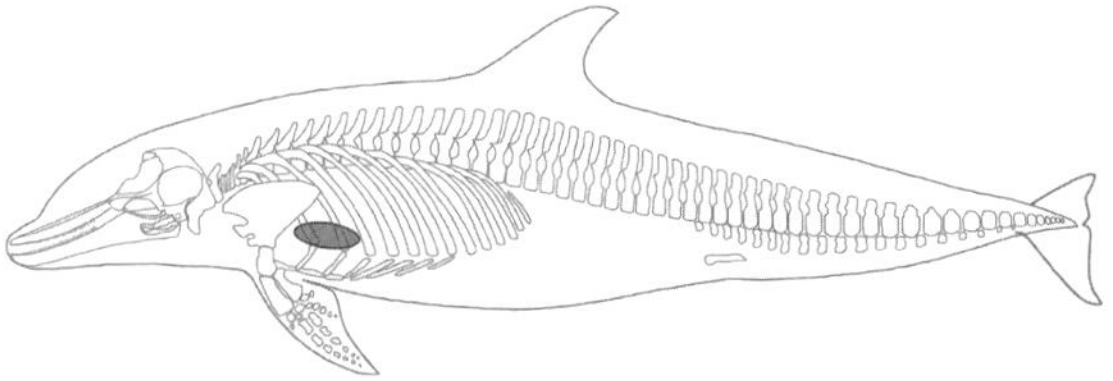

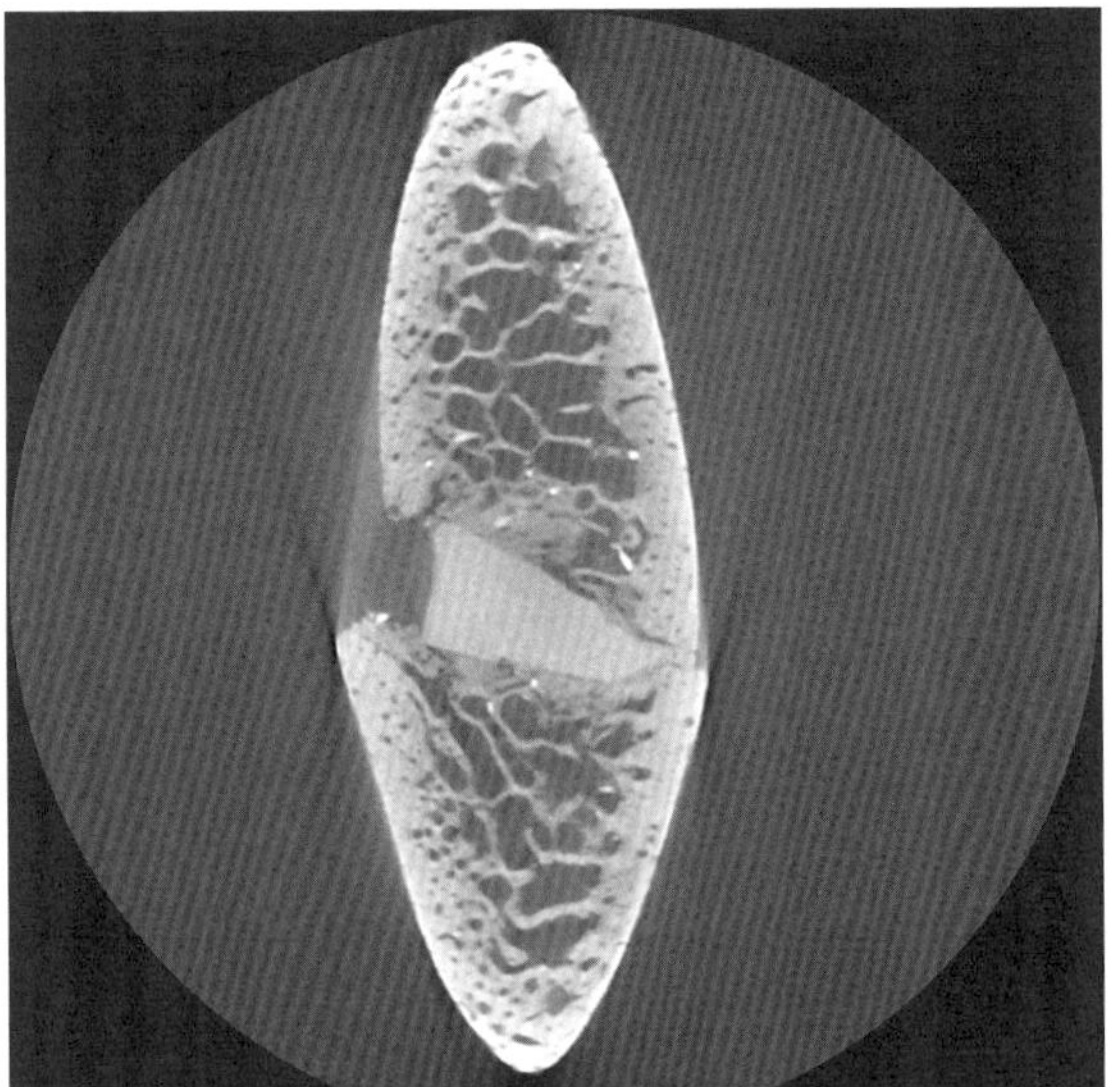

図４　石器が刺さったイルカ肋骨のＸ線CT画像（富山県小竹貝塚）　富山県文化財振興財団埋蔵文化調査事務局（2014）『小竹貝塚発掘調査報告』より

ンジカがあまり生息していなかったようです。他の遺跡ではほとんど使用されない肋骨までも道具の素材に利用していました。他にも、本州の山間部では、カモシカやツキノワグマが多くなります。

北海道は、内陸部でエゾジカ、海岸部でオットセイやニホンアシカなどが中心でした。北黄金《きたこがね》貝塚（前期）ではオットセイが数多く出土しています。オスの成獣は少なく、雌の成獣と若齢個体（亜成獣・若獣）でした。来遊したオットセイを対象とした銛猟が行われたと考えられます。皮を剥いだり、関節を分離したり、肉を取った痕跡がオットセイの骨に残されており、毛皮や肉の獲得が目的であったようです。

北陸地方の富山湾は、縄文時代にイルカ漁がさかんに行われていた地域として知られています。富山県の小竹《おだけ》貝塚（前期）は、ニホンジカやイノシシとともに、カマイルカやマイルカ属を主体とするイルカ類も多く出土しました。石鏃あるいは石槍（尖頭器）の先端部と考えられる鋭い石器の破片が刺さったイルカ類の肋骨もみつかっています（図4）。

沖縄県の野国《のぐに》貝塚群B地点（貝塚時代前期）からは、たくさんのイノシシが出土しており、イノシシ猟が活発に行われていたことがわかります。さらに、骨の形態や安定同位体分析、DNA分析によって、島の外から持ち込まれたイノシシもいた可能性が指摘されています。北海道南部や伊豆諸島など自然分布しない地域からもイノシシが出土しており、縄文時代の人々はイノシシとともに海を越えて移動することもあったようです。

鳥類も重要な狩猟対象でした。北海道北部の礼文島にある浜中《はまなか》2遺跡では、カモメ科、ウミスズメ科、ウ科が主体でした。ほとんどのカモメ科とウ科は幼鳥であるため、初夏に集団繁殖地で幼鳥や若鳥を集中的に狩猟したと考えられます。

石川県の三引《みびき》遺跡（前期）から出土したカモ亜科には、マガモ属、オシドリ属、ホオジロガモ属、ビロードキンクロ属が含まれていました。このホオジロガモ属とビロードキンクロ属は冬季に北陸地方へ飛来する冬鳥であることから、冬季の狩猟であったことがわかります。

狩猟の儀礼　縄文時代の遺跡からは、狩猟対象となった動物の頭部の骨が並べられたような状況でみつかることがあり、狩猟にかかわる儀礼や祭祀ではないかと考えられています。

北海道の東釧路《ひがしくしろ》貝塚（前期）では、イルカの頭骨を放射状に並べてありました（図5）。また、千葉県の取掛西《とりかけにし》貝塚（早期）では、使われなくなった竪穴住居にイノシシやニホンジカの頭部の骨などが集中してみつかり、一部の骨は焼けていました。

（山崎　健）

図５　放射状に並べられたイルカの頭骨（北海道東釧路貝塚）　釧路市立博物館提供

〔参考文献〕金子浩昌『貝塚の獣骨の知識―人と動物とのかかわり―』（考古学シリーズ10、東京美術、一九八四年）、加藤晋平・小林達雄・藤本強編『生業』（縄文文化の研究2、雄山閣、一九九四年）、小杉康・谷口康浩・西田泰民・水ノ江和同・矢野健一編『なりわい―食料生産の技術―』（縄文時代の考古学5、同成社、二〇〇七年）、小杉康・谷口康浩・西田泰民・水ノ江和同・矢野健一編『人と動物の関わりあい―食料資源と生業圏―』（縄文時代の考古学4、同成社、二〇一〇年）

Q29 男女の分業はありましたか

A

分業には、性別の分業と社会的な分業の二種類があります。ここでは、このうちの性別分業を取り上げます。ＬＧＢＴＱの視点からすると現代の社会的な性は多様ですが、先史時代の性のあり方は十分に解明されていません。そこで、縄文時代の資料からわかる生業にかかわる男女の関係に焦点を絞ってお話しします。といっても考古学の方法だけからこの問題にアプローチするのは大変難しいので、民族学の力を借りることにしましょう。

民族学からみた非文明社会の男女の分業　アメリカの人類学者、Ｇ・マードックは、世界各地の文明化していない種族のさまざまな仕事を分類し、男女でその分担の割合がどのくらいなのか調べました。調査した種族の数は二二四に及びます。この調査は二〇世紀前半に行われたもので、世界の隅々までスマホが普及した現代ではやりたくてもできないことです。

マードックの調査結果を、日本の考古学者、都出比呂志《つでひろし》が整理しました。分類された諸種族の仕事は全部で四六、そして男女の分担の度合いを、「男性優位指数」として表現しました。たとえば男性優位指数が九〇％であれば、男性が女性に対してその仕事を分担する率が九倍になります。

図１の集計結果のグラフで男性にかたよる仕事と女性にかたよる仕事をみていきましょう。その際に、女性にかたよる仕事は「女性優位指数」で表し、女性からみた順位を示すことにします。

まずは狩猟・漁労ですが、海獣の狩猟およびその他の狩猟が第三位と四位で一〇〇％に近い男性優位指数を示します。小動物の捕獲には多少女性の手助けがあるようですが、それでも一〇位のおよそ九五％と男性優位の仕事です。

矢尻などの狩猟具は石で作る場合がありますが、採石や製作の指数も七位と九位の九五%以上です。漁労は一三位ですが、八五%以上とかなり男性にかたよった仕事だと言えます。そして、漁労のためのボートの製作が六位の九六%、漁労具を作るための骨や角の加工が一一位の九三%ですので、狩猟と同様に、道具もおもに男性が自ら調達していることがわかります。

それに対して、女性の分担率が高い仕事は、第四位の野草や種子の採集が約八五%、果実や木の実の採集が約七六%の九位になっています。貝の採集は一八位ですが、約六七%と女性の分担率がやや高めです。

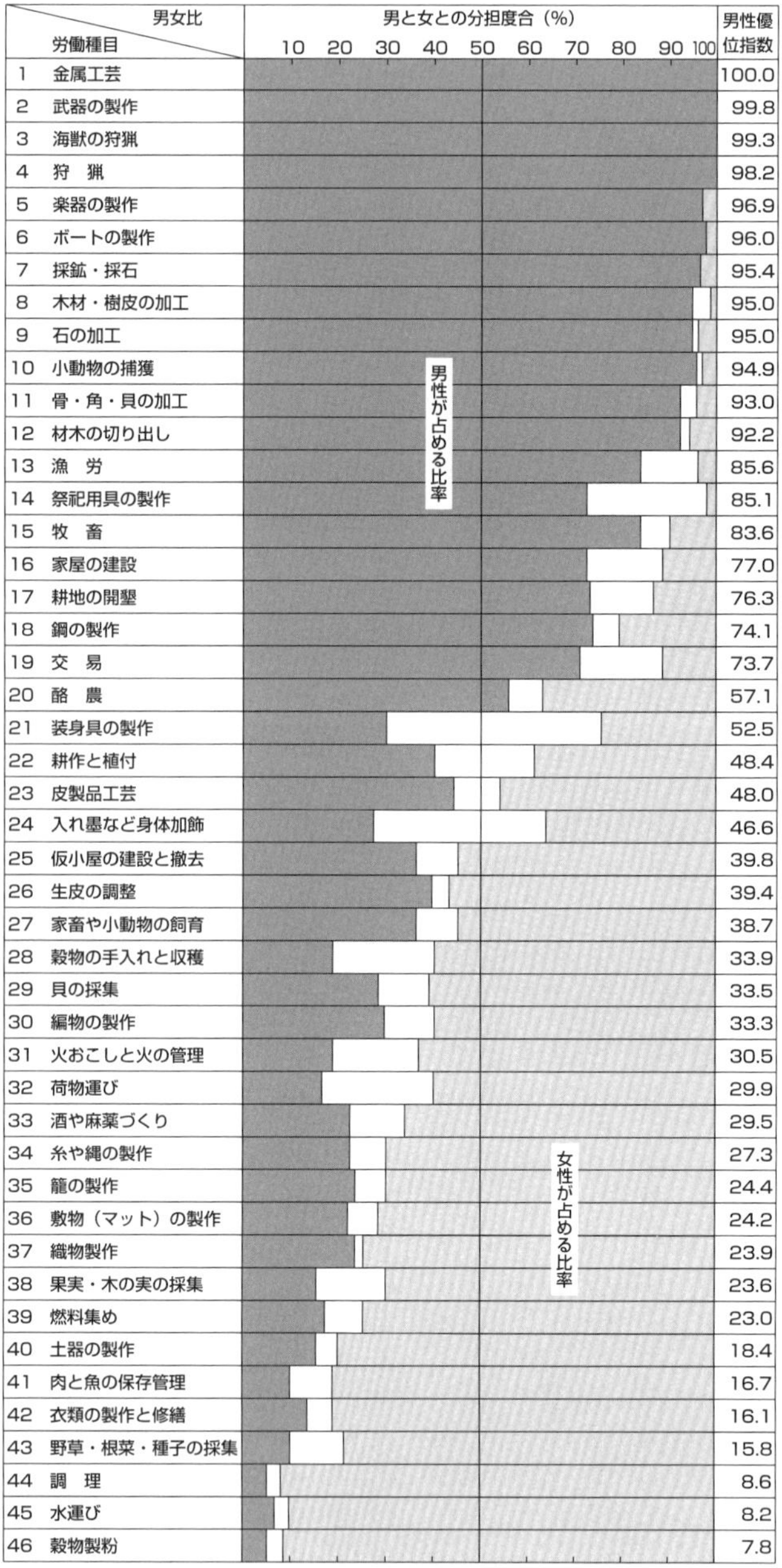

男女比 労働種目	男と女との分担度合（%）	男性優位指数
1　金属工芸		100.0
2　武器の製作		99.8
3　海獣の狩猟		99.3
4　狩　猟		98.2
5　楽器の製作		96.9
6　ボートの製作		96.0
7　採鉱・採石		95.4
8　木材・樹皮の加工		95.0
9　石の加工		95.0
10　小動物の捕獲		94.9
11　骨・角・貝の加工	男性が占める比率	93.0
12　材木の切り出し		92.2
13　漁　労		85.6
14　祭祀用具の製作		85.1
15　牧　畜		83.6
16　家屋の建設		77.0
17　耕地の開墾		76.3
18　鋼の製作		74.1
19　交　易		73.7
20　酪　農		57.1
21　装身具の製作		52.5
22　耕作と植付		48.4
23　皮製品工芸		48.0
24　入れ墨など身体加飾		46.6
25　仮小屋の建設と撤去		39.8
26　生皮の調整		39.4
27　家畜や小動物の飼育		38.7
28　穀物の手入れと収穫		33.9
29　貝の採集		33.5
30　編物の製作		33.3
31　火おこしと火の管理		30.5
32　荷物運び		29.9
33　酒や麻薬づくり		29.5
34　糸や縄の製作	女性が占める比率	27.3
35　籠の製作		24.4
36　敷物（マット）の製作		24.2
37　織物製作		23.9
38　果実・木の実の採集		23.6
39　燃料集め		23.0
40　土器の製作		18.4
41　肉と魚の保存管理		16.7
42　衣類の製作と修繕		16.1
43　野草・根菜・種子の採集		15.8
44　調　理		8.6
45　水運び		8.2
46　穀物製粉		7.8

図1　前近代社会における男女の労働比　都出(1989)より

これらの採集作業はいずれも食料の調達にかかわる仕事ですが、肉類を含めた食事のために食料を加工、調理する仕事は、一～三・六・八位と女性の分担率が圧倒的に高いことがわかります。煮炊きのための土器の製作も七位の約八二％であり、食料にかかわる道具の製作が性別で分担されているのは男女を問わず一貫しているようです。

このように、食という人間が生きていくために最も重要な生業の場面では、狩猟や漁労は男性、採集は女性が受けもつ比率の高いことが非文明社会の民族誌からわかります。

考古学からみた男女の分業　民族誌は現在、あるいは近過去のデータなので、かならずしも遠い過去の状況にあてはまるとは言えません。また、世界各地のデータの集計なので、地理や風土を異にする日本列島の縄文時代に即適用できるかも疑問です。世界各地のデータを集計しても一定の傾向があることにそれなりの意味はありますが、かといって民族学的なデータによる男女別分業を過去に投影するには別の方法による検証が必要なことも事実です。その方法は、やはり考古学に期待せざるをえないでしょう。

たとえば非文明社会の土器づくりは女性がになう率が高かったのですが、土器の表面についた爪の大きさから女性が作った可能性が指摘されています。ただ、きゃしゃなあるいは年齢の低い男性の手によることも考えられるわけですから、必ずしも証明されたことにはなりません。

そのほかの仕事と性の結びつきを見ても、縄文時代の遺跡や遺物からうかがえる証拠らしきものを探すのに苦労します。

貝塚の発掘調査から、この問題にアプローチした事例があるので紹介しましょう。千葉県新田野《にったの》貝塚は、縄文時代前期から中期の貝塚遺跡です。房総半島の東側、現在の海岸線から一〇㎞ほど奥まった場所にあります（図2）。一九七〇年に、立教大学の考古学研究室を中心にたいへん精密な発掘調査が行われました。その一つが、発掘された前期と中期の貝層の一部を研究室に持って帰り、シャワーとフルイを使って魚骨や貝殻などの細かな遺物を全部回収する作業です。

その結果、次のことがわかりました。貝類のうち二枚貝は、前期の貝層ではオキシジミという海の貝が半分ほどを占めていたのに対して、中期の貝層ではヤマトシジミという汽水産の貝が一〇〇％近くになっていました（図3）。この変化は、前期は今より温暖で海が内陸に入り込んでおり、遺跡の付近で海の貝がとれたのが、中期になると寒冷化によって海が退いていったので、遺跡の付近では汽水産の貝しか取れなくなったことに原因があると説明されています。

魚類はどうでしょうか。前期の貝層から出土した魚骨はスズキ、クロダイ、ボラが九割強を占めますが、これらはいずれも沿岸を回遊する海の魚です。中期になると二枚貝と同じように淡水魚が増えてくるはずですが、前期と同じ魚種が九割弱とさほど変わりません。貝も魚も同じ自然環境の変化の影響を受けるはずですから、魚類だけ種類が変わらないのは、生息域に出かけて行って捕獲したと考えざるをえません。

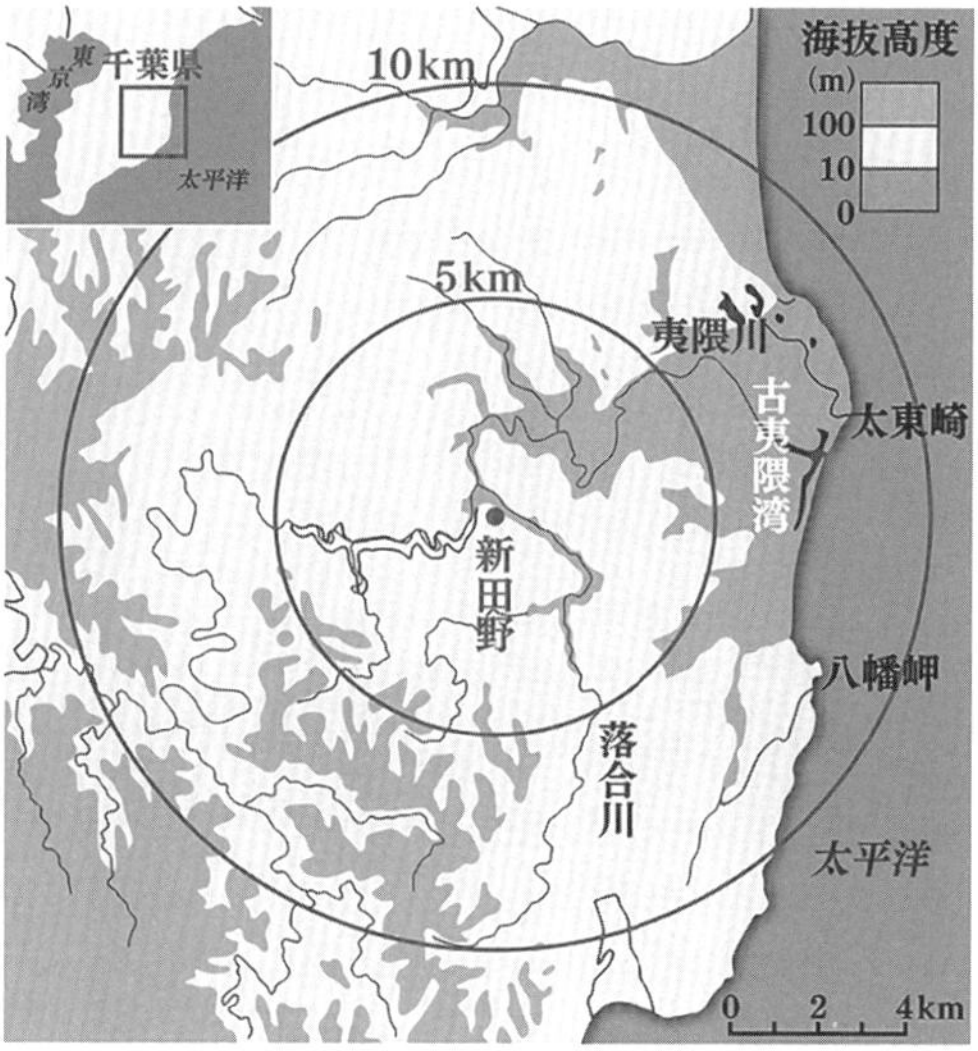

図2　新田野遺跡の立地

		縄文前期	縄文中期
二枚貝	オキシジミ	46	0.36
	ヤマトシジミ	42	99.51
	その他	11.67(%)	0.13（%)
魚類	スズキ	42.35	36.22
	クロダイ	25.83	18.11
	ボラ	22.52	33.86
	その他	9.30（%)	11.81（%)

図3　新田野貝塚出土の貝殻と魚骨の比較の変化

縄文時代中期に海岸線がどこまで退いていたのか細かく調べる必要はありますが、現在のそれに近いとすれば、一〇kmを往復する時間＋操業の時間が必要ですので、終日の仕事になります。往復を含めてその作業は家庭を離れて行うわけですから、ムラ人全員が出かけて行っては家庭の仕事がおろそかになり、小さい子どもへの授乳などに支障をきたします。したがって、遠征的な漁労は男性が受けもち、家庭の近所での貝などの採集は女性が受けもったと考えれば、この間の事情をうまく説明できるのです。それは民族学のデータと整合性を持つのです。

民族学と考古学の接点　新田野貝塚の分析は、生態人類考古学の赤澤威《あかざわたける》によってなされましたが、考古学のデータから縄文時代に男女別の分業が行われていた可能性が指摘された貴重な例です。

図1を見ると、そのほかの仕事で男性の分担率が高いものには、材木の切り出しや家屋の建設などがあります。いずれも筋力の大きさに勝る男性にかたよるという生物学的要因で説明できるかもしれません。

一方、民族学的データでは衣類の製作と修繕、織物や編物、敷物の製作は女性の分担率が高い仕事です。平安時代末期の『信貴山縁起《しぎさんえんぎ》絵巻《えまき》』には紡錘車《ぼうすいしゃ》を用いて糸をつむぐ女性が描かれており、六世紀の栃木県甲塚《かぶとづか》古墳から女性と考えられる人物が機織りをしている埴輪が出土しています。

これらの性別分業はいずれも縄文時代の考古資料に直接証拠が求められたものではありませんが、その他の考古資料などの傍証からおそらく縄文時代にさかのぼって認めてよいのではないでしょうか。

非文明社会の土器づくりが女性にかたよる傾向があるのも見逃せません。それが縄文時代に適応できるとすれば、土器と同じく粘土を積み上げて作り、おなじような文様を施した土偶《どぐう》も女性が作った可能性が高まります。それに対して、石を打ち欠き磨いて作った石棒《せきぼう》は狩猟具の石鏃《せきぞく》と同様に男性が作ったと言ってよいかもしれません。土偶はその大半が女性像で、石棒は男性を象徴していることからすれば、縄文時代の儀礼にも男女性別の原理が働いていた可能性があります。

（設楽博己）

〔参考文献〕赤澤威『採集狩猟民の考古学 その生態学的アプローチ』（鳴海社、一九八三年）、都出比呂志『日本農耕社会の成立過程』（岩波書店、一九八九年）

Q30 石器はどのように作り、使いましたか

A

石を用いて、作られたり使われたりした遺物の総称が石器です。石器は、石を割る・折る・敲《たた》く・磨くなどの加工を加えて製作しますが、中には石をそのまま用いて磨ったり、台にしたりする石器もみられます。したがって石器は、こうした作られ方、使われ方によって分けることができます。

素材の入手　石器の製作は、素材となる石を入手することからはじまりますが、作りたい石器にあわせた石質や形状の石を探し出すことは容易ではありません。石鏃《せきぞく》のような鋭い割れ口となる石だけでなく、磨石《すりいし》のように片手で保持する適当な大きさの丸みを帯びた石なども、どこでもありそうですが簡単にはみつけることができません。こうした石材選択からも縄文時代人の知恵が読み取れ、どこでどんな石が入手可能なのかなど、石材環境を熟知していた様子がうかがえます。

製作技術　適当な素材を入手した後は、目的とする石器へと加工していきますが、石器の機能ごとに特徴的な製作技術がみられます。

石鏃など小形で鋭い刃を有する石器は、最後に細かく形を整える押圧剥離《おうあつはくり》技術が重要であり、押圧剥離技術によって精緻な形に整えることができます。押圧剥離技術は、鹿角など弾力のある素材をハンマーとして用い、薄い剥片素材に力を加えると裏側へと力がおよび、縁辺から薄く細かく剥がれていき、細かな整形が可能となります。この連続によって、左右対称の三角形となる石鏃の形が整えられていきます。こうした石器の一群を押圧剥離系列と呼びます。

打製石斧など大ぶりな刃を有する石器の製作には、素材となる石を直接敲いて目的とする形状へと成形していく直接打撃技術が多用されます。直接打撃技術には、手で保持できる程度の大きさの硬い石をハンマーとして用い、素材となる石

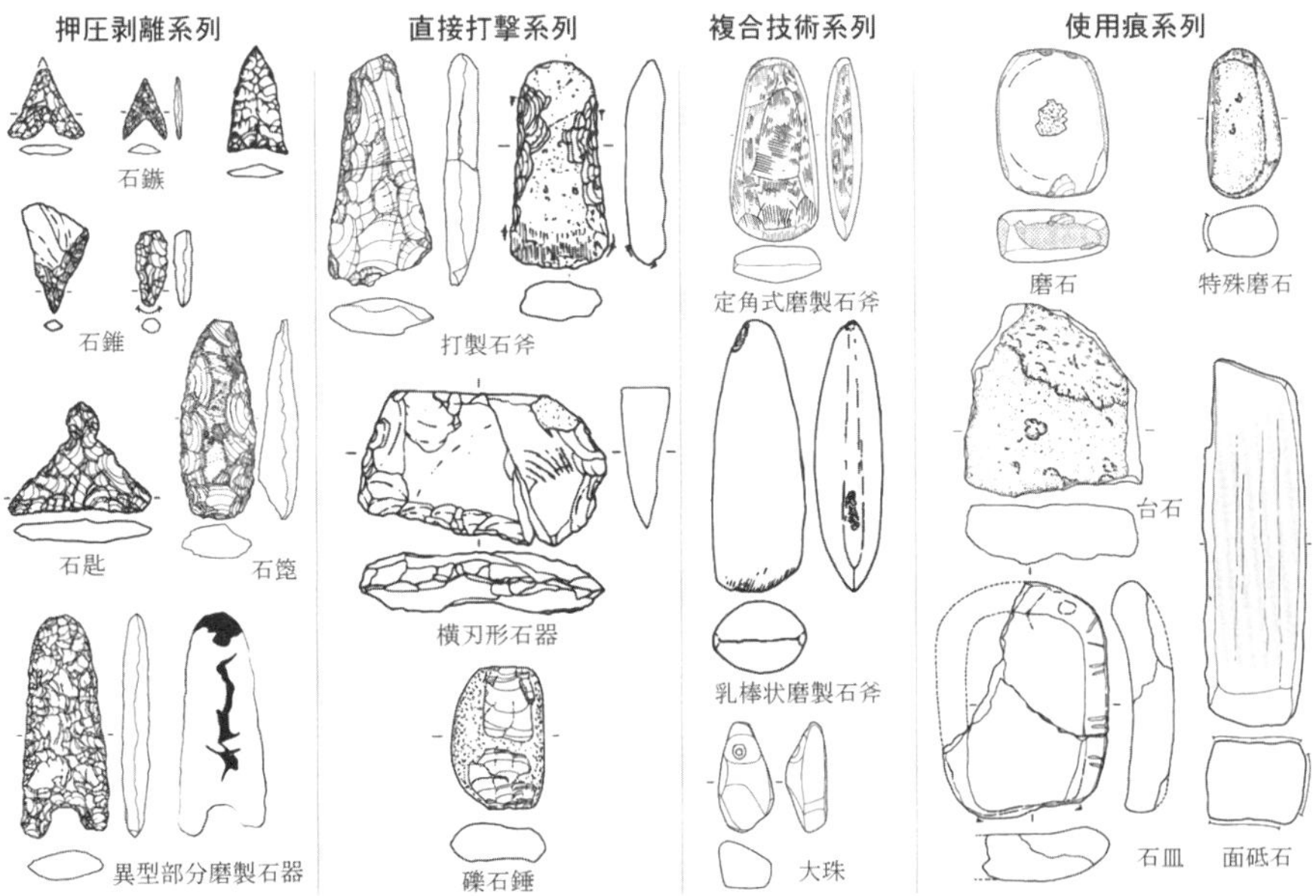

図1　縄文時代の様々な石器・技術各系列ごとの提示　大工原ほか（2020）をもとに作成

を直接敲いて成形していきます。素材石を手で保持し上下から直接敲くだけではなく、石の側面から打撃を加えたり、台石の上に素材礫を置いて敲いたりと、多様な直接打撃の使い方がみられます。これらの一群を直接打撃系列と呼びます。

上記のような直接打撃技術に加え、敲打《こうだ》成形を行い、研磨による仕上げ整形を行うのが磨製石器です。縄文時代には、磨製石斧や様々な石製儀器などにも用いられます。磨製石斧の名称にもある研磨技術は、旧石器時代に刃部のみを研磨する局部磨製石斧などにもみられますが、縄文石器に特徴的にみられる技術が敲き潰して形を成形する敲製《こうせい》技術です。敲き潰しには、一見すると磨石と見間違う球形の面を有した多面《ためん》体《たい》敲石をハンマーとして用います。敲製技術で余分な部分を敲き潰した後に、砥石を用いた研磨技術により平滑に整形されます。このように直接打撃技術・敲製技術・研磨技術を複合して用いることから、これらの一群を複合技術系列と呼びます。

一方で磨石や石皿などのように、素材となる石をそのまま敲打や研磨に用いる石器も存在します。これらは慣れないと自然の礫《れき》との見分けが困難ですが、敲打や研磨といった使用に伴う痕跡（使用痕）が認められ、石器として認識できます。人類誕生から用いられた初源的な石器群ですが、縄文時代のように定住・定着生活になると、敲打・研磨に用いられる頻度が増え、使用痕もより顕著にみられるようになります。これらの一群を使用痕系列と呼びます。

様々な製作技術を駆使して使われた石器は、その形状や石器に見られる使用痕跡、さらには遺跡における出土状況などから、その使い方を読み取ることができます。

石器の使い方

石鏃や石斧《せきふ》など、現在まで使われたり、使い方が分かっている道具の形状と類似する石器は、石器の形状から弓矢の矢の先端（矢じり）として用いられた石鏃や、斧の刃として用いられた石斧のように、その道具名に由来した石器名称が用いられます。ですが、具体的な使い方がわかる石器は少なく、さらには具体名が付された石器でも、石器名称とは異なる機能・用途が考えられ、石器名と使い方に違いがみられる石器も少なくありません（図2）。

石匙《いしさじ》は、江戸時代には天狗の飯匙として利用されたと考えられたことから命名された石器ですが、匙（スプーン）のように使われていた証拠はありません。石匙の刃部には光沢面や線状痕が、つまみ部分にはアスファルトや漆などの膠着《こうちゃく》（接着）痕といった使用痕が認められ、これらから携帯用のナイフとして用いられたと考えられています。

先に挙げた、磨石・叩石や石皿・砥石など、研磨や敲打な

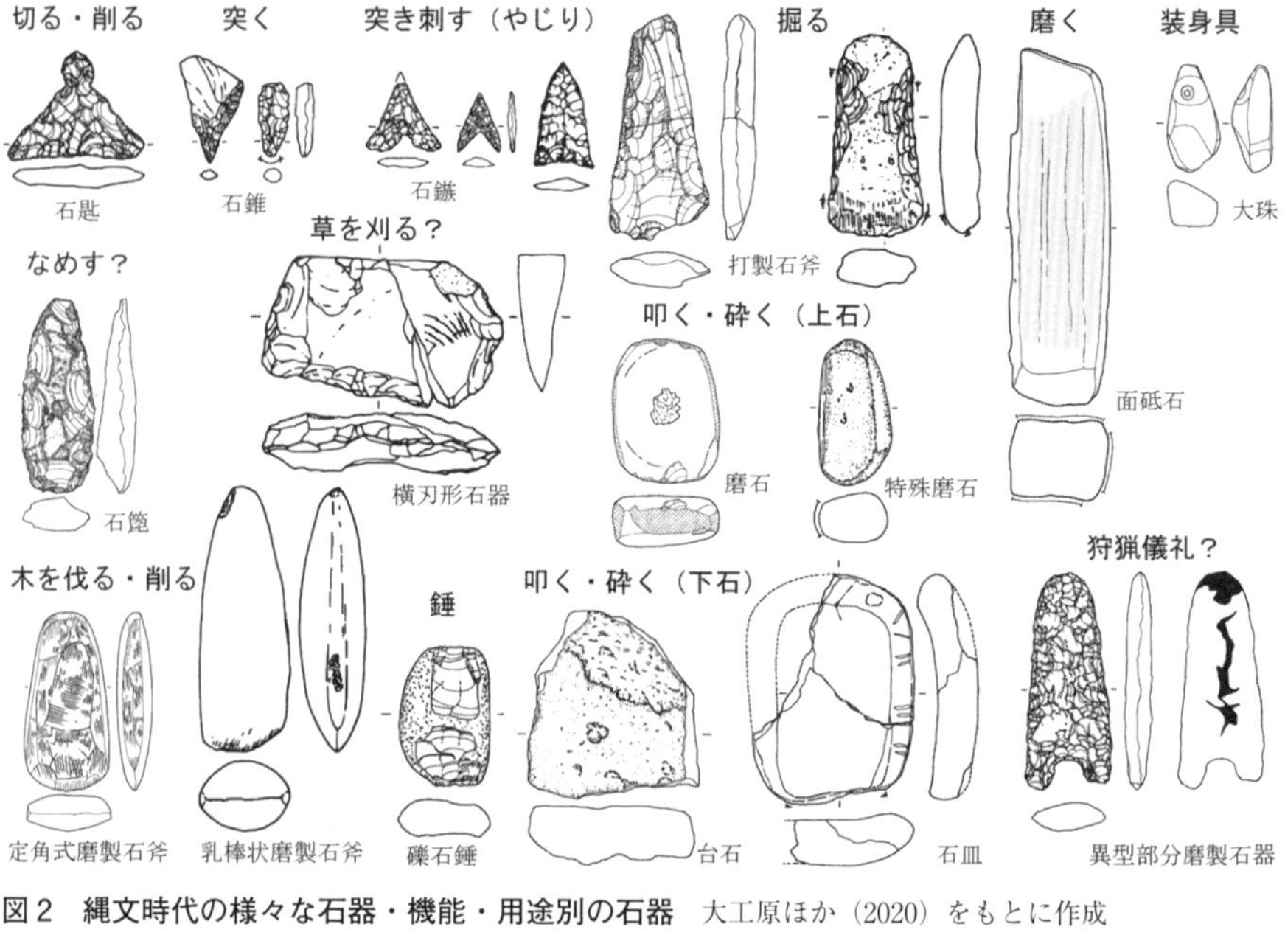

図2　縄文時代の様々な石器・機能・用途別の石器　大工原ほか（2020）をもとに作成

どの使用痕から、植物の磨り潰しや石器の研磨などに用いられたと考えられる石器もあります。また、シカの肩甲骨などに刺さった状態の石鏃（Q28）や、埋葬された人骨に装着された状態と考えられる墓坑から出土した玉類など、石器の出土状況から石器の使い方が読み取れる例も多々あります。

一方で矢じりとして利用され弓矢の利用を示す石鏃についても、時代劇などで登場する武器として用いられたのか、シカやイノシシなどの狩猟用として用いられたのか、あるいは民族事例にみられるように水面から見える魚を射るために用いられたのかなど、様々な使用の状況が考えられます。したがって使い方がわかっている石鏃であっても、様々な用途の石器が含まれている可能性も考えられます。これを解決するために、遺跡から出土した石器の模造品を製作し、模造石器を実験的に用いてその機能や性能を検討し、用途の復元を行う実験（実験考古学）も頻繁に行われます。

使用法がわからない石器　このように、形状や使用痕・出土状況・実験などから石器の使い方が読み取られますが、これらを駆使しても使い方がわからない縄文石器も少なくありません。特に、儀礼に用いたと考えられる石棒などの石製儀器はその代表的なものですが、実用品と考えられる石器についても使い方がわからないものも少なくありません。丁寧な押圧剥離で仕上げられたヘラ状を呈する石篦《いしべら》や、棒状礫の縁辺平坦面に研磨や敲打痕がみられる特殊磨石と呼ばれる石器も、使い方がわからない石器です。こうした使い方がわからない石器には、現在ある道具や身近にあるものに見立て、命名された石器が少なくありません。名前が付けられた石器だからといって、その名前の通り使われたかどうかはわからないのです。

（長田友也）

〔参考文献〕鈴木道之助『図録　石器の基礎知識Ⅲ　縄文』（柏書房、一九八一年）、大工原豊・長田友也・建石徹編『縄文石器提要』（考古調査ハンドブック20、ニューサイエンス社、二〇二〇年）

Q31 オノにはどのようなものがありましたか

A

オノ（斧）は最近ではあまり見かけなくなった道具であり、馴染みのない方も少なくないでしょう。オノには鉞《まさかり》や戦斧《せんぷ》など武器として用いられるものもありますが、縄文時代にみられる斧は木を切り倒すための伐採斧や、薪を割る際に用いられた薪割斧（よき）、木を加工する際に用いる手斧・釿《ちような》など、木を切ったり加工したりするために用いられた道具です。縄文時代の人々も、樹木を様々な形に加工して用いており、木を加工するための斧は欠かせない道具でした。これら木を伐採・加工するための斧は、木製の柄と斧身（斧刃）となる磨製石斧《ませいせきふ》によって構成される道具でした（図1）。

斧の種類　木を切る伐採斧は、斧身を柄に平行方向に着柄し、柄と刃部が平行に一直線に並んだ縦斧となり、柄を大きく振って木を伐ります。伐採斧の斧身は、斧の平面形が緩やかな円刃となり、斧の縦断面形で表裏両面に膨らみを有する両刃となるのが特徴で、ハマグリなどの二枚貝が閉じた状態に似ていることから蛤刃《はまぐりば》石斧とも呼ばれています。伐採斧は使われていくと、横に振ることで手前側の刃が先に木に衝

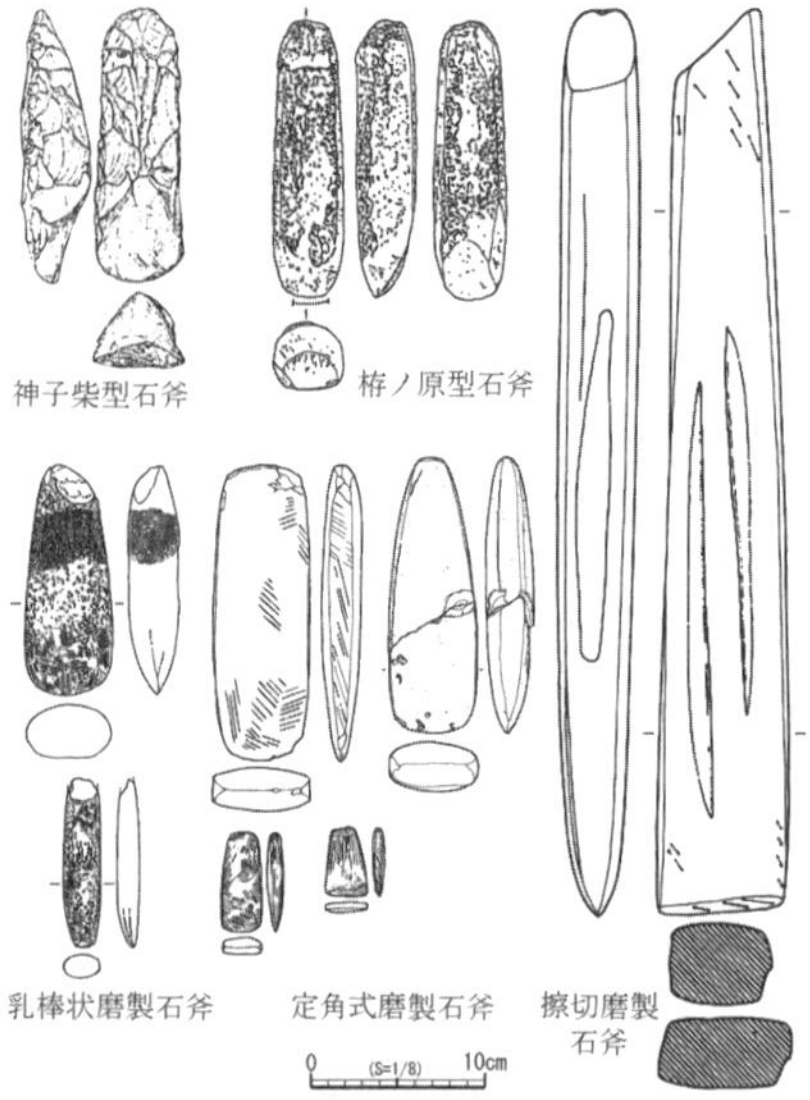

図1　様々な磨製石斧　大工原（2020）をもとに作成

突しますので、使用が進むほど刃の片側が消耗し新たに刃を研ぎ直す必要があり、おのずと偏刃《へんじん》（斜刃《しゃじん》）していきます。実際に遺跡から出土する大形の磨製石斧には、片側が減った偏刃のものが多数みられます。

木の表面を整えたり、木を彫りくぼめたりする加工斧は、斧身を柄に直交方向に着柄し、柄と刃部が直交することから横斧と呼ばれます。加工斧の刃は、木の表面を斫《はつ》ったり削ったりする平刃であり、斧の縦断面形で片側が膨らみ片側が扁平な形状をするため片刃石斧とも呼ばれています。縄文時代の前期以前には、刃が直線的な平刃で片面が膨らんだ片刃石斧が各地でみられ、木材加工に用いられた加工斧であると考えられます。その後、明確に片刃となる石斧は減少していき、伐採斧と同じ刃部形状ながら小形な磨製石斧が増加することから、こうした小形の磨製石斧が加工斧であったと考えられています。

斧の柄には、真っすぐな柄に斧を直接差し込む直柄《なおえ》と、木の枝が生える部分などを利用した着柄部が曲がった膝柄《ひざえ》があります。直柄には斧の横断面が丸みを帯びた乳棒状磨製石斧などを差し込んで使い、伐採斧の柄として用いられます。膝柄には着柄部に斧を装着する溝を彫り込んだものが多く、側面を平坦に研磨した定角式《ていかくしき》磨製石斧を溝に入れ、側板などで挟み込むように固定して用いました。縄文時代では、膝柄も柄に平行して定角式磨製石斧を装着した縦斧＝伐採斧として用いられたと考えられますが、定角式磨製石斧を九〇度回転して固定し横斧＝加工斧として用いられた可能性も考えられます。世界の多くの地域では、膝柄は加工斧用として用いられる例が多いことからも、加工斧用の柄として用いられた可能性も大いに考えられるでしょう。

伐採斧・加工斧と同じ形状をしながら、長さが五cm以下となる小形の磨製石斧も多数みられます。伐採斧のミニチュアのようでもありますが、刃には使用痕跡がみられることから、実際に使用された石斧であることがわかります。刃部は平刃であり、使用痕跡は縦方向の深い線状痕跡であることが多いため、大工道具の鑿《のみ》に相当する道具の刃部であったと考えられます。

磨製石斧の変遷　磨製石斧の歴史をひもといてみると、刃を磨いて作られた磨製石斧自体は、旧石器時代にも斧形石器や刃部のみを研磨した局部磨製石斧などがみられますが、これらは旧石器時代の終わりにはみられなくなり、縄文時代の磨製石斧とは系譜的なつながりは認められません。また、旧石器時代の終末期から縄文時代の草創期にかけての時期に、横断面が突出したカマボコ形となり刃部のみを研磨した神子柴《みこしば》型《がた》石斧が出現しますが、縄文時代草創期の後半にはみられなくなり、縄文時代の磨製石斧の先祖とは考えられません。

縄文時代の磨製石斧へと続く斧が登場するのは草創期の南九州であり、刃部が丸ノミ状となる円筒形の栫ノ原《かこいのはら》型石斧です。栫ノ原型石斧の製作には縄文時代の磨製石斧製作の特徴でもある敲製技術が用いられ、製作技術の面からも縄文時代の磨製石斧出現の端緒に位置づけられています。続く早期になると、北海道を中心に板状の素材を石鋸《いしのこ》で擦切《すりき》って成形した擦切り磨製石斧が出現し、東北地方へと広がっていきます。こうした段階から伐採用の大形の磨製石斧が用いられるようになり、前期の半ば以後は各地で磨製石斧が安定的にみられるようになります。伐採用の大形の磨製石斧の増加と、竪穴住居数の増加や森を切り拓いて作られた大規模な集落遺跡の出現が相関する可能性も考えられますが、磨製石斧を伴わない時期・地域もあり、一概には説明できない状況です。

このように縄文時代の斧の中心は、磨製石斧であったと考えられます。磨製石斧は刃の形状やその大きさ・加工方法など多様な斧が含まれており、それらは木を切る（伐採斧）、木を削る（加工斧）、木を彫る（鑿）など様々な機能・用途によるものと考えられます。本来は現在の道具のように道具ごとの名称を与えるべきですが、斧の形態と機能・用途の研究が不十分であるため、磨製石斧と大きくひとくくりにされています。今後の課題と言えるでしょう。

磨製石斧の製作（図2） 木の伐採や加工に用いられる磨製石斧には緻密で硬く粘りのある石材が適していますが、適した石材がどこでも採取できるわけではありません。したがって磨製石斧には、製作に適した緑色岩《りょくしょくがん》や蛇紋岩《じゃもんがん》・透閃石岩《とうせんせきがん》などの特定の石材が用いられます。

さらに、斧柄にピッタリ合う形状へと石を加工するためには全体の研磨など丁寧な仕上げ加工が必要ですが、砥石を用

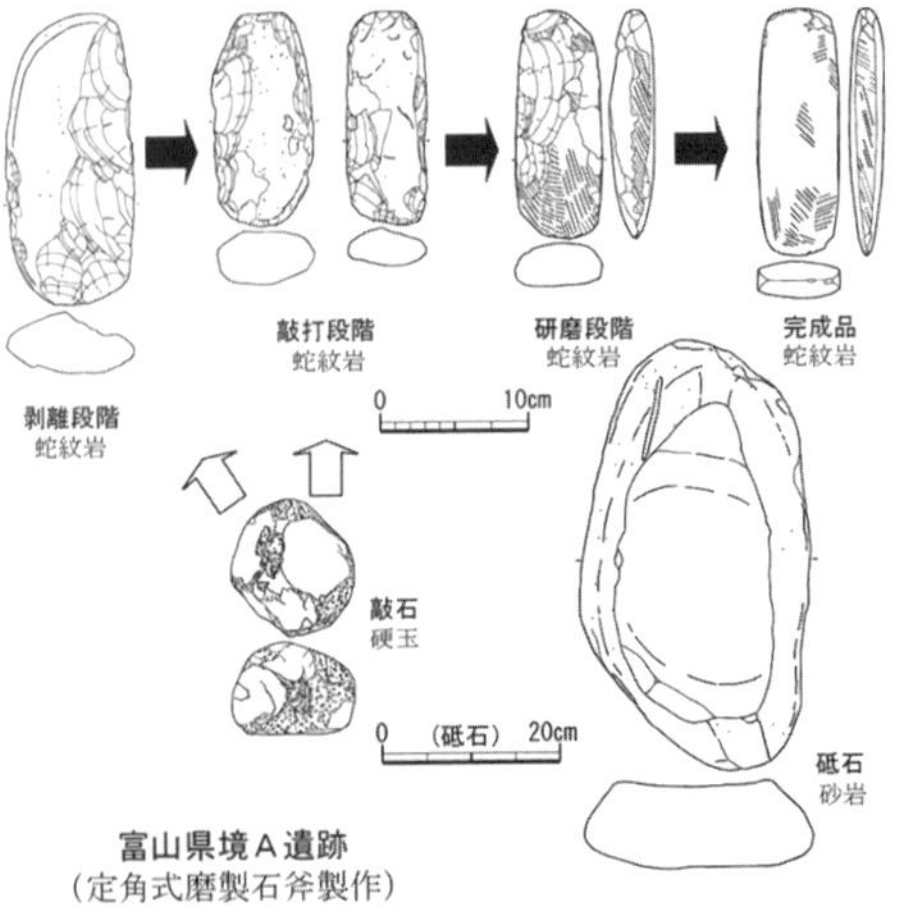

図２ 磨製石斧の製作工程 大工原（2020）をもとに作成

いる研磨加工には多くの時間を要するため、いかに研磨の手間を省くかが磨製石斧製作の大きなポイントになります。そこで重要となるのが、磨製石斧製作でさかんに用いられる敲製技術です。敲製技術とは、石の突出した部分などを石製のハンマーを用いて敲き潰しながら成形する技術であり、不整形な石を目的とする形状へと手早く加工するのに優れた技術です。石を敲いて大きく変形させるには当然ながら強い力を加える必要があり、その際に欠けたり割れたりするなど多くの失敗品が生じます。そのため、磨製石斧に適した素材となる石材があり、ふんだんに石を使うことのできる石材産地近くに磨製石斧製作遺跡が多くみられます。製作遺跡で作られた磨製石斧は、遺跡内だけでなく近隣の遺跡へと運ばれて使用されます。中には、一〇〇km以上離れた遺跡・地域へと運ばれる例も珍しくなく、縄文時代の交易を考える上でも重要な要素となっています。

もう一つの斧　石を磨いて刃部を作り出した磨製石斧に対し、石を打ち欠くのみで製作した打製石斧も縄文時代に特徴的な石器です。

打製石斧は、斧という名称は用いられていますが、比較的に軟質の石材で製作されることが多く、また刃部に縦方向の浅い線状痕や摩耗痕がみられることから、土掘り具であったと考えられています。土掘り具というと、現在のスコップなど土木作業に用いられる道具をイメージしますが、縄文時代にみられる竪穴住居や土坑などを掘削するのに用いられたのではなく、自然薯《じねんじょ》やヤマノイモなど野生根茎類を掘り出すために用いられたと考えられています。現在でも、自然に生育する自然薯などを掘り出す際に、縦鍬《たてぐわ》や突鍬《つきぐわ》と呼ばれる棒状の柄の先端に縦方向の刃を付した掘削具が用いられますが、打製石斧もこれと同じ使われ方をしたと考えられています。詳しくは、次項の土掘り具の項目をご覧ください。

（長田友也）

〔参考文献〕佐原真『斧の文化史』（東京大学出版会、一九九四年）、大工原豊・長田友也・建石徹編『縄文石器提要』（ニュー・サイエンス社、二〇二〇年）

Q32 土掘り具はどのようなものでしたか

A

縄文時代の人々が居住した竪穴建物跡（竪穴住居）をはじめ、柱穴や貯蔵穴・墓穴など、縄文時代の遺跡からは地面を掘りくぼめた遺構が数多く出土します。これらを素手で掘削したとは到底考えられず、土掘り具があったと考えられます。その代表となるのが打製石斧です。しかし、実際には堀り棒と呼ばれる棒状の木製品が、土掘り具の主体であったと考えられます。

植物採集具としての打製石斧　打製石斧とは、直接打撃技法による打ち欠きによって製作された斧状石器です。斧という名称が付いていますが、板状の扁平な形のものが多く、刃部にみられる線状痕や摩滅痕などの使用痕から、地面を突くように掘る土掘り具であったと考えられています。

刃部の使用痕を観察すると、使用痕が刃部全体にみられるものと、刃部の片側で顕著に偏刃《へんじん》（斜刃《しゃじん》）状となるものがみられます。こうした使用痕の違いは、打製石斧の着柄方法による違いと考えられ、使用痕が刃部全体に及ぶものは直柄《なおえ》にまっすぐに装着され、突鍬《つきぐわ》や鋤《すき》として用いられたと考えられ

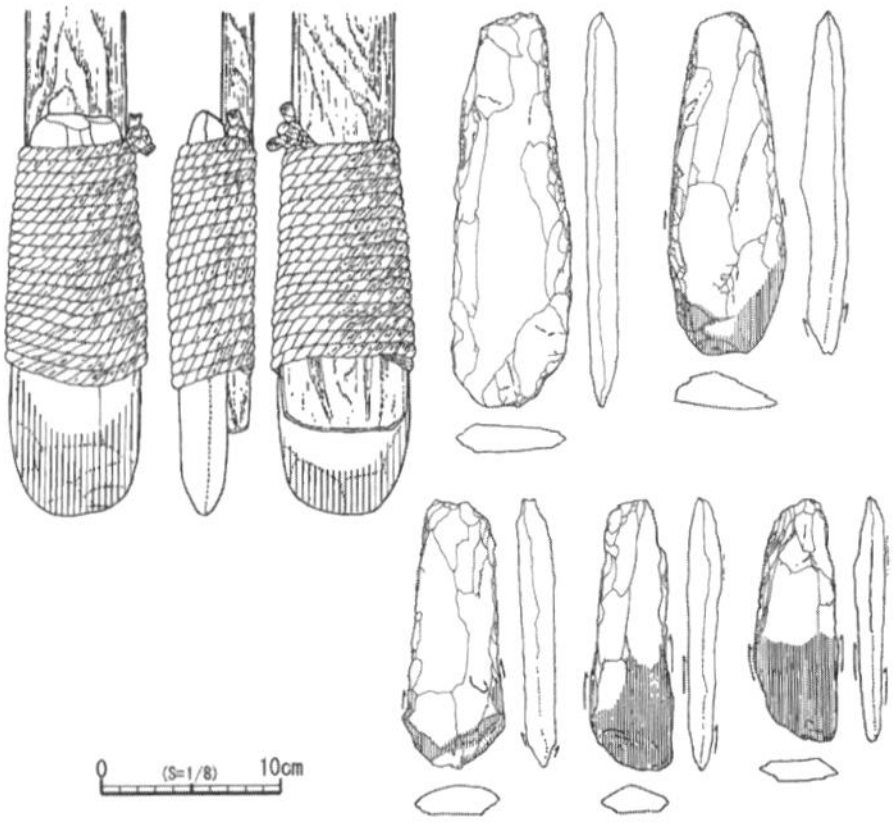

図1　縄文時代の打製石斧とその装着想定図　渡辺誠編（1975）『桑館下遺跡』をもとに作成

ます（図1）。刃の片側のみが使い減りし、偏刃となるものは、膝柄《ひざえ》と呼ばれる屈曲した柄に装着され、鍬のように振り下ろして使用した結果と考えられます。したがって打製石斧は、突鍬・鋤あるいは鍬として利用された土掘り具と考えられます。

土掘り具としての打製石斧は農耕具として評価されることもあり、打製石斧が大量に出土する中期の長野県や晩期の九州では、かつて縄文農耕の存在が議論されました。結論としては、栽培植物や耕作遺構の出土がない点や、打製石斧自体も突鍬として野生根茎類の採集に利用された可能性が高いことなどから、各地の縄文農耕論は否定されていくこととなります。その後、土器圧痕としてマメ類圧痕などが発見され、栽培植物の存在が注目されていますが、マメ類などの利用には耕起《こうき》具を必要としないため、植物栽培・農耕と打製石斧の関連については否定的な意見が多くみられます。

あらためて土掘り具としての打製石斧の使用対象を考えてみますと、突鍬は現在でも自然薯《じねんじょ》やヤマノイモなどの野生根茎類の採集に利用されており、打製石斧も同様に野生根茎類の利用に用いられたと考えられています。

打製石斧の広がり　直接打撃を用いた斧形石器は旧石器時代にもみられ、縄文時代草創期においてもこれらに連なる神子《みこ》柴型《しばがた》石斧と呼ばれる刃部のみを研磨した局部磨製石斧がみられますが、縄文時代の打製石斧とは直接的な関係は見出せません。また、早期になると扁平な川原石の一端を打ち欠いて片刃状の刃部を作出する、礫石斧《れきせきふ》が関東地方を中心に展開します。これらは、手に持って土を掻きとるような土掘り具であったと考えられます。

打製石斧の初源となるのは、前期に関東地方でみられる短《たん》冊形《ざくがた》打製石斧であると考えられます。素材礫に対し垂直打撃

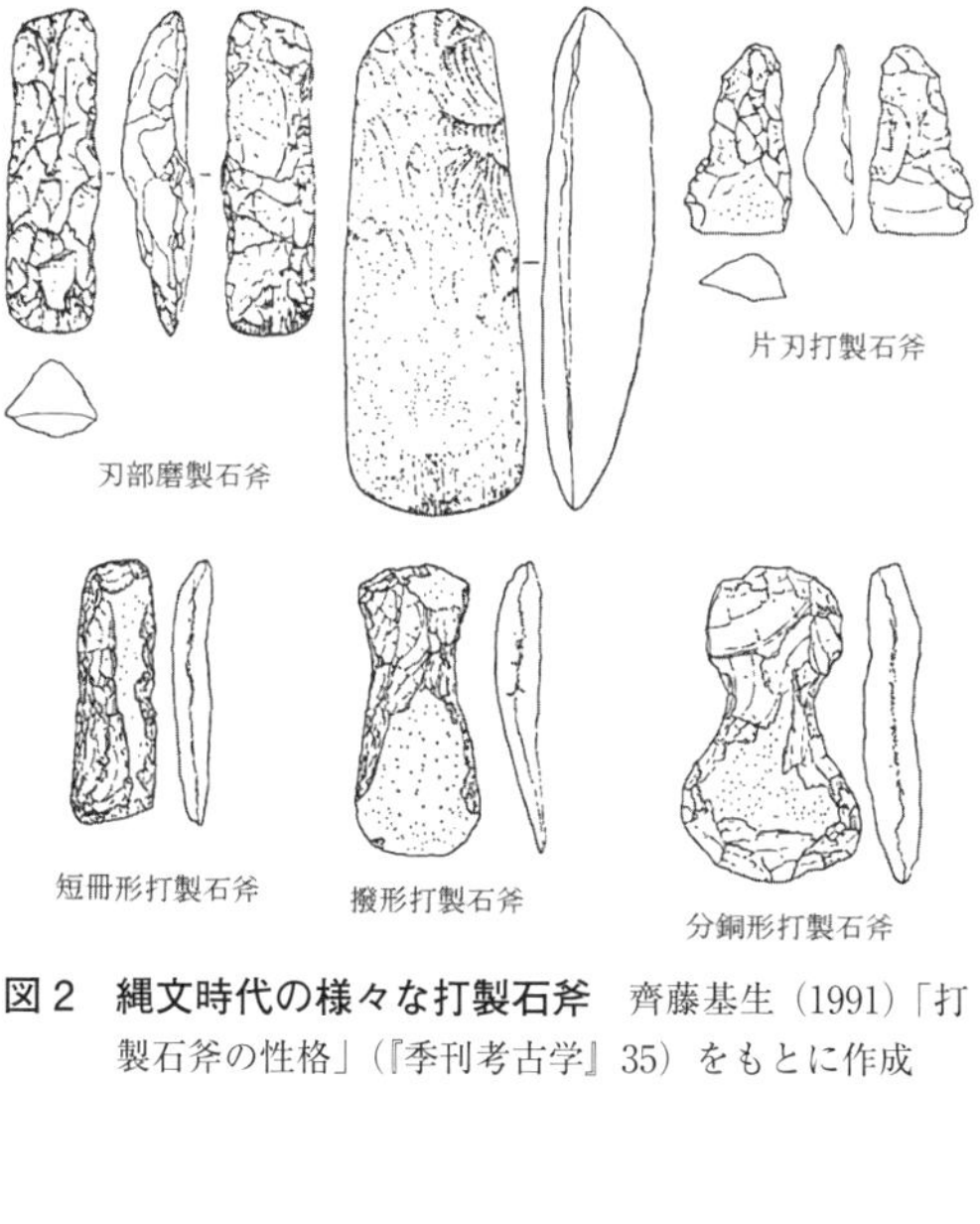

図2　縄文時代の様々な打製石斧　齊藤基生（1991）「打製石斧の性格」（『季刊考古学』35）をもとに作成

技法を用いて、長方形の短冊形に仕上げます。刃部と装着部に摩耗痕がみられ、長い直柄に装着した突鍬・鋤状の土掘り具として用いられます。中期になると関東地方から甲信地域へと分布が広がり、遺跡からの出土量も増加し、生活に欠かせない道具として用いられたと考えられます。同じころ北関東では中央部分がくびれ、上下端部が張り出しそれぞれの端部に刃部を有する分銅形打製石斧が登場し、後期以降に関東地方全域で増加していきます。分銅形打製石斧は、いずれも刃部の摩耗が顕著であり、膝柄に装着し上下の刃を付け替えて使用する土掘り具として用いられたと考えられています。

晩期になると刃部が片側に固定され上下非対称の形状となり、次第に杓文字形へと形態が変化し、弥生時代にみられる石鍬へと継続していくと考えられます。

このように関東地方を中心に展開する打製石斧ですが、その広がりは隣接する中部地方辺りまでに限られ、他の地域ではほとんど出土しません。北海道では全時期を通じて打製石斧はほとんどみられず、東北地方では後期以降に片側が幅広となる石鍬に類似した打製石斧が増加する程度です。西日本でも中期まではほとんど出土せず、後期以降に打製石斧が増加する傾向にありますが、限定的な分布にとどまります。

また、弥生時代へと連なる晩期において北陸地方西部などで打製石斧の増加が指摘されますが、そうした傾向は後期後半から晩期前半のことであり、関東・中部地方における文化要素の拡大として評価され、必ずしも穀類栽培など農耕文化の受容とは関連しないものと考えられます。

掘削具としての掘り棒　このように土掘り具である打製石斧は、縄文時代を通じて普遍的に存在した石器ではなく、関東・中部地方を中心に出土する限定的な石器であったと考えられます。しかし、竪穴建物跡や墓坑などの遺構は、日本列島各地の縄文時代遺跡から出土しており、限定的にしかみられない打製石斧はこうした土木作業用の掘削具ではなかったと考えられます。

遺構掘削など一般的な掘削具としては、木のみを利用した掘削具、すなわち小型鋤や掘り棒と呼ばれる木製品が相当すると考えられます（図3）。掘り棒とは、まさに掘削するための棒状木製品の総称であり、掘削部となる先端に平たいヘラ状に刃を作り出すものもあれば、先端を削って面を有したり、尖らせただけの掘り棒もみられます。コナラ材などを利用した掘り棒は木製品であるため、乾燥した台地の上に立地する縄文時代の遺跡から出土することはほとんどなく、低湿地遺跡において水漬け状態となった遺跡でのみ出土します。そのため、縄文時代を通じての出土点数は少なく、限定的な道具であったとする意見もみられます。しかし、辛うじて遺跡に残った掘り棒は、早期後半以降の日本列島各地で出土しており、その点では竪穴住居など集落遺跡が増加する時期とも合致しています。

土掘り具としての掘り棒の利用を示す典型的な事例が、長野県鷹山《たかやま》遺跡の黒曜石採掘構内から出土した多数の掘り棒です。鷹山遺跡からは、縄文時代の人々の黒曜石に対する飽くなき需要を受けて、黒曜石を採掘するための採掘坑が掘削されています。黒曜石の岩脈は想像以上に深く二mを超えるものが大半ですが、こうした深い採掘坑をどのような道具で掘削していたのかは不明でした。鷹山遺跡の調査では、採掘坑周辺において自然湧水が多く、採掘坑内からも木製遺物の出土が顕著であり、土砂崩れ防止の杭や赤漆の塗られた漆器片・編物片が出土しました。こうした杭や漆器片とともに掘削用の掘り棒が多数出土し、特に採掘坑の底面からは掘り棒が並んで出土しました。掘り棒の先端部の大きさと形状は、採掘坑の底面でみられる掘削痕と対応しており、粘性の強い白色火山灰土を掘り棒を突き刺しては引き崩すといった掘削行為が想定されています。

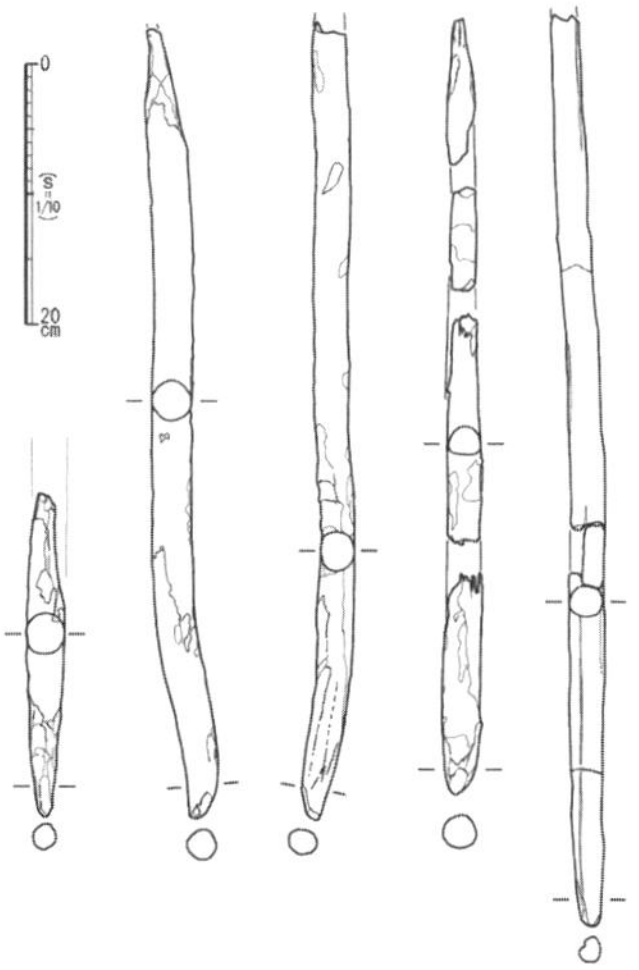

図3　縄文時代の掘り棒　長和町教育委員会（2020）『鷹山遺跡群』をもとに作成

このように山間地の黒曜石採掘坑の掘削においても掘り棒が活躍したことから、平坦地の竪穴住居や墓坑などの遺構掘削においても掘り棒が利用されていたことも容易に推測されるでしょう。木製工具による掘削は、続く弥生時代の農耕具においても木製鍬・鋤が用いられている点からも、その有効性が説明できます。

したがって、縄文時代の人々の主要な土掘り具は木製掘り棒であったと考えられ、打製石斧の利用は野生根茎類の採集など、特定の作業に限定された石器であった可能性が高いと考えられます。

（長田友也）

〔参考文献〕大工原豊『縄文石器研究序論』（六一書房、二〇〇八年）、大工原豊・長田友也・建石徹編『縄文石器提要』（考古調査ハンドブック20、ニューサイエンス社、二〇二〇年）

Q33 骨角器は使いましたか

A

縄文時代には、さまざまな素材の道具が使われていました。土製や石製の道具のみならず、骨・角・牙、そして貝殻などの動物性素材から作られた道具も多用されていました。これらは骨角器《こっかくき》と総称されています。骨角器は時代・地域に限らず、広く一般的に使われていたものですが、日本列島においては、特に縄文時代に多種多様なものが出現しています。

骨角器のみつかる条件と種別　日本列島では多くの場所が酸性土壌のため、骨角器のような動物性素材は溶けてなくなってしまう場合が多いと考えられています。これに対して、アルカリ度の高い環境のもとでは残存しやすく、遺跡の種類でいえば、貝塚や洞窟遺跡などで出土がよく知られているのです。特に貝塚は漁労活動が顕著な活動の場（集落）であるため、骨角器の種類を見ると、どうしても漁労関係のものが多くなる傾向にあります。また、酸性土壌のなかであっても、遺物自体が被熱で変性した場合にも、残存する可能性は高くなります。

骨角器は、製作による形状および使用の痕跡から、狩猟・漁労などの場で使われた一群【利器・工具類】、装飾や祭祀の場で使われていた一群【装身具・儀器類】、さらには加工途上品や製作段階で切り捨てられた一群【製作関連器種】の、大きく三つのグループに分けられます。ここでは、製品器種である、利器・工具類と装身具・儀器類についてご紹介します。

利器・工具類　大まかに機能・用途別に分けると、銛《もり》・ヤス・釣針などの漁具（漁労具）と、鏃《やじり》などの狩猟具、さらにはヘラ・斧・針・錐《きり》・刺突具などの工具に分けられます（図1）。刃部としてなど直接対象物に作用するものもあれば、それらと組み合って一連の道具として成り立っていた場合も

あります。これらには使用によって端部などが著しく磨滅や欠損することで、形状が変化してしまう場合もしばしばみられます。この狩猟具・漁具・工具の分類は、現代の我々からみて使い方の想像のつく名称、言い換えれば形態にもとづく器種の名称によって便宜的に分けられています。遺跡の立地や出土する動物遺存体との対比などから、たとえば鏃や斧の形状のものが、実は漁労の場でも用いられていたと考えられることもあります。このように、形態器種の種類や多さをみることは、当時のヒトたちの生活のありさまを推理する大きな根拠になることが期待されます。

　これらの中で、銛（離頭銛《りとうもり》）頭《がしら》は、外海での海獣やマグロなどの回遊魚の漁労活動を行った器種ではないかと考えられています。特に、縄文時代中期から晩期にかけて、仙台湾周辺を舞台に銛頭が発達しており、岩手県獺沢《うそざわ》貝塚や中沢浜《なかざわはま》貝塚（後期～晩期）、宮城県南境《みなみざかい》貝塚（中期～後期）・田柄《たがら》貝塚・沼津《ぬまづ》貝塚・里浜《さとはま》貝塚（いずれも後期～晩期）などでは、燕形《つばめがた》銛頭を代表とするさまざまな形の銛頭が出現しました。また、外海での漁労活動で用いられた釣針では、対象となる魚の大きさによって大きさが決まっていたようです。軸部から針部まで同一素材から作り出される単式釣針が多いのですが、福島県寺脇《てらわき》貝塚（後期～晩期）などでは、針部と軸部を別々に作り結合式とすることによって、より大型の釣針にしたものも知られています。より大型の魚やサメ漁にも用いられたかもしれません。

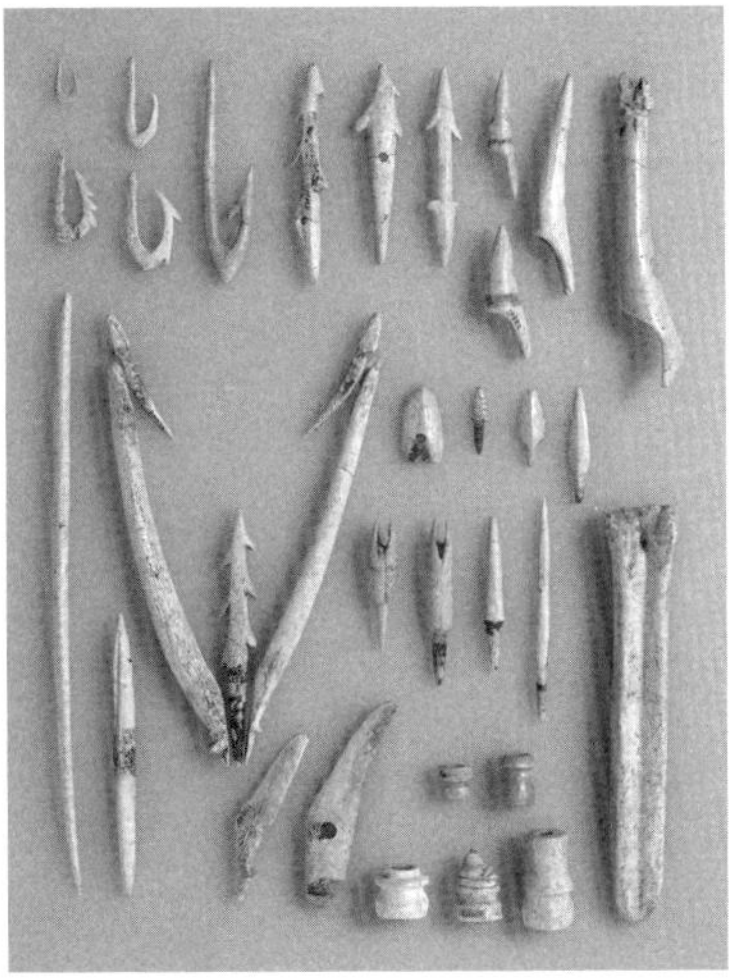
図1　宮城県田柄貝塚出土骨角器　東北歴史博物館提供

　一方、関東地方でも、千葉県余山《よやま》貝塚（後期）や神奈川県称名寺《しょうみょうじ》貝塚（後期）では逆棘のある大型の銛と釣針などが出土しています。この銛頭では、イルカなどの海獣類を捕獲していたものと考えられています。

　また、静岡県蜆塚《しじみづか》貝塚（後期）や愛知県八王子《はちおうじ》貝塚（後期）では、ヤス状の刺突具が多く出土しています。当地ではこの道具を用いた内湾域の漁労がさかんであったことが推定されます。

図2　愛知県保美貝塚出土骨角器　田原市教育委員会提供

装身具・儀器類　縄文時代には骨角製に限らずさまざまな素材の装身具・儀器類が知られています。骨角製では、頭飾り・耳飾り・首飾りおよび胸飾り・腰飾りのほか、腕輪・足輪などが知られています（図2）。以上の器種名称は、作られた形状から推測されているものもありますが（形態器種）、実際にみつかった埋葬人骨との共伴関係により明らかとなった事例はとても重要です。愛知県吉胡《よしご》貝塚（晩期）や岡山県津雲《つくも》貝塚（晩期）などでは人骨の各部位からこれらの装身具がまとまってみつかっています。福岡県山鹿《やまが》貝塚（後期）では三体合葬人骨にヘアピン（頭飾り）、サメ歯製の耳飾り、貝製腕輪（貝輪）のほか、棒状の鹿角製儀器が共伴する、特殊な出土事例が知られており、ムラで指導的な役割をしていた個人を葬ったものと考えられています（図3）。

　人骨との着装状況は不詳ですが、紐などで吊して着装されたと考えられる器種を、垂飾《すいしょく》と呼ぶ場合があります。平たくいえば玉類のことです。鹿角・各種骨で作られている場合もありますが、ワシ・タカなどの大型鳥類の部分骨を用いたものや、オオカミやツキノワグマの歯牙や部分骨、サメ歯、海獣類の牙など、特殊な素材を用いたものも散見されます。長崎県佐賀《さか》貝塚（後期）では、大陸に棲息するキバノロの牙を用いた垂飾が出土しています。

　貝製では、腕輪（貝輪）が縄文時代を通じて広く知られています。埋葬人骨に着装された事例をみると女性あるいは子供に集中しており、女性や子供向けの装身具であったと考えられています。千葉県古作《こさく》貝塚（後期）では壺形土器のなかに大事に埋納された貝輪が、ベンケイガイ・フネガイ科・オオツタノハなど三二点もまとまってみつかっています。千葉県余山《よやま》貝塚（後期）や秋田県柏子所《かしこどころ》貝塚（晩期）、愛知県伊《い》川津《かわづ》貝塚（後期〜晩期）ではベンケイガイ製貝輪が千点以上出土しており、流通にかかわる素材搬出地であったようです。南海産の貝種であるオオツタノハは、稀少な貝として流通・重宝されていました。また、貝製の玉類に関しては、ツノガイ製のビーズやタカラガイ製の玉類、あるいはマガキガイ製の玉類などが縄文時代早期以降、多用されていました。

儀器では、鹿角製による棒状の儀器のほか、鯨骨製などの骨刀が知られています。宮城県北小松《きたこまつ》遺跡では、歯根部を研磨したサメ歯を連続して木の棒に埋め込んだ棒状の儀器片がみつかっています。その他、北海道戸井《とい》貝塚（後期）・宮城県沼津《ぬまづ》貝塚（後期～晩期）の人形や、北海道入江《いりえ》貝塚（後期）ではイノシシ雄牙を用いてヒト歯を模したもの、岩手県貝鳥《かいとり》貝塚（後期～晩期）のオオカミ頭部やカエル形など、動物意匠を表現したものもまれにみられます。宮城県東要害《ひがしようがい》貝塚（前期）のヒト指骨製の垂飾、宮城県里浜《さとはま》貝塚（晩期）や徳島県三谷《みたに》遺跡（晩期）のヒト切歯を用いた垂飾と、ヒト自体を用いた垂飾も知られています。

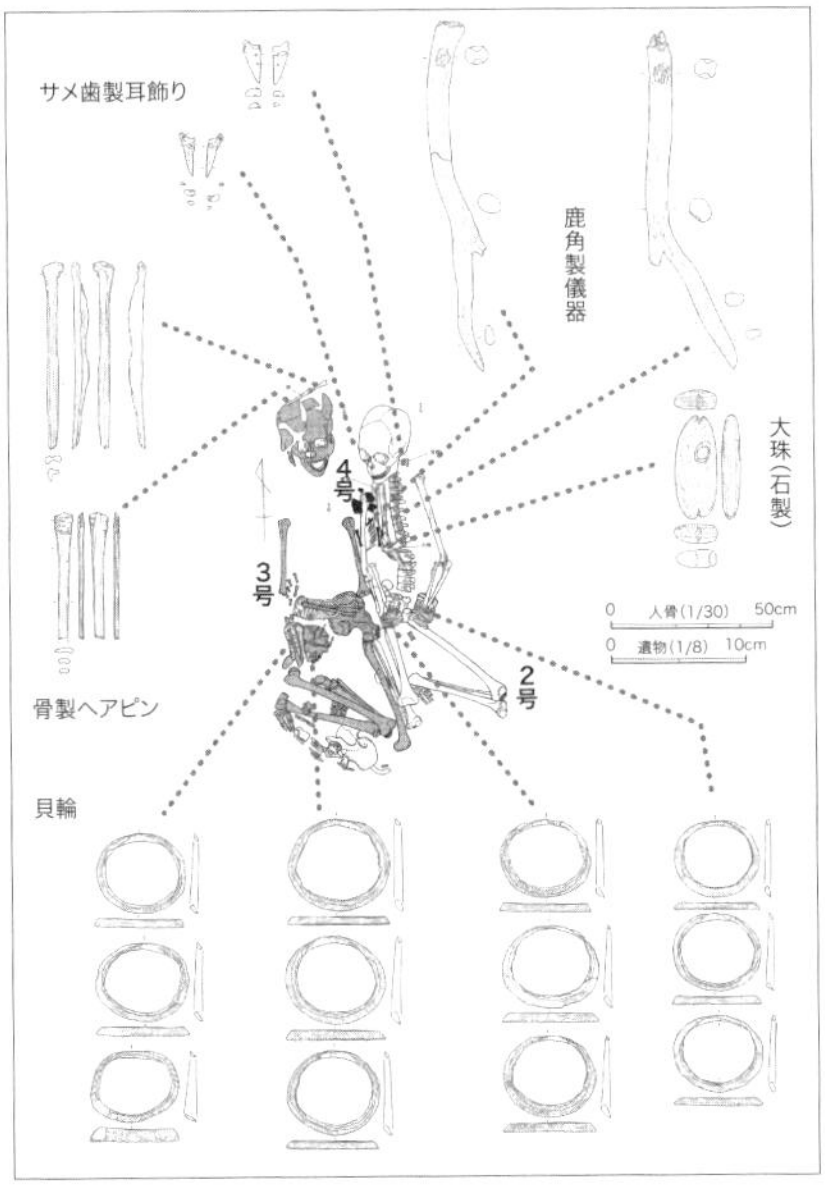

図3　福岡県山鹿貝塚第2号・3号・4号人骨と着装装身具類　『山鹿貝塚』に加筆

器種と素材との関係

器種と素材との関係性は、装身具・儀器類では極めて強いようです。特に垂飾や貝輪では、素材そのものが器種の性質を直接反映しています。利器・工具類ではどうでしょうか。銛や釣針は鹿角から、ヤスはシカの中手骨・中足骨などの管状骨から作られている場合が多いです。青森県一王寺《いちおうじ》貝塚（前期）などで出土する開窩式の銛頭は骨製で、西北九州の結合式釣針の軸部は鹿角で針部分はイノシシ雄牙製となっています。また、ヘラは鹿角のほかシカの中手骨・中足骨などの管状骨が多くみられます。斧は鹿角製が主体で、イノシシ雄牙製のものもあります。このように利器・工具類でもある一定の関係性が認められるといえます。

（川添和暁）

〔参考文献〕金子浩昌・忍澤成視『骨角器の研究　縄文篇Ⅰ・Ⅱ』（慶友社、一九八五・一九八六年）、川添和暁『先史社会考古学―骨角器・石器と遺跡形成過程から見た縄文時代晩期―』（六一書房、二〇一一年）

Q34 木製品について教えてください

A

縄文時代を特徴づける生活用具として、弓矢があげられるように、縄文時代には暮らしにかかわるさまざまな面で木製品が作られて利用されていました。それは日本列島が森林資源の豊かな土地であることとも密接なかかわりがあります。縄文人は身近な森林資源から道具の用途に合わせて適した材質を持つ樹木を選択し、まさに「適材適所」な資源の選択と利用を行ってきました。

生活にかかわる木製品　縄文時代の木製品は、木材という材料の特性上、地下水位が高い遺跡でないと残りません。台地上でも炭化すれば残る場合がありますが、破片になっていることが多く、元の形を推定するのは難しい場合がほとんどです。焼失した竪穴住居では、炭化材の出土位置から柱材などの建築材であると推定することができる場合があります。

木製品の時期別の変遷　縄文時代の木製品がまとまって出土している最古の遺跡は縄文時代早期、約八〇〇〇年前の佐賀県東名《ひがしみょう》遺跡です。東名遺跡では、漁労・運搬具としての櫂《かい》（図1－1）や、容器・食事具としての刳物《くりもの》容器（図1－2）や掬《すく》い具（匙《さじ》）（図1－3）、装身具としての竪櫛《たてぐし》（図1－4・5）などが出土しました。刳物は一木を彫りくぼめて作りますが、東名遺跡の刳物は硬い木の瘤《こぶ》のまるみを生かして作っています。この頃にはこの遺跡から出土した木材をへぎ材にして製作した編みかごと同様に、すでに用途に合わせて樹種を選択して木製品が作られていました。

縄文時代前期の約六五〇〇年前になると、掘削具《くっさく》としての掘り棒（図1－6）や、樹木の伐採《ばっさい》や加工を行う縦斧の柄（図1－7）、漁労具としてのタモ網《あみ》（図1－8）などがみられるようになります。この頃の石斧《せきふ》の柄は膝《ひざ》柄と呼ばれており、木の枝分かれの部分を利用して、太い幹の部分に石斧をはさみ、枝を柄として使っています（Q31）。さらに、前期

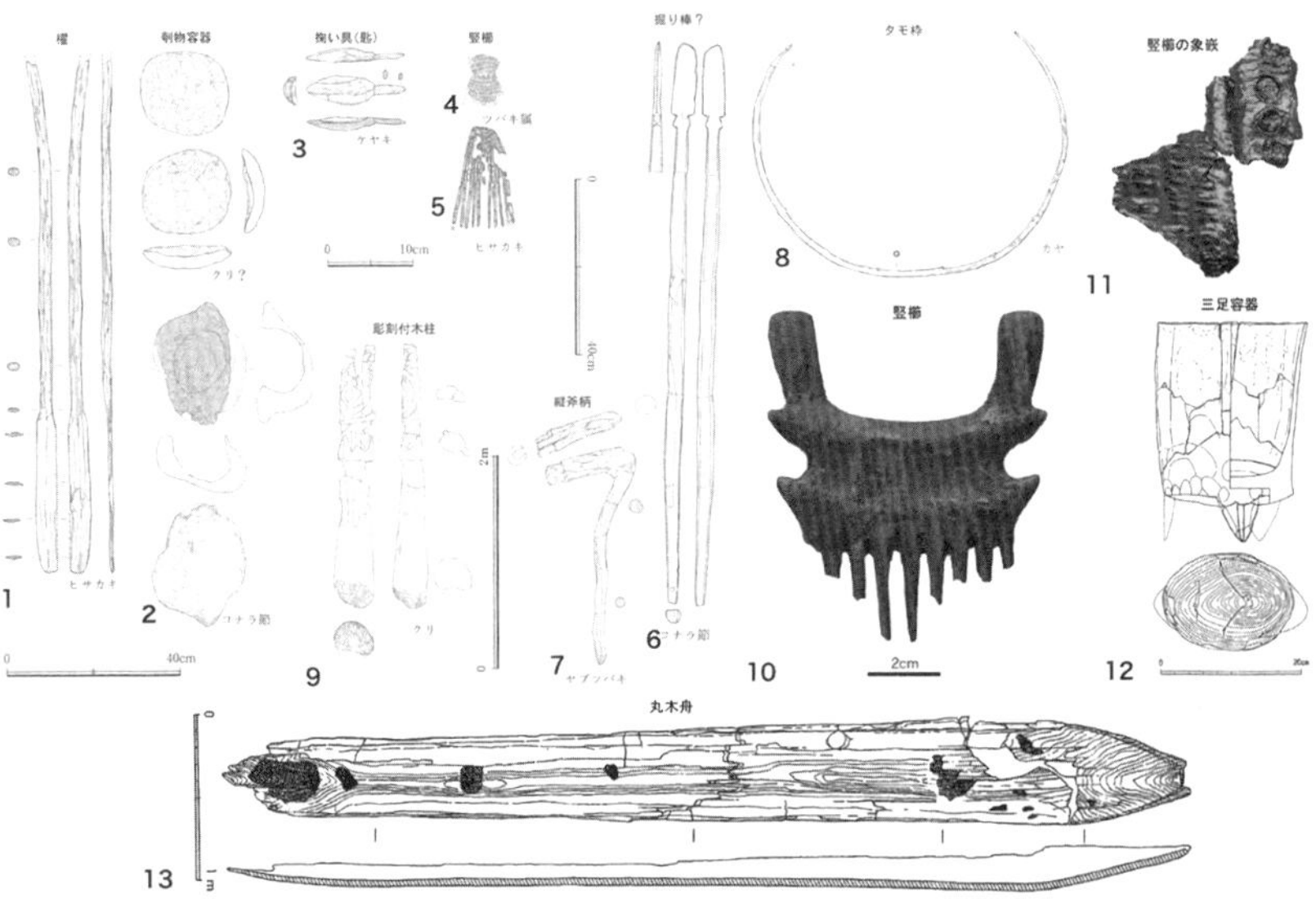

図1　縄文時代早・前期の木製品と樹種　1～5：佐賀県東名遺跡（縄文時代早期）、6：青森県岩渡小谷（4）遺跡（縄文時代前期）、7～8：滋賀県入江内湖遺跡（縄文時代前期）、9：石川県真脇遺跡（縄文時代前期）、10～13：福井県鳥浜貝塚（縄文時代前期）

の頃には、装飾性のある把手や彫刻を施した木柱（図1－9）など、縄文人の精神性ともかかわりがある道具がみえはじめます。縄文時代の容器はおもに広葉樹で作る皿や鉢が主体ですが、中には赤や黒の漆が塗られた装飾性が高いものもあります。

漆は特に竪櫛の彩色に使われました。竪櫛は早期から続く、細い材を束ねて、逆U字型に曲げて頭部をとめた形のものだけでなく、一木で削り出した櫛もみられるようになり、いずれも結い上げた髪に挿《さ》して留める装飾具として、技巧を凝らした製品が多く作られました（図1－10）。また、漆塗りの容器の縁に貝が装飾的に埋め込まれた象嵌《ぞうがん》と呼ばれる技法を使った製品も前期からみられます（図1－11）。

縄文時代の容器は、基本的に素材となる木材の直径を生かした横木取りという方法で作られており、木材をまず容器の大きさに切断し、それを半割りしたのちに、樹芯側を刳り抜く方法で作られています。小型の容器の中には縦木取りのものがあります。福井県鳥浜《とりはま》貝塚などでは、縦長の刳物で足が三本ついている特殊な容器が出土しています（図1－12）。

大型の木製品としては、丸木舟があります（図1－13）。

縄文時代前期から中期の集落である青森県三内丸山《さんないまるやま》遺跡では巨大なクリ材で作られた六本の柱が有名です。この集落内

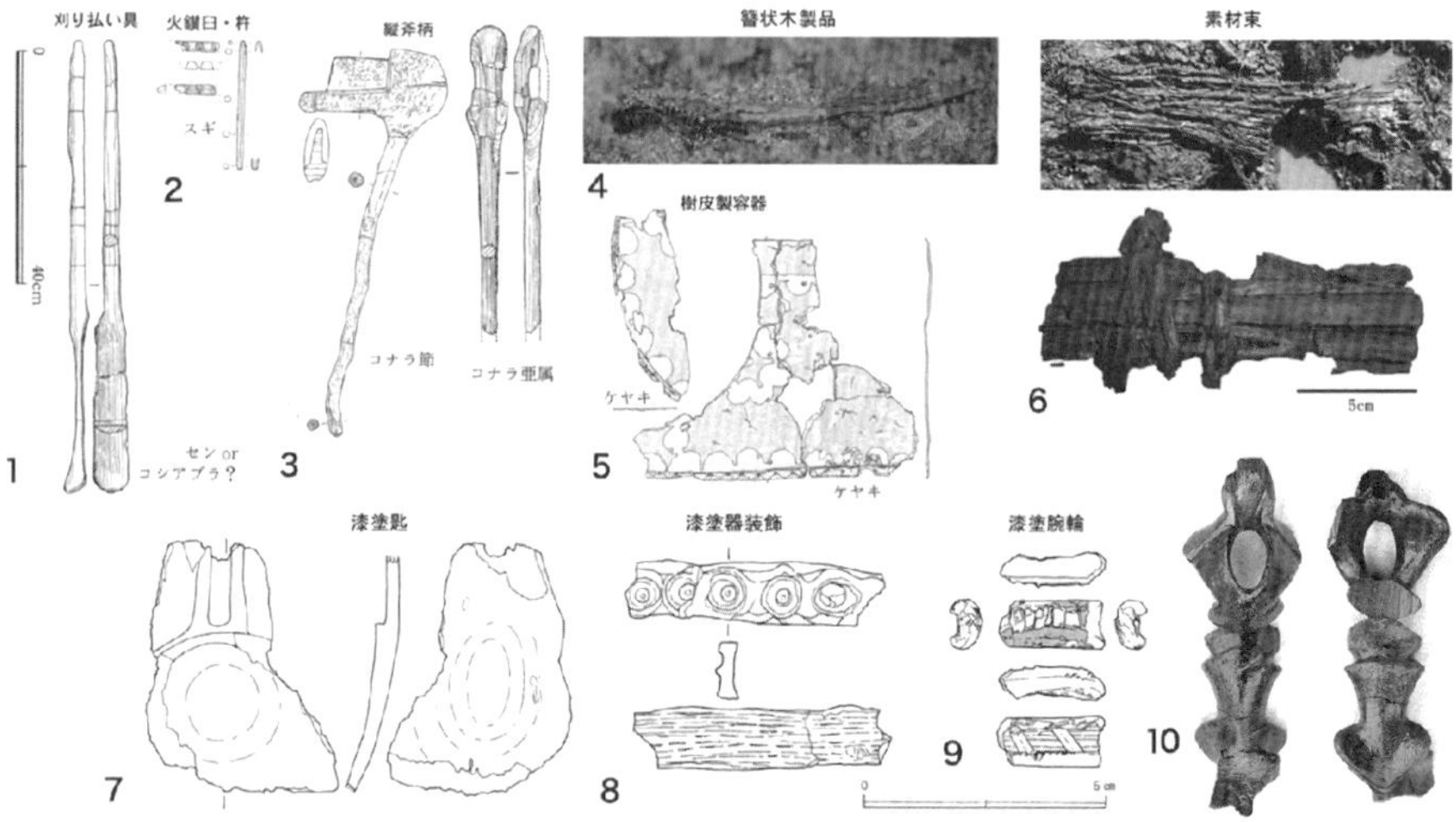

図2　縄文時代中〜晩期の木製品と樹種　1：滋賀県滋賀里遺跡（縄文時代後・晩期)、2：北海道忍路土場遺跡（縄文時代後・晩期)、3：富山県桜町遺跡（縄文時代後・晩期)、4：東京都下宅部遺跡（縄文時代後・晩期)、5：青森県是川中居遺跡（縄文時代晩期)、6・10：東京都下宅部遺跡（縄文時代後・晩期)、7〜9：埼玉県デーノタメ遺跡（縄文時代中期）

にある前期の谷の堆積物には、多量のクリの花粉が含まれており、このため、集落を囲むようにクリの林があったと考えられています。自然界では、ナラやブナなどが林の主体をなし、クリは少数混じって生育するため、このクリ林は人の手によって作られたと考えられるようになりました。クリの他にも、細かい加工がしやすく、木肌が細かいサクラやヤマグワ、ケヤキは容器に、弾力があるイヌガヤは丸木弓にといったように、道具ごとの特性に見合う材質を持つ有用樹が選択的に利用されていました。

縄文時代中期の約四五〇〇年前ごろは、台地上に立地する遺跡が多かったため、木製品が多量に出土する遺跡は少数でした。しかし、二〇二〇年以降、東北地方や関東地方で中期の低湿地遺跡が調査され、中期の木製品についても詳細が明らかになってきました。木製品の基本的な構成は前期に類似しますが、容器は形やバリエーションが豊富になり、鉢や皿に装飾的な把手がついたり、黒と赤の漆が塗り分けられた製品が増加します。漆塗りの製品は容器以外にも竪櫛や腕輪などの装身具や横杓子《よこじゃくし》などの食事具にみられるようになり、木製品以外の土器にも塗られる例が増加します。また、中期には草刈りに用いたと考えられる刈り払い具（図2−1）も出現し、ムラや周辺の森林の下草刈りなどに用いられた可能性があります。発火具である火鑽臼《ひきりうす》（図2－2）もみられるようになります。

縄文時代中期の埼玉県デーノタメ遺跡では、環状に形成された集落の脇にある低地で調査が行われ、木製品や加工木、自然木の樹種が網羅的に調べられました。その結果、木製品でも自然木でも最も多かった樹種はクリで、次いでカエデ属やサクラ属などが用いられていました。また少量のウルシの木材も確認され、木胎漆器（図2－7～9）や多量の漆塗土器で確認されていた漆工《しっこう》作業におけるウルシの利用だけでなく、ウルシ木材の水辺での利用も確認されました。木製品や加工木と自然木に共通する樹種が多いのは、それだけ集落の周辺に有用な樹木が多く生育していたことを示します（図3）。

縄文時代後期の約四〇〇〇年前以降になると、遺跡が低地に立地することが多くなり、木製品の出土量が増加します。基本的な道具の種類は縄文時代前期・中期と同じです。後期になると、縦斧柄には膝柄のほかに直柄《なおえ》という、幹の一端に穴を開けて石斧を挿入する直線的な形の柄も加わります（図2－3）。さらに、後期から晩期には赤と黒の漆で模様が描かれた簪《かんざし》状の木製品（図2－4）や大型の樹皮製曲物《まげもの》（図2－5）、装飾的な柄を持つ杓子（図2－10）がみられるようになります。樹皮製品は主にケヤキなどの広葉樹が使われ、サクラ属やカバノキ属の樹皮は紐としても縄文時代早期から使われていて、製作にあたって確保して保存した素材も水場から確認されています（図2－6）。後期以降には水場を活用して、容器を集中的に製作する集落も生まれました。

ムラの周りの里山管理　木製品などの製作にあたって重要なのは、素材の確保です。縄文時代の早期終わりごろから晩期の終わりごろまで、ある程度の期間定住した集落の周りにはクリをはじめとして食用や木製品として有用な植物資源が多く生育する、現在の里山のような生態系が作られました。そこで木製品の製作や竪穴住居などの構築材の調達を行っていたと考えられています。

多角的な木製品研究　刳物や曲物などの技術や象嵌などの技法、樹皮を使った紐など、

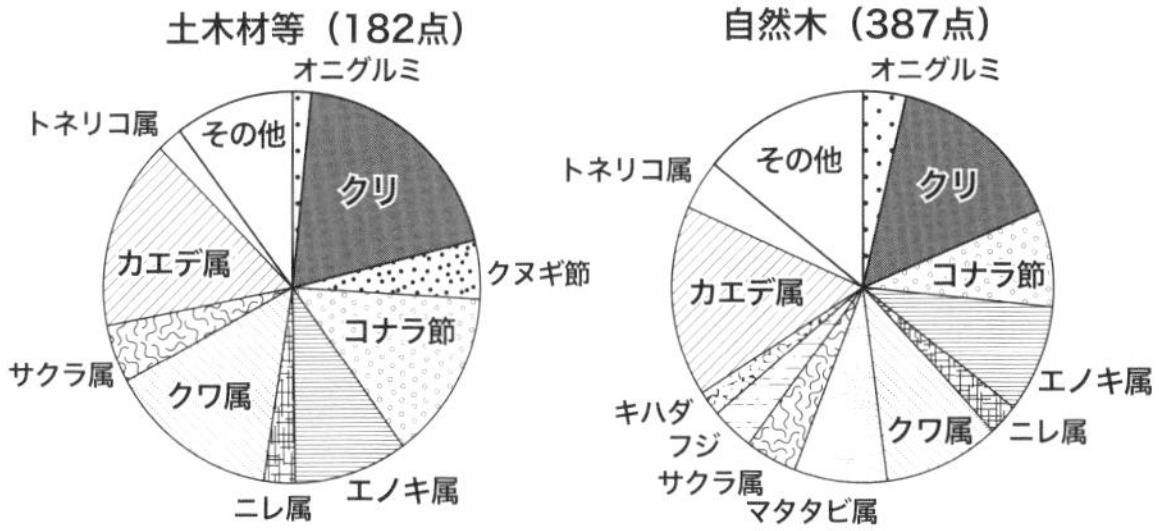

図3　デーノタメ遺跡の木製品と自然木の樹種組成

縄文時代に確立した木製品の製作技術や技法、素材の選択はその後の時代に引き継がれていきます。器種や樹種の選択は途中で途絶えたものもあります。そうした点では、現在の日本の民俗例だけでなく東南アジアなどの現代の民族の一部の地域に残存している事例が遺物の解釈につながることがあります。また、年輪から年代や産地を推定する研究も進んでおり、木製品の研究には多角的な視点が求められています。

（佐々木由香）

〔参考文献〕工藤雄一郎・国立歴史民俗博物館『ここまでわかった！縄文人の植物利用』（新泉社、二〇一四年）、宇野隆夫『モノと技術の古代史　木器編』（吉川弘文館、二〇一八年）

Q35 縄文時代の調理法について教えてください

A

縄文時代の主要調理道具である深めの鍋による煮る調理は、①開く全体形や鍋蓋を欠くことから頻繁な掻き回しを行った、②二段階の空焚き乾燥を行ったことから頑固なこびり付きが生じることがあった、などの点から「ナッツ類のでんぷん粉と油脂（肉・魚やでんぷん粉に由来）の組み合わせ」を含む粉粥状または汁ダンゴ入りの鍋物が多用されたと考えられます。

調理法の種類　調理法には、「煮る・茹でる・蒸す」などの水を入れた鍋を用いるもの、「炒める・揚げる」のように油を敷いた平鍋を用いるもの、「焼く」のように鍋を用いないもの、などがあります。

これらの調理法のうち、縄文時代では平底・直置きの深鍋（深鉢ともいいます）が多用されたことから「煮る」調理が最も重要であったと考えられます。一方、底面からの加熱が必要な「炒める・揚げる」調理は、縄文時代では内底面にコゲが付く浅めの鍋がないことから、ほとんどなかったでしょう。また、「長野・山梨・岐阜など中部高地の縄文中期では胴下部に括れがある深鍋が盛行することから、括れ部にサナ（食材を上にのせて下から蒸気を当てる円板）を置いて蒸し調理を行った」という説がありますが（武藤雄六「中期縄文土器の蒸器」『信濃』17‐7、一九六五年）、①くびれ部の位置からみて水面の位置が低すぎるため、水面下の部分と水面直上部の間の熱膨張率の格差のため土器が割れてしまう、②サナの位置が低いため、そこに載せた食材が焦げてしまう、③内面胴下部のコゲが他の寸胴深鍋と違いがなく、かつ、サナからのしたたり痕が見出せない、などの点から疑問です。

鍋を用いない「焼く」調理については、①一部が焦げている尖り棒の出土例から想定される魚・肉などの串焼き調理、②ナッツ類のでんぷん粉から作られたとされるパン状・クッキー状炭化物（石皿上で炭化した例を含む）の出土例から想定される、板石上で団子状生地を焼く調理、③考古資料では証拠が残りにくいものの、民俗誌において多用された「炉の灰とオキ」によるイモ類や団子状生地の蒸し焼き調理、などが用いられたと思われます。②・③は旧石器時代の熱した礫を用いた蒸し焼き調理の伝統を引くとみることもできます。

以下では、縄文時代において最も重要であったと思われる煮る調理の具体的方法について、①動植物遺存体や理化学的分析から推定される食材の種類（食材に適した調理法）、②鍋の形・大きさから推定される使い方、③ススコゲなどの使用痕から復元される加熱方法、の三面から検討します。

動植物遺存体と理化学的分析からみた食材　一九八〇年ころまでは、貝塚から出土する動物や魚の骨や道具として残る矢じり、釣り針などの存在から肉や魚が最も重要な食材であったと考えられていました。しかし、一九八〇年代以降、福井県鳥浜《とりはま》貝塚をはじめとした低湿地遺跡の調査が進んだ結果、植物遺存体が多く検出されるようになり、縄文人のカロリー源としてはナッツ類（ドングリ、クリ、トチなど）が最も重要であったことが明らかになりました。この点は、縄文人骨の同位体分析において、北海道を除いて沿岸部においてもC3植物が多かった事実にも示されています。これらのナッツ類の食べ方として、①アク抜き不要なクリ・クルミ・シイなどは、乾燥保存したものを粒のまま茹でて食した、②トチなどのアク抜きが必要なナッツ類は製粉後に団子状にして鍋物に入れた（汁ダンゴ）か、でんぷん粉で鍋物に入れてトロミのある粉粥状で食した、などが考えられます。汁ダンゴ説については、縄文時代の前・中期を中心として東日本ではパン状・クッキー状炭化物が出土しますが、これらは黒焦げに炭化した結果、分解せずに残った結果であることから、名前のような焼いた食品だけでなく、団子状にしたナッツ類の生地を鍋物に入れた場合も多かったと考えられます（中村二〇一二）。同位体分析によると、デンプン粉のみで構成されたものも多かったようです。

ナッツ類以外の植物食として、大豆（土器圧痕のレプリカ法分析、フローテーション法による遺存体回収、鍋底炭化例）、ユリ根類（鍋底炭化例や石器・土器のデンプン粒分析）、里芋類（ムカゴ出土例）、長芋（掘り抜き痕の検出例）、ウリ類（種子が出土）、山菜類（コゴミ出土例）、キノコ類（キノコ形土製品の存在）なども利用されていました。弥生時代と同様にたんぱく源（豆類）、カロリー源（根茎類）、ビタミン源（ウリ類や山菜類）が出揃っていました。これらのうち豆類や根茎類は長時間煮る調理が適しています。

縄文深鍋は早期から晩期まで一貫して八～一〇ℓを境に大型と中小型に明瞭に作り分けられています。鍋のコゲの理化学的分析によると、大型は植物食（特にC3植物のナッツ類）主体であることからナッツ類のアク抜きや山菜の湯掻きなどの加工用、中小型は植物（ナッツ類）に加えて動物や魚介類も含まれることから日常調理用の中心、という使い分けが想定されます（米田ほか二〇二二）。このように、日常の煮る調理ではナッツ類のでんぷん粉（とろみを持つ粉粥や汁団子）と動物性食材が混合しており、主食的食材（ナッツ類）と副食の分化が不明瞭であったと思われます。

縄文深鍋の形から推定される調理法　弥生深鍋と比べると、深鍋の形から以下の使い方が推定されます。第一に、頸部のくびれが弱い、開く形であることから、かき回し頻度が高い調理に適しています。第二に、大多数の時期・地域では鍋蓋を用いない点も、掻き回しやすさを重視したことを示しています。縄文深鍋の多くは頸部のくびれが弱いため内側に鍋蓋を置けず、かつ、木製蓋を口縁からはみ出して置くと縁辺が焦げてしまうことから、木製蓋もなかった可能性が高いのです（図1左）。ただし例外として、後期初頭の東日本（北陸と青森の一部地域）のみ、明瞭なくびれがある深鍋に土製鍋蓋を載せていました（図1右）。裏返せば、このような明瞭なくびれを持たない大多数の縄文深鍋では、木製を含めて鍋蓋を用いなかった可能性が高いのです。

スス・コゲから復元される縄文深鍋による調理法　上述の「でんぷん粉のトロミが付いた粉粥状鍋料理」は、以下のスス・コゲの特徴にも示されています。

第一に、吹きこぼれ痕が高い頻度で付くことから（図1左）、吹きこぼれやすい食材（デンプン粉や灰汁の多い食材）が多用されたと考えられます。

第二に、縄文遺跡の多くでは復元深鍋の七割以上という高頻度で胴下部にコゲが巡っていますが、この胴下部コゲに

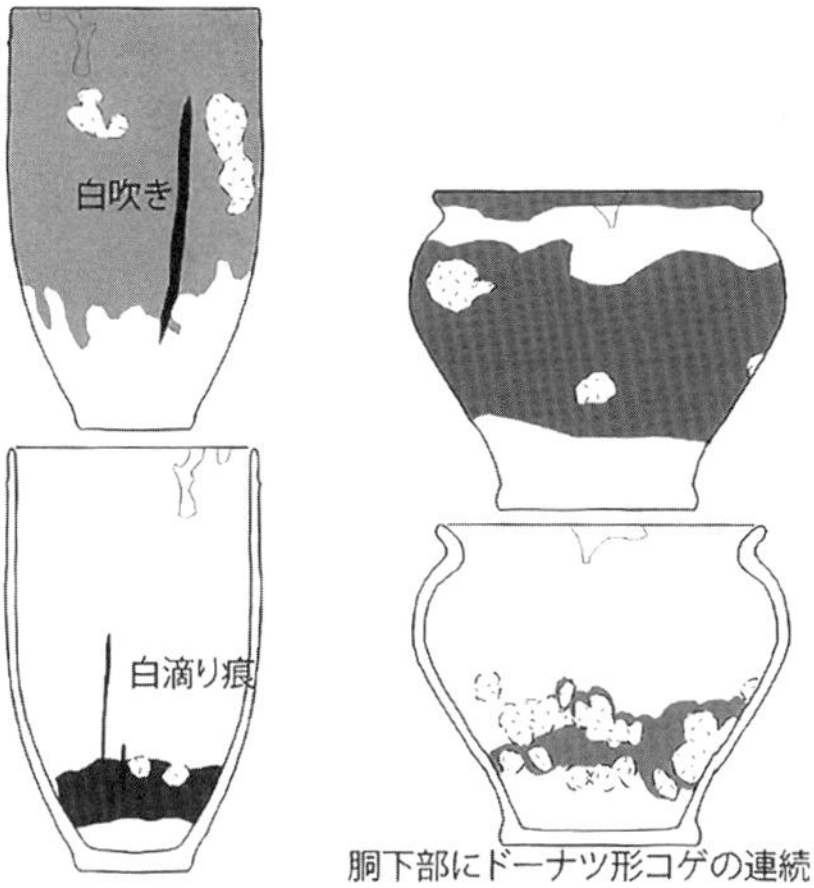

図1　頸部に括れがない深鍋（左）と括れ部に土製蓋がのる三十稲場式深鍋（右）
（上は外面、下は内面）

は、中央に顕著なコゲ飛び（酸化消失、図2）がしばしばみられることから「空焚きコゲ」が多く含まれています。これらの胴下部空焚きコゲは、上端ラインの凹凸が少ないことから、炎ではなく、熾火（炎がでない状態の赤い炭火）を胴下部に寄せて加熱した結果です。さらに、上半部にも高い頻度で熾接触コゲが付くことから（図3）、「直立状態での熾火寄せの後、鍋を熾火上に横倒しにして転がす」という二段階の空焚き乾燥を行っていました（図4）。すなわち、盛り付け終了後も鍋を火処に放置して胴下部を空焚き乾燥した後（図5）、鍋を横倒しにして熾火上で転がして上半部を空焚き乾燥したのです（図6）。

このように意図的に鍋の下半部・上半部を空焚きした理由として、頑固なこびり付きコゲを落としきれないとカビが生えて鍋が使えなくなったしまうため、強制乾燥によりこびり

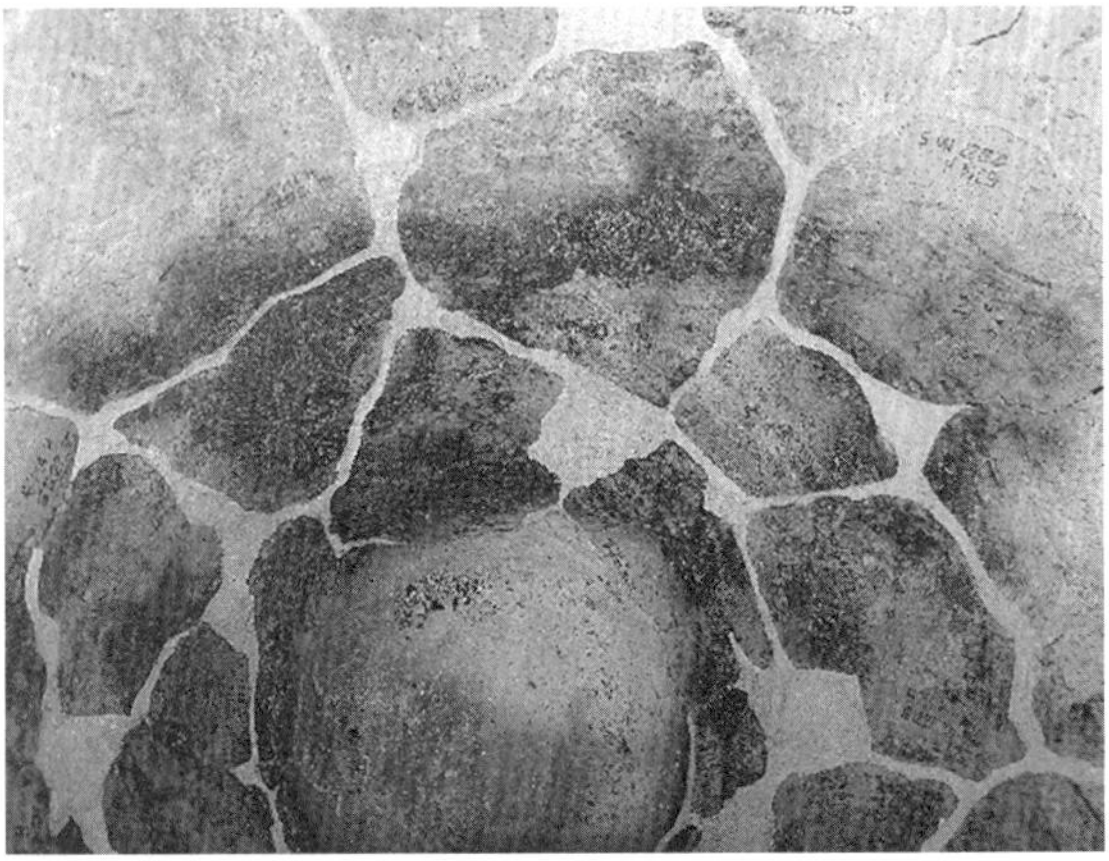

図2　胴下部帯状コゲ内部のコゲ酸化消失

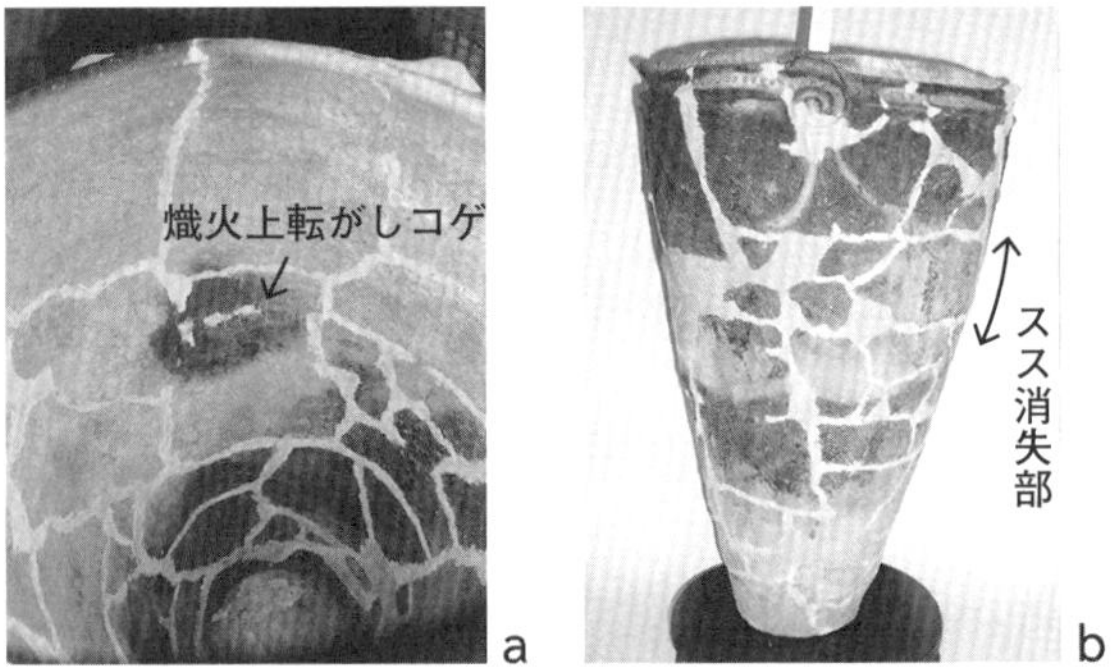

図3　上半部の熾火上転がしコゲと対応するスス消失部

図4　2段階の空焚き乾燥

付きを落としやすくしたことがあげられます（北野二〇〇八）。現代のカレーのように「でんぷん粉（カレーの場合はルーに含まれる小麦粉、縄文深鍋の場合はナッツ類）と油脂（肉・魚）が組み合ったこびり付き」は、洗剤を使っても落ちにくいのです。このようなこびり付きが湿った状態で放置されると黒カビが発生してしまいます（図7）。この黒カビは一度付いたらいくら洗浄しても落ちないので、鍋が使えなくなってしまいます。そこで縄文人は、盛り付け終了後に熾火を用いて二段階の空焚きを行うことにより、鍋の防カビ処理を行ったのです。さらに強力な炎加熱を加えて、コゲ全体を酸化消失させるリニューアルを行った場合もあるかもしれません。

なお、縄文深鍋の胴下部コゲが空焚きコゲを多く含む点は、胴下部コゲの脂質分析において海洋性動物に多い不飽和《ふほうわ》脂肪酸《しぼうさん》（通常は分解してしまう）のベンゼン環が残っていたことから、海産物を含む具材が高温（二七〇度以上）を受けたと判定されたことからも補強されます（西田二〇一四、宮田ほか二〇一二）。汁気が多少とも残る喫水線下では内壁が二〇〇度以上になるとは考えにくいことから、コゲの正体は「煮込み調理を示す喫水線下コゲ」ではなく、調理後のこびり付きの空焚きコゲも多く含まれていたといえます。

（小林正史）

図5　熾火寄せによる下半部の空焚き乾燥

図6　熾火上転がしによる上半部の空焚き乾燥

図7　こびりつきから発生した黒カビ

〔参考文献〕北野博司「縄文土鍋の調理方法—胴下部バンド状コゲの形成過程—」『歴史遺産研究』5（東北芸術工科大学、二〇〇九年）、中村耕作「住居廃絶儀礼に供献されたパン状炭化物」『縄文の世界像』（大阪府立弥生文化博物館、二〇一二年）、小林正史「鍋の形・作りの変化」『モノと技術の古代史』（吉川弘文館、二〇一七年）

Q36 火はどのように起こしましたか

A

縄文時代のイロリにおいて火をどのように起こし、薪を配置し、火種を保持したかを検討した結果、①きり揉み法（木の棒を両手の掌で挟んで回す）や弓錐法（軸棒に絡ませた弓を左右に動かすことにより軸棒を回す）で短時間に火起しができた、②薪に着火するまでに手間がかかることから、囲炉裏の灰層中に種火を保存することも多かった、③平底直置き鍋の周囲に放射状に薪を配置し、効率的に加熱した、などの点が示されました。

縄文時代の着火方法　マッチやライターがなかった時代の火起こし法として、きり揉み法（図1a）、弓錐法（図1b）、舞《ま》い錐《きり》法（図1c）、火打石などがありました。

前三者の方法では、まず、断面が正円の木の棒を「火きり板（火きり臼）」と呼ばれる板に乗せ、高速で回転することにより摩擦熱で火種（板が焦げて粉状になったもの）を作ります。この火種を「火口《ほくち》」と呼ばれる綿状の発火材に包んで息を吹きかけ、振り回すことにより炎が生じるのです。この炎を杉葉などの着火剤に移し、囲炉裏の燃料に着火します。

火きり板や火きり棒の縄文時代の出土例として以下の二例が著名です。まず、北海道忍路《おしょろ》土場《どば》遺跡から縄文時代後期の火きり棒と推定される棒と火きり板のセットが出土しました（図2）。火きり棒は長さ二二cm、直径一・三cmほどであり、両端が丸くなっています。火きり板は、幅二・〇cmで長さは

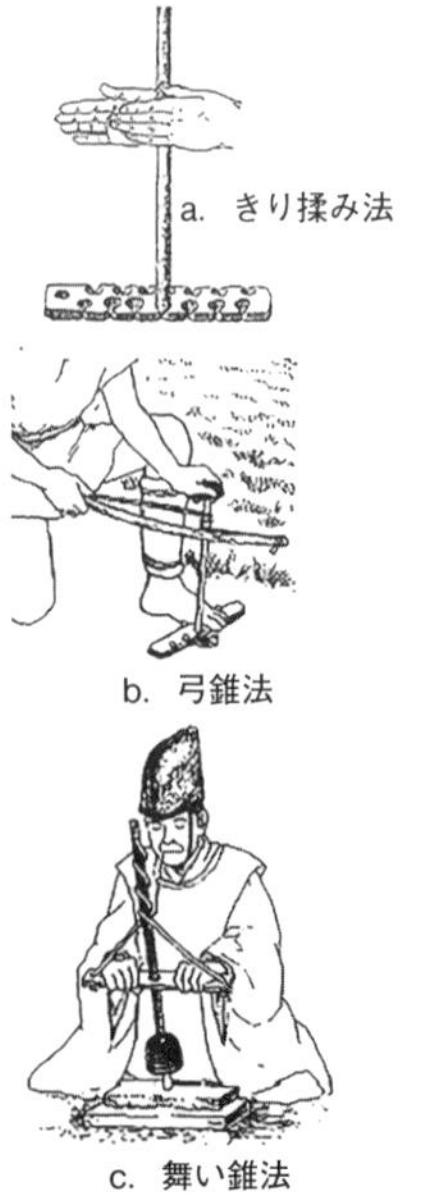

図1　火起こしの3方法
関根（1998）より

八cmほどしか残っていません。上面に三個の孔があり、直径がわかる中央の孔は径一・二cmと火きり棒とほぼ同じであったことから、両者がセットであったと判定されました。火きり板の孔は板の中軸から片側（前側）に偏っており、着火材（火口）に点火しやすいように前側が筋状の隙間ができています。中央の火きり孔は底面まで貫通していることから、使い込まれていたと思われます。

次に、石川県真脇《まわき》遺跡出土の縄文晩期の火きり板は、長さ三九cm、最大幅五・五cm、厚さ約二cmの板状の杉材であり、裏表にそれぞれ直径一・五cm程度のくぼみがあり、その一つに炭化した痕跡が残ることから火きり板と判定されました。

これら二例の特徴から、縄文時代では弓錐法やきり揉み法が用いられたと考えられています。きり揉み法は手のひらの回転のみで棒を回すという最もシンプルな方法であることから、縄文時代においても多用されたと考えられています。熟練すると二分以内という短時間で着火できるそうです。さらに、阿刀弘史の全国出土例集成によると、縄文時代以外を含めて火きり棒九九例、火きり板（臼）三五二例が報告されていますが、火きり棒に加工痕や紐ずれ痕がない点もきり揉み法が多用されたことを示しています（副島二〇一八）。

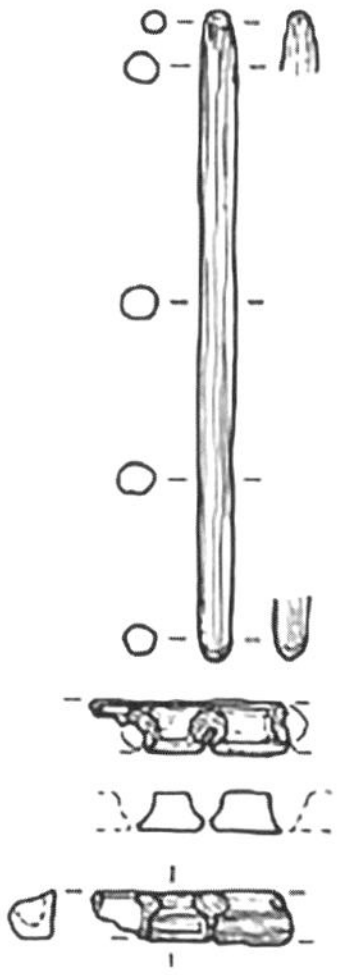

図2　忍路土場遺跡の火起こし棒と火きり板
北海道埋蔵文化財センター（1988）『調査年報1』より

次に、弓錐法については、考古資料において火起こし用の弓を認定することは難しいですが、関根秀樹氏は上述の忍路土場遺跡の棒の長さ（二二cm）はきり揉み法には短かすぎることから弓錐法を想定しました（関根一九九八）。すなわち、きり揉み法では棒を両手で挟み、下に押し下げながら回転を続けますが、手の平の位置が下がってくると上端に持ち変える必要があるため、ある程度の長さが必要です。長さ三〇cm以下の棒では無理な前傾姿勢を強いられて力が入らず、回転が継続できないそうです。一方、弓錐法では上端に丸板を当てて押さえますが、上述のように出土した火起こし棒には上端に擦れた痕跡がないことから、否定的な意見もあります。

舞い錐法は、江戸時代後期に神事での発火具として使われはじめたとされています（関根一九九八）。本来は中世に伝来した穴あけ用ドリルでした。縄文時代から江戸時代初めまで、はずみ車出土例が皆無である点も、江戸時代以前では舞い錐法がなかったことを示しています。

なお、火打ち石法は、火打石と鋼鉄（火打ち金）を打ち合わせ、鋼鉄が削れて発生した火花を元に、火を起こします。鉄製品がない縄文時代にはなかったでしょう。古墳時代以降に多く確認され、近世以降は発火具の主体となりました。

火種の保存　上述のように、熟練するときり揉み法でも一〜二分で火を起こすことができますが、薪に着火して大きな炎にするにはもうひと手間が必要です。このため、明治〜昭和の薪を用いた時代では、就寝前に熾火《おきび》を灰で覆うことにより火種を保持し、翌朝には灰から取り出して息を吹きかけることにより簡単に炎を復活させる方法が多用されました。

縄文時代の火処は窪みを持つ例が多いことから、ある程度の厚さの灰層が敷かれていたと考えられます。鍋調理の項で述べたように、「直立状態の熾火寄せ⇒熾火上転がし」という二段階の熾火加熱による空焚き乾燥を普遍的に行っていた事実も、囲炉裏における灰層の存在を示唆しています。特に、縄文時代早期の尖底深鍋や後期後半〜晩期の一部地域にみられる自立しない小平底深鍋の時期では、竪穴住居の床面に「囲炉裏の証拠とされる赤変部」がみられない傾向があることから、灰が厚く敷かれていたと推定されます。

放射状薪配置と井桁状薪配置　浮き置き加熱の民族誌では、薪の先端が接するように放射状に配置することが基本です。二本の薪の先端が近接することにより相互に熱を維持して炎が消えにくくなり、また、先端のみが燃焼することにより鍋の中央に効率的に熱を当てることができます。フィリピンやラオスにおける三石上の浮き置き加熱の民族例では、私たちからみると驚くほど少ない量（一kg未満）の薪でご飯とオカズを調理しています。

また、石川県白峰村の浮き置き（自在鈎）炉では、調理とともに暖房機能も重要なため丸太状の太薪を二〜四本放射状に配置し、一方（細め）が火勢調整用（バイタ）、他方（太め）がオキ作成用（トネ）、という役割分担があり、熾火を活用して長時間の加熱・暖房を行う工夫が施されていました。

直置き加熱の薪配置　縄文・弥生時代の平底深鍋は直置き加熱されますが、参考となる民族誌事例がほとんどないため、薪の配置法がよくわかっていませんでした。各地の埋蔵文化財センターや博物館でさかんに行われている複製縄文・弥生深鍋による調理実験では、キャンプファイアーのイメージで鍋の周囲に薪を井桁《いげた》状に組むことが一般的です（図3a）。この薪配置では、薪の先端が寄り添うことがないので、火勢を維持するために頻繁に煽ぎ続ける必要があります。また、薪の側面まで広範囲に燃えるため、炎の熱の多くが鍋に当たらずに空気中に逃げたり、火勢が安定した後は炎が大きすぎて掻きまわしに支障がでる、といった難点がありました。

そこで、浮き置き加熱の基本である放射状配置を応用して、ハ字形の二本一組を複数放射状に配置して直置き加熱した結果、より少ない薪量でより短時間で調理（炊飯）ができました（図3b）。先端しか燃えないため、薪消費量は井桁状配置よりもずっと少なくて済みます。実験深鍋の胴下部のコゲ（内面）とススとび（外面）を観察すると（図3c）、井桁状配置では薪接触部を示す円形の単位が二段以上重なることが多いのに対し、放射状配置では円形の単位が一段のみ連続した帯状を構成します。帯状コゲおよび、それと対応する外面スス酸化部の幅は、放射状配置の方が狭くなります。

図3　井桁状（a）と放射状（b・c）の薪配置

縄文・弥生時代の中型深鍋では高い頻度で胴下部にコゲがめぐりますが、縄文深鍋の胴下部コゲは鍋調理の項（Q35）で述べたように盛り付け終了後の熾火寄せ空焚きコゲなので調理時の薪配置を示していません。そこで、多くが炊飯で形成された喫水線下コゲである弥生深鍋をみると、外面胴下部には、上端ラインの凹凸がコゲ上端と対応するスス酸化部がめぐることが一般的です。これらの胴下部のコゲとスス酸化部には、①円形の単位が連続して帯状をなす、②円形の単位が一段のみめぐるので幅が狭い、という特徴があることから、弥生時代の直置き加熱では放射状の薪配置が一般的だったと言えます。同じ平底である縄文深鍋でも同様であったと考えられます（小林二〇一五）。

（小林正史）

〔参考文献〕岩城正夫・関根秀樹「古文献に見える古代発火技術について」（『和光大学人文学部紀要』18、一九八三年）、関根秀樹『縄文生活図鑑』（創和出版、一九九八年）、小林正史「縄文と弥生の食」『北陸から見た日本史』（洋泉社、二〇一五年）、副島蔵人「博物館における体験学習プログラムと時代考証について」（『史叢』98、二〇一六年）

Q37 食器は何を使っていましたか

A

食器の時間的変化をみると、①縄文時代前・中期、縄文時代後・晩期、弥生時代の順に、木製食器の比率が減り、土製食器が増える、②東日本では縄文時代前・中期から後・晩期へと小型（銘々）の鉢・浅鉢の比率が高まる、③東日本の縄文晩期では有文赤塗の鉢に高い頻度でスス・コゲが付く、という傾向が観察されました。これらの変化の背景として、メジャーフードであるナッツ類において、アク抜き不要で粒食可能なクリ・クルミ・ドングリが減り、手間の掛かるアク抜きを必要とし、粉食が主体のトチが増えた結果、でんぷん粉を入れたトロミ鍋・粉粥や汁団子入り鍋調理の比率が増えたことが考えられます。このような調理法の変化により、手持ちサイズの銘々《めいめい》食器（個食用鍋との兼用も含む）が増えたと考えられます。

食器の種類 食器は、①深さ、容量、台の高さといった形態、②木製か土製か、③手持ち食器か置き食器か、④銘々食器か共有器か、などの属性の組み合わせによって多くの種類があり、用途に応じて使い分けられていたと考えられます。また、食べ方を復元するには、盛り付け用のオタマ・ヘラや口に運ぶための匙・箸などの食具との組み合わせも検討する必要があります。ここでは食器を「汁物に適したやや深めの銘々食器（小型の椀・鉢）」、「汁物には適さない浅めの銘々食器（小型の皿・浅鉢）」、「浅めの共有の置き食器（中・大型の皿・浅鉢）」、「やや深めの共有置き食器（中・大型の鉢）」に大別し、時間的変化（縄文時代早期〜中期、縄文時代後・晩期、弥生時代に三区分）とその背景を検討します。ただし、「大型でやや深めの鉢」には、大人数用食器か食材加工用かの判別が難しいものも多く含まれている点に留意する必要があります。

縄文時代の食具 縄文深鍋による調理では「デンプン粉のト

ロミと油脂の複合」のような頑固なこびり付きを生じる料理も多かったことから（本書Q35）、掻き回し・盛り付け用の木製オタマが多用されたと推定されます。全国木器用材データベース（伊東・山田編二〇一二、樹種が判定された木器が対象）では縄文時代のオタマ一五点以上が報告されています。一方、飲食用の小型匙は木製（鳥取県栗谷遺跡の縄文後期の未成品のみ）・土製（東北地方の縄文晩期後半の粗雑な作り）ともに出土例が極めて少数です。しかし、トロミのある調理は冷めにくいことが特徴なので、汁は直接口をつけて飲むことができたにしても、熱い具材を食するためには匙が必要だったでしょう。よって、イロリのすぐ近くで使われていた小型の木製匙は、破損すると燃料としてイロリにくべられてしまったのではないか、と想像しています。このため、以下では木製匙が多用された可能性も除外せずに検討を行います。

木製食器の時間的変化　木製品用材データベースに掲載された木製食器を対象とし、浅めの皿・浅鉢、浅めで高い台が付く高坏、やや深めの椀・鉢、最も深めのコップ形、に区分して組成比率を集計しました（図1）。資料数が少ない縄文時代の西日本と弥生時代後期は除外しました。

　まず、食事に不可欠な盛り付け用・飲食用の木製食具（オタマ、へら、匙）に対する木製食器の比率（食具一個に対する木製食器の個数）をみると、縄文時代前・中期の東日本五・四（四九：九個）、縄文時代後・晩期の東日本四・三（六五：一五個）、弥生時代前期の西日本二・四（五九：二五個）、弥生時代中期の東日本二・〇（九六：四八個）と西日本一・七（一九〇：一〇九個）の順に減っていきます。一方、土器の中での浅鉢・高坏・鉢の比率はこの順に徐々に増えることから（小林一九九二・二〇一七）、食器全体では木製の比率が減り、土製の比率が増えたと言えます。

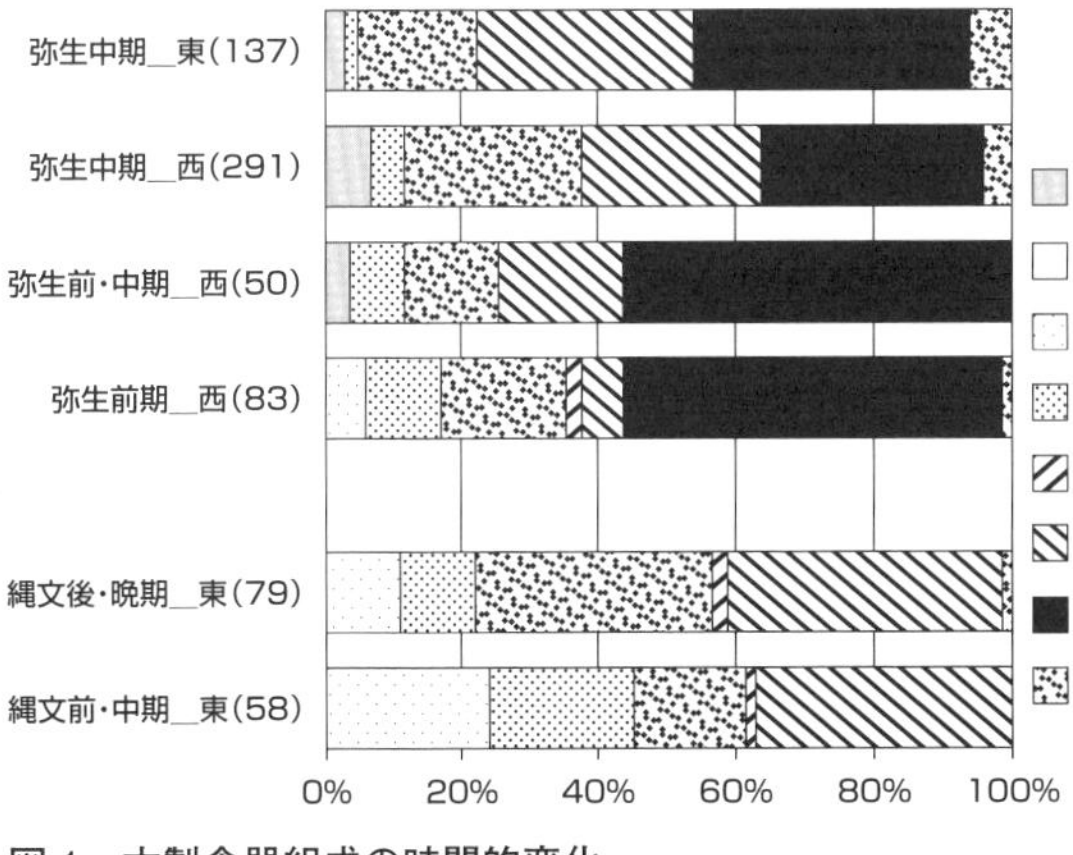

図1　木製食器組成の時間的変化

　次に、木製食器の形態を時期

間で比べると、縄文時代ではやや深めの椀・鉢が過半数を占めたのに対し、弥生時代になると椀・鉢は三割以下に減り、浅めの木製食器（魏志倭人伝の記述などから米飯用食器と考えられます）が増えました。そして、浅めの木製食器の中では、「高坏を用いない縄文時代」、「木製高坏が主体を占める弥生前期」、「木製高坏が減少し、木製浅鉢・皿とほぼ半々の比率になる弥生中期」（図1）という変化がみられることから、米飯用の高坏は、出現当初は木製が主体でしたが、徐々に土製に転換したことがわかります。

土製食器の時間的変化　最も資料が豊富な東北地方を中心に時期間を比べると、（Ⅰ）土製浅鉢が非常に少ないことから、木製食器が主体を占めていたと推定される草創期から前期、（Ⅱ）多人数用共有器や食材加工用と思われる二ℓ以上の中・大型の土製浅鉢・鉢が主体を占めるが、銘々用の小型食器（目安として現代の麺用どんぶりの上限である一ℓより小さい）が少ないことから、銘々食器は木製が主体だったと推定される縄文時代中期～後期前半（図2・3の①～⑦）、（Ⅲ）小型（一ℓ未満）の土製浅鉢・鉢（鉢には有紋赤塗であることから本来は盛り付け用だが、ススコゲが付く例も多く含まれる）が増える後期後半～晩期（図2・3の⑧～⑯、ただしススコゲが高頻度で付く鉢は煮炊き用とし、グラフから除外）、という時間的変化がみられます（図2）。また、縄文時代後・晩期では、東西日本間の食器の違いが顕在化し、西日本では二ℓ以上の中大型が浅鉢・鉢の主体となりました（図2・3の⑰）。

木製食器が減り、銘々用の小型鉢・椀が増えた理由（図4）

以上をまとめると、①縄文時代前・中期、縄文時代後・晩期、弥生時代の順に、食器の中での土製の比率が増し、その分、木製の比率が減った、②縄文時代前・中期から後・晩期へと食器全体の中で銘々用と考えられる一ℓ未満の小型椀・鉢（やや深めの手持ち食器）の比率が増えた、③縄文時代晩期後半の東日本では有紋赤塗の小型土製鉢に高い頻度でススコゲが付くことから「個食用鍋と兼用の銘々食器」が普及した可能性がある、という変化が観察されました。③の前兆として、縄文時代後期初頭に注口付きの浅鉢・鉢が出現し、高い頻度でススコゲが付くことが報告されています（阿部二〇一四）。

第一の点の背景については、「木製食器が減り、土製食器が増える現象」は弥生時代になっても継続することから、壊れにくいが製作に手間がかかる木製食器から、容易に製作できる土製食器に徐々に転換したこと、があげられます。

第二・三点目の背景については、銘々食器と思われる小型の鉢（ススコゲが付く例も多くみられる）・浅鉢が増加した縄

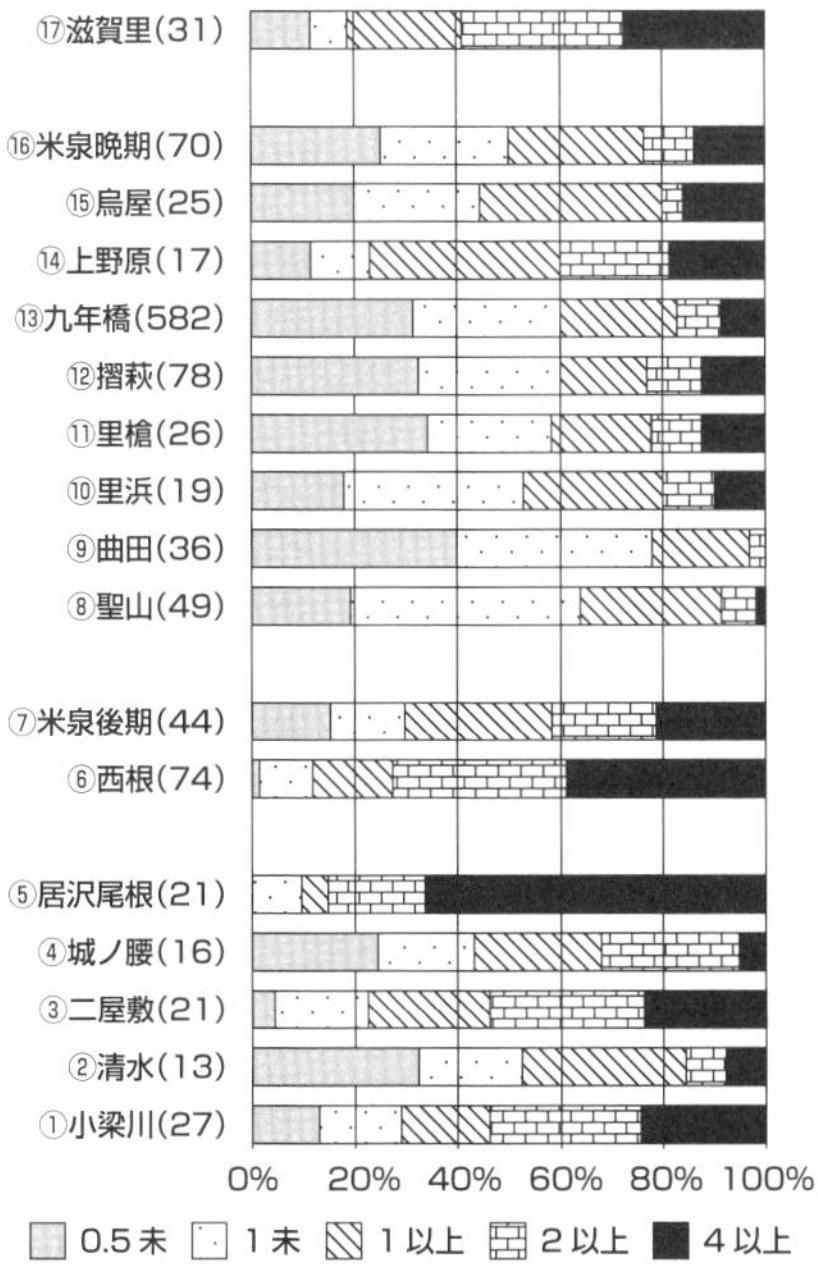

図3　縄文時代の土製浅鉢・鉢のサイズ組成

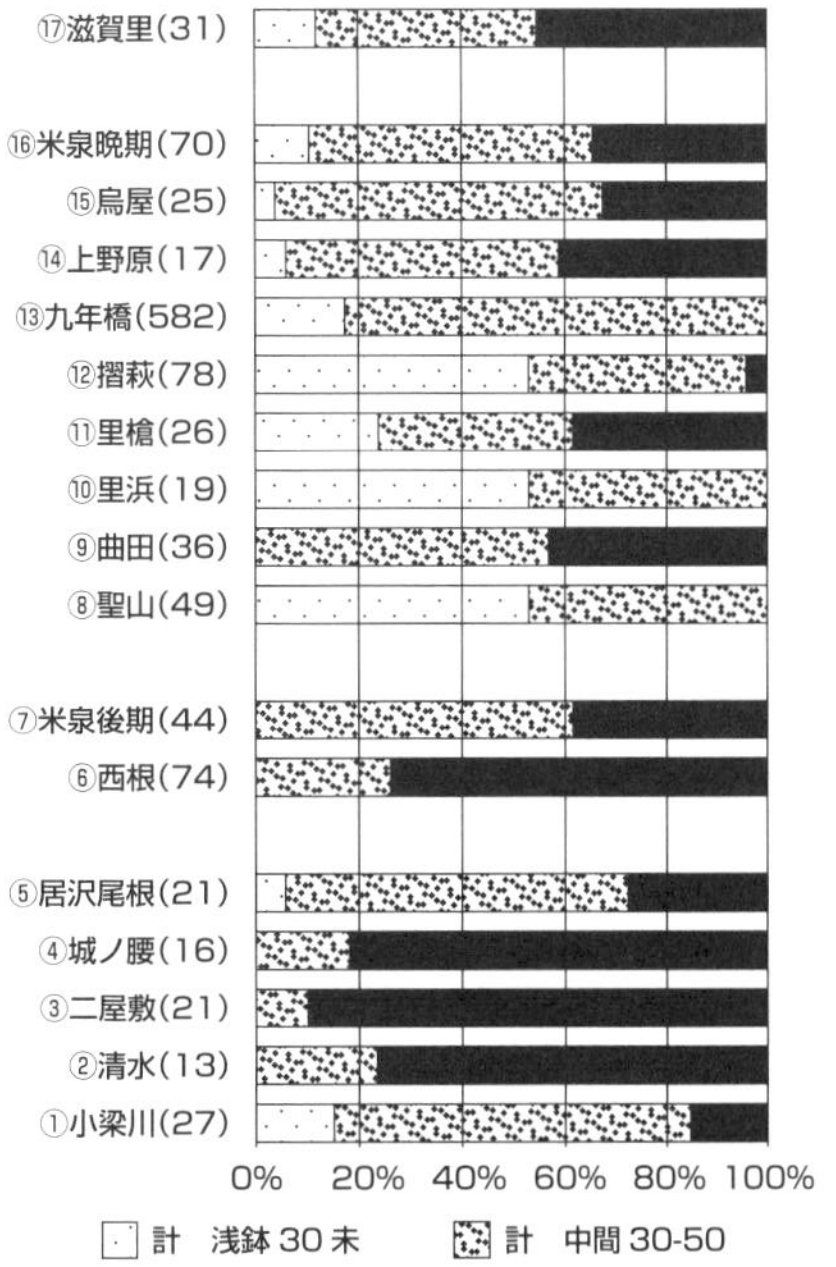

図2　縄文時代の土製浅鉢・鉢の深さ指数組成

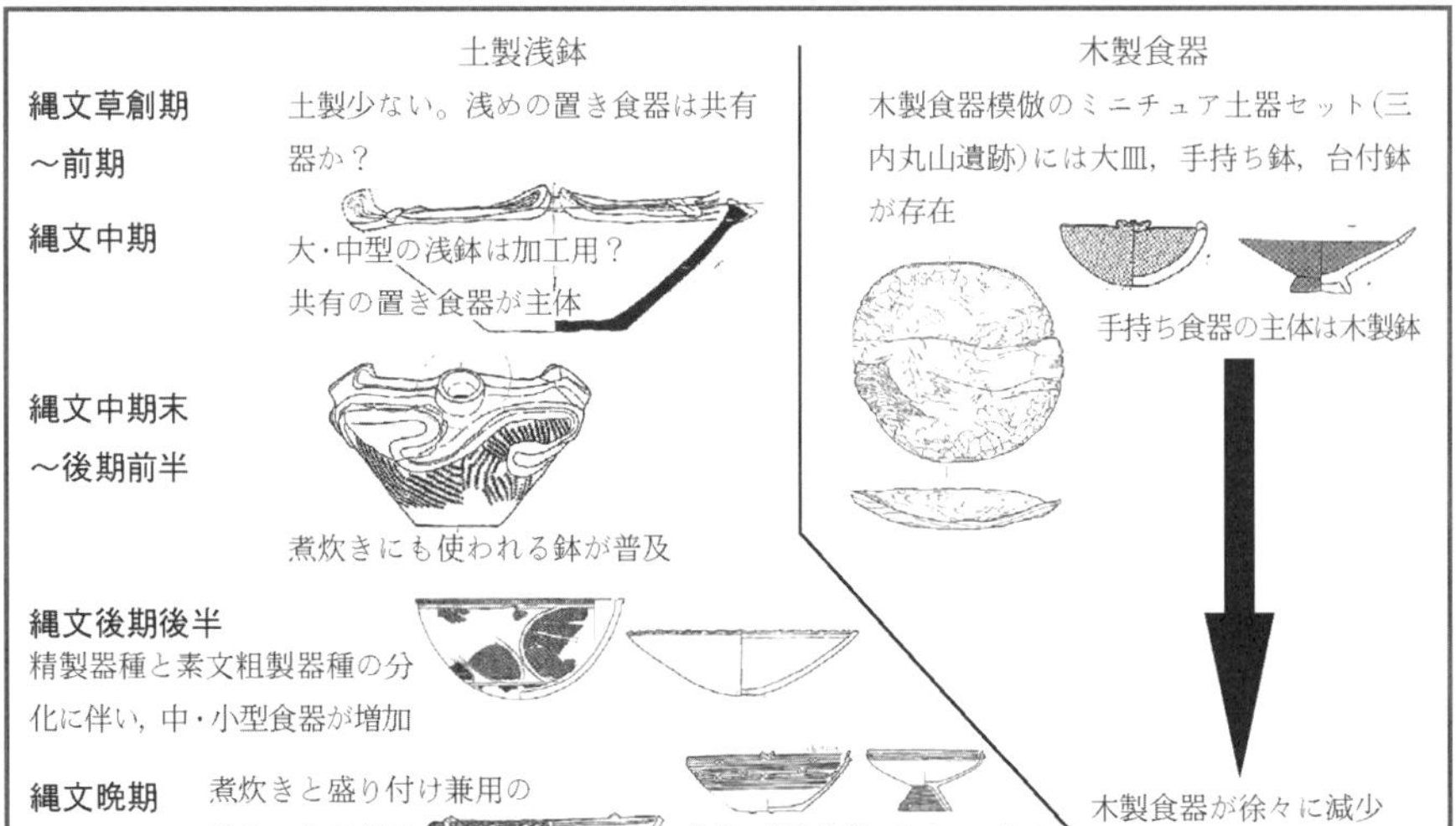
浅鉢・鉢が普及
共有の置き食器に加えて，銘々
器(一部は手持ち)が増加

図4　東北地方の縄文食器の変化の概要

文時代後期後半~晩期では、ナッツ類におけるトチ（加熱アク抜きを必要とする）の増加が顕著になることから、上述した「ナッツ類のでんぷん粉によりトロミを付けた鍋料理」が増えた結果、温め直しができる個食用鍋のような食べ方が普及したのではないかと考えられます。

アク抜きが不要なクリ・クルミ・一部のドングリ（シイなど）は粒のまま食することができたのに対し、加熱アク抜きが必要なトチやドングリは粉食が多かったでしょう。縄文時代と同様にナッツ類が最も重要な食材であったカリフォルニア採集狩猟民の調理民族誌では、浸水アク抜きしたでんぷん粉の調理法として、①マッシュという粉粥（水を加えたでんぷん粉をストーンボイリングにより煮詰め、匙で掬うか手食で口に入れる。煮詰める度合いにより粘り気が強い粉粥状から薄いスープ状まで多様）と②団子状に丸めた生地を板石の上にのせて焼く調理の二種類がありました。

これらの民族例を参考にすると、縄文時代のナッツ類の調理法には、①クリ・クルミ・アク抜き不要なドングリ類を粒食、②クッキー状・パン状のでんぷん粉生地を板石上で焼くか、炉の灰層・オキで蒸し焼き、③肉・魚や他の植物食を具材とした鍋調理にでんぷん粉のとろみを加えた粉粥状調理、④鍋調理にでんぷん粉の団子を入れた汁団子、などの種類が考えられます。これらのうち①・②は浅い共有食器から食することができますが、③・④は汁気を含んでいるためやや深めの銘々食器が適しています。縄文時代後・晩期では③・④の調理法が増えた結果、やや深めの銘々食器（小型の椀・鉢）が増えたと考えられます。「個食用鍋と食器を兼用だった可能性がある小型鉢」が晩期に増えた事実も、粉粥状の鍋料理の増加と関連すると考えられます。（小林正史）

〔参考文献〕伊東隆夫・山田昌久編『木の考古学』（海青社、二〇一二年）、岩田安之「三内丸山遺跡出土のミニチュア土器に関する予察」（『三内丸山遺跡年報』、二〇一二年）、阿部昭典「注口付浅鉢の使用実験と自然科学分析による研究」（『考古学ジャーナル』654、二〇一四年）、小林正史「器種組成からみた縄文土器から弥生土器への変化」（『北越考古学』5号、一九九二年）、小林正史「縄文時代の土製食器と木製食器」『モノと技術の古代史』（吉川弘文館、二〇一七年）

Q38 土器はどのように作りましたか

A

土器作りは、素地作り、成形、器面調整、文様施文・彩色、焼成という工程から構成されています。各工程の特徴は器種により異なる点があるので、本稿では最も個数が多い煮炊き用土器（深鍋）を対象として、弥生深鍋と比べた際の縄文深鍋の製作法の特徴を説明します。縄文時代の主たる調理具であった深鍋の作り方は、弥生深鍋と比べて、①素地作りにおいて大粒の砂粒を除去しないことが多い、②細めの粘土紐を積み上げる作業だけで全体形を成形する、③内表面の仕上げが入念、④開放型で野焼きする、という特徴があります。これらの特徴は、全体形が円筒形・バケツ形で、大型把手（特に中期）や褐色化処理（後・晩期）を多用する、という形・作りを達成するための工夫を示しています。さらに、「ある工程で手間を省いた分、他の工程を入念に行って補う」という工程間の補い合いがみられます。

素地つくり　素地の砂の粒度組成（径〇・二五mm以上の砂粒の比率）をポイントカウンティング法（砂粒のサイズ組成をカウントする方法）により計測した結果、縄文深鍋の素地は弥生深鍋に比べて粗砂を多く含む傾向が見出されました（図1・2）。陶磁器では「素地つくりが最も重要な工程」と言われるのに対し、縄文土器の素地作りでは大粒砂を除去しないことも多い理由として、指で除去する手間を省いたことに加えて、成形中の形崩れを抑えることがあげられます。このように大粒砂を多く含んでも成形できるのは、細めの粘土紐を積む方法のみで円筒形・バケツ形の全体形を作っていることが理由の一つです。

紐積み成形の方法　縄文土器は、幅一・五cmほどの細めの粘土紐の積み上げ作業のみで完成形まで作り上げています。その際、「細めの粘土紐を二〜三本積んだ後、休止」というサイクルが弥生土器や土師器よりも厳格に守られています。こ

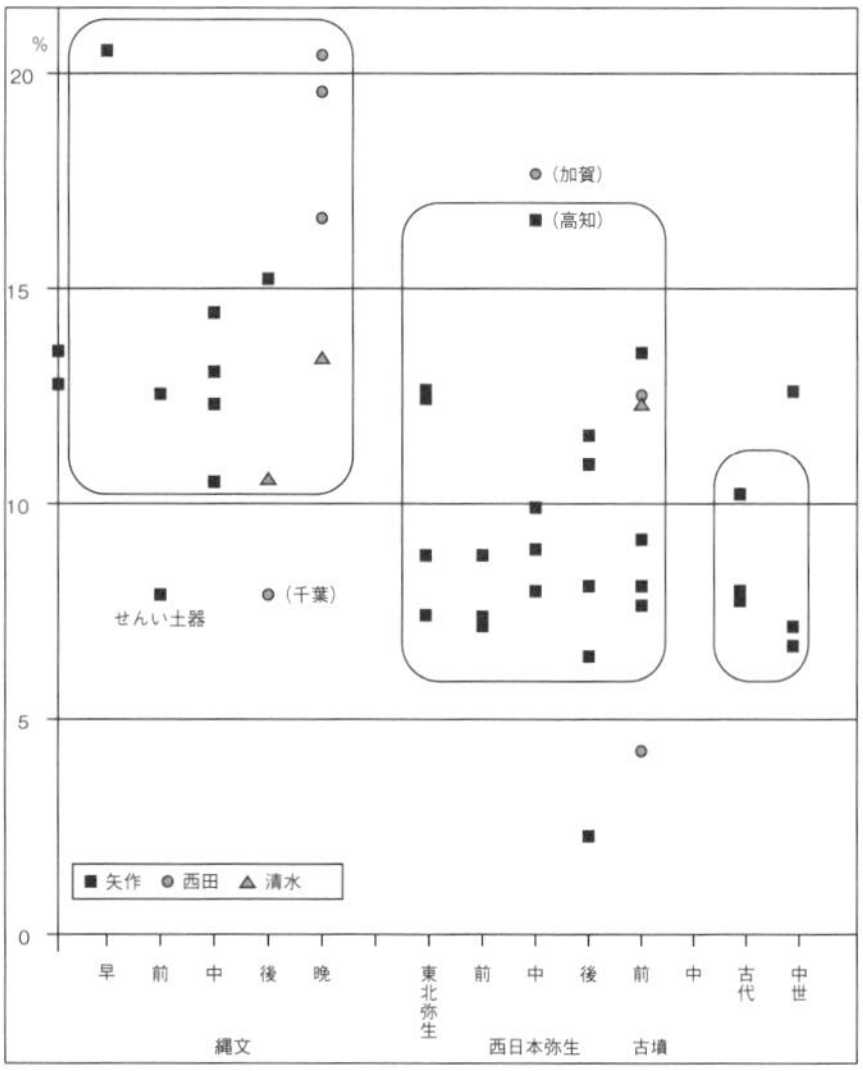

図1　ポイントカウンティングによる粗粒砂の比率

図2　土器断面にみられる多数の大砂粒　三内丸山遺跡の縄文中期土器

の休止間隔は、復元土器の水平割口をみると五～六cm間隔で長い水平割れ口（接合剥離痕が残る場合もしばしばあります）がめぐり、その間に短めの水平割口が一～二本あることからわかります（図3）。この休止サイクルは、縄文時代の早期から晩期まで普遍的・画一的にみられることから、「形崩れを抑えるための乾燥休止」というよりは、「細めの粘土紐をあまり圧着せずに三段積んだ後、まとめて伸ばし圧着した」という明確な作業工程を示しています。同様の伸ばし圧着は海南島の民族誌においても観察されます（図4）。

このような紐積みサイクルは弥生土器・土師器《はじき》でも多用されましたが、上述のように、縄文土器は紐積み作業のみで全体形が成形される点で、粘土が比較的軟らかい時点において板ナデ、叩き、頸部折り曲げなどの方法で紐積み原型を変形する弥生土器・土師器と大きく異なります。すなわち、縄文土器では、頸部の括れや胴部の膨らみなどの凹凸は、細い粘

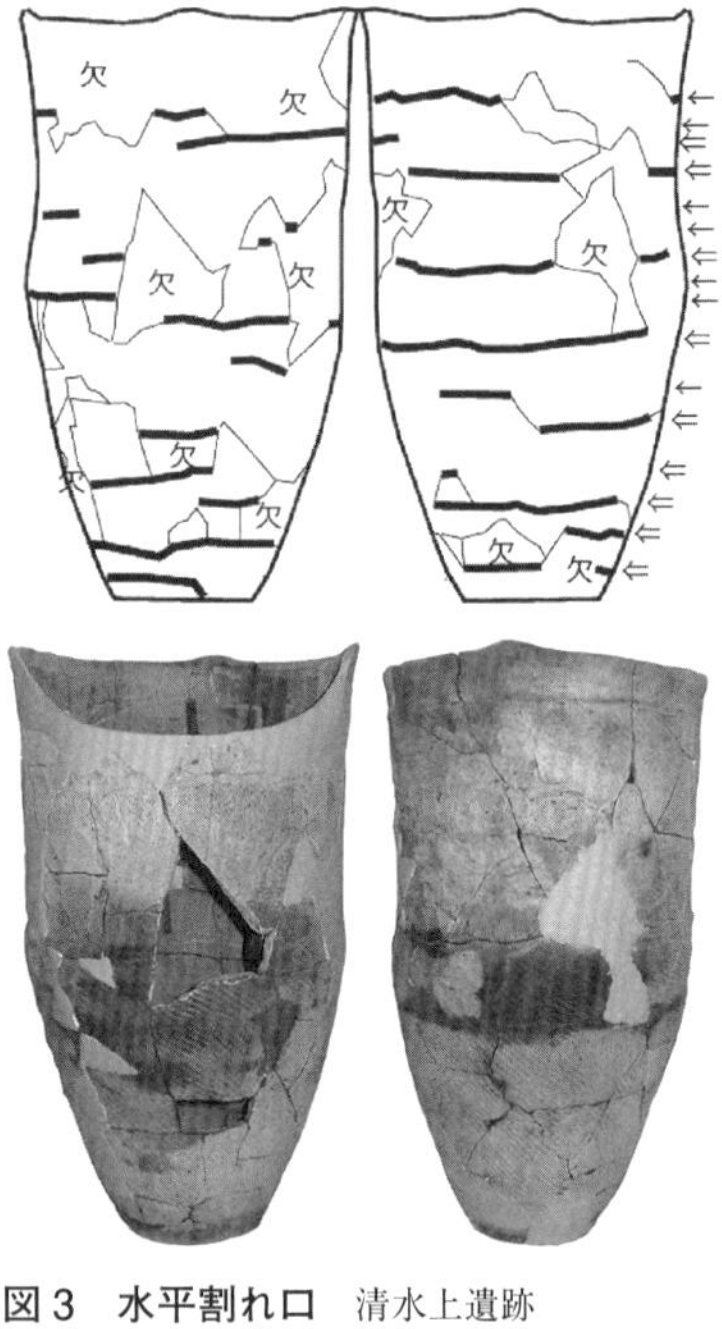

図3　水平割れ口　清水上遺跡

土紐の接合角度を変えることにより作り出しています。さらに、火焔土器にみられるような複雑な形の大型把手も全て粘土紐を駆使して作り上げています。切り取りにより口縁を波状にする、把手中央に穴をあける、などの操作は行っていません（宮尾二〇〇九）。このように、紐積み作業のみの成形では、細い粘土紐を一段ずつ入念に圧着していては手間がかかりすぎるので、「数段積んだ後、まとめて伸ばし圧着」というサイクルを繰り返す方法が威力を発揮していると考えられます。

図4　海南島の伸ばし圧着による外傾接合　鄧聡氏提供

細めの粘土紐を積む際、継ぎ目が内面側に向かって低く傾斜する場合を「内傾接合」、外面側に向かって低く傾斜する場合を「外傾接合」（図4）と呼びます。内傾接合では連続的に粘土紐を積む際に、「内面側を親指で押し下げ、外面側を他の長い指で引き上げる操作」により上下の粘土紐を軽く圧着しながら三段積んだ後、内面全周にわたってヘラ工具を上から押し下げて粘土紐を圧着したと考えられます。一方、外傾接合では親指で外面側を押し下げて粘土紐を積み、三段まとめて圧着する際には内面ではへら工具を下から引き上げる操作になります（図4）。

東日本では、縄文後期半ばを境に外傾接合から内傾接合に転換しました。これは、縄文後期半ば以前の深鍋は深めの円筒形（下部が狭い形）が多いため、「三本まとめてヘラ工具でナデつけ圧着する際に、内面では工具を下から上へと引き上げる操作」が適していたのに対し、後期後半以降ではやや浅めで口の開きが大きくなったため、外傾接合では器壁が形崩れするリスクが高まり、かつ、粘土紐三本をまとめて圧着する際に内面では工具を上から下へ押し下げる操作が容易になったことが理由と考えられます。

内面の仕上げが入念　縄文深鍋では上述のように水平割口の出現頻度が高いことから、弥生深鍋に比べて粘土紐の圧着が弱いことがわかります。紐積みの圧着が弱いとその部分から水漏れが起こりやすいので、縄文深鍋では粘土が硬くなった時点で内面にミガキ調整を施し、水漏れが起きないように内面の表層を硬化しました。

開放型野焼きにおける土器の配置方法　縄文土器の開放型野

焼きでは、「土器を直立して設置するが、外底面に熱を当てるために最終段階に横倒しする場合（図5b・c）」と「最初から横倒しに置く場合（図5a）」とがあり、縄文中期以降は前者が主体を占めます。この点は、中〜晩期深鍋の多くでは、①内面上半部に薪から出た炎による逆U字形黒斑があり、かつ、②外面胴中部に接地面を示す黒斑や横方向の棒状黒斑（薪との接触を示す）が付く、という特徴からわかります（図6b）。一方、前期の円筒下層式や後期前葉の深めで円筒形の深鍋は、安定平底にもかかわらず、早期の尖底土器や後・晩期の自立しない小平底土器と同様に、焼成の当初から横倒しに置かれました。上半部が開く土器では口縁部まで炎が当たりやすいのに対し、深めの大型円筒形の土器は直立状態では上部に炎が当たりにくかったためと考えられます。

イネ科草燃料で窯状の覆いを作る覆い型野焼きは稲作農耕民に特徴的にみられることから、縄文人が開放型野焼きを選択したのは、窯状覆いを作るための籾や稲藁といったイネ科草燃料が十分に得られなかったことが最も重要な理由と思われます。ただし、東北地方では弥生中期前半には水田稲作が定着したにもかかわらず、弥生時代の終わりまで開放型野焼きが継続しました。この理由として、東北地方では黒色化処理が弥生中期まで多用されたことがあげられます。黒色化処

a　b　c

図5　開放型野焼きの土器の配置　最初から横倒し（a）と、「直立に設置し（b）最終段階で横倒し（c）」

理では、焼成の最終段階において熱い土器を適切なタイミング（土器の温度が高すぎると炭素が飛んでしまい、低すぎると炭素吸着が不十分になる）で取り出して炭素吸着させることが重要ですので、焼成中の土器の状態が見える開放型の方が適していたのです。

土器の形・作りに応じた製作技術の選択　以上の縄文土器の製作技術の特徴は、以下の点で「必要とされた形・作りを達成するための工夫」を示しています。第一に、素地に多くの大粒砂を残した理由として、①大型品や厚手が多い縄文土器では、乾燥時の収縮によるひび割れを抑えるために粘

土の比率がより低い素地が適していた、②開放型野焼きの急激な昇温に対して、粗砂が多い素地の方が熱伝導率が高いため破損しにくかった、などがあげられます。

第二に、紐積みのみで成形する方法は、円筒形・バケツ形の全体形を呈し、大型突起やプロポーションに細かい凹凸がある縄文土器に適していました。縄文後期後半では、より浅めで開きが大きい土器が増えたことに対応して、外傾接合から内傾接合に転換しました。

第三に、大型把手付き土器（中期）の焼成や焼成直後の褐色化処理（後・晩期）をするためには、土器の焼成状況が見える開放型野焼きの方が適していました。

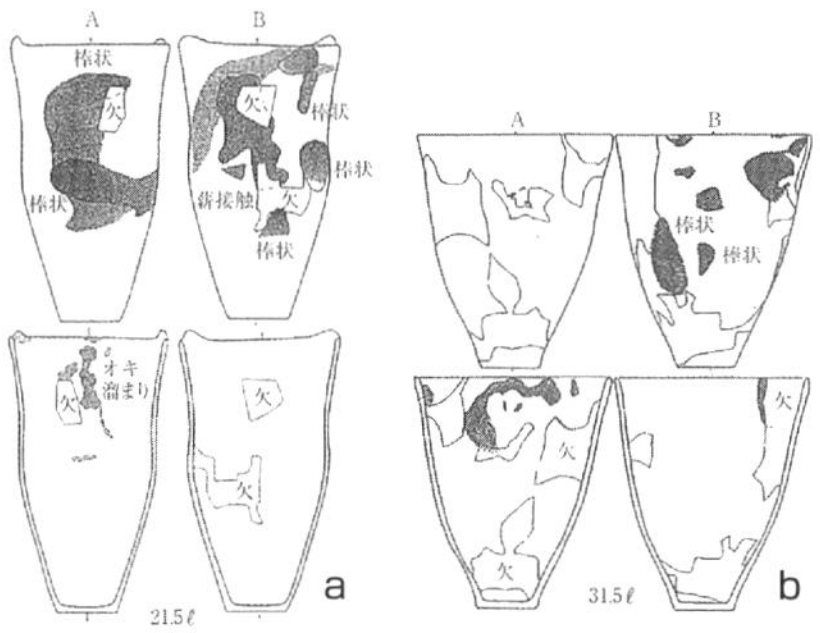

図6　縄文土器の黒斑　最初から横倒しの黒斑（a）と途中で横倒しした場合の黒斑（b）

工程間の補い合い

縄文土器の製作技術は、弥生土器・土師器に比べると技術的にはシンプルですが、以下の点で「ある工程が簡略な分、他の工程において手間をかけて補う」という工夫が顕著にみられます。第一に、素地つくり工程が非常に簡略で、大粒砂を除去していないため、紐積み一次原型を「折り曲げ技法」や叩き成形などにより大きく変形する作業には適しません。よって、粗い素地でも望む形を作ることができる細い粘土紐を積む操作のみで全体形を作り上げました。第二に、「紐積み一次原型の変形」をしないため、紐積みの圧着が弱い（復元土器において水平割れ口が高頻度でみられる）という短所がありますが、器面の乾燥が進んだ後に多くの手間をかけて内面にミガキ調整を施すことにより、水漏れを防ぎました。

以上のように、縄文土器の製作技術は、Q36で述べた鍋物調理やアク抜き加工に適した深めで円筒形・バケツ形の鍋を（手間は掛かりますが）できるだけシンプルな技術で作るための工夫を示しています。

（小林正史）

〔参考文献〕小林正史「黒斑からみた縄文土器の野焼き方法」『総覧縄文土器』（アム・プロモーション、二〇〇八年）、宮尾亨「火焔形土器の作り方」『火焔土器の国　新潟』（新潟日報事業者、二〇〇九年）、小林正史・鐘ヶ江賢二「縄文土器の紐積み方法」『三内丸山遺跡年報18』（二〇一五年）、小林正史「使い方との関連からみた土器の製作技術」『モノと技術の古代史』（吉川弘文館、二〇一七年）

Q39

編みかごについて教えてください

二一世紀の現在、日本で日常生活に土器や石器を使っている人はいませんが、植物素材の編みかごを使っている人は多いと思います。では、なぜ土器や石器はなくなったのに、編みかごは現代まで残ったのでしょうか。その答えは、縄文時代の植物資源の利用と加工技術にあります。

A

縄文時代の編み　かごやざる、敷物などは、編組《へんそ》製品と呼ばれています。編組製品とは、文字通り「編む」と「組む」技術によって作られた製品をさします。編組製品の利点は、編み目の間隔を狭くすればざるになり、広くすれば篩《ふるい》になるように、技法や素材を少し変えればさまざまな用途に使えます。さらに藁《わら》を使えば袋のような容れ物になり、竹を使えば重い物でも運搬できる堅くかっちりとしたかごになるように、材料を変えれば同じ技法の製品でも異なった用途に使用できます。このため、技法と材料となった植物の選択は、編組製品の機能を考える上で重要な要素です。

日本列島で一番古い実物の編組製品は、縄文時代早期初めの約一万五〇〇〇年前、滋賀県粟津《あわづ》湖底遺跡から出土しました。全体の形態が不明な破片ですが、編み組みが確認できます。完全なかごの最古の例は、佐賀県東名《ひがしみょう》遺跡から出土した編みかごで、早期の終わりごろの約八〇〇〇年前のものです（図1）。東名遺跡は地下水位が高い低湿地に残った貝塚で、通常の遺跡では残らない動植物遺体や編みかごなどの編組製品が極めて良好な状態で残り、編みかごだけでも約七四〇点出土しました。一遺跡からの出土した編みかごの点数としては、世界一です。

また、東名遺跡で出土した編組製品は多様で、おもにドングリ類をいれる大型のかごが多く出土しましたが、運搬用と思われる高さ約五〇cm以下の小型のかごやざる、敷物、縄

類、それらの素材を束ねた素材束も出土しました。編組技法も現在に残る基本的な技法が確認でき、約八〇〇〇年前には編組技法と素材の対応関係も確立していたことが確認できました。

縄文時代の編みかごの素材植物と技法　素材分析の結果、東名遺跡の大きなかごはイヌビワやムクロジといった落葉広葉樹の木材を割り裂《さ》いた素材（ヘギ材）で作られていました。図1のイヌビワのかごは、上部は「ござ目」、中央は「もじり」、下部は「網代《あじろ》」という技法で作られています。素材は、本体のござ目と網代の部分にイヌビワのヘギ材、黒いもじりの部分にツル植物のツヅラフジというように、部位ごとに異なる技法や素材が用いられています。技法の使い分けには意味があり、ツル植物を用いたもじり部分でタテ材を重ねてタテ材の本数を少なくし、口がすぼまるように作られています。

図1　東名遺跡から出土した約8000年前の編みかご
佐賀市教育委員会提供

縄文時代の編みかごの素材には、木本《もくほん》植物（樹木）の木材（木部）や樹皮、根、草本植物の茎、木本性または草本性のツル植物の木部や樹皮、ササ類の稈《かん》など、多様な植物のさまざまな部分が使われています。これまで、編組製品の素材植物は、ほとんどわかっていませんでした。編組製品は、若い枝や木材を薄くした素材で作られており、遺存状況も悪く、保管が難しかったため、出土資料から植物組織を同定するのは簡単ではなかったのです。しかし、素材を樹《じゅ》脂《し》に埋め込んで切片を作製する「樹脂包埋《ほうまい》切片法」が開発されたほか、現生の若い植物の対照標本が収集されて、保存処理された製品や脆《もろ》い遺物でも同定できるようになり、素材植物が新たにわかるようになりました。

素材植物の地域性　現在、縄文時代の編みかご類は約一〇〇遺跡から出土していますが、これまでの研究で約半数の資料の素材植物が判明しました。およそ一万四〇〇〇年におよぶ縄文時代には、植生が少しずつ変化していきますが、素材植物の地域性は縄文時代を通じておおむね五つの地域で維持されたようです（図2）。すなわち、九州や四国ではイヌビワやカシ類などの常緑広葉樹の木材や、ツヅラフジやテイカカズラなどのツル植物の蔓が利用されていました。さらに小さいかごにはウドカズラの気根《きこん》（空中に垂れ下がる根）が利用されていました（図3）。北陸ではヒノキやサワラ、アスナロといった針葉樹の木材や、マタタビのようなツル植物の蔓、東北や北海道南部では落葉広葉樹林に生育するカエデ属の木材やスギの根など、関東と沖縄ではタケ亜科（ササ類）の稈が多く使われていました。

唯一、こうした素材植物の地域性に変化が生じたのは九州です。九州では、縄文時代早期の終わりから前期ごろまではムクロジやカシ類などの落葉・常緑広葉樹の木材とツヅラフジなどのツル植物の蔓が使われていましたが、次第に常緑広樹林に生育するウドカズラやテイカカズラ属などのツル植物の蔓や気根がもっぱら使われるようになりました。

素材植物の地域性に大きな変化が生じるのが約三五〇〇年前ごろ以降の後期の中頃から晩期にかけてです。この頃になると「籃胎《らんたい》漆器」という、ササ類のかごに漆を塗った容器が増えてきます。判明している籃胎漆器の素材は全てササ類です。籃胎漆器は編組製品の素材植物の地域性を超えて、道南や東日本から琵琶湖の辺りまで出土しています。

図２　縄文時代の編組製品の素材の地域性

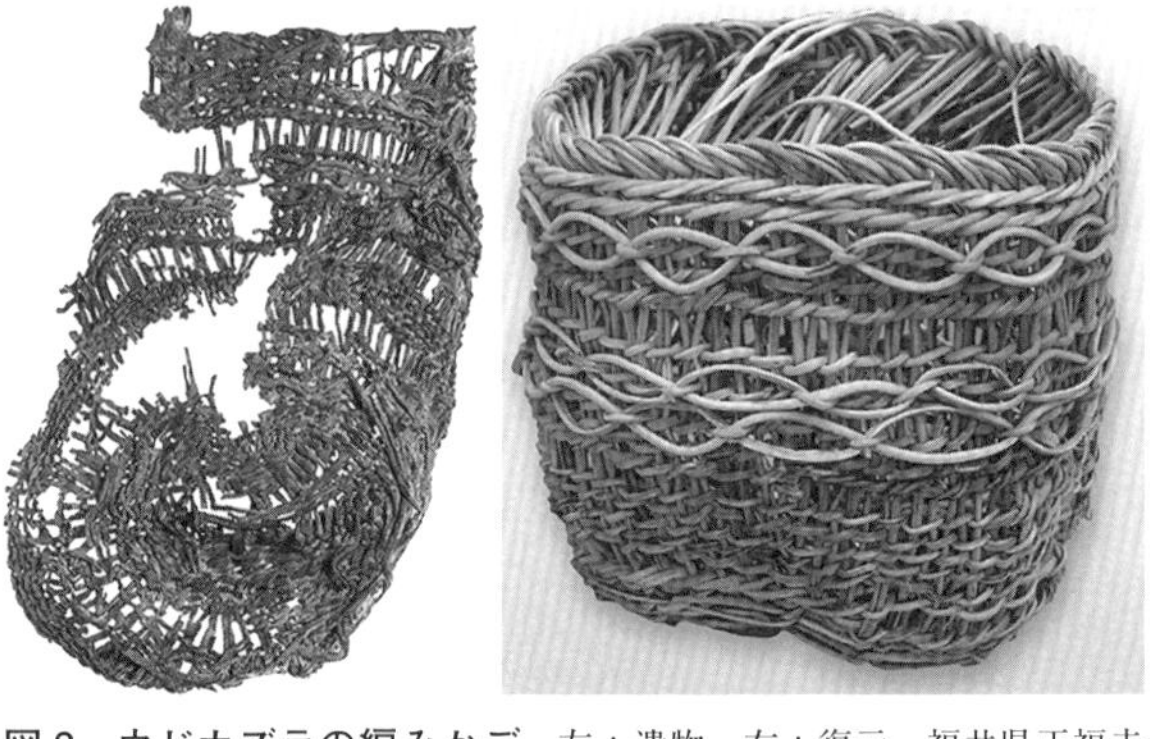

図３　ウドカズラの編みかご　左：遺物　右：復元　福井県正福寺遺跡出土

編みかご作りの技術　植物の組織構造ではタケ亜科（タケ・ササ類）より詳細な分類はできません。マダケなどのような太いタケは中世以降、もしくは近世以降に日本列島に持ち込まれたため、縄文時代の編みかごの素材にはササ類が使われていたと考えられています。

東京都下宅部《しもやけべ》遺跡では縄文時代後期三五〇〇年前ごろの編みかごなどが多数出土しています。素材は全てササ類で、編組製品の素材の束も出土し、稈《かん》の葉の付け根（葉鞘《ようしょう》）にネザサ節の植物珪酸《けいさん》体の存在が確認され、アズマネザサと推定されています（図4）。興味深いのは、現在の竹かご作りと同様、内側の柔らかくて粗い部分を削《そ》ぎとり、ヒゴを薄くしていました。さらに、編み目が細かく密なかごには薄いヒゴ、粗くざっくりとしたかごには厚いヒゴを使い、技法に合わせてヒゴの厚みの調整がされていました。

薄く剥《は》ぐには、素材の素性《すじょう》や生育年数、採取する季節が重要なことが現在のかご作りの知識や復元製作実験からもわかっています。すなわち良い素材を一定量得るためには、素材植物の管理が必要です。縄文時代の編みかご作りの背景には、良い素材が得られる環境があり、良い材料を十分確保するためには人々が素材植物を管理した可能性が高いと考えられます。

縄文時代のかご作りから見た特性　縄文時代のかご作りは、基本的に近傍の植物資源を利用して製作しています。そこがより遠方に材料を求める土器や石器との大きな違いといえるでしょう。生活に根付いている身近な文化と技術であることが、現在までかご作りが継続して行われている一つの理由となったと考えています。

（佐々木由香）

〔参考文献〕工藤雄一郎・国立歴史民俗博物館編『さらにわかった！縄文人の植物利用』（新泉社、二〇一七年）、佐々木由香「縄文・弥生時代の編組製品の素材植物」（『季刊考古学』145、雄山閣、二〇一八年）

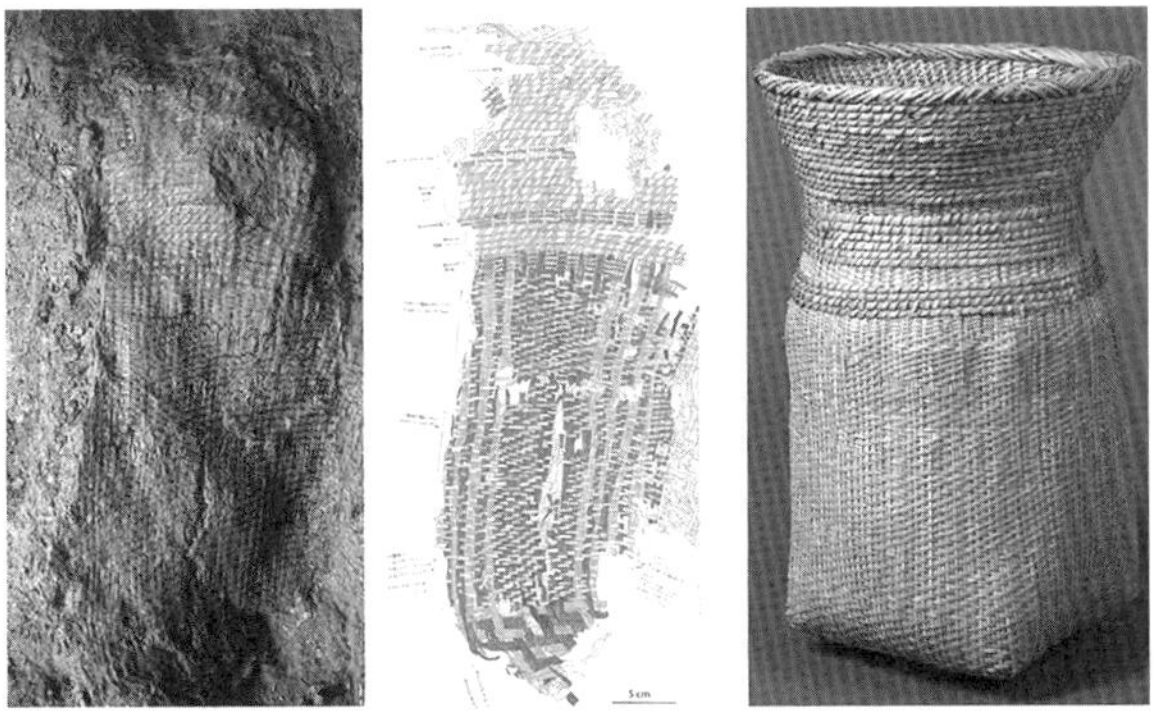

図4　縄文時代の編みかご（左・東京都東下宅部遺跡出土）と実測図に技法情報を加えた図（中央）、復元品（右）

Q40 漆はどのように使いましたか

A

日本における人と漆の関りは古く、縄文時代までさかのぼります。漆は、ウルシの木から採れる樹液を塗料として利用します。身近なものとしては、食事に使われる漆器碗などがあります。縄文時代の漆利用は、樹木としてのウルシの栽培・管理、混ぜる顔料の選択・流通、様々な漆工技術の発展などにより、縄文文化の形成に深くかかわってきました。最近の自然科学分析の研究成果もあわせてみていきたいと思います。

「ウルシ」利用と「漆」文化　ウルシは熱帯から温帯に分布するウルシ科の植物になります。原産地は中国の長江中・上流域から東北部と考えられ、現在、朝鮮半島や日本列島には野生のものはなく、栽培されたものだけが分布しています。ウルシは樹皮から樹液を採取することができ、その漆液は塗料として利用されます。東アジアや東南アジアでは各地域に特有の漆文化が形成され、漆工技術が発展してきました。ちなみに、植物としての「ウルシ」を示す場合にはカタカナ書きを用い、塗料としての漆液や漆製品などを表す場合には「漆」の漢字で区別しています。

採取された樹液状態の漆は、樹皮などの不純物を濾しとり、攪拌する作業や、火にかけて水分を蒸発させる精製が行われます。精製された漆は、油煙や鉄分を加えた黒漆、ベンガラや水銀朱《すいぎんしゅ》を混ぜた色漆などの様々な状態にして、それを塗り重ねて製品に仕上げていきます。

縄文時代における漆・ウルシ利用　日本列島における最古の植物としてのウルシの証拠は、福井県鳥浜《とりはま》貝塚で確認されています。樹種同定で解明されたウルシ材の放射性炭素年代値は、約一万二六〇〇年前であり、縄文時代草創期の時期になります。日本列島にはもともとウルシは自生していないと考えられるため、その起源については議論が続いています。一

方、ウルシから樹液を採取して製作された最古の漆製品は、北海道垣ノ島《かきのしま》B遺跡の土坑墓から出土しています。これは、ベンガラ漆塗りの装身具で、約九〇〇〇年前の縄文時代早期の時期になりますが、年代については論争があります。

縄文時代早期末から前期以降には、幅広い地域で漆製品が出土します。木胎《もくたい》・土器胎《どきたい》・籃胎《らんたい》などの各種胎を用いた容器類、弓などの狩猟具、櫛や耳飾りなどの装身具類に漆が塗られます。黒色漆と赤色漆が用いられますが、特に赤色漆が好まれていたようです。鳥浜貝塚では赤漆塗りの櫛や漆彩文土《さいもんど》器《き》などの漆器が多数発見されています。漆彩文土器は、山形県押出《おんだし》遺跡（縄文時代前期）の資料も有名です。同じ、縄文時代前期の青森県向田《むかいだ》（18）遺跡では、貝殻象嵌《ぞうがん》木胎漆器が出土しています。この資料は、赤漆塗りの大型容器の突手部分にスガイの貝殻を象嵌した痕跡が残っており、螺鈿《らでん》細工の先駆けとも言える優品です。島根県夫手《それて》遺跡では漆工用具として漆液容器もみつかっており、その場所で漆器製作が行われていたことも確認されています。縄文時代前期には、すでに技術的・美術的な面で完成された漆文化が存在していたことがわかります。この他に、漆液は接着剤・膠着材としても利用され、破損した土器の修復や、石鏃《せきぞく》と矢柄《やがら》の接着にも用いられました。また、ウルシは塗

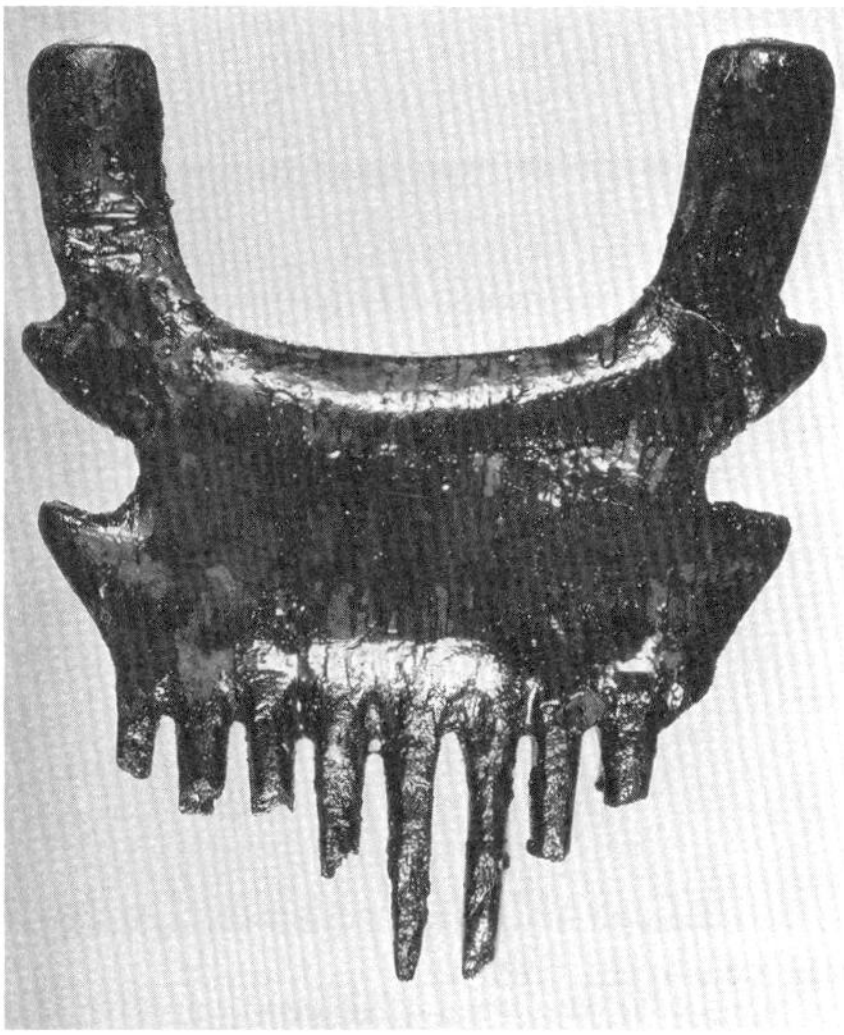

図1　赤漆塗刻歯式櫛　福井県鳥浜貝塚、縄文時代前期（福井県立若狭歴史博物館所蔵）

図2　漆彩文土器　山形県押出遺跡、縄文時代前期（山形県立うきたむ風土記の丘考古資料館所蔵）

料以外にも木材として利用されます。ウルシの木材は軽く耐湿性にも優れることから、舟形容器や皿に使用される事例がみられます。

その後の縄文時代中期は、漆文化はやや低調になりますが、後期以降も継続して発展していきます。後期には、透かし彫り装飾がある大型櫛が作られます。北海道カリンバ遺跡の土坑墓からは、櫛や腕輪、腰飾り帯などの漆塗り装身具が副葬品として出土しています。何らかの社会的役割を担った人物が漆器を身につけていたのかもしれません。晩期には青森県是川《これかわ》遺跡に代表されるような漆技術にたけた亀ヶ岡文化《かめがおかぶんか》が成立します。

このように、縄文時代の漆・ウルシ利用は早い段階からはじまり、前期には技術的に確立し、後・晩期に発展したことがわかります。

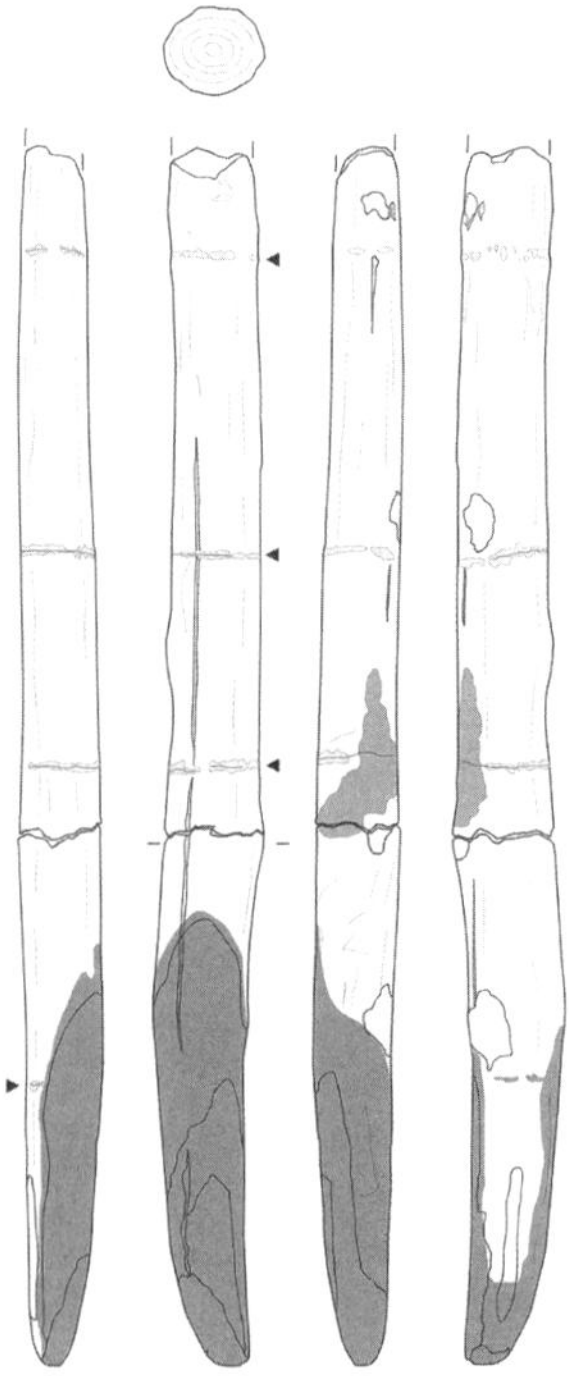

図3　傷跡のあるウルシ杭　東京都下宅部遺跡、縄文時代後期（東村山歴史館所蔵）
傷跡があるウルシ材として日本で初めて確認された。下宅部遺跡では78本のウルシ材がみつかり、そのうち44点に傷跡があった。273号杭には4箇所に傷がある。約3700年前の年代測定結果が得られている。

下宅部遺跡における実態解明

それでは遺跡における漆・ウルシ利用は具体的にはどのようなものだったのでしょうか。東京都下宅部《しもやけべ》遺跡において実証的な研究が行われています。

この遺跡は、縄文時代中期から晩期の約五三〇〇年前から二八〇〇年前頃の遺跡で、縄文人の水辺での生活痕跡が非常によく残っています。食料として利用された植物、それらを加工する水場の木組み施設や杭列とともに、飾り弓や杓子、漆塗り土器などの様々な漆製品が発見されています。弓は漆を塗っていない丸木弓も含めると約四〇点みつかっており、その多くが獣骨の集中地点に伴って出土したことから、狩猟に関する儀礼を行っていたことが推測されています。水辺の土木材にはクリやウルシが多く利用されています。特に杭は、傷を付けて樹液を採取した痕跡が残るウルシ材を再利用しているものが多数出土しています。下宅部遺跡では七八本のウルシ材がみつかり、そのうち四四点に傷跡が確認されました。この傷跡と同じ間隔で現生木での樹液採取実験が行われ、漆液が効率的に採取できることが示されています。

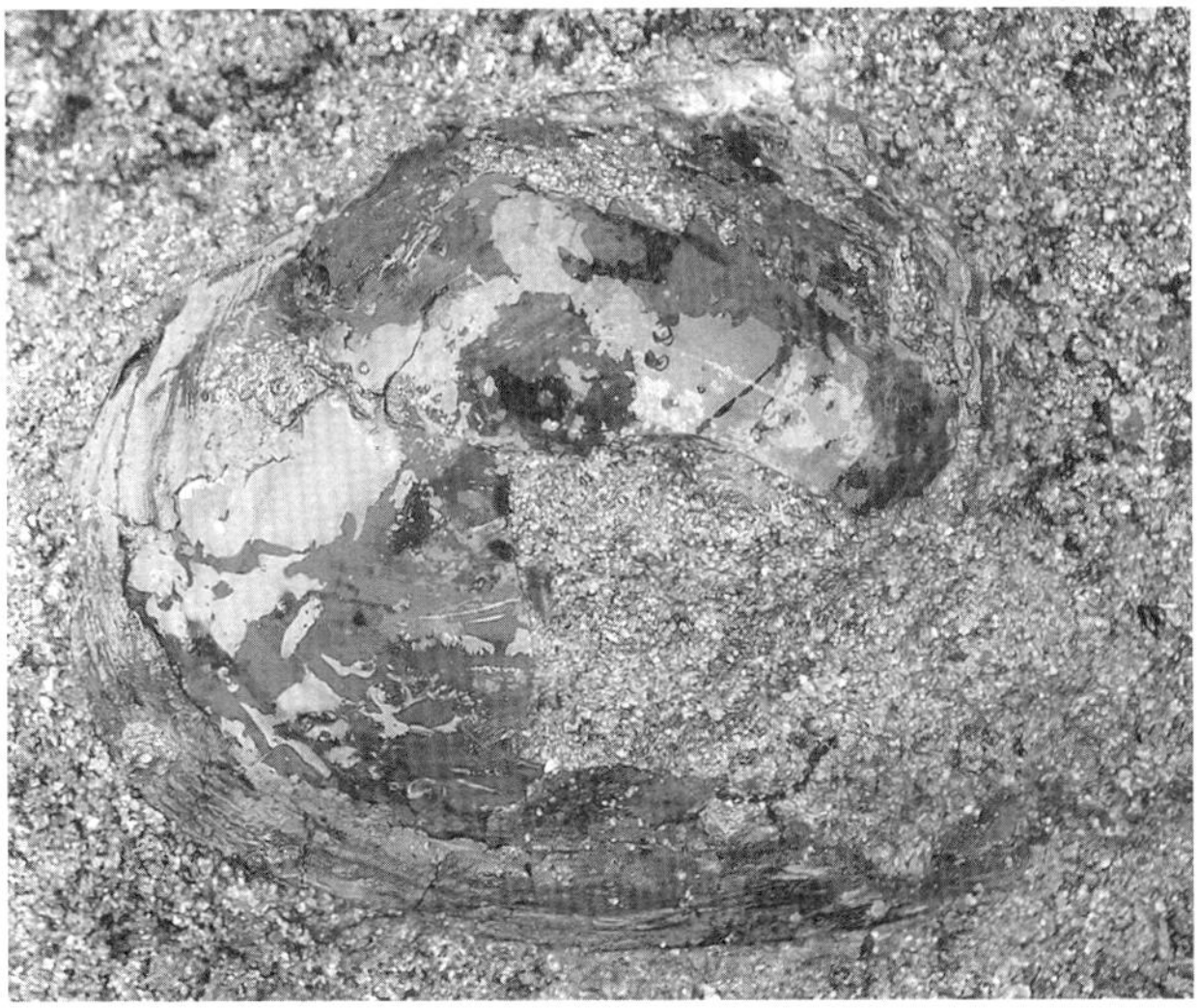

図４　ドブガイ製の漆パレット　東京都下宅部遺跡、縄文時代後期（東村山歴史館所蔵）

それでは、下宅部遺跡周辺では、ウルシの木はどういった状況で生育していたのでしょうか。ウルシは開けた明るい場所を好む人里植物で、生育場所の管理を行わないと在来の木に負けて成長できません。実際に、下宅部遺跡と埼玉県お伊《い》勢《せ》山《やま》遺跡の出土材の比較（Q7—図1参照）をみても、人為的影響の低いお伊勢山遺跡ではウルシ材は出土していません。下宅部遺跡の縄文人は、クリ林とウルシ林を集落周辺で維持・管理していた可能性が高いと考えられます。

ウルシ木から樹液を採取し、加工するためには様々な漆工用具が必要になります。縄文時代の漆工用具には、漆液容器、漆濾し布、顔料および顔料保存容器、顔料精製用の石皿・磨石、パレットなどがあります。下宅部遺跡では、土器片やドブガイ製のパレットが利用されています。また、晩期の青森県是川中居遺跡や亀ヶ岡遺跡からは、様々な漆工用具が出土しており、漆利用の実態を垣間みることができます。

以上みてきたように、下宅部遺跡周辺では、ウルシ林が管理・栽培され、現地で樹液を採取して、漆製品の製作が行われていたことが解明されました。漆文化の実態を知る上で重要な研究成果になっています。

自然科学分析による漆・ウルシの分析　これまで紹介してきた研究成果が得られた背景には、自然科学分析の進展がありました。

ウルシの樹種を調べるためには、遺跡から出土する材の構造を光学顕微鏡や走査型電子顕微鏡を用いて観察します。普通判断できるのは「属」のレベルになります。ウルシ属のウルシとヤマウルシも区別が容易ではありませんでしたが、近年では現生樹木の木材標本の蓄積によって、両種を区別することが可能になっています。

冒頭のウルシ分布については、DNA解析から検討がなされています。解析されたDNA領域の範囲では、中国の「湖北・河北省型」、日本・韓国・中国遼寧省・山東省にある「日本型」、浙江省・山東省にある「浙江省型」の三つの遺伝子型があり、日本で確認される現生のウルシは山東省に由来する可能性が指摘されています。

ウルシの産地の推定可能な分析法として、ストロンチウム同位体比分析があります。ウルシなどは、生育場所の土壌からストロンチウムという元素を取り込みますが、その同位体比は、日本列島と中国大陸とで異なることが判明しています。将来的に、各地の同位体比データが蓄積し、地域的に異なる状況を示せば、産地推定が可能になるかもしれません。

遺跡の遺物などに付着した物質を漆液と特定するためには、熱分解――ガスクロマトグラフィー／質量分析が用いられます。日本産のウルシに特有な成分であるウルシオールという成分由来の物質を検出することによって判断します。

蛍光X線分析法では、赤色漆・赤色顔料の種類を特定することが可能です。縄文時代の赤色顔料は、ベンガラ（赤色酸化鉄）と朱（赤色硫化水銀、辰砂）の二種類であることが判明しています。水銀朱の産地は限られており、関東平野には存在しませんが、縄文時代後期から晩期にかけて水銀朱の赤色漆を塗布された漆製品が関東各地で出土します。この時期には、情報交換と物資供給の広域的なネットワークが形成されていたと考えられています。

縄文時代に形成された漆文化は、弥生時代以降も、各時代で様々な文化的影響を受け、今日まで展開しています。漆を取り巻く文化や環境を、総合的に検討することが今後も重要になってきます。

（國木田大）

〔参考文献〕工藤雄一郎他編『ここまでわかった！縄文人の植物利用』（新泉社、二〇一四年）、国立歴史民俗博物館編『ＵＲＵＳＨＩふしぎ物語―人と漆の１２００年史―』（国立歴史民俗博物館、二〇一七年）

Q41 布はありましたか

A

布とは、一定の方向に撚った繊維である糸を材料として編成される製品です。製作方法により織布《おりぬの》と編布《あんぎん》の二つに区別されます。縄文時代の遺跡から出土する布のほとんどは編布で、土器に残された痕跡や実物の製品から製作技法を中心に検討されてきました。最近は素材植物種の研究が進んでいます。

織布と編布　織布は、固定された縦方向の糸（経糸）に横方向の糸（緯糸）を交互に潜らせて編成していく方法で作られます。それに対して編布は、一本の糸（緯糸または経糸）に対して直行する二本の糸（経糸または緯糸）を前後で絡《から》みあわせながら編み込んでいく技法で製作されます。編布は、現代のスダレを編む技法と同じです。さらに、縄文時代では織布と編布を組み合わせた土器圧痕も確認されています。

編布を製作する方法は二つあります。尾関（二〇一二）によれば、等間隔に設定した経糸に緯糸を直行させて置き、その緯糸に経糸を絡めさせて編み進む縦編法（図1左）と、等間隔に張った（あるいは垂らした）経糸に直行して緯糸を絡めて編み進む横編法があります（図1右）。民具として伝存する越後アンギンの製作具や筵編機《むしろあみき》などから、木製の編台が想定されています。縄文時代の確実な製作道具としては、北海道の忍路土《おしょろど》場《ば》遺跡から縄文時代後期のコモ槌と桁《けた》の支台と想定される木製遺物と編布片が出土していま

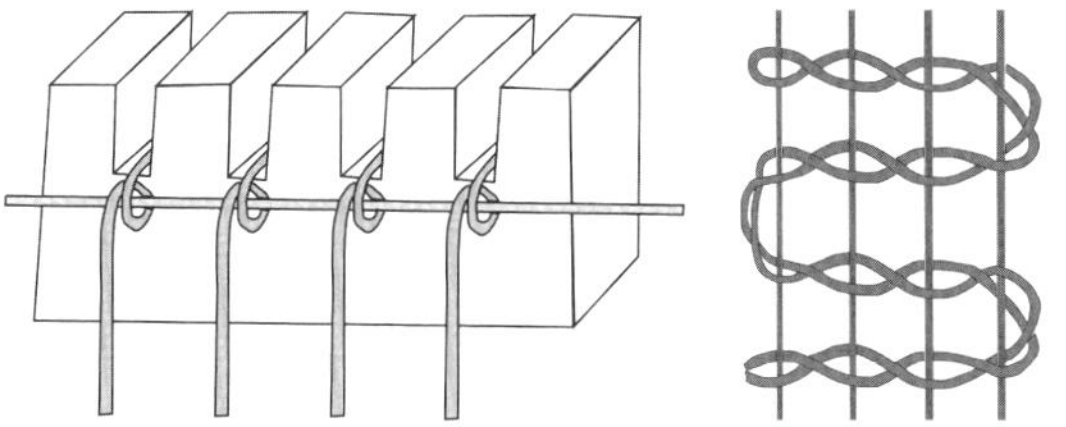

図1　編布の縦編法（左）と横編法（右）　尾関（2012）より

す。そのため、縄文時代の編布の体験学習などには、この縦編法を行う編台が大体用いられています（図2）。横編法の製作道具としては、木枠式や弓式、輪っぱ式などの道具の存在が想定されていて、縄文時代の製作方法はもっぱら横編法であったと考えられています。

編布の技法には基礎編布と応用編布という二種類の技法があります（図3）。基礎編布は一本の横方向の緯糸に対して二本の経糸が絡むのに対し、応用編布は、二本の緯糸を二本の経糸で絡み、さらに経糸が一本ずれるごとに緯糸が一本ずれて絡みます。縄文の編布のほとんどは基礎編布です。

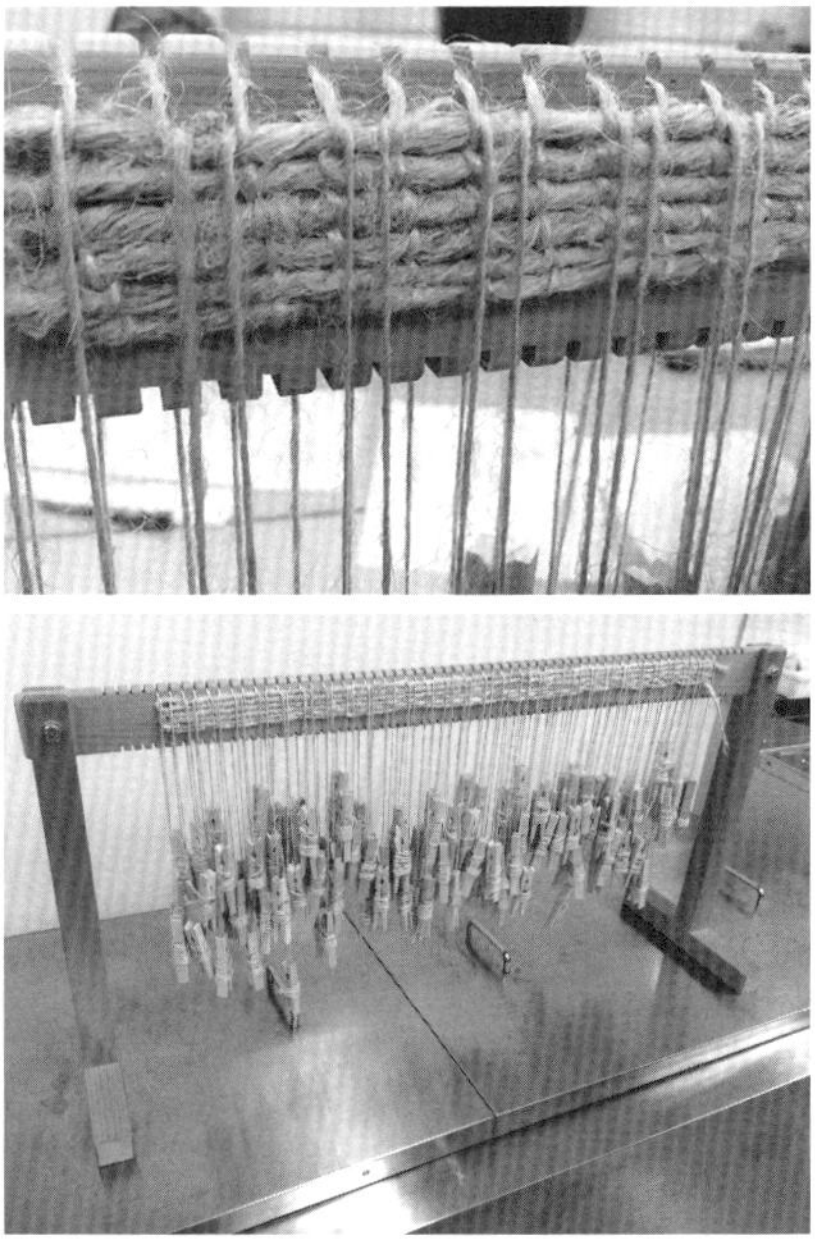

図2　縦編法の編台の復元　東村山北山たいけんの里

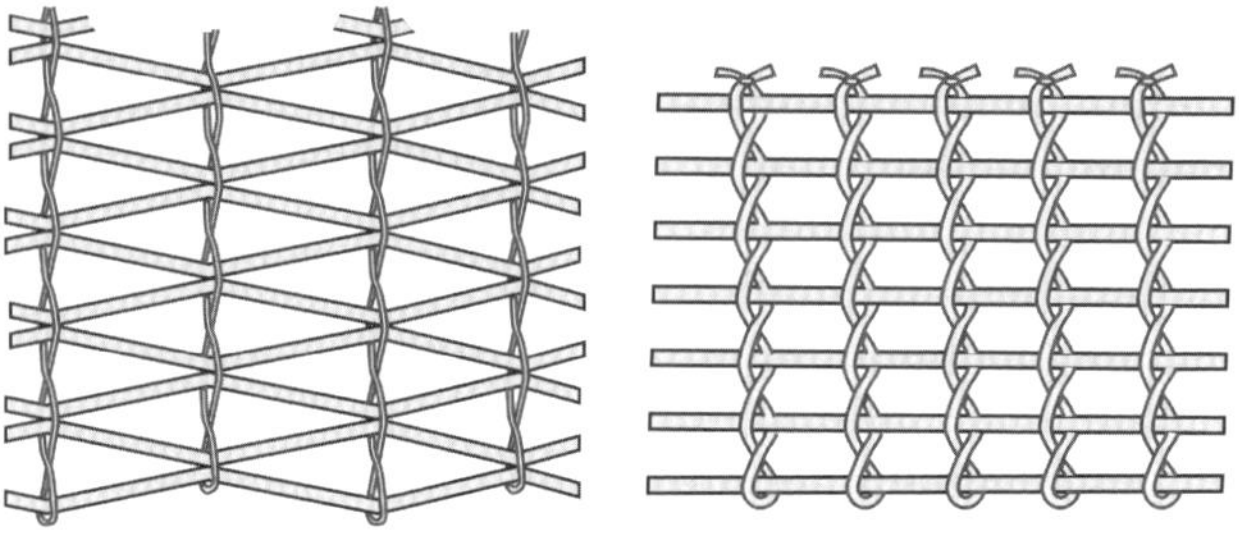

図3　基礎編布（右）と応用編布（左）　尾関（2012）をもとに作成

さらに、北海道柏木川《かしわぎかわ》4遺跡からは、植物性の靭皮《じんぴ》繊維を用いた非常に凝った縄文時代後期の編布が出土しました（図4）。これは、一本の緯糸に対し、ループ状を含む一二種類の構成要素が模様を構成していました。

出土織布と編布　出土織布の最も古い資料は、縄文時代後期の愛媛県平城《ひらじょう》貝塚出土の平織の織布です。縄文時代の編布の最も古い例は縄文時代前期であり、一六五遺跡から圧痕も含めて八三二点が発見されています（尾関二〇一二）。このうち、実物の編布は二三点出土しており、現在はさらに増加しています。素材はカラムシやアカソが報告されていますが、植物解剖学的に明確な素材は青森県川原平《かわらたい》（1）遺跡出土のアサです。

消失した植物素材の同定　植物は遺物化の過程で分解しま

す。実物で出土する編布の多くは、漆塗膜により形が守られた漆《うるし》を濾《こ》すための布として残存しています。こうした資料は技法の観察はできますが、内部の植物素材は消失しており、空洞になっています。この「消失した植物素材」を同定することは長年の課題でした。これを従来のやり方である切片の顕微鏡観察に加えて、デジタルマイクロスコープ、走査型電子顕微鏡、マイクロX線CTなどによって観察し、漆によって残された植物素材の「鋳型」から素材植物を同定する取り組みがはじまっています。

図４　北海道柏木川４遺跡の編布　北海道埋蔵文化財センター所蔵

秋田県の神谷地《かみやち》遺跡などからは、縄文時代晩期の漆塗糸が出土しました。こうした漆塗糸は東北地方と北陸地方を中心とした縄文時代後・晩期の地域から出土しています。切片を切って顕微鏡で見たところ、繊維細胞があったところは長楕円形の空隙になっています。この形と大きさから、イラクサ科であり、その中でもカラムシの可能性が高いと指摘できました。しかし、確定には至っていません。

図５　漆濾布と内部のCT画像解析　鈴木（2017）より

宮城県山王囲《さんのうがこい》遺跡から出土した縄文時代晩期の「漆で固

図6　リョウメンシダの組縄
福井県鳥浜貝塚出土　若狭歴史博物館所蔵

まった」編布をX線CTスキャンすると、一本一本の糸は数十本の素材が束になってできていることがわかります。素材自体は完全に分解消失して「空隙」となっています。繊維があった部分の画像処理により「空隙」を実体化すると、繊維の束で編んであることがわかります。CTスキャン画像の三次元立体画像化により、現生のシナノキの樹皮の繊維にきわめて類似するというところまで迫れました（図5）。

縄の素材　縄文土器の「縄文」とは土器の表面に縄を転がしてつけた縄目文様を指しています。では、縄はどのような素材で作られていたのでしょうか?

　縄に用いた植物素材というと「藁《わら》縄」を思い浮かべるかもしれません。しかし、「藁」はイネの茎（稈《かん》）ですので、縄文時代の終末になるまで日本列島には存在しませんでした。日本列島にイネがもたらされたのは、縄文時代の終わり、晩期終末と呼ばれる二九〇〇～二八〇〇年前ごろです。また、その頃に藁が使われていた証拠はみつかっていません。

　縄の素材としてイラクサ科のカラムシやアカソなどの植物の繊維があげられるかもしれません。しかし、植物解剖学的にカラムシやアカソであると確実に同定された縄の遺物は実はまだないのです。福井県鳥浜《とりはま》貝塚から出土していたとされたアカソはほとんどがシダ植物のリョウメンシダと再同定されました。他の遺跡例も再検討が必要です。それでは、縄文時代にはどのような植物で縄を綯《な》っていたのでしょうか。

シダ植物の利用　縄文時代の縄の素材として最近わかったのはシダ植物です。それもシダ植物の成長した葉柄《ようへい》と葉の中央にある中軸《ちゅうじく》という硬い軸が使われています。青森県三内丸山《さんないまるやま》遺跡や鳥浜貝塚などの主に日本海側で、リョウメンシダの葉柄と中軸を使った縄文時代前期・六〇〇〇年前ごろの縄が出土しています（図6）。リョウメンシダは現在も北海道～九州の山林の林床にごく普通に生育するシダで、湿潤地を好みます。全国に分布しますが、特に日本海側に多い植物です。葉が非常に細かく切れ込み、表も裏も同じように見えるので「両面」シダの名があります。

全国の縄文時代の遺跡から出土した縄紐類の素材植物を調べると、シダ類の葉柄と中軸が最も多く六割を占めています。次いでツル植物、樹皮、靭皮《じんぴ》繊維があります。縄文時代早期八〇〇〇年前頃の佐賀県東名《ひがしみよう》遺跡からは、シダ類（種名不明）やワラビの縄が発見されています。ワラビの縄にはワラビの葉柄と中軸が使用されており、鳥浜貝塚と同じく、三本組みでした。ツヅラフジやマタタビ属などのツル植物は柔軟な蔓を単独かあるいは二、三本を撚って縄にしていました。樹皮を使った縄や紐には、ヤマブドウやカバノキ属、サクラ属、シナノキ属、ニレ属の樹皮が使われていました。ニレ属以外の縄は比較的太いため、道具や建物の結束具として用いられた可能性があります。

シダの葉柄と中軸の縄の類例は、現代だけでなく近世〜近代の民俗事例にも残っていません。冒頭の縄文土器の縄文にもこれらのいずれかの植物の縄あるいは複数種の縄が用いられた可能性が高いのですが、特定には至っていません。

このように、用途に合わせてさまざまな植物から縄や紐、そして布を作るのが縄文人の知恵だったのでしょう。

（佐々木由香）

〔参考文献〕尾関清子『縄文の衣』（雄山閣、二〇一二年）、吉本忍「柏木川4遺跡出土の編布の分析」『柏木川4遺跡』（北海道埋蔵文化財センター、二〇一二年）、鈴木三男「鳥浜貝塚から半世紀—さらにわかった！縄文人の植物利用—」『さらにわかった！縄文人の植物利用』（新泉社、二〇一七年）

Q42 どのようなものを着ていましたか

A

身体を覆い身につけるものは、衣服、服、着物などいろいろな呼び名があります。これらを辞書で調べると、「帽子やはきものなど以外の身にまとうもの」という意味は全ての呼び名に共通していますが、服はとくに洋服の、着物はとくに和服のイメージが強いようです。そこで、ここでは比較的ニュートラルな「衣服」という名で縄文人が着ていたものを考えていくことにします。

考古学によって過去の衣服を考える手段はいくつかあります。まず、発掘された衣服ないしはその素材です。次に、衣服ないしはその素材が土器などにスタンプされた痕跡です。そして最後に、土偶《どぐう》など、人体を表現した遺物です。

衣服ないしはその素材と圧痕　縄文時代の遺跡から、断片的にせよ確実に衣服とわかるものはみつかっていません。しかし、編布（アンギン）と呼ばれるものがみつかっていますので、それが衣服の断片であった可能性はあります。編布には「布」という字が含まれているように、タテ糸とヨコ糸によって編まれた製品です。

まず糸ですが、その素材はカラムシやアカソといったイラクサ科、あるいはシナノキやオヒョウなどシナノキ科の植物の樹皮で、細かく裂いて撚りをかけて糸を作ったとされています。しかし、出土遺物でカラムシやアカソと同定された例はなく、明確な素材としてはアサが報告されているのが実情です（Q41）。縄文時代後期の東京都下宅部《しもやけべ》遺跡では、水にさらした状態で繊維の束がみつかりましたが、糸の素材だったのでしょう。縄文時代の遺跡からは糸を通す細い穴のあいた鹿角製の針が出土するので、縫製技術があり、糸で編布を縫い合わせて衣服を仕立てていたに違いありません。

縄文時代前期以降の遺跡から、「糸玉《いとだま》」と呼ばれる漆塗りの糸の束が出土していますが、これは縄文時代の編布の素材

図1　漆を濾した編布（秋田県中山遺跡）　五城目町教育委員会所蔵

だった可能性があり、衣服や衣服への飾りつけを考える手がかりになります。糸玉はベンガラ漆を塗って真っ赤な糸にし、それを毛糸の糸玉のように何重にも丸めた状態でみつかります。福島県荒屋敷《あらやしき》遺跡や新潟県青田《あおた》遺跡など東日本の各地からみつかっており、下宅部遺跡でも断片が出土しています。千葉県内野《うちの》第1遺跡では、幼児の下半身に赤糸による刺繍らしき痕跡が認められています。糸玉などの漆塗りの糸は、縄文人の衣服にきれいな刺繍文様をつけるために用意されたのではないでしょうか。

編布は実際にどのようなものだったのでしょうか。宮城県山王囲《さんのうがこい》遺跡からみつかった編布は、タテ糸が一cm間隔であるのに対してヨコ糸は一cmの間に六～七本くらいが密につまって編まれていました。衣服として十分役立ったものと思われます。これを含めて縄文時代の編布は二〇例以上出土していますが、秋田県中《なか》山《やま》遺跡の編布はカラムシ製で、一cmあたりタテ糸が七本、ヨコ糸が一二本の最も細密な編布です。

この編布は漆を濾すのに用いたもので、ごみを濾すには布の目はつまっていなくてはなりません。縄文時代には、トチノキの実などのアク抜きをするために実をすりつぶして水さらしや煮沸を行いますが、その際に目のつまった布がないと困ります。佐賀県吉野ケ里《よしのがり》遺跡から出土した弥生時代の絹織物の一cmあたりの本数は四〇×二〇本程度で、奈良県唐古《からこ》遺跡の大麻製織布は二七×一五本ですので中山遺跡の編布はそれよりは粗いですが、機織具がない時代にそうした作業に耐えうる布を編んでいたことを評価すべきでしょう。

九州地方では、組織痕《そしきこん》土器と呼ばれる編布の圧痕がある土器が知られています。縄文時代晩期に多く、編布自体が後期に東日本から伝わった可能性が考えられています。縄文土器は網代《あじろ》という編み物を敷いた上で作ることが多く、底部に残る圧痕からそのことはわかりますが、九州地方ではかごの内面に粘土をあてて土器を作ったために、型離れをよくするのに編布が用いられたのではないかと推定されています。九州地方に特有な土器づくりによって編布の圧痕が残ったのです

図２　組織痕土器の底部圧痕の陽刻

から、その作り方をしない地方にも編布は広く存在していたと考えるのがよいでしょう。

タテ糸とヨコ糸を一本ずつ交互に用いて織った布を平織布《ひらおりぬの》といいますが、縄文時代にも平織布が後期中葉の愛媛県平《ひら》城《じょう》貝塚で出土しています。

では、編布はどのようにして作ったのでしょうか。新潟県では、「越後アンギン」と呼ばれる編み物が明治時代まであり、それで作務衣《さむえ》などの衣服や袋が作られていました。その製作復元によりますと、アミ脚という台を左右に立てて、等間隔に刻みを入れたケタという横木をその上に設置します。ケタの刻み溝に一本一本タテ糸をぶら下げていきますが、その際タテ糸の両端にコモ槌《づち》という木をぶら下げて錘《おもり》とします。そしてタテ糸にヨコ糸を絡ませながら横方向に編んでいくのです。北海道忍路土場遺跡でこの道具と考えられる遺物がみつかっています（Ｑ41）。石のコモ槌は近代でも用いられていますので、縄文時代にも自然石が錘に利用されていたのかもしれません。

ここまで紹介してきた編布は、縦糸と横糸を交差させ目をずらしながら編んで仕上げる「網代《あじろ》編《あ》み」によるものですが、その場合のそれぞれの糸はストレートに交差させます。それに対していわゆる「もじり編み製品」は、編まれるタテ糸に対して編んでいくヨコ糸が二本一組で、タテ糸をもじるようにして編んでいくためにこの呼び名があります。詳しくはＱ41を参照してください。

土偶からみた縄文時代の衣服

それでは、縄文時代の衣服はどのようなものだったのでしょうか。断片的な布からは、その全体を明らかにすることはできませんので、当時のヒトの姿をかたどった土偶が手がかりになります。土偶は土器と同じ文様を施したものが多く、その大半は衣服を表現したと積極的に言えるようなものはありません。ところが、なかには衣服としか思えない表現を持つ土偶もあるのです。

北海道石倉《いしくら》貝塚から出土した縄文時代後期の土偶は、あたかもタテとヨコの糸の粗い織りによる編布の衣服を着たような文様があります（図３）。一部にもじり編みの様子がうか

図３　着衣を表現した土偶（北海道石倉貝塚）　函館市教育委員会（1996）『石倉貝塚』より

がえる縦横の編み目状の部分と、それをまったく欠いたつるつるした部分とのコントラストが著しく、後者はなめし皮とみてよいでしょう。編布どうしあるいはなめし皮のような素材を編布とかがり縫いをして縫いあわせたような表現がみられます。首の部分には編布製のタートルネックとそこから頭部へと連続する帽子状の表現すらみることができます。全体の形状としては、ダッフルコートを連想させます。

　タテ糸とヨコ糸からなる粗い編布の表現は、『一遍上人絵《いっぺんしょうにんえ》伝《でん》』など中世の絵巻に描かれた衣服の表現とよく似ています。また、江戸後期に著された『北越雪譜《ほくえつせっぷ》』は、いまの新潟県で使われていた雪中歩行用の「むねあて」というもじり編み製品とよく似ているので、石倉貝塚の土偶などの表現は、むねあてや「みの」をあらわしているのではないかという意見もあります。たしかに目が詰んだ縦糸の編みに対して横糸どうしは間隔が広いので、土偶との類似度は高いと言ってよいでしょう。

　漆塗りの糸玉、中山遺跡の目の細かい編布、衣服を表現した土偶などをあわせて考えれば、縄文時代の衣服は、相当な縫製技術を用いて複雑で高度なレベルに達していたと考えるべきでしょう。

（設楽博己）

〔参考文献〕渡辺誠『縄文時代の知識』（東京美術、一九八三年）、吉田泰幸「土偶にみられる衣装表現に関する一試論」（『古代文化』61－3、古代学協会、二〇〇九年）、尾関清子『縄文の布―日本列島布文化の起源と特質―増補版』（雄山閣、二〇一八年）

Q43 靴は履いていましたか

縄文人は、靴を履いていたのでしょうか。意外に話題になる事が少ない、縄文時代の「衣」生活に関する話題です。結論から言えば、履いていた可能性はありますが、実物資料の出土がなく、土偶の文様や土器の造形から、その存在を推測せざるをえません。

A

土偶による靴へのアプローチ　衣食住は、私たち人間が生活する上で、最も基本的な三要素です。それは、縄文人たちにとっても同じ。私達は、発掘調査で発見される竪穴住居跡から彼らの住生活を、また特に低湿地遺跡から多く出土する動植物遺存体から食生活の実態を、かなりの精度で復元する事が可能です。

それでは、あと一つの「衣」はどうでしょうか？　実は、考古学ではこの「衣」の部分が最も復元が難しく、未解明な部分が多い分野となっています。その理由は、まず「衣」にかかわる現品が遺物としてほとんど出土しない事。勿論視野を広げれば、身体を飾る石製の装身具は多くの出土品があり、その実態が良くわかります。

しかし、縄文人が直接身に着けていた衣服そのものは、編み物の残片がわずかに出土する程度で、未だその全容がわかる衣服の実物は出土例がありません。本項でとりあげる「靴」も然り。今まで星の数ほど行われている発掘調査でも、明確に靴とわかる遺物の出土は皆無なのです。では、どのようにこの課題に向き合うか？「靴」の現品がない以上、私たちは土器や、土偶の文様など、縄文人が残した造形物にその片鱗をたどる事になります。

私は以前、「はきもの」状の装飾文がある土偶の脚部に注目した事があります（原田一九八三）（図1・2）。東京都木曽町で採集された土偶です。形態や共に出土した土器から縄文時代中期後半、加曽利《かそり》EⅢ式期の所産とみてよいでしょう。

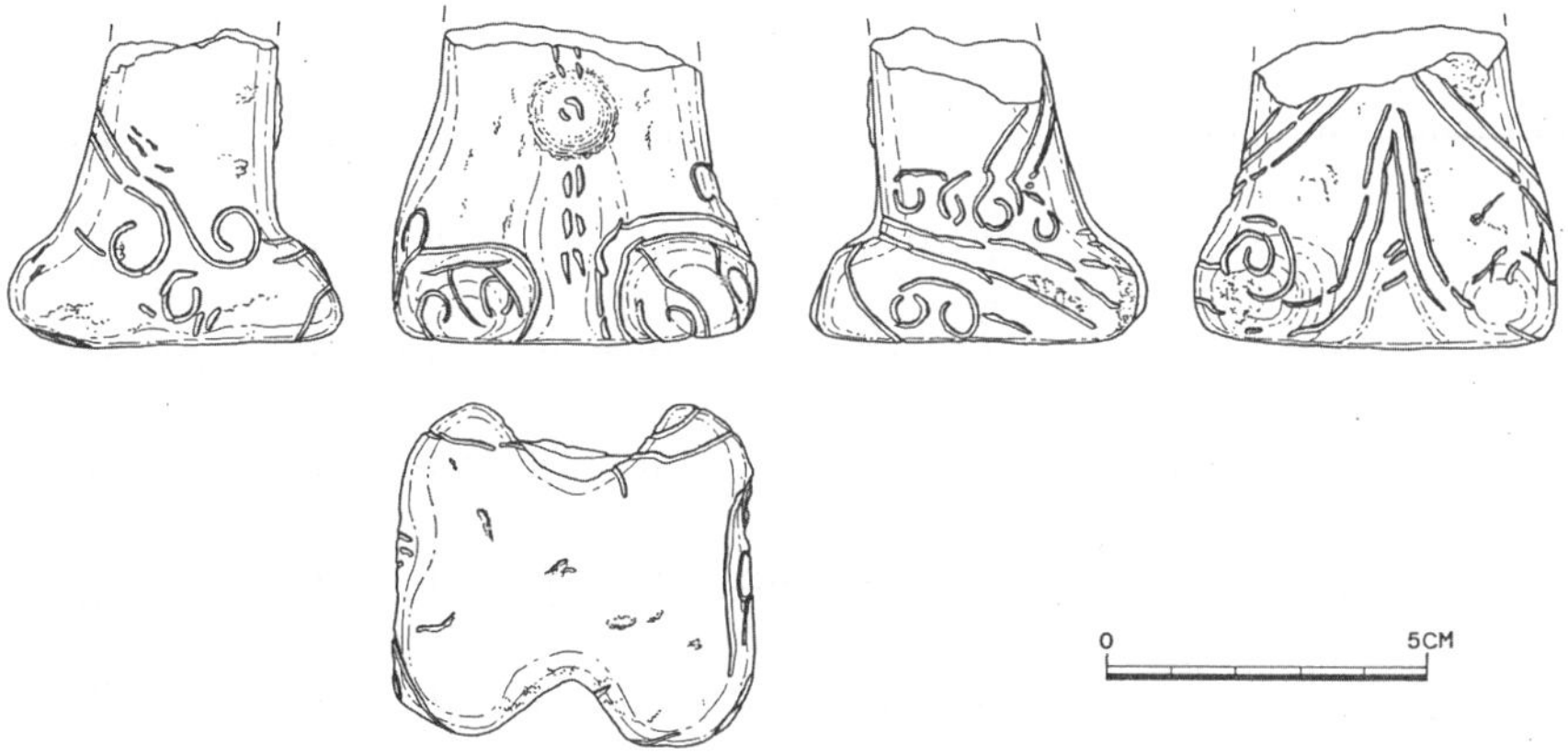

図１　東京都町田市木曽町採集の土偶（実測図）

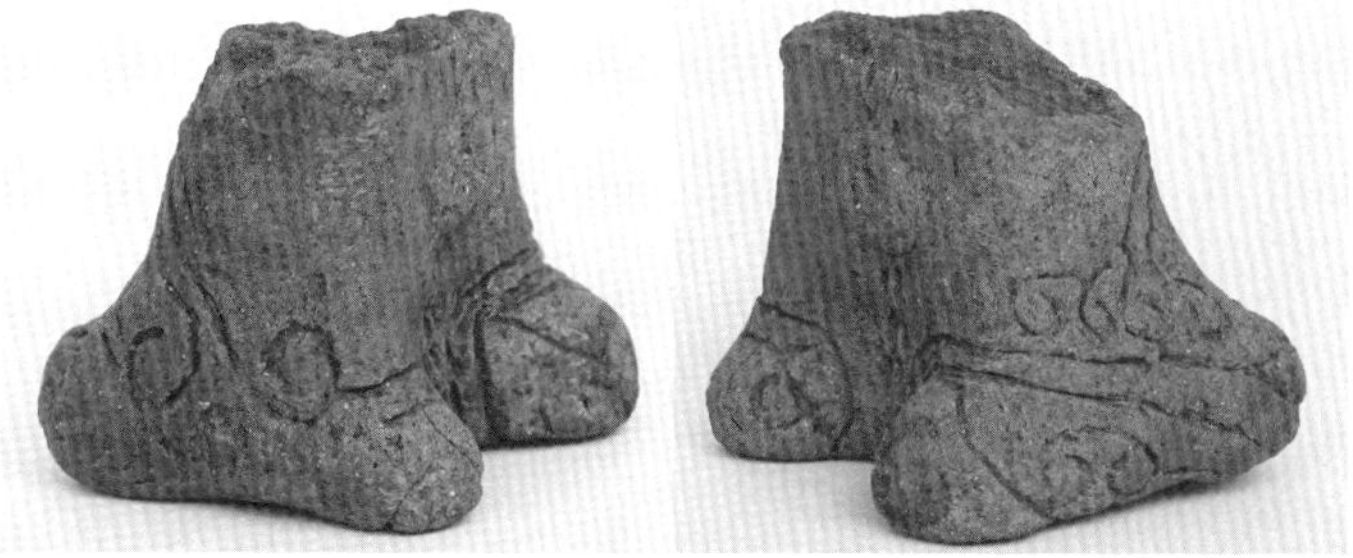

図２　東京都町田市木曽町採集の土偶（写真・筆者所載）

腰から下の破片ですが、両脚が一体に作られた立像土偶の下半身です。興味深いのは、その脚部側面に沈線で描かれた文様です。モチーフは左右でわずかに異なりますが、一見して草履状の履き物を脚に紐でくくっているように見えます。

土偶から「縄文人の服飾を徴す」べし、とは明治時代の考古学者・大野延太郎《のぶたろう》（雲外《うんがい》）の言ですが、土偶の装飾は、通常は人体像を極端にデフォルメしていて、そのままでは直接縄文人の「衣」を知る資料とはなりません。しかし、この土偶に描かれた「はきもの」表現状の模様は、縄文人が草履状のはきものを履いてた可能性を示す、興味深い資料と言えましょう。なお、土偶は今まで、全国で二万点以上の出土が知られていますが、はきもの表現がある個体は他にほとんどありません。土偶から、縄文人の「靴」を復元するには、まだまだ時間がかかりそうです。

土器からみた靴の存在　一方、縄文土器の形態から「靴」の存在を想定する仮説も呈示されています。縄文時代中期後半に中部高地から東北地方南部の遺跡で散見される「靴形土器」の存在です。これは壺形土器の変化形態として扱われますが、胴下半が大きく片側に膨れ、その形状はあたかも長靴状の履物を彷彿とさせます。

長野県手良《てら》遺跡出土の靴形土器（図3）が早くから有名ですが、近年では新潟県原《はら》遺跡からも好例が出土しています（図4）。靴形土器に詳しい綿田弘実さんによれば（綿田一九九七）、他に群馬県人見《ひとみ》東中原《ひがしなかはら》遺跡、長野県大久保遺跡からも全形がわかる資料が出土していて、全てが縄文時代中期の所産です。詳しく見れば、長野県方面では曽利《そり》式土器様式の、また新潟と福島の事例は大木《だいぎ》式土器様式に属する資料で、前述の土偶の所属時期ともほぼ一致します。

また、青森県是川中居《これかわなかい》遺跡からは、つる状の植物を井桁状に編んだ縄文時代晩期の製品が出土していて、これは雪上歩行具の「樏《かんじき》」の一部である可能性が指摘されています（図5）。

縄文人は靴を履いていたか　では、これらの事例から、縄文人は「靴」を履いていたと言えるのでしょうか？　中国の歴史書『魏誌《ぎし》』倭人伝《わじんでん》は、邪馬台国の記述で有名ですが、この当時、倭の国では「…皆跣足（はだし）で山野を跋渉し…」との記述があって、弥生時代の人々も靴を履かず裸足で生活をしていた、と語られる事があります。しかし、佐賀県小城

図3　長野県伊那市手良遺跡出土の靴形土器　東京大学総合研究博物館所蔵

図4　新潟県阿賀町原遺跡出土の靴形土器　阿賀町教育委員会所蔵

市土生《はぶ》遺跡からは、弥生時代の木沓《きぐつ》状木製品が出土しています。

わが国の履き物は、系統的に、大陸起源の木沓《ぼくり》系統のものと、脚頸《あしくび》に縄で結ぶ草履《ぞうり》系統のものに大別されます。その起源を遺跡から実際に出土する考古資料からさかのぼると、前者は古墳時代の墳墓副葬品の金銅履《こんどうくつ》や石製模造品に、また後者は広島県草戸千軒町《くさどせんげんちょう》遺跡出土品の「板金剛《いたこんごう》」のような、後の草履に繋がる履き物にそれぞれ求められます（潮田一九七三）。

冒頭で、縄文時代にさかのぼる靴の実例は未発見であると書きましたが、温帯気候にあって四季の変化が明瞭な縄文時代、狩猟採集活動で日々を暮らす縄文人が全ての時期、日本列島の全ての地域で、裸足のまま活動していたと考える事には無理があると思っています。

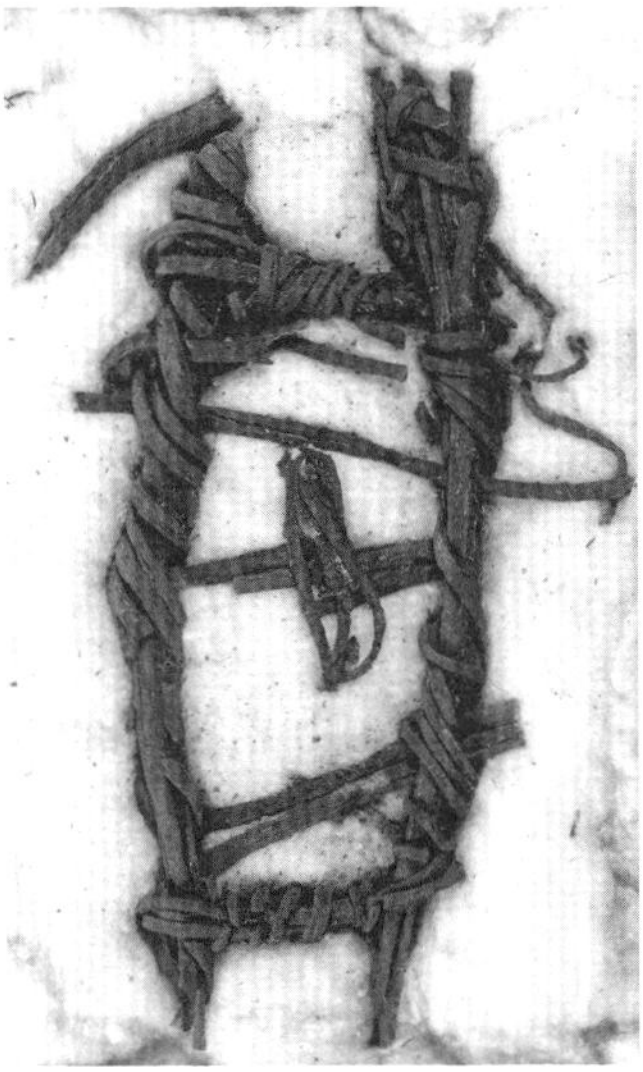

図5　青森県是川中居遺跡出土の樏状つる製品　八戸市埋蔵文化財センター是川縄文館所蔵

土偶に見る履き物状表現、或いは縄文時代中期の「靴形土器」の存在から、私は気候が温暖な地域では草履系の履き物が、雪深い地域ではブーツのように脚先全体を覆う靴が、少なくとも縄文時代中期には存在していた、と考えています。

今後、さらに低湿地遺跡の調査が進み、有機質素材で作られた「靴」の現物が出土すれば、この仮説が裏付けられる事でしょう。

（原田昌幸）

〔参考文献〕潮田鉄雄『ものと人間の文化史　はきもの』（法政大学出版局、一九七三年）、原田昌幸「縄文時代の〈はきもの〉—町田市木曽町採集の土偶から—」（『古代』74、早稲田大学考古学会、一九八三年）、八戸市博物館『縄文の美　是川中居遺跡出土品図録』第二集（一九八八年）、綿田弘実「長野県伊那市手良遺跡出土の靴形土器」（『長野県立歴史館研究紀要』3、長野県立歴史館、一九九七年）

コラム8

佐賀県東名遺跡

東名《ひがしみよう》遺跡は、有明海の北端の佐賀空港から北へ一〇㎞ほどいったところにある、今からおよそ八〇〇〇年～七五〇〇年ほど前の、縄文時代早期の遺跡です。調整池を作るために掘ったところ、およそ海抜五mの地表から五mほど下に貝塚が発見されました。今でこそ海から一〇㎞も離れていますが、当時は気温が現在よりも数度ほど高く、すぐそばにまで海岸線が迫っていたのです。

貝塚は斜面に面して五〇〇mほど間隔をあけて六地点あり、高さが二mほども厚く堆積していました。貝は、おもにヤマトシジミ、ハイガイ、カキ、アゲマキの四種類です。アゲマキは、今でも有明海の名物です。カキには五〇㎝に及ぶ巨大なものがあります。貝塚にはイノシシ、ニホンジカ、カモシカやカワウソ、タヌキなどの獣骨や、スズキ、ボラ、クロダイなどの魚骨がまじっていました。また、シカの角をけずって作った細い板には、繊細できれいな文様が彫刻されていました。高度な技術による装飾品です。

斜面を登ったところに焼けた礫がつまった穴がいくつもあり、かたわらから埋葬された人骨が三体出土しました。ここに人々が住み、斜面に貝などを捨てていたのです。斜面を降りた地点でいくつもの穴がみつかり、その中にかごが放置されていました。これらのかごは、ムクロジなどの木の皮をはいだ幅一㎝、長さ数十㎝ほどの細い素材で編んで作ったものです。これらのかごはさまざまな編み方があり、要所に違う色のツルが編みこまれ、現在の工芸品のような見事な出来栄えです。かごが入っていた穴は水が湧く低い場所で、かごの中にはイチイガシなどドングリ類の実が納められており、木の実を貯蔵していた穴だとわかりました。水づけして虫を殺していたのかもしれません。

このような高い技術を持った大規模な早期の貝塚は、関東地方などではまだみつかっていません。温暖な気候に支えられて発展した早咲きの縄文早期の文化が、九州北部に存在していたのです。

（設楽博己）

〔参考文献〕佐賀市教育委員会編『縄文の奇跡！東名遺跡――歴史をぬりかえた縄文のタイムカプセル』（雄山閣、二〇一八年）

第四部　精神文化

Q44 縄文人は信仰を持っていましたか

A

縄文時代の配石遺構や墓、土器の文様などから読み取ることのできる当時の信仰は非常に多様なもので、現代人に勝るとも劣らないほど、豊かな精神文化を持っていたことを示しています。その信仰対象は、男性と女性といった性にかかわるものから、山などの自然地形や土製品等から知られる動物や植物といったものまで、多岐にわたっています。

祈る縄文人　食料のほとんどを自然に依拠していた縄文時代の人々にとって、集落周辺にある食料の総量は、最大の関心事の一つでした。ですが集落周辺に食料が、いつも十分な量があるとは限りません。縄文時代の人々は、動植物を獲得・摂取するために狩猟・漁労方法の改良など様々な工夫をしましたが、それ以外にも「祈る」という、優れて観念的な方法で食料の維持および増産を企図していました。

第二の道具　石鏃《せきぞく》や打製石斧《だせいせきふ》は、食料資源の獲得に対して直接的な役割を担う道具類です。これに対し、観念的な側面から食料の維持・増産を担ったと思われるのが、土偶や石棒《せきぼう》などといった呪術具で、これらの道具は特に「第二の道具」と名付けられています。

土偶と石棒にみる縄文の祈り　土偶は、これまでにも多くの研究者によって述べられていますように、基本的には女性を、特に妊産婦をかたどった土製の人形（ひとがた）です（Q53）。多くの場合、妊産婦を模しているところからみて、その基本的なモチーフとして新しい生命を生み出すという点を持つものと理解されています。一方、石棒はファロス（勃起した男性器）を模倣したものと考えられています。土偶は女性的観点から、石棒は男性的観点から、性別の違いはあるものの、両者とも新しい生命を生み出す（新生）という共通のモチーフを持つ祭祀具であったと推定されています。これ

らの土偶や石棒には、一度破損したものを修復ないしは再加工し、そして再度祭祀に使用したと思われる事例も存在します。一度破損したものを修復し、再び使用するという点から見て、これらの祭祀具の用途としては、再生のための祈りを行うものでもあったと推察されます。土偶や石棒に付加された新生と再生という観念的モチーフは、縄文時代の祈りの根幹をなす代表的な思想でした。

土器埋設祭祀　このモチーフは、縄文時代の人々がその維持や増産を願う全てのものに適用されたと考えられます。その思想を最も具体的な形で表している事例が、土器埋設遺構《どきまいせついこう》です。土器埋設遺構は、埋甕《うめがめ》とも呼ばれることがあり、内部から子供の人骨が出土することがあるため、多くの場合子供の埋葬例、すなわち土器棺墓であると考えられてきました（図1）。土器を女性の身体に見立てるという思想は、世界各地の民族誌の中に数多く確認でき、その中に子供の遺体を入れるということは、象徴的に女性の胎内に子供を返すという行為に他なりません。したがって、土器に入れて子供を埋葬するということは、その子供の再生を祈願したものであったと理解することができます。ところが、日本各地の土器埋設遺構の中には子供の遺体だけではなく、イノシシやシカの骨を入れたものや黒曜石・石斧を納めたものなど、多様な内容物があることも近年の研究で判明しています。これについては、縄文時代に母胎の象徴である土器の中に再生を祈願するものを入れ、これを土中に埋めるという祭祀行為（土器埋設祭祀）が存在し、その一環として人の子供が土器の中に納められる土器棺墓もあったと考えると、埋設土器の内容物の多様さを容易に理解することができるでしょう。人も動物も植物も、自然の中には命の循環があり、その循環を経て、生命は再生されるのです。このように、「土器埋設祭祀」は、全国的に捉えることのできる「再生の祈り」の一形態なのです。

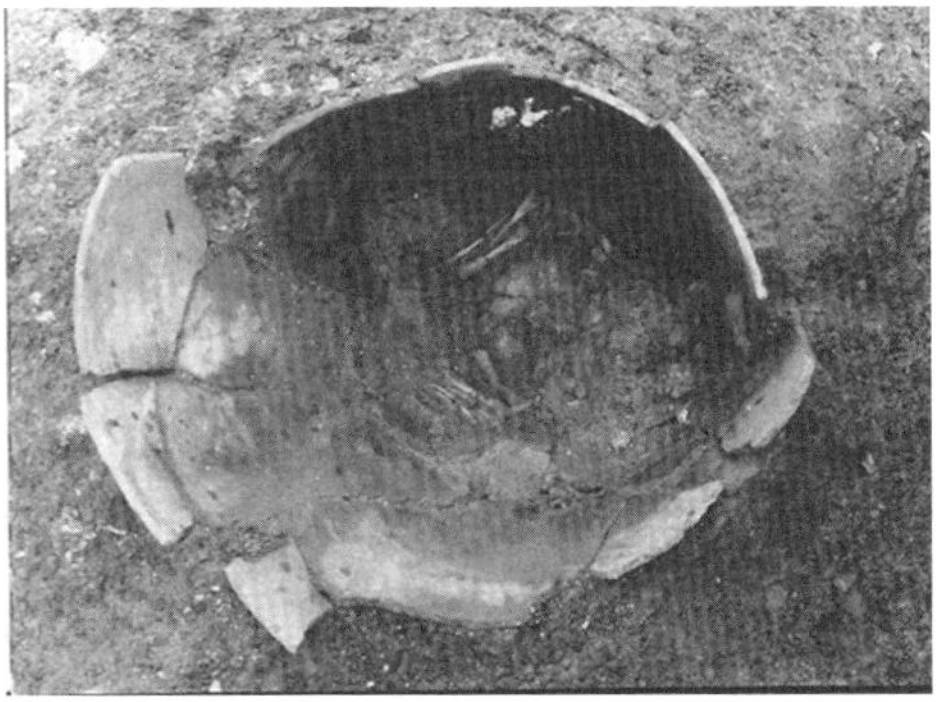

図1　宮城県田柄貝場から検出された土器棺墓　宮城県教育委員会編（1986）『田柄貝塚Ⅰ』より

男女二項対立の世界　この他、縄文人の精神文化の中に色濃く見られるのが、男女を対とするものです。たとえば、埼玉県の馬場《ばんば》小室山《おむろやま》遺跡や新潟県井の上遺跡から出土した土器に

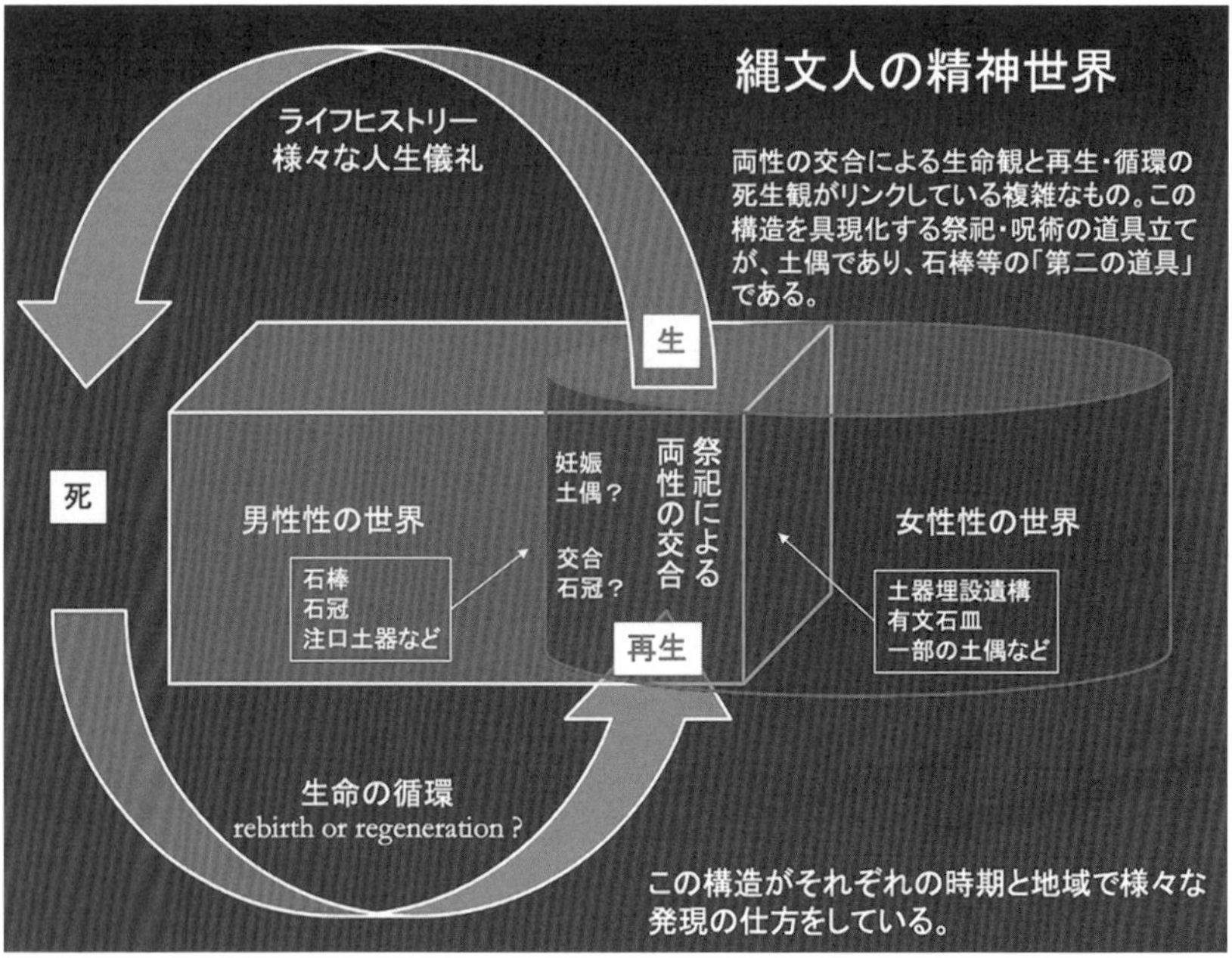

図２　男女の交合と再生・循環の思想にもとづく縄文人の精神世界

図３　青森県大湊近川遺跡出土の海獣を模した装飾をつけた土器
青森県埋蔵文化財調査センター所蔵

は性器を露わにした男性と女性の人形が土器の口縁部を挟んでそれぞれ反対側に付けられています。また、新潟県長者《ちょうじゃ》原《はら》遺跡では、逆位の埋設土器に石棒様の石が差し込まれていた事例があります。長野県西近津《にしちかつ》遺跡では、土器埋設遺構の中から石棒が出土しています。これらの遺物およびその出土状況は、男女の交合によって新たな生命が誕生するというモチーフを端的に表していると言えるでしょう。また、青森県大湊近川《おおみなとちかがわ》遺跡から出土した香炉型土器には、海獣類が交尾している様をかたどった突起がつけられています（図３）。これは縄文人が男女・雄雌の交わりによって新たな生命が誕生することを知っていた証拠です。このように、縄文時代の人々の残した遺物そのものや出土状況には、男性性と女性性、そしてその交合による生命の誕生・再生が強く表現されています。それは、縄文人の世界観の中では、単に男性と女性が交わることによって、新たなヒトの生命が誕生するということだけにはとどまりませんでした。男女の交わりから生まれる生命は、それが与えられることによって解決できると思われた全て、たとえば病気や怪我の快癒など人の命に対してだけではなく、あらゆる生命の復活・再生に対しても影響を与え、効果を発揮しました。そのような祭祀に用いられていた呪術具が、石棒であり、土偶であったのです（図2）。

縄文時代の動物祭祀　このような男女の信仰以外にも、縄文時代には動物に対する呪術的な働きかけ、信仰が存在し、すでに早期の段階から行われていました。特に注目しておきたいのは、千葉県取掛西《とりかけにし》貝塚の事例です。ここでは、早期前半の竪穴住居跡内に残されたヤマトシジミを主体とする貝層直下から、イノシシの頭蓋が一二点、シカの頭蓋が二点、集積されたような状態で出土しています。また、周囲には火を使用した痕跡も認められることから、動物儀礼に伴う祭祀址であると推測されています。おそらくは狩猟の成功や動物資源の再生を祈ったものと思われますが、早期の段階ですでにこのような動物の頭蓋を用いた動物供犠とでも言うべき祭祀が発達していたことには注目しておきたいと思います。縄文時代の後期以降にもなると、たとえば静岡県伊東市井戸川《いどがわ》遺跡のイノシシ・シカ・イルカの頭骨が環状に配置された例や、山梨県北杜市金生《きんせい》遺跡の、イノシシの幼若獣の焼けた下顎骨が一〇〇個体以上土坑内より出土した事例など、規模的にも大きなものが見られるようになります。北方ユーラシア狩猟民の民族誌の中には、骨から生命が再生するという思想がありますが、おそらくそれと同様に生命の再生・狩猟の成功を祈る儀礼が行われたのでしょう。

動植物への信仰　このような動物儀礼以外に、動物に対する信仰が存在したことを示すものとして、各種の動物形土製品があります。群馬県中《なか》野谷松原《のやまつばら》遺跡からは、波状口縁の突起の部分にイノシシが作出された土器が数多く出土しています。また、同じく前期の石川県真脇《まわき》遺跡からはトリをかたどったと思われる浅鉢が出土しています。後晩期になると動物形土製

図4　青森県十腰内遺跡出土のイノシシ形土製品　弘前市立博物館所蔵

品の出土が目立つようになってきます。これらの多くは、青森県十腰内《とこしない》遺跡出土例（図4）や、北海道日ノ浜遺跡出土例、千葉県能満上小《のうまんかみこ》遺跡出土例のように、イノシシをかたどったものですが、中には青森県十面沢《とつらざわ》遺跡出土例のようにサルをかたどったと思われるものや、栃木県藤岡神社《ふじおかじんじゃ》遺跡出土例のようにイヌをかたどったものも存在します。このほか、新潟県上山《うえやま》遺跡出土例のように大型の巻き貝をかたどった写実的なものもあり、変わったところでは北海道の鷲ノ木《わしのき》遺跡からイカ形の土製品が出土しています。これ以外にも、北海道美々《びび》4遺跡出土例のように海獣とトリを合わせたキメラ状のものや、埼玉県東北原《ひがしきたはら》遺跡出土例のようにカメのようにも見えるが二本足で立つものもあります。これらの土製品は、先の動物祭祀の中で、効果的に用いられたものでしょう。このような土製品は、動物だけに限られるものではありません。たとえば、埼玉県デーノタメ遺跡からはクルミ形の土製品が出土しています（図5）。クルミ殻に線刻を施したものは、秋田県池内《いけない》遺跡などからも出土しており、植物を対象とした信仰があり、祭祀・呪術が存在したことを想像させます。動植物形製品は、おそらく狩猟の成功や対象となる動植物の多産・増産を願って作られ、祭祀に用いられたものでしょう。

図5　埼玉県デーノタメ遺跡出土のクルミ形土製品　北本市教育委員会（2017）『北本市埋蔵文化財調査報告書21』より

　後晩期にしばしば見ることのできる、大型配石遺構を中心とした墓地を含む「祭祀空間」を作りだすにあたって、縄文時代の人々は周辺の山などの景観や、その地点における夏至や冬至、春分・秋分といった二至二分の日の出・日の入りを取り入れて設計していたようで、このような事例を「縄文ランドスケープ」と呼びます。たとえば、福島県三貫地《さんかんじ》貝塚における埋葬人骨の頭位方向は、遺跡に立つと最も目立つ頂上を持つ鹿狼山の方向を向いており、周辺の地形を考慮していたと考えられます。また、群馬県矢瀬《やぜ》遺跡では、遺跡の背景となる妙義山の山頂に見立てたかのように配石遺構の石柱が配置された事例があります。これらの点からみても、縄文時代の人々が周辺の自然地形を意識していたことは間違いないでしょう。また、自然に対する鋭い観察力を持っていた縄文時代の人々が、夏至や冬至、春分・秋分といった太陽の運行に気づかなかったはずがありません。二至二分をもって、特別な日とし、その日に何らかの祭祀的行為を行ったという考え方には、世界各地の民族事例と照らし合わせたとしても一定の説得力を持っています。「縄文ランドスケープ」を一層確実なものとするためには、さらなる慎重な検討が必要ですが、縄文時代の人々が周辺の自然地形を取り込んで、「社会化」していた可能性は高いと言えます。

上述したように、縄文時代に存在したと考えられる信仰の根本原理は、再生・循環です。このような考え方は、アイヌの人々などにみることのできる「もの送り」の思想とも共通するもので、非常に古くから存在する生命観・死生観とつながるものだと思われます。

（山田康弘）

〔参考資料〕山田康弘『縄文時代の歴史』（講談社、二〇一九年）、山田康弘『縄文人の死生観』（KADOKAWA、二〇一八年）

Q45 縄文人は死んだらどうなると考えていましたか？

A

死んだらどうなるか、という考えのことを死生観といいます。縄文時代に存在したと考えられる死生観には、再生・循環の死生観と系譜的な死生観があったと考えられます。縄文時代には、一見矛盾するようなこの二つの死生観が存在しました。

再生・循環の死生観　再生・循環の死生観を最も象徴的に表現しているのが、土器棺墓や土器埋設遺構です。縄文時代の遺跡を調査すると、完形もしくはそれに近い形の土器が、意図的に地面に埋められているという遺構に出会うことがあります。これが、土器埋設遺構《どきまいせついこう》です。この土器埋設遺構は、多くの場合、土器の中に生まれたばかりの子供の遺体を入れて埋葬した土器棺墓であったと考えられています。実は、土器の中に子供の遺体を入れて埋葬を行うという習俗は、東アジアを中心として広く世界中にみることができます。土器の中に子供の遺体を入れて埋葬する理由としては、土器を女性の身体（母体）になぞらえるという点で一致しており、これは宗教学的研究成果によって母体中に子供を戻して、もう一度生まれてくるように祈願する再生・循環の思想にもとづいていることが明らかとされています。おそらく、縄文時代の人々もそうだったのでしょう（p. 190 図2参照）。

母体の象徴としての土器　縄文時代の人々が、土器を母体の象徴として捉えていたことを推測できる資料もいくつか存在します。たとえば、山梨県津金御所前《つがねごしょまえ》遺跡などから出土したいわゆる出産文土器や、長野県唐渡宮《とうどのみや》遺跡出土の絵画土器などの事例は出産時の光景を写したと思われるものであり、土器がまさに子供を生み出す母体でもあることを指し示しています。このような事例からは、生命を生み出す女性と土器が精神的な面で強いつながりを有していたこと、土器が母体の象徴として存在していたことを推察できます。これらの点を勘案すると、縄文時代の基本的な死生観として、一度亡くなった人がもう一度生まれてくる再生・循環という思想があったと判断できます。ただし、土器埋設遺構の中に埋納されたのはヒトだけではありませんでした。埋設された土器の中には、イノシシ・シカ・イヌといった動物の他に、木の実・黒曜石・石斧などさまざまなものが入れられたこともわかっています。土器棺墓が、母体回帰という観点から再生を祈る施設でもあったのであれば、当然ながら人に対して祈願された再生・循環という考え方は、「より多くあってほしいもの」に対しても応用されたことでしょう。再生を願われたのは、なにも人の生命ばかりではありませんでした。

系譜的死生観　もう一つは、祖霊祭祀を軸とした系譜的な死生観です。縄文時代後晩期には東日本を中心に、茨城県中妻《なかづま》貝塚検出例のように多数の人骨を一箇所に集めて再埋葬したり、多数の人骨を焼き、それを大型の配石遺構の上に散布したりするような、特殊な墓が目立つようになってきます。このような墓は、多くの人々を祖霊として一括し、祭祀を行うためのモニュメントとしての機能を持っていたものと推察されています。たとえば東北地方にみられる大型の環状列石などは、このようなモニュメントだったと考えられています。

モニュメントにおける祭祀　このようなモニュメントにおける祭祀や葬送儀礼の場では、現在のお盆などの集まりをみてもわかるように、共飲共食する宴会の席などを通じながら親類同士の再確認、さらには親戚付き合いがより一層密になるなどの感じで、一族のつながりを強化したものと推察されます。そして、そのような祭祀・葬送儀礼が行われたモニュメントは集団統合の象徴として、会葬者個々の直接的な父母や祖父母、曾祖父母を代々祀るようになることから、次第に会葬者自身が覚えている三世代程度までの「個人的記憶」を超えて、さらに古い共通の先祖の祀りへ、やがては祖霊祭祀へと連動していったと思われます。縄文時代の後半期には、このような形で人々の系譜的な結びつきを重要視する「祖霊祭祀」が行われるようになりました。このような祖霊祭祀が成立するためには、祖父母から自分、そして孫へとつながる複数世代にわたる系譜的な関係が理解されている必要があります。縄文時代の後半期には、このような形で歴史的な結びつきを重要視する系譜的死生観という新たな思想がすでに成立していたと考えられます。

（山田康弘）

〔参考文献〕山田康弘『老人と子供の考古学』（吉川弘文館、二〇一四年）

精神文化

Q46 祭りはありましたか

A

原始社会では神話が生きていて、祭りの場でそれが再現されるといいますから、縄文時代にも神や祖先をまつる祭りは行われたと思われます。その実態は捉えづらいのですが、『村祭り』の情景をえがきながら、二つの面からアプローチしてみましょう。一つは遺物を手がかりにして、もう一つは遺跡や遺構といった場を手がかりにします。

祭りとは　「村の鎮守《ちんじゅ》の神様の　今日はめでたい御祭日（おまつりび）　ドンドンヒャララドンヒャララ　ドンドンヒャララドンヒャララ　朝から聞こえる笛太鼓」（葛原しげる作詞）。童謡の『村祭（村祭りとも）』は、祭りの様子と心情をよくあらわしています。『村祭』というように、祭りは集団による儀礼行為です。「鎮守の神様」というように祭りは神と人々が交歓する形のものが多く、そこに集まった人々が喜びの体験を共有するものであり、「めでたい」ということばにそれがよくあらわされています。「笛太鼓」、あるいは踊りは祭りにつきものです。ただし、祭りはめでたい催しばかりではありません。広義の祭りは宗教的な儀礼全般にわたるので、葬式など不祝儀も含まれます。

遺物からみた縄文時代の祭り　縄文時代には、なにに使ったのかよくわからない遺物がたくさんあります。土偶《どぐう》、岩偶《がんぐう》、石棒《せきぼう》、土版《どばん》、岩版《がんばん》、独鈷石《どっこいし》、御物石器《ぎょぶつせっき》、青龍刀形石器《せいりゅうとうがたせっき》、スタンプ形土製品、手燭《てしょく》形土製品、動物形土製品などが思い浮かびます。石鏃《せきぞく》や石斧《せきふ》、釣針など用途がすぐにわかる実用品とは異なりますが、数多く製作されたところをみると日常生活を裏から支えていた道具類、精神的な営みをになった大事な道具だったのでしょう。用途のよくわかる道具を第一の道具というのに対して、第二の道具と呼ばれています（Q44）。そしてそれらはなんらかの儀礼に用いられたと考えら

れています。

土偶は縄文時代草創期から弥生時代にいたるまで作られた縄文時代を代表する第二の道具です。土偶は女性をかたどったものが多く、安産祈願に使われたのではないかという意見があります。また、土偶は完全な形で出土することはめったになく、わざと壊したのではないかという意見もあります。土偶は病気やけがなどをした部分を折ることで治癒を祈ったのだという解釈が明治時代からなされてきました。土版を含めてなかにはコツコツと衝撃を与えた痕のあるものもあり、壊した場合もあったようです。

石棒は男性器を表現したもので、生命力の象徴とされますが、先端にこすった痕がついていたり、くぼみが穿たれたものもあります。また、火にかけて割れたものも多く、たんに焼けてしまったのではなくわざと火にかける場合があったと考えた方がよいでしょう（Q49参照）。

これらの痕跡は、第二の道具がなんらかの儀礼の行為に使われたことを推測させます。しかし、土偶破壊説を認めたとしても、それは個人的な行為であった可能性も捨てられません。そうなると「村祭り」のように集団性を帯びた祭りの結果というよりは呪術という方がふさわしいことになります。

また、御物石器やそれに類する石器には動物の意匠が施されたものもみられますが、よく似た装飾のある石器はネイティブアメリカンも使っています。その場合、川に杭を打ち込むというなんら実用の石器と変わらない使い方もしています。日常的な生産の行為や道具にも呪術的な効果が期待されていたのかもしれません。このように、遺物そのものの形状や使用痕跡などから儀礼にせまることはできますが、その中身や祭りについてはたんに遺物の観察だけでは足りません。そこで、第二の道具がどのような場所からどのように出土しているのかといった、場が問題になります。


遺構からみた縄文時代の祭り　埼玉県赤城《あかぎ》遺跡では、縄文時代後期後葉～晩期前葉の土器片や石器とともに土偶や石棒類などが多数出土しました。土器も注口《ちゆうこう》土器が多いなど、全体的に儀礼道具が目立ちます。これらの遺物は三・五×二・五mの範囲に高さ五〇cmほどの山のような状態で、まん中に希薄な部分があり、大型の石棒がそのわきから出土しました。この場に立てられた大型石棒を中心に、何らかの祭りが行われたと考えられています。東京都下布田《しもふだ》遺跡では、石棒をまとめて埋置した土坑が検出されています。晩期の遺構ですが、大型の石棒は縄文時代中期のものを含み、近隣の集落に転がっていたものを持ってきて祀ったようです。長野県エリ穴遺跡は後期終末～晩期の土製耳飾りが二五〇〇個以上出土しま

図１　積み上げられた儀礼の道具（埼玉県赤城遺跡）

したが、それらの多くは廃棄された状態でした。よその土地で作られた耳飾りもまじっていますので、耳飾りをつけた人々が集い祭りを行った後にはずして捨てたと考えられています。これらは祭りの実態は不明というものの、集団儀礼としての祭りがあったことを物語る資料です。

儀礼の道具を火にかける儀礼は石棒ばかりではありません。埼玉県長竹遺跡では、大型住居の床が一面に焼けた跡があり、焼土のなかから耳飾りや石棒類などが出土しました（Q49参照）。縄文時代後・晩期は狩猟が活発化しますが、東日本の内陸の遺跡ではイノシシやシカなどの焼けた獣骨が出土することがよくあります。おびただしい量からすると、集団の儀礼であったことは疑いありません。狩猟儀礼、あるいは再生の儀礼だった可能性があります。

祭りには笛や太鼓といった楽器がつきものです。楽器の音色にあわせて踊りを踊ることもしばしばです。縄文時代に太鼓があったという説があります。縄文時代中期の有孔鍔付《ゆうこうつばつき》土《ど》器《き》という土器は、平らな口の土器の口縁部に孔をめぐらして、皮をはって太鼓にしたのではないかと考えられています。しかし、酒造りの器だという意見もあり決着はみていません。弦を張ったとされる孔のある長い板は琴ではないかと考えられています。たんなる石もたたけば音が出るのですが、縄文時代で楽器としての形態をそなえた遺物はほかには思いつきません。

しかし、音楽や歌と踊りを推測する手がかりは遺跡自体にあります。縄文時代の集落は環状をなす場合がしばしばあります。環状集落はまん中を広場としてまわりを住居がとりまくことが一般的です。岩手県西田《にしだ》遺跡のように、まん中の広場に墓地が設けられているのもよく見かけます。南アメリカのボロロ族の村も環状で住居がまわりに配置されていますが、まん中で舞踏が行われました。縄文時代中期の土器に、手をつないで踊るようなしぐさの人物の表現があります。環状集落のまん中の広場で音楽がかなでられて人々が踊りを踊

図２　立石を伴う環状の配石（秋田県大湯環状列石）

った可能性は高いとみてよいでしょう。

中央の墓地が居住域から独立して設けられたのが縄文時代後期前～中葉の環状列石《かんじょうれつせき》です。秋田県大湯《おおゆ》環状列石（Q47）は、野中堂《のなかどう》遺跡と万座《まんざ》遺跡の二つの環状列石が至近距離にあり、いずれも直径が五〇ｍを超える巨大な施設です。内帯と外帯の二重の列石からなり、内帯と外帯の間には日時計と称される立石も設けられています。日時計ではなく、特別の祖先が宿る目印でしょう。列石の石は六㎞ほど離れた河原から持ってきたものですが、一つが一〇〇㎏もある重い石も含まれているので、集団の協力が欠かせません。環状列石で葬送儀礼や祖先の祭りが近隣のムラから人々が集合して盛大に行われたと思われます。

北海道域には後期中葉に周堤墓というこれもまた巨大な環状墓地が作られました。土を盛りあげて環状に区画を作っていますが、その行為自体に儀礼的な意味を認める意見もあります。関東地方では後期後葉～晩期に環状盛土遺構が認められ、これも同様に儀礼行為の結果とされています。

このように、縄文時代にはさまざまな儀礼の道具を用いた集団の祭りが展開していたことがわかります。それはムラ人や近隣の人々の結束の潤滑油のような働きをしていたと思われます。

（設楽博己）

〔参考文献〕阿部昭典『縄文の儀器と世界観』（知泉書館、二〇一五年）、谷口康浩『縄文時代の社会複雑化と儀礼祭祀』（同成社、二〇一七年）、山田康弘『縄文人の死生観』（ＫＡＤＯＫＡＷＡ、二〇一八年）

Q47 環状列石について教えてください

A

環状列石《かんじょうれっせき》は、簡単に言うと、大型の石を環状に配置した大型の遺構です。縄文時代中期の後葉から後晩期にかけて、中部高地、関東北部、東北北部、北海道南部に多く作られました。その用途や性格には諸説ありますが、列石内に配石墓が組み込まれていることから、葬墓祭制上の儀礼に使われた場所、そしてモニュメントであったとする説が有力です。

環状列石とは　縄文時代の後半になると、東日本を中心に人頭大の石を直径数mから数十mの大きさで環状に並べた施設が作られます。最も広く定義した場合、これらを一括して環状列石といいます（図1）。ただし、その形態は様々で、全体の形状としては、円形に近いものから、隅が丸い方形に近いもの、場合によっては環状列石が大小二重の円のようになっているものもあるなど、遺跡ごとに特徴的な環状列石が作られています。したがって、環状列石を一概に定義することは難しく、多くの議論が行われています。環状列石の研究を行っている阿部《あべ》昭典《あきのり》によれば、環状列石の定義は、以下のようになります。①長径三〇〜五〇mほどの規模を有し、列石が環状もしくは弧状にめぐるもの。これは環状列石が中央広場の外縁部にめぐるものであることから、その規模を有し、一〇m前後のものはその範疇に含められない。②これらの列石は、必ずしも全周するわけではなく、半周するものも多い。また、斜面部側の削平部分に列石が配される事例が多く、列石内部の空間は平坦となる。③列石の内部空間には、住居跡（路跡など）は伴わず、墓坑などが伴う場合が多い。さらに列石内部は出土遺物が希薄である。また、石の配置の仕方や遺跡の分布、系譜などから、大きく「北東北系環状列石」と、「北関東系環状列石」に分けることができるとされています。環状列石の用途や性格については、これまでにも

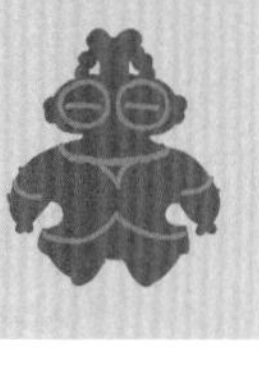

図1　青森県小牧野遺跡における環状列石　青森市教育委員会提供

「墳墓説」や「祭祀場説」など、多くの説が提唱されてきました。現在では、様々な祭祀や各種儀礼にかかわるモニュメントであったと考えられていますが、環状列石内に配石墓が組み込まれているものもあることから、葬墓祭制に関する施設とも推定されています。当初環状列石は、縄文時代中期の終わり頃に中部高地から関東地方北部といった地域にみられるようになりますが、後期に入ると東北地方へと広がりをみせ、北海道南部や東北地方北部において多くの環状列石が作られるようになりました。

典型例としての大湯環状列石　これらの環状列石の中でも、特に有名なのが秋田県の大湯《おおゆ》環状列石です。大湯環状列石は、鹿角市十和田大湯字野中堂《のなかどう》字万座《まんざ》に所在する二つの環状列石（野中堂環状列石、万座環状列石）を主体とする、縄文時代後期（約四〇〇〇年前）の遺跡です（図2）。野中堂環状列石、万座環状列石のいずれも、列石（配石遺構）が外帯と内帯と呼ばれる二重の環状となっています。また、長めの石を放射状に置き、その中心に石を立てた「日時計状組石《ひどけいじょうくみいし》」が、外帯と内帯の間、各々の環状列石の中心から見て北西側に作られています（図3）。これまでの発掘調査によって、環状列石を構成する配石遺構の下には土坑が存在することが確認されており、配石墓であったことがわかっています。し

図２　秋田県大湯環状列石（左：野中堂、右：万座）の全景　鹿角市教育委員会提供

たがって、その集合体である野中堂・万座環状列石は、集団墓である可能性が高いと考えられるのですが、周辺集落を含めて想定される人口規模からみた場合、墓の数が少なすぎるという特徴があります。このことから、環状列石には限られた人物のみが埋葬され、さらに内帯と外帯でも埋葬者数に差がみられることから、これを複数の階層を持った複雑化した社会の産物であったと考える研究者もいます。縄文時代のイメージを考える上で、傾聴すべき意見です。

大湯環状列石に伴う遺構

野中堂環状列石の径は四二m、万座環状列石は径が四八mにもなり、また、二つの環状列石に使われている石の約六〇%は、緑色をした石英《せきえい》閃緑《せんりょく》ヒン岩と呼ばれるもので、六kmほど離れた大湯川から運ばれてきたものであることが判明しています。このことからも、環状列石の構築には、非常に多くの労力がつぎ込まれたことが理解できます。一九四二年の神代文化研究所による発掘調査以降、何回にもわたって、環状列石およびその周辺地の発掘調査が行われ、各々の環状列石を取り囲むように、掘立柱建物、土坑、貯蔵穴などが同心円状に広がっていることがわかってきました。これらの遺構のうち、掘立柱建物は、環状列石にみられる石の配置構造と対応しており、殯《もがり》などの儀礼を行った施設である可能性も指摘されているほか、環状列石において

図3　野中堂環状列石　鹿角市教育委員会提供

祭祀や葬礼を行う際の宿泊所であったという説も出されています。出土遺物には、多くの土器のほか、土偶や土版、動物形土製品など、いわゆる「第二の道具」も多く、環状列石が祭祀の場でもあったことを裏付けています。

墓を伴わない環状列石　北海道鷲《わし》ノ《の》木《き》環状列石や、青森県小《こ》牧野《まきの》環状列石のように墓を内包しない事例もあるため、一概にその性格を葬墓祭制とするわけにはいきませんが、環状列石が様々な儀礼を行う場となっていたことは間違いないでしょう。

（山田康弘）

〔参考資料〕小林達雄編著『縄文ランドスケープ』（アム・プロモーション、二〇〇五年）、秋本信夫『石にこめた縄文人の祈り　大湯環状列石』（新泉社、二〇〇五年）、阿部昭典編著『環状列石』（ニューサイエンス社、二〇二三年）

Q48 縄文時代の動物の造形について教えてください

A 縄文時代中期、中部高地地方の長野県域や山梨県域では文化が高揚期を迎えて、装飾性の豊かな土器が多数作られました。それらはさまざまな文様で飾られていますが、抽象的な文様に加えて具象的な文様がみられます。具象的な文様には動物と考えられる意匠が多く、どんな動物をあらわしたのか不可解なものもありますが、特定できる動物も多くあります。

動物造形と中期の再生観念　ヘビとカエルは具象的な動物造形の代表例です。ヘビは把手として口縁部にかま首をもたげて表現されたものや、胴部に粘土を貼りつけて表現されたものがあります。カエルはとてもリアルに表現された例もありますが、次第に抽象化されて得体のしれない生き物のようになり、神秘性が増したようです。

抽象的な文様に近い例としては、サンショウウオとされる文様の土器が多く作られました。なかにはカエルの腕をくわえて飲み込もうとしている構図もあります。縄文人の身近なところで繰り広げられた自然の営みのなかで印象深いシーン

図1　カエルをリアルに表わした土器（長野県柳沢遺跡）

図２　交尾をするイノシシをあしらった土器（青森県大湊近川遺跡） 青森県埋蔵文化財調査センター所蔵

を表現したのではないでしょうか。そこには食べられてしまうという〃死〃のイメージが意識されていたと考えてよいかもしれません。ヘビもカエルも変態あるいは脱皮する生き物です。抜け殻という死体のごときものから生まれてくるという不思議が縄文人の心を捉えて動物造形の主役におし立てたのかもしれません。〃死と再生〃のイメージといってもよいでしょう。

中部高地地方の縄文時代中期前半には土偶《どぐう》がさかんに作られました。それらの土偶は妊娠や出産状態を表したものが多く見られます。非文明社会の土器は女性が作ったという一般法則（Q29）が縄文土器にあてはまるならば、おそらく土偶も女性の手になったのでしょう。このように縄文時代中期の造形品からは、豊饒《ほうじょう》や生と死の輪廻《りんね》、再生観がうかがえます。

イノシシ形土製品と後・晩期の豊饒観

イノシシ形土製品は後・晩期にさかんにつくられました。後・晩期に狩猟が活発化したことは、石鏃《せきぞく》の多量化やイノシシ・シカといった動物の骨を焼く儀式（Q49）がさかんになったことからうかがい知ることができます。土器に弓矢と動物を半肉彫り状に貼付した造形もありますが、その動物はイノシシかクマでしょう。落とし穴に近づくシカを線刻で表現した中期の土器もあります。これらの土器は、その造形の目的が狩猟儀礼であったことをうかがわせます。中期にはイノシシ形土製品が落とし穴のかたわらから出土した例もあります。アメリカのズニ族は石鏃をしばりつけた動物像を狩猟にたずさえることが知られていますので、あるいはこの土製品の役割が狩猟成就祈願だったのかもしれません。

しかし、イノシシ形土製品の大多数には別の役割があったと考えた方がよいでしょう。それは、シカの土製品がきわめて少ないことから推測されるのです。縄文人の狩猟動物の双璧はイノシシとシカです。狩猟祈願で土製品が作られたなら、シカの土製品がもっとたくさんあってもよいのではないでしょうか。では、イノシシの造形の主たる目的は何なので

図3　とぐろを巻くヘビの把手をつけた土器
（長野県尖石遺跡）　尖石縄文考古館所蔵

しょうか。

イノシシは動物のなかで最も古くから縄文人の造形の対象になってきました。中部高地地方や関東地方の前期の土器は、波状口縁の波頂部にイノシシの頭部を粘土でつくって貼りつけています。波状口縁というかたち自体に象徴的な意味があると考えられますので、イノシシもなんらかの象徴性を持たせていたに違いありません。

そこで注目したいのがイノシシとシカとの生物学的な習性の違いです。シカはか弱い動物であるのに対してイノシシは頑強な動物です。シカは少産で一度に一頭しか産まないのに、イノシシは多産で十頭ちかく産むことがあります。縄文人はイノシシを生命力が強い豊饒の象徴と捉えていたのではないでしょうか。採集狩猟民はその人口支持力の低さから人口増加を控える傾向があるのに多産を願うのはおかしいと思われるかもしれません。しかし、縄文時代の墓を掘ると、成人の墓に対して死産児などを土器に納めた墓が同じくらいの数で出てくる事例がしばしばみられます。縄文人の出産は死と隣り合わせであり、赤子の死亡率はとても高かったのです。

中期には口縁にイノシシをつけた土器もありますが、土偶と共通する表情をした顔面把手《とって》と同じ位置につけられたことからすると、イノシシは女性格として扱われていたとみてよいでしょう。千葉県下太田《しもおおだ》貝塚ではイノシシの幼獣が子どもの墓域に埋葬されていました。女性のかたわらにイノシシが埋葬された例もあります。非文明社会では女性が余った乳をウリボウに与えて育てる場合があります。縄文人もイノシシを飼育していたのではないかという意見もあります。女性とイノシシの関係は深いとみてよいでしょう。

縄文文化と弥生文化の動物造形の比較　イノシシを中心に縄文時代の動物造形をみてきましたが、そのほかの動物造形品をみていきましょう。北海道桔《き》梗《きょう》2遺跡にシャチをかたどった土製品があります。美々《びび》貝塚から出土した中空の土製品は海獣をあらわしたと考えられています。サルをかたどった土製品も比較的多くみられます。栃木県藤岡神社《ふじおかじんじゃ》遺跡のイヌをかたどった土製品は獲物に吠えかかっている様をあらわしているようです。珍しいところではウニとされる土製品もあります。アワビや巻貝を表現した土器など、縄文土器に特有の文様を取り込みながら見事な装飾でリアルに表現した土製品は、一種の芸術作品の雰囲気を漂わせています。骨角器の頭などにオオカミやカエルを彫刻した造形品もあります。

このように縄文時代の動物造形品の特徴は、その多彩さといってよいでしょう。縄文文化の特性である自然の食料資源のレパートリーの豊富さを反映しているようですが、特定の動物を氏族《しぞく》の象徴的な存在と自認するいわゆるトーテミズムの反映だという見方もあります。

弥生時代の動物の造形については別巻でお話ししますが、ここでその特徴をまとめて縄文文化と比較しておきましょう。縄文時代に造形の主役であったイノシシは影をひそめ、それにかわるようにして主役に躍り出たのがシカと鳥でした。シカは土地の神、鳥は穀霊の運搬者と考えられていたようです。また、銅鐸《どうたく》には小動物が描かれますが、それらは水辺、それも淡水の生きものが多いのが特徴です。水辺というのは水田とその周辺環境ということでもあります。これら描かれた小動物は種類こそ多いものの、いずれも食料というわけではありません。シカと鳥とあわせてみれば、それらが稲作儀礼のための動物と意識されていたことは明らかです。銅鐸にイネをおさめた高床倉庫や脱穀のシーンが描かれているのもそれを裏付けています。

弥生時代は水田稲作を基幹産業に位置づけた時代です。動物もそのための儀礼のアイテムとして描かれました。縄文時代からの動物造形のうつりかわりの要因は、生業の変化にあったと言ってよいでしょう。

（設楽博己）

〔参考文献〕設楽博己「縄文人の動物観」『動物の考古学』（人と動物の日本史1、吉川弘文館、二〇〇八年）、春成秀爾『儀礼と習俗の考古学』（塙書房、二〇〇七年）

Q49 なぜ住居を燃やしたあとがあるのですか

A

縄文時代にはアイヌ民族の文化に顕著な送りを考えたくなるような行為の結果や、火を用いた儀礼的な行為のあとが多々認められます。焼獣骨の散布や焼人骨葬は再生観のあらわれであり、送りと捉えてもよいのかもしれません。そして、焼土敷貼床や家を火で燃やすなどの火を使った儀礼の結果が残る住居にも送りの意味があったのかもしれません。

焼けた大型家屋　埼玉県長竹《ながたけ》遺跡は、儀礼の施設である大きな環状盛土遺構が出土したことで知られています。この遺跡から焼失した竪穴住居跡がみつかっていますので、その内容をみていくことにしましょう（図1）。

この竪穴住居は真四角で、一辺が一二mほどの巨大な建物です。集落の最も高い、見晴らしのよいところに建っていたようです。住居が使用されたのは縄文時代後期後葉〜晩期初頭までの長い期間で、この間に二〜三回立て替えが行われました。それは床に粘土をはって、かたく叩きしめた貼床《はりゆか》が数面にわたって見出されていることからわかります。貼床は焼土を敷き詰めていますが、その下の土も赤くなっていて被熱していました。火入れや焼土による床の設置には、湿気防止の目的があったのではないかと考えられています。

最終的にこの住居は燃やして廃絶されたようです。最終床面のアンペラは焼けていて、炭化した柱も根元の部分が残っていました。アンペラとは、樹皮を細く裂いて編んだ敷物のことです。柱は柱穴の中に立ったままでしたし、床面からは屋根材と思われる炭化した木材も出土していますので、家が建ったままの状態で火が入れられたのでしょう。

遺物は最終床面付近から多く出土しました。土器や石器など日常の生活用品のほかに、土製耳飾り、土偶《どぐう》、土版《どばん》、石棒《せきぼう》、石剣《せっけん》、岩版《がんばん》、異形台付土器《いけいだいつきどき》、手燭形土器《てしょくがたどき》、動物形土製品といった儀礼にかかわる非日常的な遺物が通常の竪穴住居よりも多く出土しています。それらも焼けているものが多く認められます。住居のどこからこれらの特殊な遺物が出土しているかといいますと、その多くは壁際で、耳飾りは南東辺と北西辺、石棒類や土偶は奥壁側といったように種類によってかたよりがあるようです。

このような特殊な遺物を多く出土する後期終末~晩期の大型の竪穴住居跡は埼玉県真福寺《しんぷくじ》貝塚にもあり、ここでは土製耳飾りがことにたくさん伴っていました。床面には焼土があちこちに認められていますので、焼失家屋かもしれません。また、焼土を床に敷き詰めた竪穴住居跡は群馬県茅野《かやの》遺跡や千葉県下ケ戸宮前《さげとみやまえ》遺跡からもみつかっていて、これらの住居跡にも土製耳飾りがたくさん伴っています。茅野遺跡の竪穴住居は長竹遺跡と同じようにアンペラが焼けた状態でしたので、この遺跡も最後に建物を燃やしているようです。

図1　焼失した家屋（埼玉県長竹遺跡）

大型住居の性格　長竹遺跡の焼けた住居跡が大型建物であることや特殊な遺物を多く伴うことなどからすると、これらの建物には儀礼的な役割があったことがうかがえます。そのことを、千葉県加曽利《かそり》貝塚の大型竪穴住居跡によって補足しましょう（図2）。

この竪穴は長軸の長さがおよそ一九mの楕円形の巨大な建物です。壁際にいくつかの炉跡《ろあと》があり、それぞれの炉の付近から特殊な遺物がまとまって出土しました。第六号の炉のそばからは異形台付土器や丸玉、軽石製品が、第四号炉のそばからは異形台付土器が二点、第二・三号炉のそばからは石棒二点と砥石や磨製石斧が、そして中央の第一号炉のあたりから土偶が二点といった具合です。

こうした儀礼にかかわる遺物の出土状況から、この建物でなんらかの祭りが行われたのではないかと考えられており、それは次のように復元されています。中央の炉から火を分けてもらい、壁際のいくつかの場所で異なる道具を用いて祭りが行われましたが、祭りを行ったいくつかのグループは近隣

図2　加曽利貝塚の大型住居　千葉県教育委員会（2017）『史跡加曽利貝塚総括報告書』より

からの訪問者ではなかっただろうかというのです。この建物はふもとの川から坂を登ると真っ先に目に入るところに建っており、訪問者をむかえるにはうってつけの立地といってよいでしょう。

特殊遺物が壁際から出土したことと、まとまりを持っていること、種類によって出土場所が異なっていることなど長竹遺跡と共通性があります。長竹遺跡の大型建物も見晴らしのよいところに建っているので、ランドマーク的な役割を果たしていたのかもしれません。また、火を用いることに儀礼的な意味があったのは、次の事例からわかります。

千葉県下水《げす》遺跡から出土した後期後葉の大型の竪穴住居跡（図3）は、壁際に柱穴が三重にめぐっていました。その上に焼土が厚く積もっていましたが、まん中の柱穴列に焼土が底の方にまで入り込んでいました。まん中の柱穴は焼土堆積以前に土で埋まっていますので、住居を廃絶するときにまん中の列の柱を抜いて焼土をかぶせたのです。火によってできた焼土に、マジカルな感情を抱いていたと考えないわけにはいきません。焼土を敷き詰めた貼床にも、湿気防止以外に儀礼的な意味があったのではないでしょうか。

住居を焼く意味　このように、利根川流域の縄文時代後期後葉〜晩期には、焼土を竪穴住居の床に敷き詰め、場合によっては最終的に燃やして廃絶している特殊な風習が広がっていたようです。

家を焼くというと、アイヌ民族の風習が思い浮かびます。アイヌの人々のなかには、死者が出た家に火を放ち、死者のいる世界に送る習慣があります。この儀式をチセオマンテといったりしますが、アイヌ語でチセは「家」、オマンテは「返す」を意味します。イオマンテ（イヨマンテとも）は、子熊を飼育したのちに花矢で射て神の国に送り、再生してこの世に戻ってくることを願う儀礼として知られています。これらはいずれも〝送り儀礼〟とされ、神に返す送りの観念がアイヌ民族に根づいていたのを知ることができます。

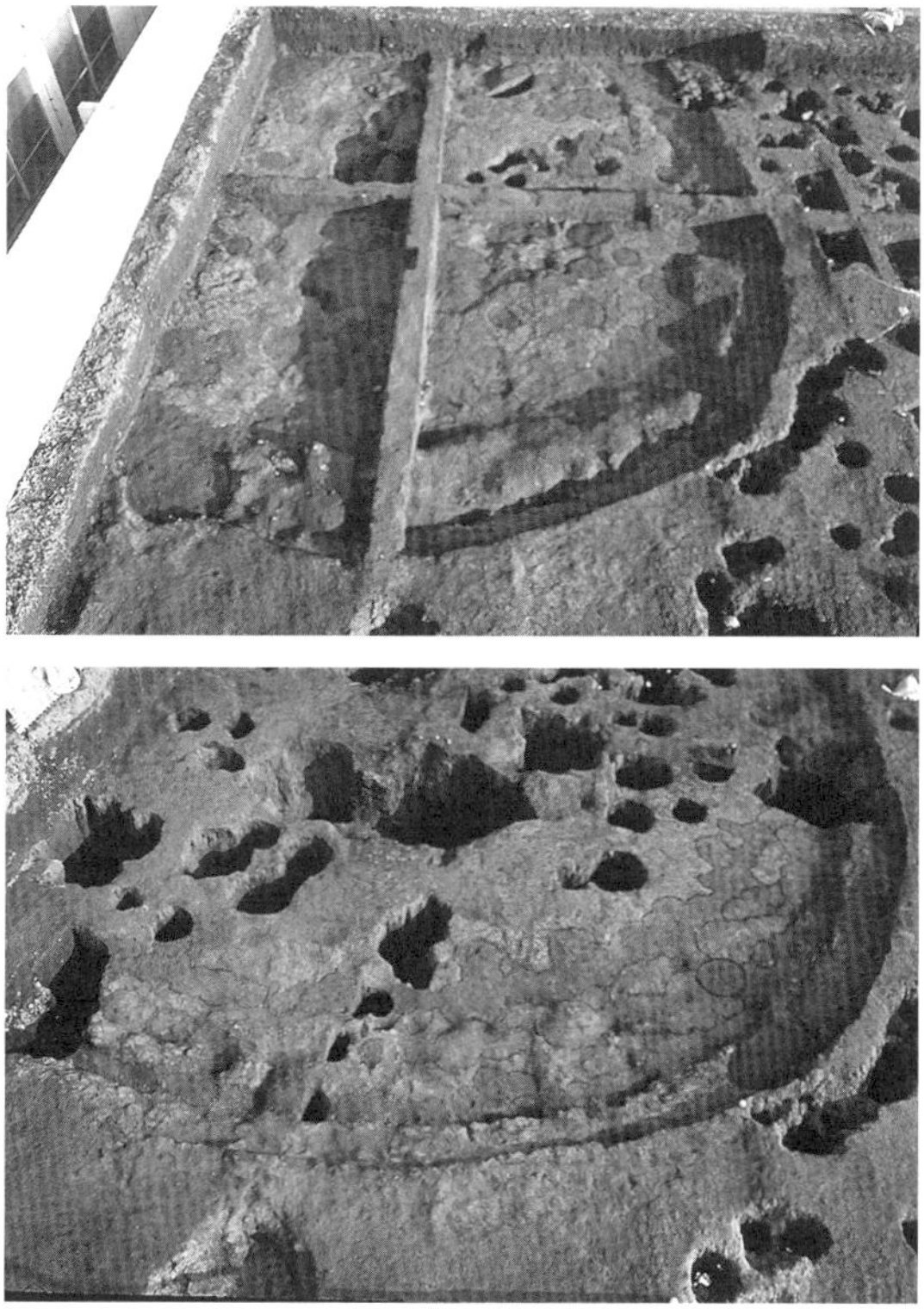

図3　柱に焼土がつまった住居（千葉県下水遺跡）　壁際の盛り上った焼土（上）を取り除くと、3列の柱の痕が現れたが、まん中の列の柱穴に焼土がつまっていた（下）

火を用いた死者儀礼は縄文時代にもあります。縄文時代中期から晩期の長野県域など中部高地を中心にシカやイノシシなどの獣骨に火を加えて焼く儀礼があり、その儀礼は人骨にも及びますが、その葬法を焼人骨葬《しょうじんこつそう》と呼んでいます。時代の離れたアイヌ民族の事例をただちにあてはめるわけにはいきませんが、シカとイノシシは縄文人にとって最も重要な狩猟動物でしたので、あるいは再生の観念が働いていたことは考えてもよいでしょう。

焼失家屋に伴って焼けた石棒類が出土しますが、それに限らず石棒類が火を受けて赤変したり砕けた状態でみつかることはよくあります。石棒に宿る生命力の再生を願った行為だと解釈されています（Q44）。

食料残滓《ざんし》の廃棄に伴う儀礼的な行為はほかにも知られています。たとえば千葉県取《とり》掛西《かけにし》貝塚の竪穴建物の埋土にはイノシシとシカの頭蓋骨が並べられていました。縄文時代早期前半ですから、早いころからこのような儀礼的な措置がなされていたことを知ることができます。また福島県大畑《おおばたけ》貝塚では大きなアワビの殻が多数置かれたような状態で出土しました。下水遺跡の後期前半の土坑には貝が詰まっていましたが、そのなかにはラグビーボールのような堆積状況を示す例もあります。貝を貯蔵したわけはないので廃棄と考えざるをえません。食べた貝の殻を巾着型のバスケットに入れてそのまま廃棄したのかもしれませんが、食料残滓にも特別な扱いがなされた結果とみてはどうでしょうか。

（設楽博己）

〔参考文献〕阿部芳郎「縄文時代後晩期における大型竪穴建物跡の機能と遺跡群」（『貝塚博物館研究紀要』28、千葉市立加曽利貝塚博物館、二〇〇一年）、高山純「配石遺構に伴出する焼けた獣骨の有する意義」（『史学』47－4・48－1、三田史学会、一九七七年）

コラム9

岡山県津雲貝塚

「そんなに多くの人骨や遺物が出土したのなら、津雲《つくも》貝塚にはそれなりに大きな集落があったんですよね」と尋ねられることがあります。

岡山県笠岡市にある津雲貝塚は、大正時代に行われた発掘調査で、埋葬された縄文人骨が一七〇体あまりみつかったことで知られています。遺跡としては墓についての情報が多いものの、ほかのことは不明確なままでした。笠岡市教育委員会は二〇一三年から五年にわたって発掘調査を実施しましたが、貝塚を残した縄文人の生活域については、特に手に入れたい情報の一つでした。

大正時代の発掘は、南北に伸びる丘陵の先端付近で行われました。教育委員会の発掘調査に先立ち、その丘陵一帯を踏査し、住居跡が存在しそうな場所のあたりをつけていきました。トレンチ調査を行ったのは、大正時代の調査地から北へ約六〇mで、丘陵上にある南向きの平坦地です。ここが縄文人の生活の場である可能性が高いと考えていましたが、調査の結果、遺構も遺物も皆無でした。ここでなければ、どこなのでしょうか。すでに、可能性のありそうな場所は調査しつくしていました。

それでも最後に赤い焼け土の堆積と柱穴を確認することができました。場所は、墓域の北端から北に約五mの地点です。縄文人の生活の場は墓と近接してあったことになります。さらに、この生活域は広くても一五m四方と推定されます。竪穴住居であれば同時に二、三棟が立つくらいでしょう。

埋葬人骨の多さや墓域の広さに比べ、生活域は意外にも狭い印象です。山田康弘らの研究で、津雲貝塚の人骨の多くは三〇〇年の間に埋葬されたことが明らかになりました。一世代を三〇年とすれば、百数十体は一〇世代の間に埋葬された計算となります。一世代あたり十数人だったとすれば、竪穴住居二、三棟は妥当と言えます。土器、石器、骨角器なども大量に出土していますが、これも遺跡が長期間継続したおかげでしょう。

（横田美香）

Q50 シャーマン・呪術師はいましたか

A

縄文時代は呪術や祭祀が非常に発達しており、それを司る専門的職能者が存在したと考えられます。このような呪術者の埋葬例と思われる事例も発見されており、様々な祭祀の痕跡や出土人骨に見られる呪術的医療行為の存在などから、当時の人々の生活に重要な存在であったことも解明されつつあります。

シャーマン・呪術師とは　縄文時代は、呪術が生活の一部をなし、社会上重要な役割を果たしていました。当然ながら呪術をもっぱら行う人物が存在しました。中でもシャーマン（シャマン）とは、自らをトランス状態にし、神や精霊、死者の霊などと直接的に交渉し、託宣・預言・治療などを行う宗教的職能者のことです。これに対し、超自然的な存在や神秘的な力に働きかけて様々な目的を達成しようとする行為を呪術と呼び、それを専門的に行う者のことを呪術師と呼びます。どちらも専従する職能者であることは間違いありませんが、縄文時代において、そのような専従職能者の存在を証明することは難しいので、ここでは専従・パートタイムを含めて呪術者と呼ぶことにしたいと思います。

叉状研歯人骨　呪術師の埋葬例と考えられる事例もいくつか確認されています。愛知県田原市には、数多くの人骨を出土した吉胡《よしご》・伊川津《いかわづ》・保美《ほび》という三大貝塚が存在しますが、これらの貝塚からは上顎の切歯をフォークのように研磨した、叉状研歯《さじょうけんし》を施された人骨が出土しています。これらの叉状研歯人骨は、基本的に東海地方から近畿地方の晩期の遺跡で確認されており、主に上顎左右の犬歯二本と下顎の左右第一・第二切歯を除去された4I系列の抜歯が施されています（図1）。また、男女ともに事例があり、どちらかの性に偏ったものではないようです。さらに伊川津貝塚からは、叉状研歯人骨の三体合葬例（SZ44～46号）が発見されていますが、

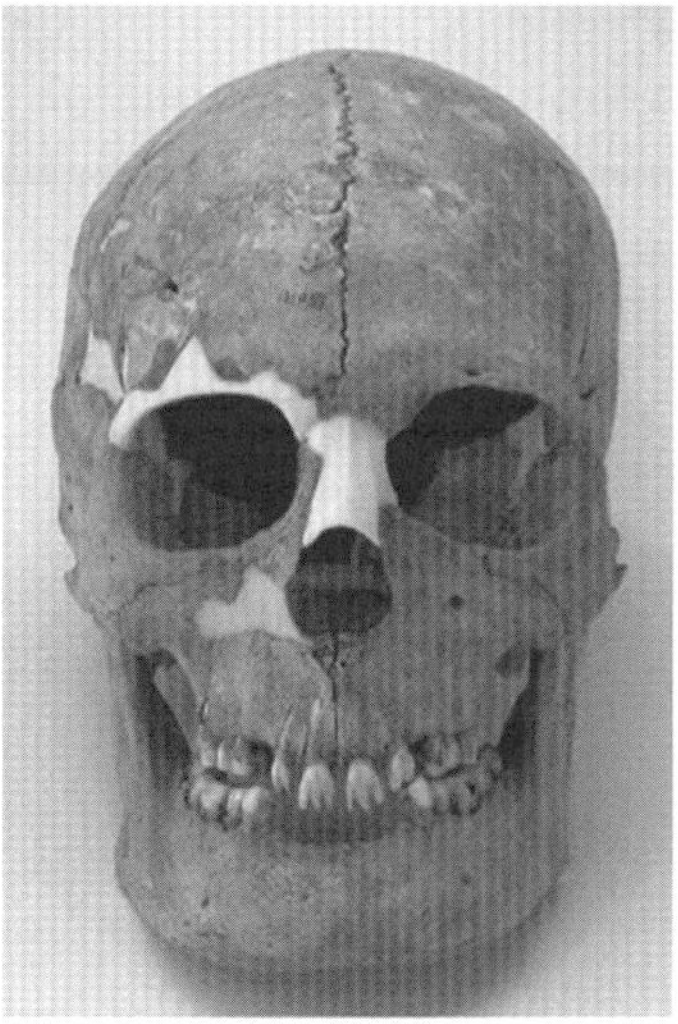

図1　大阪府国府遺跡出土の叉状研歯人骨　東京大学総合研究博物館所蔵

それらのうちSZ44号人骨には、サル橈骨《とうこつ》製耳飾りが左右に一点ずつ、イノシシ犬歯製足飾りが左右の足首に一点ずつ、さらに石製首飾りを着装されていました。また、SZ45号人骨には、イノシシ犬歯製腕飾りが右腕に着装されていました。サル橈骨製耳飾りやイノシシ犬歯製腕飾り・足飾りは縄文時代全般において稀有なものであり、叉状研歯人骨には特殊な装身具が着装されていました。また、叉状研歯人骨である吉胡貝塚KY85号人骨およびKT120号人骨には鹿角製腰飾りが、BN13号人骨には左右の腕に貝製腕飾りが着装されていました。これらの装身具は決して珍しいものではありませんが、装身具全体の着装率が、全出土人骨の七%弱しかないことを考えると、やはりごく一般的な人物の埋葬例ではなかったと想定されます。さらに、保美貝塚から出土した叉状研歯人骨の食性を分析してみると、海に近い遺跡に埋葬されていたにもかかわらず、木の実や獣肉のみを摂取するような食生活を送っていたことがわかっており、呪術者に食のタブーがあったことがわかります。

特殊な土器棺墓出土人骨　縄文時代後期の青森県薬師前《やくしまえ》遺跡からは、同一の土坑内に三基の土器棺墓が埋設されており、そのうちの一つからは、骨になった老年期女性人骨を再埋葬した事例が確認されています。一般に、一度骨となった遺体を再埋葬する葬法、ましてや土器棺内に埋納する葬法は、単純な単独・単葬例よりもエラボレーション・コスト（手間ひま・労力）がかかり、特殊な人物の埋葬例と考えることができます。さらに、本例の場合、そこにイノシシ犬歯製腕飾り一組と貝製腕飾り七点が着装されており、特殊な人物の埋葬例であることは間違いありません。女性であること、老年であることを勘案すると、集団の女性統率者、もしくは呪術者であった可能性が指摘できるでしょう。

特殊な腰飾りを持つ人骨　縄文時代中期の、千葉県有吉南《ありよしみなみ》貝塚第三五四号住居跡から出土した甕被葬《かめかぶりそう》例の成人男性人骨には、イルカの下顎を使用した特殊な腰飾り一点と貝製腰飾り一点が伴っていました（図2）。この特殊な腰飾りは、常時腰に着装されていたもののようで、着装用の紐を通す孔が、一度擦り切れてしまい、新たな孔が穿《うが》たれていました。このように、土器を頭に被り、腰飾りを着装したまま埋葬された人物も、集団のリーダー、もしくは呪術者であった可能性があります。

縄文時代の特別な人々　縄文時代の中期になると、一般の人々とは少々異なった特別な人たちが出現します。たとえば、岩手県西田《にしだ》遺跡からは中期の典型的な環状墓域が検出されていますが、その環状墓域の中心部には、いくつかの中心埋葬とでもいうべき土坑墓が残されています。このような人々が、その帰属する集団において特別な人々であった可能性は高いでしょう。また、縄文時代には、ヒスイ製大珠などのように、稀少性、入手可能な場所が遠隔地にあるなどの点から、それを入手することが集団内における立場を向上させるようなモノが存在します。このようなモノを「縄文威信財」と呼びます。「縄文威信財」を着装し、副葬された人物の埋葬地点を検討してみると、たとえば群馬県三原田《みはらだ》遺跡の事例のように、大型の環状集落の中央に位置する場所であったりします。その埋葬地点から推察して、被葬者が集落内において「特別な人物」であったことは間違いなく、このような人物も集団の統率者や呪術者であった可能性があります。ただし、縄文時代においては、政教分離ができておらず、集団の統率者と呪術者が同一人物であった可能性も高いことに注意する必要があります。近年、縄文時代の社会は一部において階層化していたとする議論が多くなってきました。しかしながら、縄文時代の階層が、権力によるものなのか、それとも権威や威信といったものによるのか、という点については、これまた様々な議論があります。一番可能性が高いのは、知識や経験に基づく権威による階層化であり、その場合、シャーマンや呪術師といった呪術者が、階層の上位にい

図２　千葉県有吉南貝塚出土の特殊な腰飾りを持つ甕被葬人骨　千葉県教育振興財団編（2008）『千葉東南部ニュータウン』より

たと思われます。

描かれた呪術者？　縄文時代の遺物の中には、このような呪術者と思われる特別な人物を具像化していると思われるものがあります。青森県三内丸山《さんないまるやま》遺跡出土土器に沈線《ちんせん》によって描かれた人物画は、一見何かの儀式を執り行っているシャーマンの姿に見えなくもありません。また、岩手県御所野《ごしょの》遺跡出土土器には、頭部から触角状のものが延びている人物画像が粘土の貼り付けと刺突によって描かれており、「羽付き縄文人」と呼ばれています（図3）。山梨県鋳物師屋《いもじや》遺跡から出土した有孔鍔付土器には、あたかも歌を歌っているかのごとき人物像が造形されています。時期は新しくなりますが、岩手県小田《こだ》遺跡からは石製品に線刻《せんこく》で弓矢らしきものを持つ人物が描かれています。土器などに描かれた人体表現にまで観察対象を広げると、表現された人物像の数はかなり多く、このような人物が呪術者であった可能性は高いでしょう。

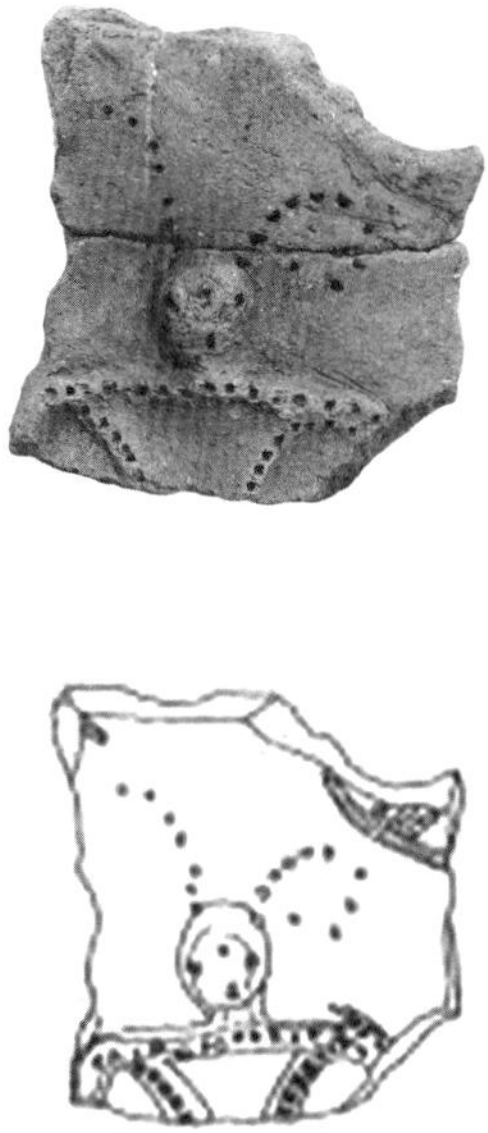

図3　岩手県御所野遺跡出土の人物を描いた土器　御所野縄文博物館所蔵

縄文時代において、呪術者は呪術医でもありました。岩手県宮野《みやの》貝塚からは、頸部に関節異常（骨ガン？）が観察される熟年期女性人骨が出土していますが、彼女の首にはイノシシの歯牙や獣骨からなる首飾りがつけられていました。このように、骨病変の位置と装身具の着装が対応すると考えられる事例はしばしば確認でき、装身具の着装が呪術的な医療行為であった可能性があります。このような医療行為が存在することからも、縄文時代において、医療的知識を合わせ持った呪術者、呪術医がいたことは、間違いありません。

（山田康弘）

〔参考資料〕山田康弘『生と死の考古学　縄文時代の死生観』（東洋書店、二〇〇八年）、山田康弘『縄文時代の歴史』（講談社、二〇一九年）

Q51 装身具はありましたか

A 縄文時代には櫛、耳飾り、首飾り、腰飾り、腕輪、足輪など、さまざまな装身具が粘土や石や骨や牙などさまざまな素材で作られました。縄文時代の装身具には、美的ファッション感覚もあったでしょうが、男女の帰属意識やステイタスシンボルといった社会的な意味合いが強かったと言えます。頭から足元まで見ていきましょう。

首から上の装身具　縄文時代最古の装身具は、長崎県福井《ふくい》洞窟の草創期、隆起線文土器の破片に孔をあけた有孔円盤《ゆうこうえんばん》です。一万年以上前のロシアのレンコフカ1遺跡で、人骨の額と後頭部と側頭部にマンモスの牙で作った円盤が装着された状態で出土したことから、福井洞窟の例も装身具と考えられました。

頭を飾る一般的な装身具には簪《かんざし》と櫛《くし》があります。簪の多くはシカの角や骨を細く削り、先端をとがらせました。晩期の簪には頭部に彫刻が加えられたものが多く、宮城県沼津《ぬまづ》貝塚から出土した簪には猿のような人のような造形が施されています。

日本列島で櫛はいつ出現するのでしょうか。福井県鳥浜《とりはま》貝塚から出土した竪櫛は前期にさかのぼり、さらに同県三引《みびき》遺跡から早期末〜前期初頭の漆塗り竪櫛が出土しています。櫛歯の横幅よりも縦の長さが長い櫛を竪櫛《たてぐし》、短い櫛を横櫛《よこぐし》と呼びますが、縄文時代の櫛は全て竪櫛で、横櫛は四世紀の古墳時代前期にならないと出現しません。竪櫛には、箸のような棒の歯を数本並べて元の部分を固めた結歯《ゆいば》式と、角や骨を削って歯を作り出した刻歯式があります。

後〜晩期の結歯式の竪櫛は、木などの棒を並べて元部をひもで何段にもからげ、漆でかためたものがみられます。元部を棟《むね》といいますが、棟の上縁はカーブを描いて両端を尖らせた装飾のものが多く、縄文時代後期のみみずく土偶の額にはその形状をリアルに表現したものもあります（Q53）。北海道から関東地方のこの時期には、赤漆でかためた棟に三角や丸、工字文などを透かし彫りにした見事な竪櫛がしばしばみられます。

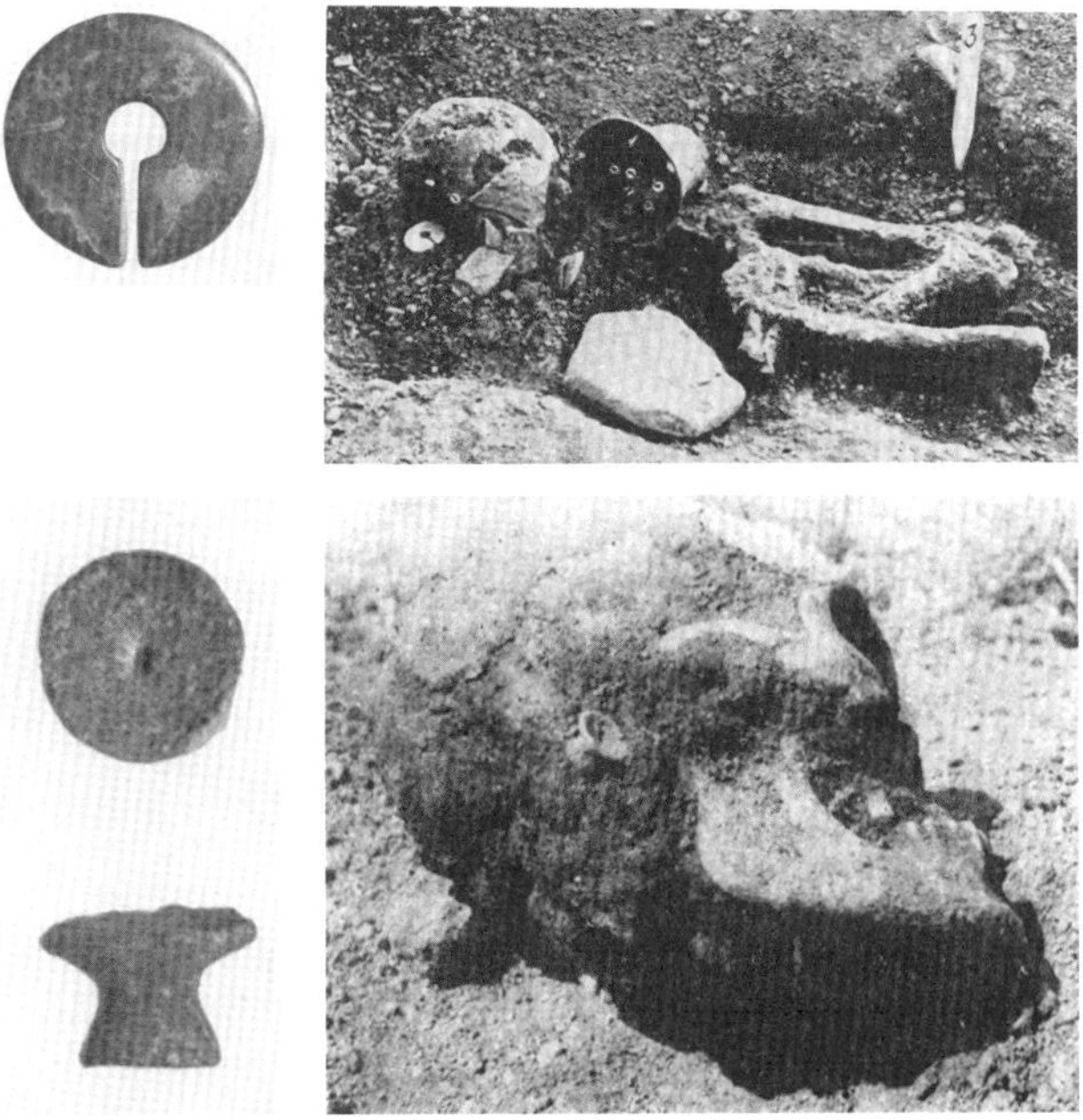

図1　石製玦状耳飾りと装着人骨（上）・土製耳飾りと装着人骨（下）（大阪府国府遺跡）関西大学博物館所蔵

玦状《けつじょう》耳飾りと土製耳飾りは、いずれも耳たぶに孔をあけて装着した耳飾りで、大阪府国府《こう》遺跡で人骨の耳部から出土したことにより、これらが耳飾りだと判明しました。

玦状耳飾りは環状の石製品の一端に切れ目があり、中国の装飾品である玦《けつ》に似ていることから名づけられました。早期末に北陸、中部、関東に出現して前期に東北や九州にまで広まり、中期におおむね土製耳飾りにとってかわられます。滑《かつ》石《せき》、流紋岩《りゅうもんがん》、蛇紋岩《じゃもんがん》の石製品が多いですが、中部・関東地方では縄文時代前期に土製玦状耳飾りもみられます。

土製耳飾りは円形の土製品で、リング状や臼形など形や文様にさまざまなバリエーションがあります。土製耳飾りは、鹿児島県域など南九州地方では玦状耳飾り以前の早期後葉にみられますが、すぐに消滅しました。中期に復活し、後～晩期の関東地方、中部高地地方、北陸地方で大流行します。長野県エリ穴遺跡ではおよそ二六〇〇個もの土製耳飾りが出土しました。直径が一cmに満たないものから一〇cmをこえるものまであり、つけかえることで耳たぶの孔をどんどんと広げていったようです。まったく文様のないものから簡素な文様、派手な文様までバリエーションが豊かです。

このほか、魚の椎骨に孔をあけた滑車形《かっしゃがた》耳飾りや、サメの歯に孔をあけてひもを通して耳たぶの孔から下げた耳飾り、

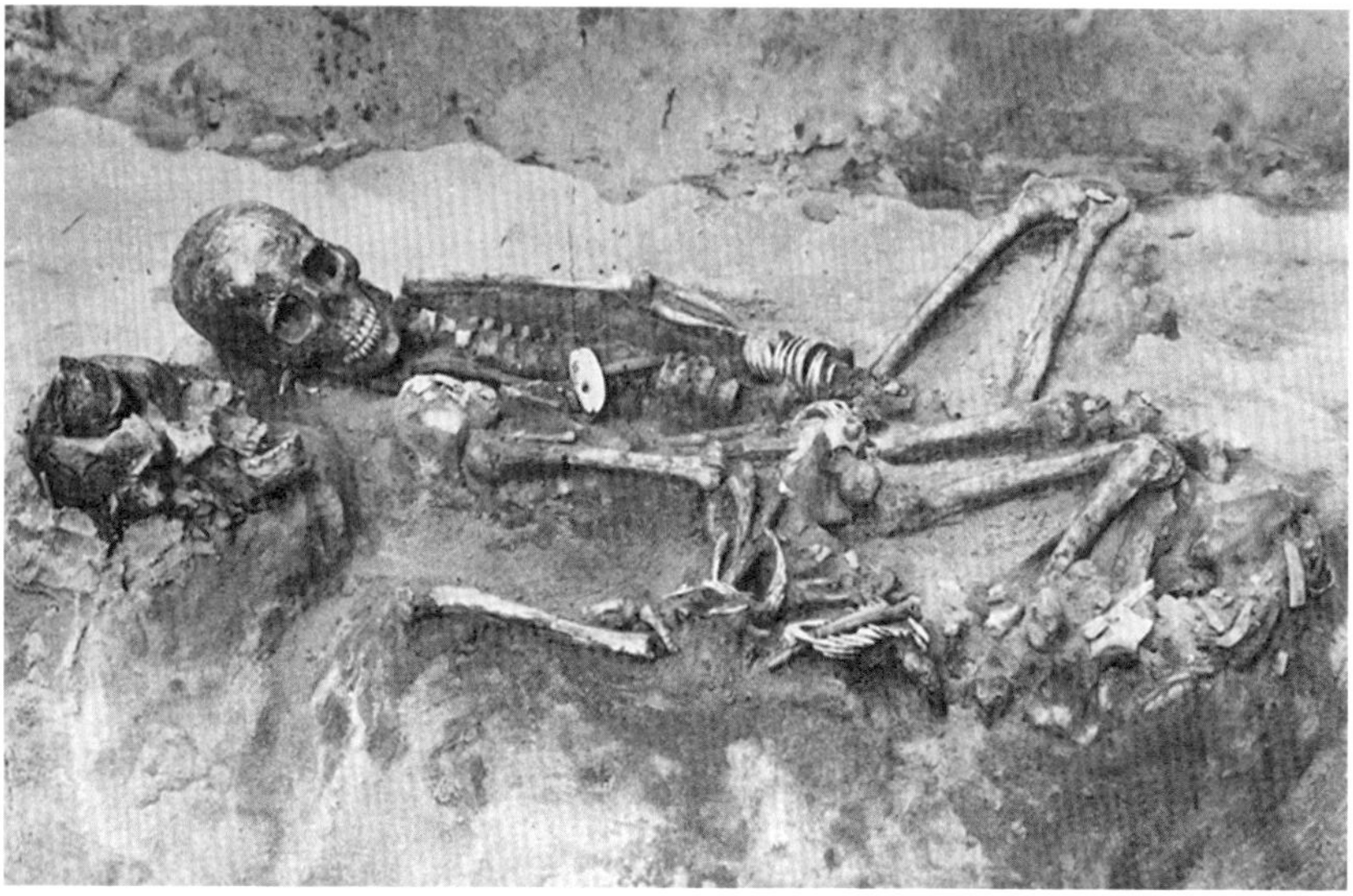

図２　装身具を身につけた埋葬人骨（福岡県山鹿貝塚）　山鹿貝塚調査団（1972）より

珍しいものではサルの橈骨《とうこつ》製耳飾りなどがあり、素材も形状もさまざまです。

首から下の装身具　首から下の装身具としては、首飾り、腕飾り、腰飾り、足飾りなどが知られています。長野県栃原《とちばら》岩陰遺跡から出土した縄文時代初頭の装身具は、ツノガイの管状品、穿孔したイモガイ製の小玉、タカラガイ、クマの牙製の穿孔品などです。縄文時代早期の装身具に孔をあけたペンダントが多いのは、旧石器時代の装身具をひきついでいるからでしょう。

首飾りに石製の勾玉《まがたま》と管玉《くだたま》があります。縄文時代中期には新潟県の姫川で産出する質のよいヒスイも開発され、鰹節《かつおぶし》のような形に整えられて孔をあけた大珠《たいしゅ》として、首から下げて胸を飾りました。朝日《あさひ》貝塚の大珠は長さが約一六cmもある立派なものです。

腕飾りの代表例は、貝に孔をあけて作った貝輪です。貝輪は早期に出現します。貝の種類として、関東地方などでは中期はイタボガキが多く、後期になるとベンケイガイやオオツタノハが増えるようになります。後期になると、貝輪をほかのムラや地域に搬出する遺跡が現れます。千葉県余山《よやま》貝塚はその典型例で、ベンケイガイとサトウガイの貝輪および未製品が大量に出土しました。千葉県古作《こさく》貝塚では、二点の土器それぞれにベンケイガイやサルボウ、オオツタノハ製の貝輪三二個と一九個がおさめられていました。蓋つきの土器で、身とひもで結べるようになっているので、交易に用いられたのではないでしょうか。

腰飾りは中期に東日本で出現します。多くが鹿角製で、元部が鳥の頭のようになり先端をとがらせたL字形をしています。晩期になると環状の装飾がついたものが多くなりますが、大正時代に岡山県津雲《つくも》貝塚で人骨の腰の付近から出土して腰に下げた装飾品だと判明しました。関東地方の中期の貝塚でも、クジラの骨に彫刻装飾を加えたものが人骨の腰の付近からまれに出土することがあります。

そのほか、指輪は晩期の宮城県二月田《にがで》貝塚から鹿角製の製品が、足輪は愛知県伊川津《いかわづ》貝塚や大阪府国府遺跡でイノシシの牙製のものが出土しています。中期の東京都宮田《みやた》遺跡の土偶の足首にある輪状の飾りの表現も足輪とみてよいでしょう。

縄文時代の装身具の役割

新潟県堂《どう》の貝塚の中期の人骨は熟年男性ですが、イタチザメの歯に孔をあけたペンダントが伴っていました。きれいな石鏃が一三本添えられていましたので、狩りの名手だったのかもしれません。

長野県北村《きたむら》遺跡は後期の埋葬人骨が一九〇体出土しました。このうちイノシシの牙の垂飾を二本胸に下げて右手首にイノシシの牙製腕輪を装着した人物、イノシシの牙製の簪をして両手首にイノシシの牙製の腕輪をした人物など、装身具装着者は女性一例を除きいずれも男性です。三河地方の晩期の腰飾りのうち、環状の装飾が付いたものを身に着けた三八体は全て男性で、一般的に縄文時代の腰飾りは男性に多い装身具のようです。

図３　漆塗りの竪櫛と石製の玉（北海道カリンバ５遺跡）

国府遺跡で出土した三四体の人骨のうち六体に滑石製、凍《とう》石《せき》製、蛇紋岩製の玦状耳飾りが伴っていました。性別がわかった三体はいずれも女性です。また、縄文時代の貝輪は女性に多くみられる傾向があります。

このように、縄文時代の装身具には男性と女性で差があったようです。

縄文時代には健康な歯を抜く抜歯の儀礼があり、抜歯人骨の年齢から成人儀礼がその重要な役割だったとされています。土製耳飾りも大型品に達することで大人の仲間入りができるという通過儀礼的な意味があったのでしょう。

後期の福岡県山鹿《やまが》貝塚の二体の合葬された成人女性は、いずれもたくさんの装身具を身につけていました。二号人骨は、サメの歯の耳飾りを両耳に着け、胸にはヒスイの大珠を下げて鹿の角で作った儀仗《ぎじょう》を抱き、左の前腕に一四個、右前腕に五個の貝輪を装着していました。三号人骨は、頭にシカの中足骨《ちゅうそくこつ》で作った簪を二本さし、左前腕に一二個、右前腕に一一個の貝輪をつけていました。

後期後葉の北海道カリンバ5遺跡からは三〇〇基ほどの土坑墓がみつかっていますが、漆塗りの櫛が出土した墓はほんの十数基で、五点以上入っていたのは四基にすぎません。愛知県吉胡貝塚や伊川津貝塚の晩期の人骨も、サルの橈骨製耳飾りを装着しているのは、上顎切歯に刻みを入れた叉状研《さじょうけん》歯《し》を持つ特殊な身分の者に集中しています。

このように、装身具には年齢や身分による位階表示としての役割もあったようですが、栃木県根古屋台《ねごやだい》遺跡は四〇〇基以上の土坑墓のうち玦状耳飾りが出土したのは四基のみ、福井県桑野《くわの》遺跡も五〇〇基ほどの土坑墓のうち、墓域の中央部の二七基から玦状耳飾りなどの石製装身具が集中的に出土することからすれば、人々の格差と装身具によるその表示は前期に芽生えていたようです。

（設楽博己）

〔参考文献〕土肥孝『縄文時代の装身具』（日本の美術2 No.369、至文堂、一九九七年）、春成秀爾『古代の装い』（歴史発掘4、講談社、一九九七年）、前川威洋「山鹿貝塚人骨装着品とその考察」『山鹿貝塚』（山鹿貝塚調査団、一九七二年）

コラム10

愛知県保美貝塚

保美《ほび》貝塚は愛知県の南、渥美半島に位置し、同じ半島内に所在する国史跡吉胡貝塚・県史跡伊川津《いかわづ》貝塚とともに埋葬された縄文人骨が多く見つかることで知られています。明治時代からその収集を目的に人類学者、考古学者によって発掘調査・研究が行われてきました。

遺跡は縄文時代後期後葉からはじまり、晩期前葉から貝層が形成され、晩期後葉に最盛期を迎えます。動物遺体の分析により陸ではシカ、イノシシ中心に狩猟が行われ、海ではアサリ、スガイを採取し、内湾のクロダイ、スズキなどをはじめ、外洋のマダイ、サメ、アシカなどを捕るなど、他の二貝塚と異なり外洋にも積極的に進出していたことが判明しています。

渥美半島は太平洋岸に打ち上がるベンケイガイ、サトウガイを素材とした貝輪を大量に製作した日本列島有数の貝輪生産地でした。この貝輪は、他地域との交流の重要な特産物で、保美貝塚をはじめとする渥美半島の縄文文化の発展を支えていました。

渥美半島は多くの埋葬人骨の出土に特色があり、考古学と人類学の共同による二〇〇九年からの調査で三河地方特有の「盤状集骨墓」（手足の骨を四角形等に配置して中に他の骨を入れて再葬した墓）の新例が加わりました。現在まで一一例が確認され、うち三例が保美貝塚で発見されているもので、この墓を中心とする複雑な祖先祭祀がこの貝塚で行われたことを物語っています。また石製や骨角歯牙製の装身具、儀器類も豊富に出土し、埋葬を含む儀礼がさかんに行われたことを示しています。

二〇一〇年の市の調査では北陸地方の縄文時代晩期に盛行する環状木柱列が東海地方で初めてみつかりました。出土する土器や石製品など他地域からさまざまな情報が集まったことが分かっており、この遺構もそのような情報交流によってもたらされたものです。

この貝塚は常に縄文時代研究の最新の研究が行われるフィールドとして重要です。このように保美貝塚は縄文時代の人骨や墓制研究に欠かせないだけでなく、地域圏交流をも鮮やかに映し出しており、縄文時代の社会を考える上でとても重要な遺跡です。

（増山禎之）

Q52 抜歯習俗について教えてください

A

抜歯とは、虫歯などの疾患のために歯を抜くものではなく、健康な歯を呪術的な意図から除去する風習によるものを指します。縄文時代の後晩期には、特に東海地方を中心とする西日本で、抜歯習俗が流行しました。抜歯は、一度行うと元に戻せないことから、社会的な意義を持ったものであったと考えられています。

抜歯のはじまり　日本で最も古い抜歯は、沖縄県港川出土の旧石器時代の人骨にみられるもので、これは下顎の第一切歯を除去しているものです。ただし類例は少なく、果たして風習的なものであったのかという点については疑問が残ります。確実な風習として抜歯が最も早くはじまったのは、縄文時代前期の仙台湾周辺で、その次は北海道の噴火湾周辺だと言われています。この頃の抜歯は上顎の第二切歯を、左右どちらか一本のみを除去するものでした。特に、北海道では上顎右第二切歯を除去するものが大半を占めます。中期の後半から後期になると、上顎の第二切歯だけではなく、上顎左右の犬歯を除去するタイプの抜歯が行われるようになります。ただしこれらの抜歯は、全ての人骨に観察できるものではありませんし、またどのような理由で抜歯されていたのかも不明です。したがって、この頃の抜歯は、何らかの理由のもと、特定の人のみに施術されたものと考えられます。

発達した晩期の抜歯　抜歯風習が最も栄えたのは、縄文時代晩期の東海地方から近畿・中国地方です。この時期のこれらの地域では抜歯が行われる確率が非常に高くなり、ほとんどの人が抜歯を施術されていました。これらの抜歯対象となった歯種は、基本的に口を開けた際に他者が見ることのできる部位に限られていることから、他者に見せる・見られることに本質的な意味があったと思われます。その意味では、抜歯は服や装身具などと同様に縄文時代におけるノンバーバル・

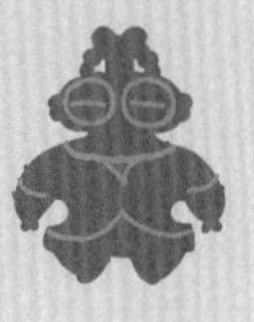

コミュニケーション（言語以外のコミュニケーションの方法）の一部を担っていたのでしょう。問題は、抜歯が何を表していたのかということです。

抜歯の進行過程　晩期の縄文人にとって、人生で最初に行われる抜歯は、上顎の左右の犬歯でした。この抜歯は、第二次性徴が見られるようになる思春期頃に行われたということがわかっており、このことから、おそらく成人式に伴った通過儀礼の一環として行われたと考えられています。しかしながら、西日本の抜歯された人骨を観察してみると、上顎の左右犬歯が除去されているだけでなく、下顎の切歯や犬歯も除去された事例が多々みられました。これはどうしてでしょうか。

春成秀爾《はるなりひでじ》は、西日本晩期における抜歯をまとめるなかで、抜歯は一回で完了するものではなく、年齢や経験に応じて、複数回にわたって行われるものであることを明らかにし、抜歯が行われた理由について有力な仮説を提示しました。それによると、次のようになります。まず、最初に行われる上顎左右の犬歯への抜歯を0（ゼロ）型と呼びます。しかしながら、当時の抜歯の種類には0型だけではなく、下顎の切歯や犬歯を除去するものも確認されていますので、抜歯が施術される機会は複数あったと考えることができます。上顎の左右犬歯への抜歯が成人式という人生の節目にあたるものであったことを首肯するならば、それ以外の抜歯は、結婚や出産、死別や再婚などといった人生の節目に行われたのでしょう。そうであれば、抜歯は0型からさらに歯を除去するタイプへと変化していったはずです。そのような視点で抜歯を観察してみると、上顎の左右犬歯が除去された後に、さらに下顎の切歯（incisor）四本を除去するタイプの４Ｉ型、あるいはさらに下顎の左右犬歯（canine）を除去する２Ｃ型のどちらかに分かれ、４Ｉ型は、さらに下顎左右の犬歯を除去し、４Ｉ２Ｃ型へ、２Ｃ型はさらに下顎左右第一切歯を除去する２Ｃ２Ｉ型へと変遷していくことがわかりました（図１）。これをそれぞれ、４Ｉ系、２Ｃ系と呼びます。

抜歯の意義　抜歯型式の相違を検討したところ、遺体の埋葬地点や装身具・副葬品の有無といった保有状況などに差が存在することがわかりました。これらの点から春成は、４Ｉ系の人々をそのムラの出身者（ミウチ）で、２Ｃ系をムラへ婚姻によって入ってきた人々（ヨソモノ）であったとし、抜歯型式がミウチとヨソモノを明確に区分する戸籍の役割を果たしていたと結論づけました。この説は当時としては大変に斬新な説で、多少の批判はあれど、その後四〇年以上にもわたって縄文時代の社会を説明する際に引き合いに出されてきました。しかしながら、近年人骨の理化学的な分析方法が進展し、ストロンチウム同位体比から当時の人々の動きを捉えることができるようになると、春成の仮説は必ずしも正しくないということがわかってきました。ストロンチウム（Sr）は、自然界にもともと少量ある元素で、水や食物を通して人

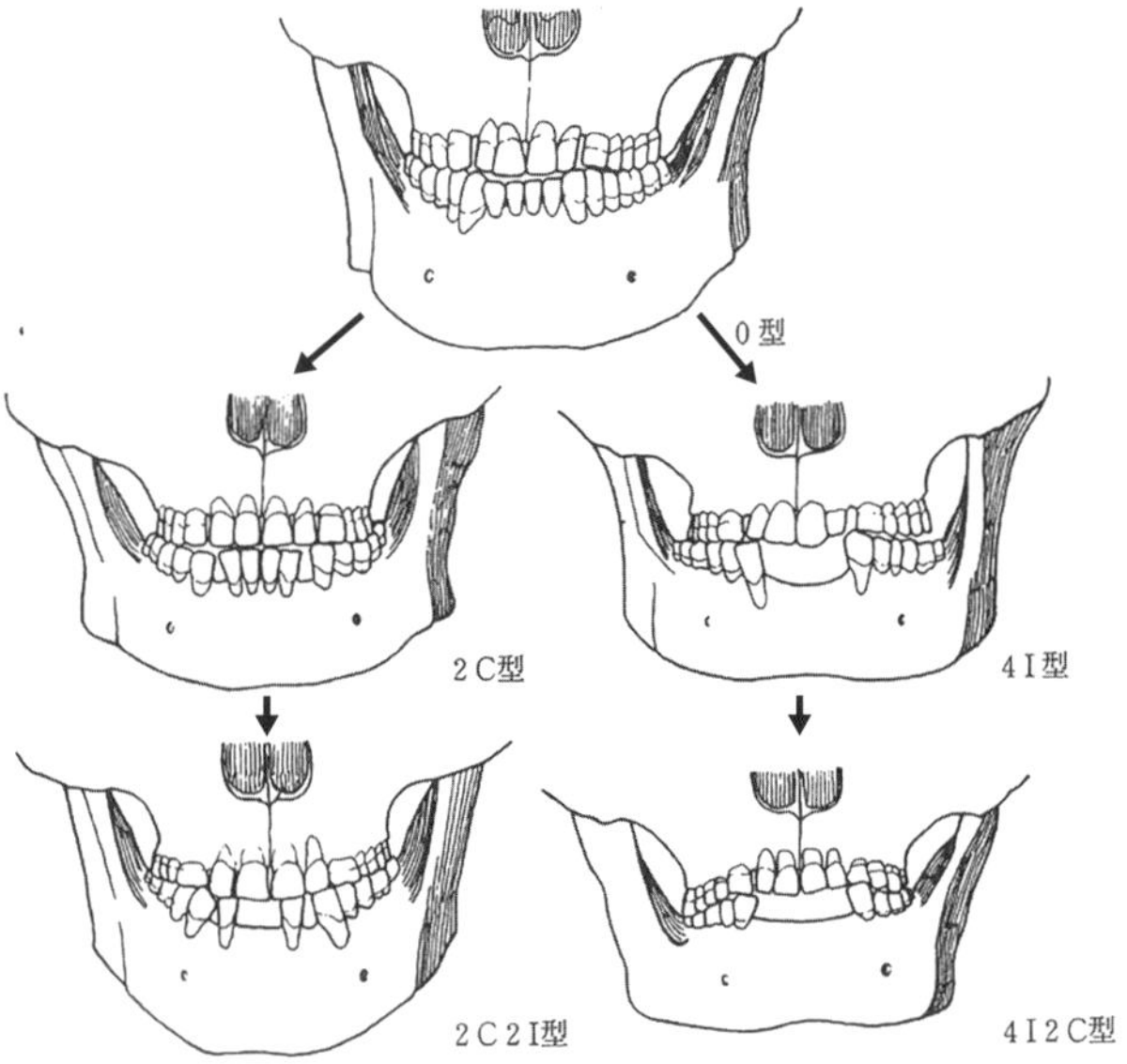

図1　春成秀爾による抜歯型式の変遷図

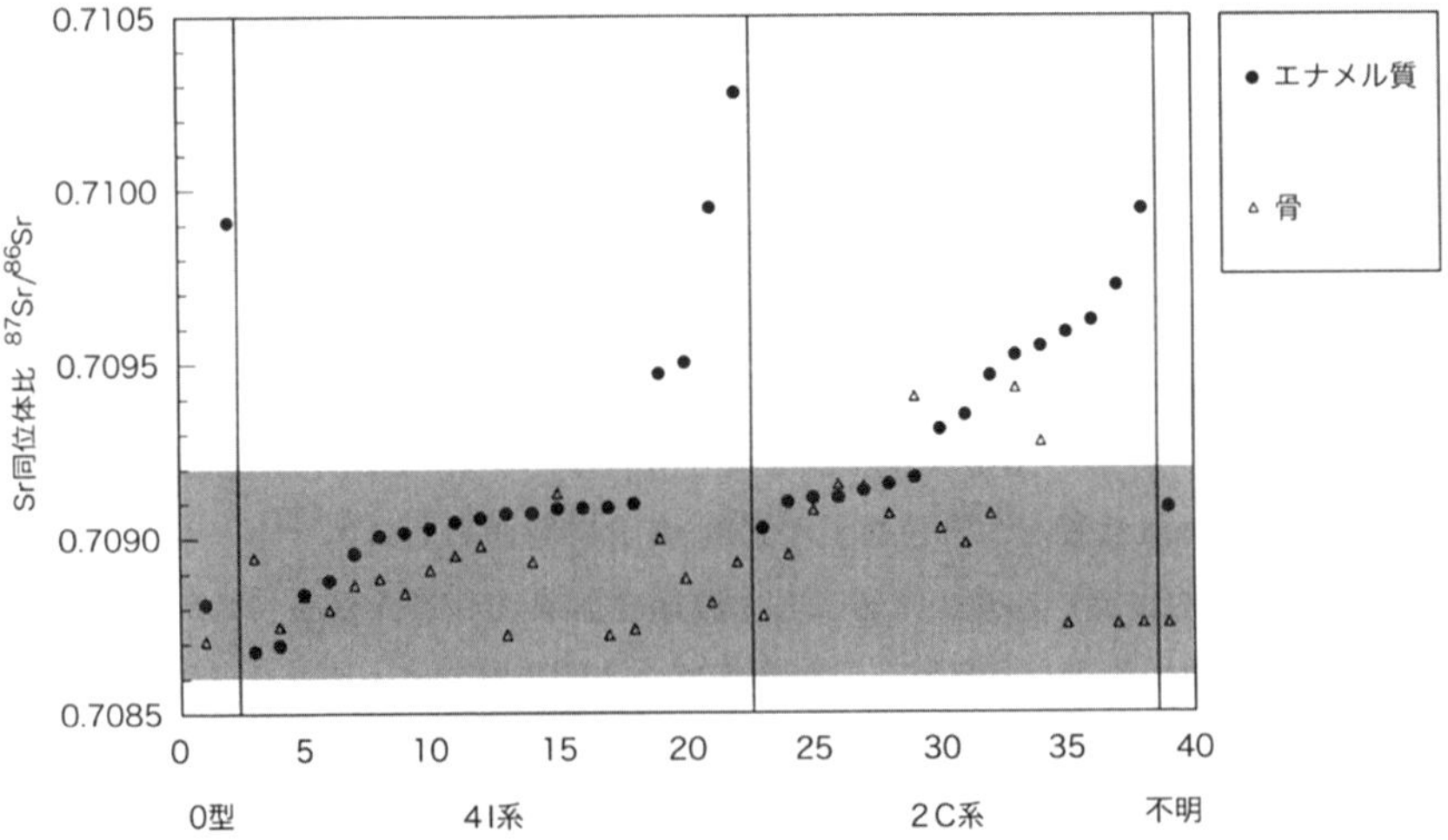

図2　日下宗一郎による抜歯型式別のSr同位体比のあり方　日下（2018）より

間の身体に入ります。縄文時代の人々は、基本的にはその土地でとれた動植物を食べているので、その土地におけるストロンチウムの同位体（^{86}Srと^{87}Sr）が体に蓄積されます。また、ストロンチウムはヒトの体内ではカルシウムと非常に似た動きをするので、歯や骨に蓄積されます。ところが骨の組織は大体一〇年くらいで入れ替わるので、歯のエナメル質のストロンチウム同位体比の値と、骨から取れたそれを比較することによって、その人が移動してきた人か、そうでないかを見分けることができます。日下宗一郎の研究によれば、4I系にも2C系にも、子供時分に育った場所から移動してきた人物がいるということがわかりました（図2）。このことは、4I系がミウチ、2C系がヨソモノと考える仮説を棄却することになります。このため、現在では抜歯型式は半族の表示である、あるいは出自集団（婚姻の時の単位となる集団）を表すなどの仮説が立てられています。近年、抜歯型式の差異が何に起因するのか、DNA分析やストロンチウム同位体比の分析によって検討が続けられており、具体的な人の移動にもとづきながら、抜歯の意義について検討が行われています。

（山田康弘）

〔参考文献〕服部良造・大島直行・埴原恒彦・百々幸雄「北海道縄文時代人の風習的抜歯について」（『考古学研究』43－3、一九九六年）、春成秀爾『縄文社会論究』（塙書房、二〇〇二年）、日下宗一郎『古人骨を測る』（京都大学学術出版会、二〇一八年）

Q53 土偶は何のために作られましたか

A

土偶《どぐう》は一般的に先史時代の遺物につけられた名称で、土で作った焼き物の人物像のことです。土偶は弥生時代にもありますし、エジプトやシリアなど世界中の先史時代に知られています。縄文文化固有の遺物というイメージがあるのは、土偶が草創期から晩期に至るまで作られ続け、南西諸島などごく一部を除く日本列島の大半の地域にひろがっている縄文文化を代表する遺物だからでしょう。

　日本にも石器時代があることは明治時代に判明しますが、貝塚などから土器や石器とともに発見される土偶が人々の好奇心を掻き立てて、みみずく土偶や遮光器土偶《しゃこうきどぐう》など現在でも使われている名称がつけられて、その用途について様々な意見が生まれました。

縄文土偶のアウトライン　土偶の用途についてお話しする前に、縄文時代の土偶のあらましを述べておきたいと思います。草創期の土偶はほんのわずかで、滋賀県と三重県の二つの遺跡から一つずつみつかっているにすぎません。そのうちの三重県粥見井尻遺跡から出土した土偶には頭はありますが、顔の表現はありません。それに対して、大きな乳房を表現しています。そうした傾向は早期から前期に引き継がれ、顔の表現が明瞭になるのは中期をまたなくてはなりません。

　中期には手足も明瞭になり、立像も普及しました。この時期の土偶の顔はイレズミや、耳飾りをつけた状態をあらわすなど、表現が豊かになります。また、妊娠や出産状態をあらわした土偶や、まれに子どもを育てている仕草を表現した土偶など、ポーズも豊かになりました。これらは中部高地地方の土偶にみられる傾向で、東北地方では十字形の板状土偶が一般的であるなど、地域差も顕著になってゆきます。

後期になると関東地方から南東北地方ではハート形土偶が

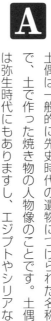

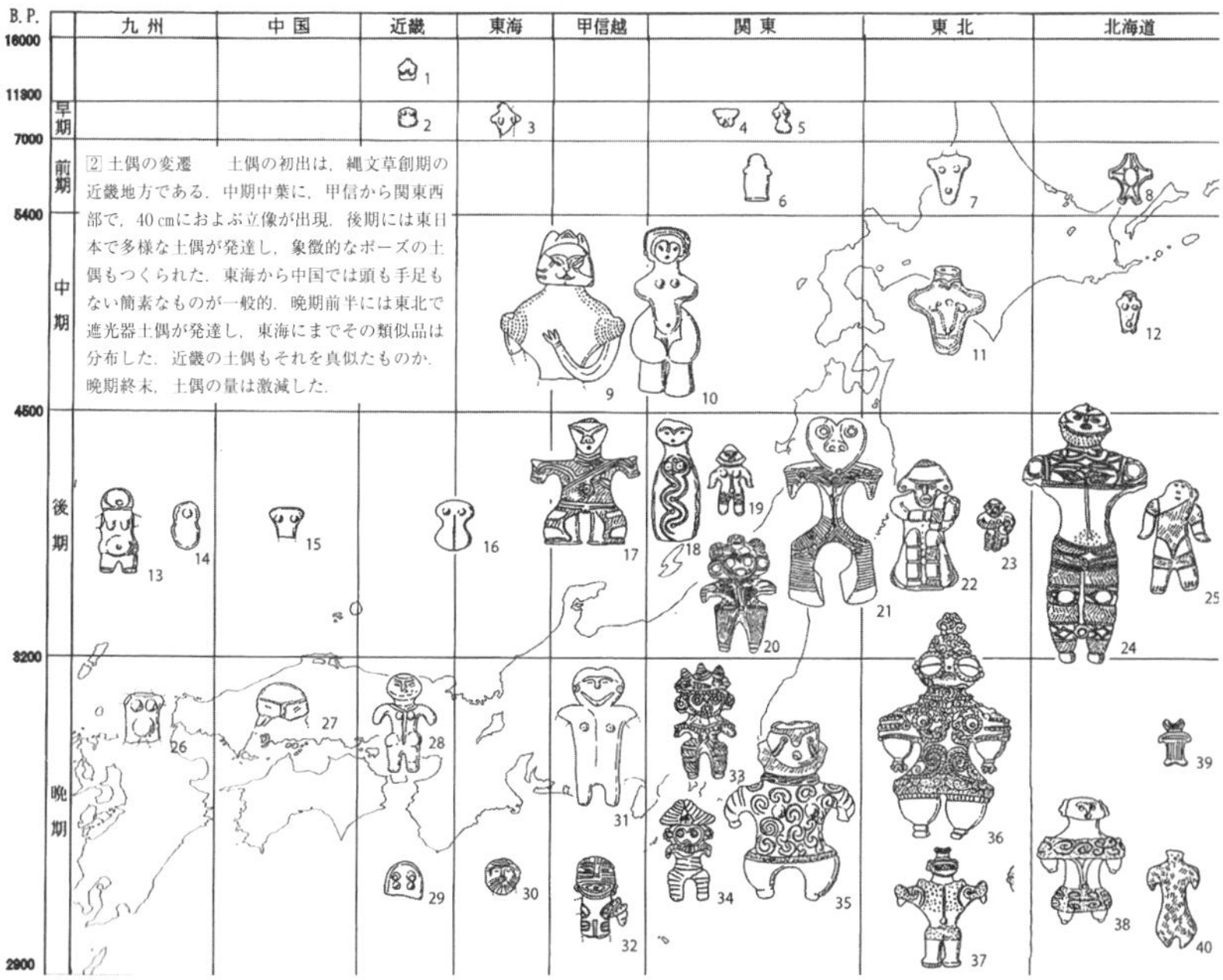

図１　土偶の変遷と地域性

広まりました。ハート形の顔を持つことからその名があります。そのあとに登場するのが山形土偶で、頭部が山形をしています。さらに顔がみみずくに似ていることからみみずく土偶と呼ばれる土偶に変化しました。いずれも顔を含めた頭部の特徴から名づけられているように、頭部に造形の意識が集中しています。板状の顔面を頭部に貼りつけたように作られた土偶は、仮面を表現しているのでしょう。後期には単体の土面《どめん》が出現することからも、仮面をつけた土偶があったとみてもおかしくはないでしょう。

縄文土偶の基本は女性像　草創期・早期の顔のない土偶について、乳房が表現されているからといって女性だと決めつけるのはいけない、土偶は精霊を表現したものだから思うがままに表現するのがおこがましかったからだとするのは小林達

図２　みみずく土偶（埼玉県滝馬室遺跡）　東京国立博物館所蔵

雄です。その一方で、先史時代の絵画には子どもの絵のように大事なものを大きく表現する法則があるという佐原真の説を踏まえれば、草創期・早期の土偶は顔よりも乳房や臀部、すなわち成熟した女性の特徴のほうが重視されていたとみなすのが妥当ではないでしょうか。

たしかに縄文土偶のなかには性別がよくわからないものがあります。しかし、女性器を表現した土偶は山のようにあるのに対して、男性器を表現した土偶はきわめてまれです。土器には男女の人体文を一つの土器につけたものもありますが、土偶に関する限り男女を一対であらわした例は縄文時代にはありません。やはり縄文時代の土偶は一貫して女性像としての造形に重きがおかれていたのでしょう。

水野正好は、土偶は祭式において母となるべき土偶（乳房の表現）、子どもを身ごもる土偶（妊娠状態の表現）、子どもを育てる土偶（子抱土偶など）と成長を遂げたと考えました。近年では、屈折像土偶と呼ばれる膝を折り曲げて座った状態の土偶が座産を表現しているのではないかという意見が有力視されているように、水野説は補強されているのです。

中期になると土偶には顔の表現があらわれると言いましたが、中部高地地方の土偶は似通った表情をしています。それはつり上がった目と、息を吹いたように丸く開いた口をしています。これについては、出産の苦痛を表現しているのではないかという意見があります。この時期の土器の口縁部にはこの表情の顔面把手がついたものがみられますが、こうした土器は赤ちゃんが股から出てきた状態を表現しているものもあるので、土器を母体に見立てて出産を造形しているとみるのが適切でしょう。

土偶の用途　縄文時代の土偶はバラバラの状態で出土する場合が多く、完全な形に近い土偶もどこかしら破損しているのがほとんどです。これについては、わざと壊したのではないかという意見が明治時代からありました。病気やけがで傷んだ部位を打ち欠くことで疾病などを土偶に転嫁したという、土偶身代わり説です。そうであれば男性土偶が作られてもよさそうですが、それがないのには別の理由を考えなくてはなりません。

水野は、土偶は破壊されて殺され、破片を集落の各所にまいて分配し、あるいは埋葬することによって再生、新生に力を与えたと理解しました。子どもを産むという男性にはない性格がそこに反映しているというのです。賛同者のなかには、土偶は壊しやすいように体のパーツごとに作ったという分割成形論を唱える人もいます。

これに対して、土偶は立体的な焼き物なので壊れやすく、わざと割ったのではなく割れたのだという反論も聞かれます。実用的な土器も完全無欠で出土するのはほとんどないではないかとして、土偶だからといってそのように理解するのはいかがなものかというのです。分割成形論にしても、立体的な造形品の作り方としてはその方が自然ですから壊すための作り方だと決めつけることはできません。でも、土偶や土偶から派生した土版などには打撃を加えて壊したあとがあるものもあり、壊される運命にあったことも確かなようです。

離れた場所から出土した土偶が接合した例がいくつもあります。元は一つのものを分かち持つことで、持つ者同士のきずなを確認するようなことがあったのかもしれません。千葉県能満上小貝塚《のうまんかみこ》の別々の竪穴住居跡から出土したイノシシ形の土製品が接合した例もあります。顔面把手とイノシシの把手の関係が深いといいました（Q48）。イノシシは多産で生命力が強いことが縄文人の造形意欲を掻き立てたようです。土偶とイノシシ形土製品が似たような出土の仕方をすることは、ともに女性格と見なされていた傍証といってよいかもしれません。

水野は土偶を壊してまくことで農耕が発展するように願ったという、いわば土偶地母神説《ちぼしん》、花咲じじい説を展開しました。中部高地地方では縄文時代中期からダイズが栽培されるようになるので水野説も大いに興味がひかれますが、それは言いすぎだとしても土偶の破壊行為あるいは土偶自体に再生観がはたらいていたとみなすことをまったく否定することはできません。

みみずく土偶には顔面を含めた頭部に造形の意識が集中してくるとしましたが、ほぼ一貫して成熟した女性像であることと次のように関係していると思われます。みみずく土偶の顔にはイレズミの表現がみられ、耳たぶには大きな耳飾りを表現しています。いずれも成人になったことの証です。櫛をさし髪を結いあげて立派な装飾にしていますが、これもまた成人女性としての正装の表現でしょう。イレズミは大人になるための試練であり、そうした通過儀礼が顔や頭部に集中してくるのがこの時期の特徴です。大人になり結婚をし、妊娠して子どもを産むという大人としての女性の理想像が縄文時代の土偶表現の一つの大きな特色であり、それは土偶の用途の一端もあらわしているのではないでしょうか。（設楽博己）

〔参考文献〕谷口康浩『土偶と石棒 儀礼と社会ドメスティケーション』（雄山閣、二〇二一年）、藤沼邦彦『縄文の土偶』（歴史発掘3、講談社、一九九七年）、水野正好『土偶』（日本の原始美術5、講談社、一九七九年）

Q54 縄文土器はなぜあのような形・文様をしていますか

A

縄文土器にはさまざまな種類があります。それを列挙すると、深鉢《ふかばち》、鉢《はち》、浅鉢《あさばち》、皿《さら》、壺《つぼ》、注口付《ちゅうこうつき》、片口付《かたくちつき》、台付《だいつき》、香炉形《こうろがた》、舟形《ふながた》、双口《そうこう》、蓋《ふた》などで、バリエーションが豊かです。また、ミニチュア土器という、通常の土器と同じような形をしながら、手にのるくらい小さな土器も作られました。しかし縄文土器の基本は深鉢と浅鉢であり、あとの器種は限られた時期や地域にみられ、いつでもどこでもあるわけではありません。土器の形と用途の違い、文様の種類と特徴をみていきましょう。

器の種類と形　深鉢、鉢、浅鉢、皿の形はどのように区別しているのでしょうか。正方形を九つに区分して、口径と高さの比率によって今あげた順に比率が高いものから低いものへと切りよく分ける方法があります。しかし、それほど機械的に分けられるわけではなく、たくさんの土器を分類して、口径と高さの比率がまとまる範囲を捉えて何となく区分しているのが実情です。

縄文土器の種類に時期による変化があると言いましたが、実際にどのような変化があるのでしょうか。おなじ時期でも地域によって種類や形に変異があるので、それも合わせてみていくことにします。

まず、草創期ですが、この時期の土器は深鉢が大半で、それは全国的な傾向です。縄文土器の特徴は、波状口縁《はじょうこうえん》という口縁が波打った土器の多いことです。しかし草創期の土器はみな口縁が平らで、波状口縁が現れるのは早期中～後葉をまたなくてはなりません。前期になると波状口縁の深鉢が増加し、鉢形土器や浅鉢形土器が作られるようになりました。さらに中期には中部高地地方などで把手の発達した土器がさかんになりました。

注口土器や片口土器は、関東地方などの前期前葉にありますが、注口土器は後期から普及します。注口土器は東日本でさかんに作られますが、後期の半ばころには西日本にも広がりました。このあと文様をみていきますが、そのうちの磨消《すりけし》縄文《じょうもん》という文様が東日本から西日本に伝えられるのと同じ時期の現象であることからすると、東日本の土器が西日本に影響を強く与えている時期と言ってよいでしょう。

西日本では後期後葉から晩期になると、土器のほとんどが深鉢と浅鉢になります。それに対して、晩期の東日本、とくに東北地方では器の種類が豊富になります。青森県亀ヶ岡《かめがおか》遺跡の名前をとった亀ヶ岡式土器は、壺、注口土器、皿、香炉形土器など特殊な土器がほかの地域にくらべて格段に豊富であり、関東地方や中部高地地方、あるいは東海、近畿地方に運ばれて模倣されました。

図1　縄文中期の立体的な土器（長野県曽利遺跡）
井戸尻考古館所蔵

縄文土器の用途　縄文土器が深鉢と浅鉢を基本にするのは深鉢が煮炊きに使うもので、浅鉢が取り分けるためのいずれも食生活に直接かかわる土器だからでしょう。深鉢は煮炊きに使うと言いましたが、外面や内面に煮炊きの際に生じたお焦げがついている場合が多いので用途がわかります。土器はとくに食料を煮炊きすることから使いはじめたと考えられます。ちなみに縄文土器の深鉢の内面のお焦げは、底部のやや上にリング状についていることが多く、水分を飛ばしたシチュー状の煮込み料理が多かったことが推定されます。また、草創期の土器の内面のお焦げの炭素と窒素の同位体の割合を分析したところ、魚に特有の同位体の比率が割り出され、初期の縄文土器が魚調理に用いられていたことも判明しています。

深鉢から、死産児など子どもの骨が出土することがあります。まれに成人の骨が入った深鉢もあり、土器が棺や蔵骨器として埋葬に利用される場合のあったことがわかります。青森県三内丸山《さんないまるやま》遺跡では、前〜中期の円筒形の深鉢が八〇〇あまり埋められており、子どもの墓地と考えられています。土器を母体に見立てて、再生を祈願したのではないでしょうか。

波状口縁の頂上にイノシシの頭を表現した土器が前期の中部高地や関東地方でさかんに作られ、中期には顔面把手の土器が好まれました。したがって、波状口縁や把手《とって》はたんに機能的な理由からではなくて多分に精神的、儀礼的な意味をもっていたと考えた方がよいでしょう。

縄文土器には文様をつけたうえ器面をよく磨いて美しく仕上げた土器から、削りっぱなし、あるいは粘土紐のつなぎ目を消さずにそのままにした土器まで、手間をかけて作った土器とそうではない土器があり、前者を精製《せいせい》土器、後者を粗製《そせい》土器と呼んでいます。中期までは日常づかいの土器であっても儀礼的な目的をもって作られ使われる場合が多かったのですが、後期になるとその二者が分かれて、精製土器と粗製土器の区別がはっきりしていくようになります。

後期には関東地方で塩づくりがはじまりますが、製塩土器と呼ばれる塩づくりの土器は粘土紐《ねんどひも》の積み上げ痕を残したままの場合も多い粗製土器です。その一方で、注口土器は文様で飾られ、なかには注口部分を男性器に見立てた装飾にして、その上の口縁部に人面をつけて土器全体を男性の全身に見立てたものもあります。精製土器と粗製土器の分化が明瞭になっていくのは縄文後期以降ですが、それは生産に用いられる土器と儀礼用の土器が明瞭になっていったからだと考えてもよいでしょう。

文様の種類と特徴　縄文土器は縄を転がしてつけた文様が特徴的なことからそう呼ばれました。縄文のない土器もたくさんありますが、それらを総称して縄文土器と呼んでいます。

中部高地地方や北陸地方では、中期に縄文が一切施されない期間が長く続きました。そのかわり、浮き彫りの彫刻的な文様がさかんに施されました。抽象的な文様も浮き彫りの技術で施されますが、具象的な文様もこの時期に発達しました。顔面把手《がんめんとって》と同じ意匠の顔面装飾を体部に加えたり、あるいはカエルやヘビ、サンショウウオと思われる意匠も認められます。非文明社会の土器は女性が作るのが一般的です。この時期の中部高地地方では、ダイズが栽培されていたことが明らかになってきました。その一方で石鏃の数はさほど多くなく、栽培を含めて植物食がさかんでした。女性の活躍が大きくて、土器の意匠の複雑さにもその力が反映しているかのようです。

縄文すなわち縄目の文様は草創期の後半に生まれて、とくに前期の東日本で大流行しました。縄は二本以上の撚糸《よりいと》を合わせて撚《よ》ることで生まれますが、その撚り方にさまざまな工夫が凝らされてどうやって撚ったのかわからないほど複雑な縄文もあります。

後期になり、精製土器が分化してくると縄文にもある変化が生まれます。それは沈線《ちんせん》で区画して縄文の一部を磨り消す技術で、その文様を磨消縄文と呼んでいます。磨り消した部分に丹念に磨きを加えて光らせた装飾も好まれ、晩期の亀ヶ岡式土器などでは区画の沈線文が入り組み、三叉《さんさ》状の削りこみが加えられて複雑な文様が展開しました。

この時期の西日本では深鉢と浅鉢に単純化しました。文様も簡素になり、縄文がまったくなくなりました。そのかわり精製土器は器面をいやというほど磨いて黒光りに仕上げているところから、黒色磨研《こくしょくまけん》土器と呼ばれています。そのあとには突帯文《とったいもん》土器が続きます。黒色磨研土器の深鉢の口縁部や胴部に粘土の突帯をめぐらし、その上に刻みをつけていくのを特徴とします。刻目《きざみめ》突帯文はやや先行した時期の朝鮮半島に認められることから、その影響によって形成されるとの意見もあります。突帯文土器の後半に北部九州地方に水田稲作が導入されますので、それからあとの突帯文土器は最古の弥生土器とされています。

突帯文を含めて縄文土器には立体的な文様装飾が目立ちます。弥生土器は沈線文を主体として平板な文様を好みますから、縄文土器と弥生土器では文様の指向が違っていることがわかります。器の種類や形の違いを含めて、弥生文化の巻を参照してください。

（設楽博己）

〔参考文献〕山内清男編『縄文式土器』（日本原始美術1、講談社、一九六四年）、佐原真『縄文土器Ⅱ』（日本の原始美術2、講談社、一九七九年）、小林達雄『縄文土器の研究』（小学館、一九九四年）

終章　縄文時代の終わりはいつか

設楽博己

縄文時代の終わりはいつでしょうか。この問いは年代にかかわるものですが、考古学的な年代には二種類あることを知っておかなくてはなりません。それは相対年代と絶対年代です。相対年代とは遺物などを比較して古さの違いを吟味し、順番を決めていく年代です。それに対して絶対年代は、たとえば^{14}C年代測定によって割り出された何千年前とか何世紀といった年代ですが、数値年代といったほうがわかりやすいでしょう。

縄文時代の終わりは弥生時代のはじまりでもあるので、弥生時代の開始にかかわる議論を中心にみていきましょう。

縄文土器と弥生土器の区別と編年

一八七七年（明治一〇）、東京の大森《おおもり》貝塚の発掘調査によって日本に石器時代のあることがわかり、その時代に使われた土器は縄目のあとが特徴的なことから、縄文土器と呼ばれるようになりました。その数年後、東京の向《むこう》ヶ《が》岡《おか》貝塚からみつかった壺形土器は、薄手で赤っぽく文様のあっさりした壺という縄文土器の多くとはやや違う特徴を持っていましたが、貝塚から出土して石器も伴うので、大森式土器や陸平《おかだいら》式土器といった縄文土器の仲間とみなされて弥生式土器と名づけられました。

ところがその後、弥生式土器に稲や鉄器が伴うことがわかるようになり、昭和の初期には狩猟採集文化の縄文土器と時代を異にする農耕文化の土器ではないかと考えられるようになっていきます。そして、このころまでには縄文土器が弥生式土器の下の層から出土する事例が確認されるようになり、年代の違いであることも明らかになりました。

大正時代から昭和にかけて、考古学も近代的な学問としての体裁が整えられていきますが、その一つに縄文土器の編年体系が構築されたことをあげなくてはなりません。縄文土器には特徴の違いによっていくつもの型式が設けられ、型式学という一種の進化論的な方法によりそれらの変化の順番が定められ、さらにその順序を貝塚などの層位的な発掘調査によって確かめるという手続きが各地で行われました。文字のない時代の暦に相当する相対編年が土器によって作られていったのです。

この過程で縄文土器の終わり、すなわち縄文時代の終焉をめぐってある論争が繰り広げられたので紹介しましょう。古代史の喜田貞吉《きたさだきち》は、東北地方では縄文時代は鎌倉時代まで続いていたと考えました。大正時代に人類学の鳥《とり》居龍蔵《いりゅうぞう》が弥生式土器の使用者は海を渡って住み着いた日本人の母体になるもので、そののちに大陸から鉄器をたずさえて再度渡来した天孫族によって支配を受けるようになったと考えます。さらに国土の統一の過程で東日本もその領土に組み込まれていくので、東北地方では縄文時代が鎌倉時代まで続いたというのですが、この筋書きは神《じん》武東征《むとうせい》をもとにした古事記・日本書紀にもとづくものでした。喜田もこうした考え方にのっとって縄文時代の終わりを理解したのです。

これに対して縄文土器編年を打ち立てた先史考古学の山内清男《やまのうちすがお》は、編年結果に照らして縄文土器の終末は近畿地方と東北地方の間で二〜三の土器型式の違いしかないことを主張し、喜田説と真っ向から対立します。この考えによれば、縄文時代が鎌倉時代まで続くということはありえません。雑誌『ミネルヴァ』誌上で数回にわたって繰り広げられたこの論争は「ミネルヴァ論争」と呼ばれていますが、先史考古学の科学的な方法による研究が記紀にもとづくあやふやな年代観を否定することでこの論争に決着がつきました。

ミネルヴァ論争における山内説の基礎は、岩手県大洞《おおほら》貝塚の縄文時代晩期の土器の細別でした。山内は大洞貝塚の土器を六つ（のちに九つ）に分けて、その終末を大洞A´式とします。これが縄文土器の最終末で、東北地方ではその直後に弥生式土器がくることになります。

それでは弥生式土器の編年はどのように進められたのでしょうか。昭和初期に、近畿地方で最も古い弥生式土器の本源が北部九州にあることが小林行雄《こばやしゆきお》や森本六爾《もりもとろくじ》によって突き止められると、弥生式土器の編年研究は九州に向かいます。森本は九州の弥生式土器を三つに分けましたが、そのうち最も古いのが遠賀川《おんががわ》式土器と呼ばれる前期の土器です。それ以前の九州を含む西日本一帯には、刻み目をつけた突帯《とったい》を口縁部などにめぐらす縄文土器が広がっていて、これが最後の縄文土器であることも山内の研究でわかりました。

突帯文《とったいもん》土器と遠賀川式土器の関係が解き明かされたのが、一九五一年から行われた福岡県板付《いたづけ》遺跡の発掘調査でした。そのときまでに、遠賀川式土器に先立って板付I式土器が最も古い弥生式土器として設定されていましたが、板付遺跡では突帯文土器である夜臼《ゆうす》式土器と板付I式土器がいっしょに出土したのです。これによって、名実ともに最も古い弥生式土器が板付I式土器と確定しました。

一九七八年には板付遺跡の夜臼式土器しか出土しない地層から水田の跡がみつかりました。夜臼式土器は縄文土器の最後の土器なので、縄文時代の水田跡ということになります。ところがこれに先立つ一九七五年に佐原真《さはらまこと》が、次のような考えを表明していました。これまで、縄文時代と弥生時代の区別は土器にもとづいて行われていましたが、それよりも重要なのはそれを用いた人々の暮らしが採集狩猟を基礎にしているのか農耕なのかということなので、弥生時代は本格的な農耕の開始によって定義づけられなくてはならないというのです。この改訂に伴って、佐原は縄文土器の一種として名づけられた弥生式土器も、独立した時代の土器にふさわしく「弥生土器」と呼びあらため、その呼称が定着しました。

佐原は金関恕《かなせきひろし》とともに板付I式、すなわち弥生時代前期の前にすでに水稲耕作を行っていたことから弥生時代早期を設けて、縄文時代晩期終末とされていた夜臼式土器を最古の弥生土器としました。その一方で、土器の違いによる時代区分を重視する人は弥生時代早期を認めていません。縄文/弥生時代区分論争は、現在でも進行中なのです。

弥生時代開始の実年代の変転　大正年間に日本人の起源の問題を考えるにあたり弥生土器の由来が問題になると、全国各地で弥生土器が話題になりました。北部九州もその例外ではありませんが、この地域の特徴は朝鮮半島や中国からもたらされた青銅器を伴って弥生土器が発見されることです。なかでも注目されたのは甕棺《かめかん》に副葬された漢代の鏡で、富岡謙蔵《とみおかけんぞう》はそれらが前漢代に製作された鏡であることを明らかにしました。

この成果を、弥生時代全体の実年代を決める手掛かりにしたのが小林行雄です。戦後この問題を考えた小林は、前漢の鏡が日本列島にもたらされたきっかけを紀元前一〇八年の楽浪郡《らくろうぐん》の設置に求めて、前漢鏡《ぜんかんきょう》をおさめたのが弥生時代中期の土器であることから、中期の上限は紀元前一世紀をさかのぼらないとします。そして新《しん》(八~二三)の王莽《おうもう》が鋳造した銭貨である貨泉《かせん》は中期の遺跡から出土することはないので、中期の下限を紀元一世紀前半以降と考えて、弥生時代中期を紀元前後の一~二世紀間とみなしました。さらに中期と同じくらいの年代幅をその前に加算して、弥生時代のはじまりを紀元前三~前二世紀としたのです。

杉原荘介《すぎはらそうすけ》は小林の考え方を踏まえて、一九六一年に弥生時代前期が紀元前三〇〇年~前一〇〇年、中期が前一〇〇年~後一〇〇年、後期が一〇〇年~三〇〇年と時期を明確にしました。こうして弥生時代開始紀元前四~前三世紀説は定着し、弥生時代早期を認める立場に立てばそのはじまりは紀元前五〜前四世紀とされたのです。

二〇〇三年は、弥生時代開始年代にとって大きな出来事がありました。国立歴史民俗博物館（歴博）が、弥生時代のはじまりはこれまで考えられていたよりも五〇〇年ほど古くなるという説を発表したのです。

これは、AMS法による^{14}C年代測定とその較正《こうせい》の結果にもとづきます。^{14}C年代測定は、放射性炭素が質量を半減させるのにおよそ五七三〇年かかるという原理を用いて戦後まもなく開発された年代測定方法ですが、歴博が行った弥生実年代の改定は、AMSという加速器質量分析装置によって測定の精度が増したことと、炭素年代の較正によって実年代に近づける方法が開拓されたことによります。

^{14}C年代は空気中の^{14}C濃度が不変であるという前提による計算式にもとづいていますが、実際は不変ではないのでなんらかの方法で補正（較正）する必要があります。そのために選ばれたのが木の年輪で、スギなどの樹木年輪に閉じ込められた^{14}C濃度を過去一〇〇〇〇年以上にわたってつぎ足しながら測定して作りあげた変動パターンと照合することによって、^{14}C年代を精度高く実年代に置きかえる作業が近年急速に進みました。

歴博が示した年代も、この方法を用いて弥生時代早期の土器に付着した炭化物を測定した結果です。夜臼式土器は、夜臼Ⅰ式、同Ⅱa式、同Ⅱb式に細分されていますが、歴博は夜臼Ⅰ式が紀元前九〇〇年代後半、すなわち紀元前一〇世紀にさかのぼることを主張しています。

縄文時代の終わりはいつか

歴博の研究についてはさまざまな議論が巻き起こりました。北海道などの土器付着炭化物は実際よりも五〇〇ほど古くなる測定結果が出ていることについての疑問、土器で煮炊きする際の燃料である薪に古木が用いられた場合、土器付着炭化物に古い測定結果がでるのではないかという疑問、弥生時代早・前期に伴う鉄器三〇例ほどに対して中国でも普及していない段階なので、それはありえないのではないかという疑問などいろいろですが、歴博からの反論も積み重ねられて、現在弥生時代開始早期説に立てばその開始年代は紀元前一〇〜前八世紀が妥当性を帯びてきました。

前一〇〜前八世紀と歴博年代よりも幅を持たせているのは、佐賀県宇木《うき》汲田《くんでん》遺跡の夜臼Ⅰ式に伴った炭化米の^{14}C較正年代が紀元前九〜前八世紀とされているからです。また、紀元前七五〇年をピークとする気候寒冷化で形成された砂丘の上に弥生時代初頭の遺跡が立地していることから、弥生時代の開始を前八世紀とする意見もあることによります。近年、酸素同位体比年輪年代法が開発されて、木材から精度の高い実年代が割り出される研究が進展しています。その結果によって、この幅も縮小されていくに違いありません。

紀元前一〇〜前八世紀は縄文時代の終末年代でもありますが、北部九州での測定結果です。東北地方の土器編年で夜臼Ⅰ式は大洞C_2式に併行しますが、その土器付着^{14}C較正年代は紀元前一〇〜前八世紀ころのデータが示されています。また、晩期終末の大洞A′式土器のそれは紀元前六世紀〜前五世紀ころで、ここまでが縄文時代です。弥生時代前期の砂沢《すなざわ》式土器の年代は紀元前五〜前四世紀ころのデータが示されていますので、東北地方の縄文時代の終わりはおよそ紀元前五世紀です。これは中部高地地方でもほぼ同じ年代なので、日本列島で弥生時代がはじまってから縄文時代が終了するにはおよそ五〇〇〜三〇〇年間を要したことになります。

〔参考文献〕小林謙一『縄紋時代の実年代—土器型式編年と炭素14年代—』（同成社、二〇一七年）、設楽博己「弥生時代開始年代論」『日本史の現在』（山川出版社、二〇二四年）

縄文時代を知るためのブックガイド

本書の各項目には、それぞれ参考文献を掲げているので、基本的にはそれをご覧いただければ大丈夫かと思うが、さらに縄文時代について知識を得たい、あるいは概括的な枠組みを押さえてから、詳細な議論について読んでみたい、さらにはざっくりと縄文時代について知りたいという方々のために、店舗あるいはインターネット書店・古書店において入手しやすい書籍を中心に紹介したい。

〈縄文時代の概論〉

縄文時代の概論をおさえておけば、当時の生業や集落、社会などについては、大体のところを知ることができるので、取り立ててここで取り上げることはしない。しかしながら、執筆者によって描かれる縄文時代像が異なっていることもあり、この点注意が必要である。縄文時代の概論にはいくつもの書籍が刊行されているが、ビジュアルなもの、かつ手軽なものとしては、**勅使河原彰『ビジュアル版縄文時代ガイドブック』**（新泉社、二〇一三年）をあげておきたい。また、内容はやや高度になるが、大学考古学専攻生の入門的書籍としても利用されることのある縄文時代の概説書として、**谷口康浩『入門　縄文時代の考古学』**（同成社、二〇一九年）がある。また、比較的新しい時期に書かれた通史として、**勅使河原彰『縄文時代史』**（新泉社、二〇一六年）と**山田康弘『縄文時代の歴史』**（講談社、二〇一九年）をあげておく。

内容的には少々古くなるが、読みやすく現在でも得るところの多い書籍として、**佐原真『日本人の誕生』**（大系日本の歴史1、小学館、一九八七年）と、**佐々木高明『日本史誕生』**（日本の歴史1、集英社、一九九一年）も推薦しておきたい。私が学生時代の書籍ではあるが、その衝撃は今でも新鮮であり、前者は文庫版も出版されている。内容の斬新さがインパクトを与えたということでは、**小林達雄編著『縄文学の世界』**（朝日新聞社、一九九九年）も外すことはできない。階層化社会論、戦いの有無など現在熱い議論が戦わされている様々な論点が、すでに本書刊行の段階で取り上げられている。

同様に刊行年代はやや古くなるが、豊富な写真や図を使用して、縄文世界を具体的に見せてくれるのが、**鈴木公雄編『縄文人の生活と文化』**（古代史復元2、講談社、一九八八年）と**小林達雄編『縄文人の道具』**（古代史復元3、講談社、一九八八年）である。また、同じ系統のシリーズで、テーマ別となっているが、**泉拓良編『縄文土器出現』**（歴史発掘2、講談社、一九九六年）と**藤沼邦彦『縄文の土偶』**（歴史発掘3、講談社、一九九六年）も紹介しておきたい。

もし、より専門的な文章を読み、知識を得たいということであれば、同成社より刊行されている**『縄文時代の考古学』**全12巻をお薦めする。必ずしも十分ではないが、学術研究者として必要な知識を得ることができるだろう。

ざっくりと縄文時代について知りたいのであれば、やや古くなってしまったが、**戸田哲也**の**『縄文』**（光文社、一九九一年）をお薦めする。写真と図がふんだんに使われたコンパクトな良書であり、手に取りやすいだろう。

〈縄文時代のはじまりとおわり、年代、時代区分〉

縄文時代のはじまりを、一万六〇〇〇年前とするか、それとも一万五〇〇〇年前とするか、はたまた一万一五〇〇年前とするか、研究者間で議論が行われている。縄文時代のはじまりがいつかということに関しては、**小林謙一・工藤雄一郎・国立歴史民俗博物館編『縄文はいつから!?』**（新泉社、二〇一一年）がわかりやすい。また、**谷口康浩**の**『縄文文化起源論の再構築』**（同成社、二〇一一年）は、やや専門的ではあるが本テーマの基礎文献としてあげておきたい。また、**小林謙一『縄文時代の実年代―土器型式編年と炭素14年代―』**（同成社、二〇一七年）は、土器に付着した「おこげ」（付着炭化物）を精力的に年代測定し、縄文時代の各土器型式および各時期の年代幅を明らかにしており、しばしば引用される重要な文献である。

はじまりがあれば、おわりがある。縄文時代と弥生時代の時代区分としては、**藤尾慎一郎『弥生時代の歴史』**（講談社、二〇一五年）を、その点を踏まえて、縄文時代と弥生時代の文化的比較ということでは、**設楽博己『縄文VS.弥生―先史時代を九つの視点で比較する』**（筑摩書房、二〇二二年）をご一読いただきたい。

〈縄文時代の植生、動植物利用〉

縄文時代の植生、植物利用のあり方としては、**工藤雄一郎・国立歴史民俗博物館編『ここまでわかった！縄文人の植物利用』**（新泉社、二〇一四年）と、同じく**『さらにわかった！縄文人の植物利用』**（新泉社、二〇一七年）がある。内容は多岐にわたり、濃密である。**鈴木三男『びっくり‼縄文植物誌』**（同成社、二〇二〇年）では、クリ・バスケットなどの編組製品・縄、紐、糸・ウルシを取り上げながら、縄文時代の植物利用について、わかりやすく解説をしている。

近年、縄文時代にマメ類が栽培されていたとする議論が高まっている。これについては、**小畑弘己『タネをまく縄文人　最新科学が覆す農耕の起源』**（吉川弘文館、二〇一六年）や、**中山誠二『マメと縄文人』**（同成社、二〇二〇年）を読むことで、現在の議論をトレースすることができる。

狩猟時の相棒として、イヌの存在が注目されるが、これについては**内山幸子『イヌの考古学』**（同成社、二〇一四年）や**小宮孟『イヌと縄文人　狩猟の相棒、神へのイケニエ』**（吉川弘文館、二〇二一年）が参考になる。

〈縄文時代の精神文化、土偶〉

縄文時代の精神文化ということでは、これも少々古くなっているが、**山田康弘『縄文時代の死生観』**（KADOKAWA、二〇一八年、『生と死の考古学』〈東洋書店、二〇〇八年〉の加筆・改題）をあげておく。死生観をめぐる再生・循環という思想が、縄文文化の基層をなすことをわかりやすく示している。また、縄文人のライフヒストリーに関連する精神文化のあり方、ひいては縄文社会とのかかわり合いを示したものに**山田康弘『老人と子供の考古学』**（吉川弘文館、二〇一四年）がある。

土偶を愛でるということであれば、MIHO MUSEUMが出した**『土偶・コスモス』**（羽島書店、二〇一二年）をご覧いただきたい。多くの土偶の写真とともに、遺物解説および研究成果が掲載されており、読み応えがある。また、少々入手が難しいかもしれないが研究史的に押さえておきたいのが、**江坂輝彌『日本の土偶』**（六興出版、一九九〇年）である。時期ごとの土偶の変遷など、現在の研究の基礎となった事項が説明されている。

この他、土偶を美術品・アートとして愛でる視点も昨今顕著となってきている。**小川忠博**が写真撮影を行っている**『土偶美術館』**（平凡社、二〇二二年）や、**『縄文アートを旅しよう！　日本遺産星降る中部高地の縄文世界』**（求龍堂、二〇二二年）

はその最たるものであろう。一方、土偶を「かわいいもの」と捉える視点も存在する。**譽田亜紀子**の**『土偶界へようこそ縄文の美の宇宙』**（山川出版社、二〇一七年）など、一連の著作は、埋蔵文化財に対する新たなアクセスとして注目される。

なお、昨今一部で話題となった土偶とは何かという議論については、**望月昭秀編『土偶を読むを読む』**（文学通信、二〇二三年）を紹介しておく。

〔その他〕

各地における個々の遺跡については、新泉社より刊行されているシリーズ「**遺跡を学ぶ**」や、同成社より刊行されているシリーズ「**日本の遺跡**」が充実していて、参考になる。各遺跡を訪れる際のガイドブックとしても利用できる。

様々な角度から縄文時代を図によって概観したいということであれば、**小野昭・春成秀爾・小田静夫編『図解・日本の人類遺跡』**（東京大学出版会、一九九二年）を是非読んでいただきたい。時期区分など訂正の余地があるが、住居と集落、墓、呪具と装身具など、日本列島域を通覧する形で、個々の文化内容を見ることができる。

ここにもかなりの数の書籍をあげたが、縄文時代に関する小型書籍については枚挙に暇がない。その一方で、昨今の不景気およびデジタル化を反映したものか、カラー写真の豊富な大型書籍、シリーズ本の刊行がほとんどなくなっているのは寂しい。個々の書籍については、実際に書店等で手に取って読んでいただければと思うが、最近は縄文時代・文化を怪しいスピリチュアリズムや極端なナショナリズムと結びつける書籍も多く、この点は注意が必要である。もちろん、それらの点は読者各自の判断に任されるものである。

執筆者紹介

＊配列は50音順とした

五十嵐《いがらし》由里子《ゆりこ》	1963年生まれ	日本大学松戸歯学部准教授⇒Q5
太田《おおた》博樹《ひろき》	1968年生まれ	東京大学大学院理学系研究科教授⇒Q2
長田《おさだ》友也《ともなり》	1971年生まれ	中部大学人文学部非常勤講師⇒Q21・30～32
川添《かわぞえ》和暁《かずあき》	1971年生まれ	愛知県埋蔵文化財センター調査研究専門員⇒Q33
菅野《かんの》智則《とものり》	1976年生まれ	東北大学埋蔵文化財調査室准教授⇒Q14～16
日下《くさか》宗一郎《そういちろう》	1982年生まれ	東海大学人文学部准教授⇒Q20
國木田《くにきだ》大《だい》	1980年生まれ	北海道大学大学院文学研究院准教授⇒Q7・40、コラム7
小林《こばやし》正史《まさし》	1957年生まれ	金沢大学古代文明・文化資源学研究所客員教授⇒Q35～38
近藤《こんどう》　修《おさむ》	1965年生まれ	東京大学大学院理学系研究科准教授⇒Q1
坂本《さかもと》　稔《みのる》	1965年生まれ	国立歴史民俗博物館教授、総合研究大学院大学教授⇒コラム2
佐々木《ささき》由香《ゆか》	1974年生まれ	金沢大学古代文明・文化資源学研究所特任准教授⇒Q25・34・39・41
設楽《したら》博己《ひろみ》	別掲	⇒Q23・29・42・46・48・49・51・53・54、終章、コラム1・6・8
谷畑《たにはた》美帆《みほ》	1966年生まれ	木更津市郷土博物館金のすず館長⇒Q4
中塚《なかつか》　武《たけし》	1963年生まれ	名古屋大学大学院環境学研究科教授⇒Q6
原田《はらだ》昌幸《まさゆき》	1958年生まれ	神職、元文化庁主任文化財調査官⇒Q43
増山《ますやま》禎之《ただゆき》	1963年生まれ	田原市教育委員会学芸員⇒コラム10
水嶋《みずしま》崇一郎《そういちろう》	1974年生まれ	聖マリアンナ医科大学解剖学講座（人体構造）主任教授⇒Q3
山崎《やまざき》　健《たけし》	1975年生まれ	奈良文化財研究所埋蔵文化財センター環境考古学研究室長⇒Q27・28
山田《やまだ》康弘《やすひろ》	別掲	⇒序章、Q8～13・17～19・22・44・45・47・50・52、コラム3～5
横田《よこた》美香《みか》	1970年生まれ	笠岡市教育委員会教育部生涯学習課学芸員⇒コラム9
米田《よねだ》　穣《みのる》	1969年生まれ	東京大学総合研究博物館教授⇒Q24・26

編者略歴

山田康弘
一九六七年、東京都に生まれる
一九九四年、筑波大学大学院博士課程歴史人類学研究科中退
現在、東京都立大学人文社会学部教授、博士（文学）
〔主要編著書〕
『縄文時代 その枠組・文化・社会をどう捉えるか？』（吉川弘文館、二〇一七年）
『縄文時代の歴史』（講談社、二〇一九年）

設楽博己
一九五六年、群馬県に生まれる
一九八六年、筑波大学大学院歴史人類学研究科博士課程単位取得退学
現在、東京大学名誉教授、博士（文学）
〔主要編著書〕
『顔の考古学』（吉川弘文館、二〇二一年）
『東日本穀物栽培開始期の諸問題』（雄山閣、二〇二三年）

Q＆Aで読む縄文時代入門

二〇二四年（令和六）五月一日 第一刷発行
二〇二四年（令和六）九月二十日 第二刷発行

編者 山《やま》田《だ》康《やす》弘《ひろ》
設《した》楽《ら》博《ひろ》己《み》

発行者 吉川道郎

発行所 株式会社 吉川弘文館
郵便番号一一三―〇〇三三
東京都文京区本郷七丁目二番八号
電話〇三―三八一三―九一五一〈代〉
振替口座〇〇一〇〇―五―二四四番
https://www.yoshikawa-k.co.jp

印刷＝藤原印刷株式会社
製本＝ナショナル製本協同組合
装幀＝河村 誠

ISBN978-4-642-08449-9

寺前直人・設楽博己編

Q&Aで読む　弥生時代入門

A5判・二八八頁

二五〇〇円

水田稲作が始まり、金属器の普及、身分と序列の成立、大陸諸国との通交開始など、様々な変化を経て約一〇〇〇年続いた弥生時代。考古学のみならず自然科学や人類学の成果が反映された最新の時代像を、弥生人と環境、家族と社会、食生活、生業と道具、経済と政治、精神文化を切り口にした五五の問いに答えて明らかにする。図表豊富でコラムも充実。

（価格は税別）

吉川弘文館